Thomas Flierl Berlin: Perspektiven durch Kultur

Thomas Flierl
Berlin: Perspektiven durch Kultur
Texte und Projekte

Herausgegeben von Ute Tischler und Harald Müller

Recherchen 45

© 2007 by Thomas Flierl

Texte und Abbildungen sind urheberrechtlich geschützt. Jede Verwertung, die nicht ausdrücklich im Urheberrechts-Gesetz zugelassen ist, bedarf der vorherigen Zustimmung des Verlages. Das gilt insbesondere für Vervielfältigungen, Bearbeitungen, Übersetzungen, Mikroverfilmung und die Einspeisung und Verarbeitung in elektronischen Medien.

www.theaterderzeit.de

Lektorat: Jana Fröbel
Gestaltung: Sibyll Wahrig
Umschlagfoto: Arlett Mattescheck

Bildbearbeitung: Druckhaus Galrev, Berlin – Margret Kowalke-Paz
Druck und Bindung: druckhaus köthen GmbH

Printed in Germany

ISBN 978-3-934344-96-9

Thomas Flierl

Berlin: Perspektiven durch Kultur

Texte und Projekte

Herausgegeben von Ute Tischler und Harald Müller

Mit Fotografien von Arlett Mattescheck
und einem Nachwort von Wolfgang Engler

Theater der Zeit
Recherchen 45

IN ERINNERUNG AN MEINE MUTTER
RENATE FLIERL 1932–1957

Inhalt

Vorwort — 8

I. KAPITEL ARBEIT AN DER GESCHICHTE

Gegen den Abriss der Gasometer in Berlin-Prenzlauer Berg — 16
Eine Rede vor der Sektionsparteiversammlung. 1984

Möglichkeiten eines aktiven Umgangs mit der DDR-Geschichte — 22
Projekte der Geschichtsarbeit in Prenzlauer Berg. 1992

»Thälmann und Thälmann vor allen« — 37
Ein Nationaldenkmal für die Hauptstadt der DDR. 1996

Zur Aufstellung des Heine-Denkmals an der Neuen Wache — 99
Brief des Baustadtrates von Berlin-Mitte vom 20. Juni 2000

Von der dicken Berta zur roten Rosa — 105
Ein Denkmal für Rosa Luxemburg in Berlin. 2001

Ein Textfeld auf öffentlichem Grund — 110
Hans Haackes Denkzeichen für Rosa Luxemburg. 2006

Wer Guantanamo und Abu Ghraib kritisiert, ... — 115
Rede zur Übergabe des Denkzeichens Haftstätte in Haus 3. 2005

Wir brauchen komplexe Erinnerungsbilder — 119
Ute Tischler im Gespräch mit Thomas Flierl. 2007

Dokumentation, Information und Gedenken — 125
Gesamtkonzept zur Erinnerung an die Berliner Mauer. 2006

Der »Fall« der Denkmäler — 165
Konkurrierende Konzepte symbolischer Geschichtspolitik in Berlin. 2005

Inhalt

II. KAPITEL STADTKULTUR! HAUPTSTADTKULTUR?! KULTURHAUPTSTADT??

Kulturarbeit und gesellschaftliche Modernisierung *Vortrag auf der Jahrestagung »Kultur Aufschwung Ost?!«. 1992*	188
Kulturpolitische Aufgabenteilung in Berlin nach 1945 *Vortrag im Rahmen der Reihe »Berlin wird Stadt«. 1995*	200
Prenzlauer Berg – ein Bezirk zwischen Legende und Alltag *Vorwort zum gleichnamigen Buch. 1996*	207
Oper in Berlin *Strukturkonzept. 2003*	211
Scheitern macht auch Sinn *Katrin Bettina Müller im Interview mit Thomas Flierl. 1996*	230
Kultur jetzt! *Eine Bilanz der Berliner Kulturpolitik 2002 bis 2006*	234

III. KAPITEL ENGAGEMENT UND KONTROVERSEN

Konsens nicht von oben erzwingen *Zur Debatte um das »Planwerk Berliner Innenstadt«. 1996*	260
Kultureller Mehrwert *Kommt das Stadtforum nun bei sich selbst an? 2000*	263
Die halbierte Moderne *Anmerkungen zu Stefan Heyms Roman »Die Architekten«. 2000*	265
Erben aus zweiter Hand *Zum Umgang mit Regierungsbauten der DDR. 2002*	269

Inhalt

Keine bigotte Verdammnis *Diskussion um die Übernahme der Flick-Sammlung. 2003*	272
Jenseits von Palast und Schloss *Plädoyer für ein Bürgerforum auf der Spreeinsel. 2000*	276
Ein kurzer Spätsommer der Utopie *Zur kulturellen Zwischennutzung des Palastes der Republik. 2004*	279
Ich gehe für den Palast demonstrieren *Tina Hüttl im Gespräch mit Thomas Flierl. 2005*	281
Humboldt-Forum statt Fassaden-Schloss *Eine Rede vor dem Abgeordnetenhaus. 2007*	283
Die Wut der Bilder *Eine Rede für Bernhard Heisig. 2005*	287
Der Stoff, aus dem wir Zukunft machen *Denkmalschutz und Werbung im öffentlichen Stadtraum. 2003*	291
Eine Zukunft für das Studentendorf Schlachtensee *Antragsentwurf. 2007*	295
Eine Frage des Geschmacks? *Nachwort von Wolfgang Engler*	299

ANHANG

Kurzvita	310
Bibliografie	311
Bildnachweis	317

VORWORT

Die Kraft der Vergangenheit, die aus der Gegenwart zu uns spricht, beschreibt Adorno als etwas, mit dem gesellschaftliche Bindungen hergestellt oder gebrochen werden. Die Arbeit an der Geschichte sei unlösbar mit den Fragen an eine moderne Stadtentwicklung verbunden. Nach bald zwei Jahrzehnten gesellschaftlichen Wandels stehen in Berlin stadtpolitische wie auch kulturgeschichtliche Standortbestimmungen mehr denn je auf der Tagesordnung. Wer wissen will, was die dynamische Anziehungskraft der Metropole ausmacht, wie sie ausgehalten und gestaltet werden kann, kommt nicht umhin, die traditionsgesättigte Stadtkulisse mit den Ausläufern der Moderne in Verbindung zu bringen.

Berlin war Reichshauptstadt und geteiltes Stadtgebiet mit preußischer Geschichte, ohne deren Hintergründe die Bewegungen der Stadt bis heute noch nicht erklärbar sind. Im Kalten Krieg hatte sich die Stadt polarisiert, aufgespalten in Ost und West. Sie wird bis heute als eine disparate Stadt erfahren, zwar unter anderen Vorzeichen, aber unmissverständlich und deutlich wahrnehmbar.

Die vom Metropolenfieber getriebene Politik der neunziger Jahre blieb auf erstaunliche Weise ignorant gegenüber den sich radikal verändernden Bedingungen der materiellen Reproduktionsfähigkeit Berlins. Heute wissen wir, dass dieser Rausch durch gigantische Schulden erkauft worden war. Der Stadt schien eine unglaubliche Chance geboten, sich selbst neu zu erfinden und zum ersten Mal in ihrer Geschichte auch als Kommune zu definieren. Eine Kommune, die den Impulsen einer großen Stadt und ihrer vielfältigen Kultur den Raum gibt. In dem Moment jedoch, als sich die Kultur in der Neuen Mitte etablierte – und die verdrängte Avantgarde in neue wie alte Freiräume aus- und zurückwich –, offenbarte sich, dass die Stadt maßlos über ihre Verhältnisse gelebt hatte, auch in Gestalt ihrer ausgezehrten politischen Substanz.

Thomas Fierl vermerkte kurz nach seinem Antritt als Berliner Kultur- und Wissenschaftssenator, Berlin hafte noch immer an, dass es nie wirklich Stadt gewesen sei. Vielmehr wurde es zumeist nur als Residenz oder Hauptstadt, nie aber als Stadt seiner Bewohnerinnen und Bewohner gesehen. Das Jahr 2001, in dem sich Berlin an den Rand des wirtschaftlichen Ruins bewegt hatte, forderte die politische Neukonzipierung und Neusondierung der Stadt heraus, wurden verschiedene Strategien zur kulturellen Stadtgestaltung entworfen: Sie lassen sich anhand unzähliger Debatten zur Aufgabenverteilung von Kultur, der Palast-Geschichte oder Opernreform trefflich nachvollziehen. Was in den zurückliegenden Jahren für Berlin an Visionen und Ideen formuliert wurde, hat kaum Wahrnehmung gefunden oder ist zumindest wirkungslos geblieben. Bislang Stadt-tragend gedacht – »Eine Zukunft für Berlin« zu formulieren – bestand die vornehmlichste Überlegung darin, die preußische Geschichte zu konservieren. Dem ehrgeizigen und zutiefst zerklüfteten Berlin schien tatsächlich nur die historische Repräsentation zu verbleiben, zu konträr waren die Perspektiven im Kontext der widerspruchsvollen Geschichte des letzten Jahrhunderts, erst recht deren kulturelle Hinterlassenschaften. Der Mehrwert aus der deutschen Wiedervereinigung war ein Gewinn, der nur halbherzig umgesetzt wurde, der es vor allem versäumte, bislang unangetastete städtische Kultureinrichtungen zu befragen. Aber um sich ein Bild von der Produktionsweise Berlins, von seiner Anziehungskraft und Ausstrahlung zu machen, kommt man nicht umhin, die Stadt als Ganzes zu befragen. Das setzt ein Kulturverständnis voraus, das von der Gleichzeitigkeit des historisch Ungleichzeitigen ausgeht, dass unsere heutige Kultur von kulturellen Zusammenhängen verschiedenen historischen Alters geprägt ist.

Thomas Flierl verfolgt seit langem einen solchen Kulturbegriff, was ihn bereits am Anfang seiner beruflichen Laufbahn zu einem Kulturtheoretiker machte, der sich für seine Stadt, ihre Kultur und Ästhetik politisch engagierte – zur Unzeit. Als er sich gegen den Abriss der Gasometer in Prenzlauer Berg wandte, brachte ihm das ein Berufsverbot an der Berliner Humboldt-Universität ein, verschaffte ihm aber Zugänge in die kulturpolitische Praxis. Auch diesem Blick von unten ist es zu verdanken, dass er ein brillanter Betrachter seiner Stadt wurde, der mit der Genauigkeit seiner Beobachtungen die zwangsläufigen Erwartungen an ihn als linken Kulturpolitiker irritieren musste. Wichtiger war ihm, Berlin in Prospekten von Transformation des 21. Jahrhunderts im europäischen Kontext zu entwerfen. Flierls Texte verraten ein beneidenswertes Talent, eigensinnig zu denken, und einen Provokateur hohen Grades. Niemals vorher gelang es früheren Kulturpolitikern dieser Stadt, eine so kontroverse Wahrnehmung zu erzeugen, wie es Thomas Flierl mit seinen kritischen Statements und Entscheidungen zur Stadterneuerung schon als Baustadtrat in Berlin-Mitte, später dann als Senator für Wissenschaft, Forschung und Kultur geschafft hat. »Den Zusammenhang zwischen der Metropole, der Hauptstadt und der Großstadt Berlin vom Kopf auf die Füße stellen« wollte Flierl, als er in seinem Perspektivenpapier der Stadt einen Handlungsrahmen gab und seine Kritiker weckte, die, wahrscheinlich unbeabsichtigt, seine Ideen am Leben gehalten haben; nicht wenige seiner Ideen und Projekte werden umgesetzt, unter anderen Vorzeichen und Verleugnung ihres linkspolitischen Ursprungs zwar, aber trotzdem: Die Kultur der Stadt stand ihm nicht nur zur Verfügung, er konnte über sie auch geraume Zeit verfügen. Das Städtische, dem er bei der Berliner Hauptstadtbildung immer wieder auf der Spur war, gewann nachdrückliche Bedeutung. Alles, was er schließlich in Bewegung setzte, diente seiner Vision der widerspruchsoffenen Zusammenschau von Geschichte, Gegenwart und Zukunft. Der Annahme, dass der Widerstand in erster Linie von außen kommt und nicht von denen, die ihn produzieren, ist er nie gefolgt. Er hat sie immer ernst genommen, selbst wenn er gegen sie handeln musste, weil er sich auseinandersetzen wollte.

In seinen Texten und Projekten, die hier zum ersten Mal versammelt werden, kann man mitverfolgen, wie er seine Gedanken ordnet, präzisiert und in Worte fasst. Einige Texte entsprangen dem politischen Tagesgeschäft, die meisten gehören jedoch zu seiner hochkomplexen Art, Stadtentwicklung zu denken. Wenn hier Thomas Flierls Denkdimensionen für Berlin vorgelegt werden, so als ein Beitrag, die »Ästhetik der Aneignung« der Stadt zugleich als »Politik des Kulturellen« zu verstehen.

Die Herausgeber danken Arlett Mattescheck für die Berlin-Bilder und Wolfgang Engler, der dem Buch das Nachwort beigab.

Ute Tischler und Harald Müller
Juni 2007

I. KAPITEL
ARBEIT AN DER GESCHICHTE

| Baum, die verleumderische NS-Propagandaausstellung »Das Sowjetparadies« in Brand zu setzen. | Herbert Baum attempted to burn down the slanderous Nazi-propaganda exhibition called »Soviet Paradise«. | ici, dans le Lustgarten, de mettre le feu à l'exposition calomnieuse »Le paradis soviétique« organisée par la propagande nazie. | поджечь клеветническую выставку «Советский рай», устроенную нацистской пропагандой. |

So setzten sie ein Zeichen gegen den Krieg und die nationalsozialistische Gewaltherrschaft.

The attempt was a protest against the war and the terror of the National Socialist regime.

Par ce geste, ils s'élevaient contre la guerre et la tyrannie nationalsocialiste.

Это был акт сопротивления против войны и нацистского режима насилия.

In Zusammenhang mit der Aktion im Lustgarten wurden 1942/43 mehr als dreißig, zumeist jüdische junge Frauen und Männer ermordet. Die meisten von ihnen starben unter dem Fallbeil in Berlin-Plötzensee.

More than thirty young men and women involved in this action were executed between 1942 and 1943, most of them guillotined in Berlin-Plötzensee.

Suite à l'action menée dans le Lustgarten, plus de trente résistants — résistantes juifs pour la plupart, ont été assassinés en 1942/43. La plupart d'entre-eux ont été guillotinés à Berlin-Plötzensee.

В репрессиях, последовавших за акцией в Люстгартене, в 1942-43 годах было убито свыше тридцати членов Сопротивления, в основном еврейских юношей и девушек. Большинство из них погибло на гильотине в берлинской тюрьме Плётцензее. Жертвами акции возмездия, организованной Гестапо 28-го и 29-го мая 1942 года, стали еще свыше 500 евреев.

Der Vergeltungsaktion der Gestapo vom 28./29. Mai 1942 fielen weitere 500 jüdische Männer zum Opfer.

On May 28 and 29, 1942, the Gestapo rounded up 500 Jews, who were victimised in further Nazi reprisal.

500 autres juifs ont été victimes des représailles immédiates de la Gestapo les 28 et 29 mai 1942.

Dieser vom Bildhauer Jürgen Raue gestaltete Gedenkstein wurde 1981 im Auftrag des Magistrats von Berlin (Ost) ohne nähere Informationen über die Widerstandsaktion im Lustgarten aufgestellt.

This present memorial, designed by the sculptor Jürgen Raue, was commissioned by the city council of East Berlin in 1981 without providing historical information on the act of resistance that happened here.

Cette pierre commémorative réalisée par le sculpteur Jürgen Raue a été posée dans le Lustgarten en 1981, à la demande de la municipalité de Berlin (Est), sans autres informations sur cet acte de résistance.

В 1981 году по решению муниципалитета Восточного Берлина был установлен этот памятник работы скульптора Юргена Рауэ, не содержащий конкретной информации об акции сопротивления в Люстгартене.

So dokumentiert dieser Gedenkstein heute die mutige Widerstandsaktion des Jahres 1942, das Geschichtsverständnis 1981 und unser andauerndes Gedenken an den Widerstand gegen das NS-Regime.

This memorial thus documents the brave acts of resistance in 1942, the conception of history in 1981, and our continuous remembrance of resistance to the Nazis.

Ainsi, cette pierre commémorative témoigne aujourd'hui de l'acte de résistance courageux de l'année 1942, de la compréhension de l'histoire en 1981 et de la présence constante dans notre souvenir de la résistance contre le régime nazi.

Ныне памятник свидетельствует о мужественной акции сопротивления 1942 года, о том, как понимали историю в 1981 году и о нашей непреходящей памяти о Сопротивлении против национал-социалистического режима.

GEGEN DEN ABRISS DER GASOMETER IN BERLIN-PRENZLAUER BERG
Eine Rede vor der Sektionsparteiversammlung. 1984

Ich möchte zu dem angesprochenen Vorhaben der Sprengung der Gasometer zunächst meine Betroffenheit und mein Unverständnis zum Ausdruck bringen. Für mich gehören diese drei großartigen technischen Bauwerke auf eine ganz selbstverständliche Weise zum Stadtbezirk Prenzlauer Berg und zu Berlin. Sie sind nicht nur Relikte der Vorgeschichte des Sozialismus, sondern dokumentieren in bestimmter Weise auch schon unsere eigene Geschichte – zumindest insofern wir ihnen tagtäglich von den verschiedenen Standorten aus und auf den verschiedenen Wegen begegnen; sie sind prägnante Orientierungspunkte unseres städtischen Lebens.

Aber ich möchte noch einige weitergehende Überlegungen vortragen, von denen ich hoffe, dass sie uns zu einer parteilichen Stellungnahme zu dem Vorhaben verhelfen, ein, zwei oder alle drei Gasometer abzureißen – ein Vorhaben, das bisher ja nur gerüchteweise existiert, dennoch aber schon viele Gemüter bewegt.

Denn ich meine allerdings, dass wir als Genossen und Angehörige der Sektion Ästhetik/Kunstwissenschaften, die wir in besonderer Weise unseren wissenschaftlichen und politischen Auftrag in der Erarbeitung eines marxistisch-leninistischen Konzepts zur Kulturgeschichte der Arbeiterklasse und der ästhetischen Kultur der entwickelten sozialistischen Gesellschaft sehen, gefordert sind, auf solche weitreichenden städtebaulichen und kulturpolitischen Entscheidungen politisch Einfluss zu nehmen – zum Beispiel in Form einer wohlbegründeten Anfrage oder Eingabe an unsere höheren Parteileitungen: mit der Bitte um eine Argumentation *vor* der Sprengung. Und insbesondere ist das doch dann gerechtfertigt, wenn sich andeutet, dass offenbar frühere Entscheidungen zum Erhalt der Gasometer, die auf breite Zustimmung trafen, zurückgenommen werden sollen.

Aus mehreren Gründen muss das Vorhaben der Sprengung einzelner oder aller Gasometer problematisch erscheinen. Die für die Gestaltung der entwickelten sozialistischen Gesellschaft maßgebliche Kulturauffassung ist die Kulturauffassung der Arbeiterklasse. Die Kultur der Arbeiterklasse ist selbst Ergebnis eines historischen Prozesses und in seinem bisherigen Resultat sind die Stufen ihres Werdens aufgehoben: die kulturellen Formen und Leistungen aus der Phase der Konstituierung der Arbeiterklasse als Resultat der kapitalistischen industriellen Revolution ebenso wie die der Entwicklung der Arbeiterklasse zum selbständigen politischen und kulturellen Subjekt mit dem Übergang zum Imperialismus bzw. die kulturellen Errungenschaften aus der Zeit der revolutionären Errichtung der politischen Macht der Arbeiterklasse und des Beginns des Aufbaus des Sozialismus. Die Kultur der *Arbeiterklasse* ist notwendig eine *Kultur der Arbeit* und was die unmittelbare Vorgeschichte des Sozialismus und seine heutige Existenz betrifft, wesentlich Kultur der *Industriearbeit*.

Die drei Gasometer stellen nun bereits *für sich* einzigartige und in Europa inzwischen einmalige *technische Baudenkmale* dar. Sie sind Musterbeispiele des Industriebaus des späten 19. Jahrhunderts, mit denen versucht wurde, die technische Funktion baulich zu gestalten. (Spätere Gasbehälter wurden vor allem als reine Stahlkonstruktionen ausgeführt.)

Als Gasometer repräsentieren sie einen bestimmten Stand und eine bestimmte Seite der Produktivkraftentwicklung, wie sie für den Übergang der kapitalistischen Produktionsweise zum Imperialismus typisch sind (Energieerzeugung, Chemie).

Im *historisch-räumlichen* Kontext verweisen die drei Gasometer auf einen für die Entwicklung Berlins und insbesondere für den Berliner Norden und Osten klassischen Industriestandort am Rande der Stadt. Der Stadtbezirk Prenzlauer Berg ist ein in der zweiten Hälfte des 19. Jahrhunderts geplantes, entlang von Radialen (Schönhauser Allee, Prenzlauer Allee, Greifswalder Straße) angelegtes Wohngebiet der Arbeiterklasse, das im Norden durch den Eisenbahnring begrenzt wird, an dem sich die Industrie ansiedelte. (Aus dieser Zeit stammt zum Beispiel auch der Schlachthof.) Obwohl die Gasometer eigentlich nur Lagerbehälter sind, repräsentieren sie durch ihre Monumentalität, Gestalt und ihren städtebaulichen Ort auf einzigartige Weise eine wichtige Stufe der Entfaltung der Industriearbeit und der Entwicklung Berlins als Stadt der arbeitenden Klassen.

Insgesamt zeichnet sich der Stadtbezirk Prenzlauer Berg durch nur wenige städtebaulich wirksame Dominanten aus – man schaue nur einmal vom Fernsehturm herab –, neben den Kirchen und dem Wasserturm sind dies eben vor allem die Gasometer. Ein Rathaus als städtebaulich-dominante Mitte fehlt ja gerade diesem, durch Planung und nicht durch Dorfeingemeindung entstandenen Stadtbezirk.

Mit Beginn der sozialistischen Rekonstruktion, Um- und Neugestaltung des Stadtbezirks Prenzlauer Berg als eines Arbeiterbezirkes Berlins im Zuge der Verwirklichung des Wohnungsbauprogramms und des Programms zur Gestaltung der Hauptstadt und nach dem Beschluss über den inzwischen erfolgten Abriss des Gaswerkes (einer gegenüber den Gasometern historisch jüngeren, denkmalpflegerisch wenig bedeutungsvollen und stark umweltverschmutzenden Industrieanlage) erweist sich das Gebiet zwischen S-Bahn und Dimitroffstraße, Prenzlauer Allee und Greifswalder Straße als ein ausgezeichneter Ort städtbaulicher Erbeaneignung und Neugestaltung. So bestanden in den siebziger Jahren Überlegungen, dem Stadtbezirk hier sein eigentlich fehlendes gesellschaftliches Zentrum zu geben und u. a. dabei auch die Gasometer in die Gestaltung einzubeziehen. Wir kennen die nunmehr in Verwirklichung begriffenen Beschlüsse: die Errichtung eines Neubaugebietes und die Anlage eines Parks auf dem Gelände des ehemaligen Gaswerkes, an der Ostseite das Thälmann-Denkmal, das den Bezug zur politischen Geschichte der Arbeiterbewegung herstellen soll. In allen bisher bekannten Plänen zur Neugestaltung waren die Gasometer als zu sichernde und für mögliche spätere Nutzungen zu erhaltende Bauwerke vermerkt – zumal wohl schon aus ökonomischen Gründen ein Abriss bedenklich erschien. Die getroffene politische Entscheidung, die Umgestaltung des für den Stadtbezirk und Berlin insgesamt wichtigen Areals als Wohngebiet mit Erholungspark plus Memorialfunktion auszuführen, hatte in Verbindung mit dem Erhalt der Gasometer als historischen Zeugnissen der Industriearbeit und damit der Arbeiterklasse Berlins Überzeugungskraft. Stützte sich doch hier die Memorialfunktion, die Würdigung der politisch-revolutionären Traditionen der deutschen Arbeiterklasse in Form der Ehrung ihres bedeutendsten Führers, und ihre Einbettung in ein neues sozialistisches Wohngebiet auf die – wenigstens im Hintergrund noch wahrnehmbare – gegenständliche Zeugenschaft durch ein Monument der Industriearbeit!

Ein Abriss würde daher die historischen, durch das Denkmal besonders herausgehobenen und überhöhten Bedeutungsstrukturen dieses wichtigen städtebaulichen, stadt- und kulturgeschichtlichen Ortes Berlin beeinträchtigen, d. h. das Denkmal in seiner Wirkung selbst schmälern. Die anschauliche memoriale Funktion wäre durch den Abriss sehr viel weniger in der Aneignung wirklicher, historisch überkommener und für die Entwicklung der Arbeiterklasse bedeutsamer materieller Arbeits- und Lebensbedingungen begründet.

Noch zu einigen Argumenten: Die Raumwerte der Gasometer stören in keiner Weise das zur Ausführung bestimmte Thälmann-Denkmal, denn das Neubaugebiet umfasst mehrere, die Gasometer überragende Punkthochhäuser, die dem Denkmal klare tektonische Fassung geben. Sollte aus ökonomischen Gründen eine städtisch-kulturelle Nutzung der Gasometer derzeit nicht möglich sein: dann sollte man diese Aufgabe späteren Generationen überlassen! Entscheidend ist die Einbeziehung der Gasometer in die sozialistische Neugestaltung – und

Eine Rede vor der Sektionsparteiversammlung. 1984

Die drei Gasometer am S-Bahn-Ring zwischen Prenzlauer Allee und Greifswalder Straße vor ihrer Sprengung 1984.

sei es als bloßes Denkmal und städtischer Orientierungspunkt. Es existieren bereits mannigfache Vorschläge zur souveränen Aneignung (als Industriemuseum und als Ort für kulturelle Veranstaltungen: vom Monument der Arbeit im Zeitalter der großen Industrie und der Maschinerie zur Kulturmaschinerie der befreiten Arbeiterklasse!).

Studie zur Umgestaltung der Gasometergebäude, Diplomarbeit an der Kunsthochschule Berlin-Weißensee 1982/83 von Strozyk, hier Variante als Museum der Technik.

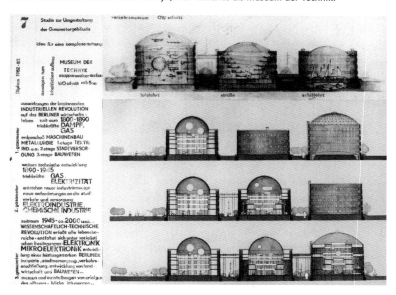

Gegen den Abriss der Gasometer in Berlin-Prenzlauer Berg

Sprengung der Gasometer 1984.

In einer Zeit, in der wir den Dom (die Kirche des Wilhelminischen Kaiserhauses) aufbauen und die Nikolaikirche rekonstruieren (und sie sogar in eine neugeschaffene, historisierende Umgebung einbeziehen, die so nie existiert hat), kann man nicht für ein neues Denkmal der Arbeiterbewegung städtebau- und kulturgeschichtlich bedeutsame Arbeitsstätten des Proletariats abreißen.

Nachbemerkung (1992)

Der vorliegende Text ist das Manuskript einer Rede, die ich im Auftrage der SED-Parteigruppe der wissenschaftlichen Mitarbeiter des Bereiches Ästhetik an der Sektion Ästhetik/Kunstwissenschaften der Humboldt-Universität am 9. Juli 1984 auf der Sektionsparteiversammlung gehalten habe. Meine Stellungnahme gegen die vorgesehene Sprengung der Gasometer im Berliner Bezirk Prenzlauer Berg fand einhellige Zustimmung.

Während meines Forschungsstudiums hatte der Wissenschaftsbereich wiederholt starkes Interesse bekundet, mich als wissenschaftlichen Assistenten zu übernehmen. Da dies nur möglich war bei gleichzeitiger Bereitschaft, für eine gewisse Zeit die FDJ-Organisation der Sektion zu leiten, war die nach der Versammlung am 9. Juli 1984 getroffene Entscheidung der SED-Kreisleitung, Flierl könne keinesfalls FDJ-Sekretär werden, zugleich eine Entscheidung über das Ende meiner wissenschaftlichen Arbeit an der Universität.

Die Sektionsleitung, stets bedacht, den »Spielraum« der eigenen »kritischen« Arbeit zu erhalten, ging denn auf diese Personalisierung des

Eine Rede vor der Sektionsparteiversammlung. 1984

Problems ein und sicherte mir – nach »Bewährung in der kulturpolitischen Praxis« – unverbindlich meine Rückkehr in den Wissenschaftsbereich zu. Sicher waren Drohung und Einschüchterung vonseiten des übergeordneten SED-Apparates, einschließlich des Hinweises auf »konterrevolutionäre« Aktionen im Zusammenhang mit der dann erfolgten Sprengung (Bürgerproteste, Menschenkette, Flugblätter), für die damals verantwortlichen Leiter nicht zu übersehen. Neben der persönlichen Enttäuschung über die ausbleibende Unterstützung meiner »Genossen« bleibt der Vorgang für mich exemplarisch für das politische Versagen der DDR-Intellektuellen und die katastrophale Entpolitisierung der SED.

Die Argumentation selbst ist natürlich aus heutiger Sicht geradezu archaisch. Der ideologische Zusammenhang der Rede (Parteiversammlung) ist unverkennbar: die ideologische Berufung auf eine »Kulturkonzeption der Arbeiterklasse« und die formelle Anerkennung des Thälmann-Denkmals bei immanenter Kritik an der Absicht der Sprengung. Aber durchaus auch spürbar: distanzierte Beschreibung getroffener Beschlüsse und eine etwas deutlichere Sprache zu Anfang und Ende: die Forderung nach kompetenter Mitwirkung. Dies überschritt aber bereits die eng gezogenen Grenzen.

Die Rede aus dem Jahre 1984 und die späteren Nachbemerkungen des Autors wurden erstmals 1992 unter dem Titel »Gegen den Abriß eines Baudenkmals«, in: kritische berichte (1992), Jg. 20/H. 3, S. 53–57 veröffentlicht. (Anm. d. Hrsg.)

MÖGLICHKEITEN EINES AKTIVEN UMGANGS MIT DER DDR-GESCHICHTE
Projekte der Geschichtsarbeit in Prenzlauer Berg. 1992

Bevor ich über die Bemühungen und Erfahrungen des Kulturamtes Prenzlauer Berg berichte, sich dem Erbe der vergangenen DDR-Geschichte zu stellen, lassen Sie mich etwas zur gegenwärtig geführten Geschichtsdebatte insgesamt sagen.

Mit dem Ende der autoritären politischen Machtstrukturen der DDR-Gesellschaft haben sich die verschiedenen Diskurse, in denen heute über die Geschichte reflektiert wird, überhaupt erst ausdifferenzieren können. Die Entbindung der Alltagskommunikation aus ideologischer Kontrolle und die Abkopplung der fachwissenschaftlichen Diskussion von der Politik ist zweifellos ein Gewinn an Freiheit und Rationalität. Trotzdem gewinnt der Beobachter den Eindruck, dass die gegenwärtige Geschichtsdebatte eher zum Verlust von Öffentlichkeit und von Geschichte führt.

Die Ausbildung der verschiedenen Diskussionsebenen ist wohl eine notwendige, aber keineswegs bereits die hinreichende Bedingung für einen rationalen Diskurs in einer modernen demokratischen Gesellschaft. Die Frage stellt sich nun: Wie lassen sich die unterschiedlichen Diskurse sinnvoll aufeinander beziehen? Noch laufen die Diskussionen nicht nur auf unterschiedlichen Ebenen, sondern auch mit völlig unterschiedlichen Argumentationsmustern und Geschwindigkeiten. Zudem ist das alles überformende Machtkalkül der Politik nicht zu übersehen.

Weitestgehend spekulativ sind die Erkenntnisse über den Umgang mit der Geschichte im Alltag. Indem konservative Politik – vorgeblich durch das Unverständnis der Bürgerinnen und Bürger angehalten – auf sichtbare Ergebnisse der Geschichts-»Bewältigung« drängt, wird ein Druck erzeugt, den schematisierende Medien und eine an monolithischen Weltbildern orientierte Politik aufgreifen. Der Gegen-Druck führt dann zu der langweiligen Gretchenfrage: Wie hältst du es mit der DDR? Die Ausgrenzung der fachwissenschaftlichen und der intellektuellen Diskussion aus dem politischen Diskurs bleibt nicht ohne Folgen für das Niveau der Debatte. Kriterien für einen differenzierten Umgang sind so kaum zu gewinnen oder haben keine Chance, von der Politik aufgegriffen zu werden.

Es ist für den hier skizzierten Zusammenhang symptomatisch, dass es ein Jahr dauerte, bis die in der Koalitionsvereinbarung von SPD und CDU zur Bildung des Berliner Senats geplante Fachkommission zum

Umgang mit den politischen Denkmälern ihre Tätigkeit aufnahm. Nun beginnt die Arbeit, nachdem die ersten Denkmäler abgeräumt wurden. Kein Gedanke mehr daran, dass es die sinnvolle Forderung gab, die Denkmalslandschaft aus der Zeit des Kalten Krieges in ganz Berlin zum Gegenstand der Betrachtung zu machen. Ebenso folgenreich ist der Verzicht auf eine von der Politik zunächst unabhängig arbeitende Fachkommission. Indem sich die CDU mit der Forderung durchsetzte, die Kommission müsse das politische Meinungsspektrum spiegeln, verdoppeln sich nun die politischen Gremien, ersteht die Allmacht des politischen Diskurses neu.

Bereits durch die Zusammensetzung der Kommission (Historiker und Kunstwissenschaftler, Bezirkspolitiker und »betroffene« Bürger) neutralisieren sich die fachwissenschaftliche und die politische Debatte sowie die Alltagskommunikation auf der Ebene des ideologischen Streits. Auch die legitimerweise schließlich entscheidenden Abgeordneten des Landesparlaments haben so kaum noch eine Chance, sich an den Empfehlungen einer unabhängigen Expertenkommission zu reiben, wie umgekehrt die in der Denkmalskommission wirkenden Fachleute vorab in den politischen Diskurs eingespannt werden: Die Empfehlungen der Kommission werden mit Stimmenmehrheit verabschiedet. Wenn im Folgenden über die Geschichtsarbeit auf bezirklicher Ebene zu berichten ist, dann ist auf den eben umrissenen Zusammenhang zurückzukommen.

Seit Herbst 1990 verfolgt das Kulturamt Prenzlauer Berg die mehrteilige Projektreihe »Mit der Geschichte leben«. Wir verstehen diese eher lose Folge als einen Beitrag für die öffentliche Auseinandersetzung mit dem Erbe der DDR-Geschichte, als eine Zuarbeit für die aktuelle Debatte, die insbesondere zu den Straßennamen, zum Umgang mit den politischen Denkmälern und zum Antifaschismus-Verständnis der DDR geführt wird.

Zunächst muss konstatiert werden, dass bis Herbst 1990 aus eigener Kraft keine Veränderungen bei den Institutionen der bezirklichen Geschichtsarbeit erfolgten, dem Heimatmuseum und dem früheren »Traditionskabinett des antifaschistischen Widerstandskampfes«, das im Zusammenhang mit dem Thälmann-Denkmal errichtet wurde. Marginal, aber bezeichnend sind dabei die vom damaligen Leiter des Traditionskabinetts vorgenommene Beseitigung des Fotos von Erich Honecker aus der Dauerausstellung des Traditionskabinetts nach dessen Ausschluss aus der SED im Winter 1989 und der spätere Abbau der granitenen Fahnenteile am Thälmann-Denkmal auf Beschluss des damaligen Rates des Stadtbezirkes im Frühjahr 1990. Sie enthielten ebenfalls Honecker-Sprüche.

Die Dauerausstellung des Heimatmuseums, die ihren historischen Bogen von der Eiszeit bis zur Gegenwart noch mit den Erfolgen des Wohnungsbauprogramms der SED abrundete, wurde auf Beschluss des Bezirksbürgermeisters im Sommer 1990 geschlossen. Statt sich nun der Erarbeitung einer den »neuen Verhältnissen entsprechenden« Dauerausstellung des Heimatmuseums zuzuwenden oder das Traditionskabinett des antifaschistischen Widerstandskampfes einfach um die bislang verdrängten Opfer des Nationalsozialismus zu »ergänzen«, wie von den Mitarbeiterinnen und Mitarbeitern zunächst vorgeschlagen, ging das Kulturamt einen anderen Weg.

Die Geschichtsarbeit insgesamt war kritisch zu betrachten, vor allem ihre institutionelle Einbindung und die daraus resultierenden Präsentationsformen. Insofern drängte das Kulturamt nicht auf eine bloße »Wendung der Inhalte«, sondern auf einen grundsätzlichen Bruch in der Geschichtsarbeit selbst. Natürlich hat dies auch inhaltliche Konsequenzen, aber diese sind nicht ideologisch präformiert, sondern durch einen neuen methodischen Zugriff erarbeitet.

Ablesen lässt sich die Veränderung der Arbeitsweise zunächst daran, dass die Idee der baldigen Erarbeitung einer längerfristig »gültigen« Dauerausstellung des Heimatmuseums zugunsten der Projektarbeit aufgegeben wurde. Die Gesamtdarstellung der Geschichte des Bezirkes lässt sich danach eher in der Form eines offenen Baukastens denken, in dem die Resultate der Projektarbeit die Bausteine darstellen.

Zum Umgang mit den politischen Denkmälern

Die für das Gelingen des Prozesses der deutschen Einigung notwendige Aufarbeitung der Geschichte findet einen ihrer streitbarsten Gegenstände in der Frage nach dem Umgang mit den politischen Denkmälern der DDR. Vor dem Hintergrund der bereits seit längerem laufenden Diskussion (erinnert sei an die Vorschläge von Manfred Butzmann zur Begrünung der Denkmäler) übernahm das Heimatmuseum im Herbst 1990 die dokumentarische Ausstellung des Aktiven Museums und der Neuen Gesellschaft für Bildende Kunst »Erhalten – Zerstören – Verändern? Denkmäler der DDR in Ost-Berlin«. Diese Ausstellung bot einen ersten Aufriss des Problems.[1]

Auch das Bezirksamt Prenzlauer Berg hatte bereits frühzeitig das Problem erkannt und fasste im September 1990 auf Vorschlag des Kulturamtes einen Beschluss zum Umgang mit dem Kampfgruppen- und dem Thälmann-Denkmal:

Projekte der Geschichtsarbeit in Prenzlauer Berg. 1992

Installation zur Begrünung des Kampfgruppendenkmals von Reinhard Zabka und Ben Wagin.

Das Bezirksamt Prenzlauer Berg von Berlin befördert durch geeignete Maßnahmen die öffentliche Auseinandersetzung der Bürgerinnen und Bürger mit diesen besonders prekären Monumenten einer entfremdeten politischen Kultur, die noch bis vor kurzem den Alltag der DDR prägte und die es durch die Demokratisierung des öffentlichen Lebens dauerhaft zu überwinden gilt. Im Interesse einer öffentlichen Aufarbeitung der Geschichte lehnt das Bezirksamt den sofortigen Abbau der Monumente ab.

In der Begründung hieß es:

> Die betreffenden Objekte stellen vor dem Hintergrund des aktuellen gesellschaftlichen Wandels zweifellos eine Provokation dar, stehen sie doch für ein zutiefst undemokratisches Verhältnis von Politik, Kunst und Öffentlichkeit. Ein Abbau der Monumente ohne eingehende öffentliche Auseinandersetzung würde jedoch der Verdrängung zuarbeiten und die für ein demokratisches Gemeinwesen notwendige aktuelle Vergangenheitsbewältigung behindern. Die Geschichte der DDR kennt hierfür genügend Beispiele. Die Art der Installierung dieser Denkmäler darf nicht durch die Art ihrer Beseitigung bestätigt werden. Nur indem die Auseinandersetzung mit diesen Zeugnissen einer untergehenden Epoche zugleich eine Aufarbeitung der eigenen Geschichte beinhaltet, wird zukünftig ein souveräner Umgang mit den Denkmälern und der in ihr geronnenen Geschichte möglich.
>
> Dies kann gegebenenfalls dann aber im Resultat einer öffentlich und möglichst differenziert geführten Debatte auch den Abriß der Denkmäler einschließen. Die vorgeschlagenen Maßnahmen zielen darauf, eine längerfristige öffentliche Auseinandersetzung zu befördern: durch kritische Kommentierung, dokumentarische Aufarbeitung und behutsame Umgestaltung wird die ideologische Funktion der Denkmäler demontiert ohne zugleich die Geschichte der Orte vergessen zu machen.

Im Ergebnis des Beschlusses wurden schließlich eine Tafel mit einem kritischen Kommentar am Kampfgruppen-Denkmal sowie als assoziative gestalterische Ergänzung zwei Teile der Berliner Mauer aufgestellt. Also: öffentlicher Umgang mit der Geschichte als Versuch der Schaffung einer in den Alltag hineinreichenden Kommunikation über historische Brüche, deren Auswirkungen jeder – wenn auch auf durchaus unterschiedliche Weise – zu verarbeiten hat.

Die Überlegung war damals: Die Entfernung der Bildwerke aus dem Alltagslebens Ostberlins würde gewiss zur »Entsorgung« beitragen, nämlich den Bürgerinnen und Bürgern die Last nehmen, sich mit den Denkmälern der Vergangenheit auseinandersetzen zu müssen, Abschied

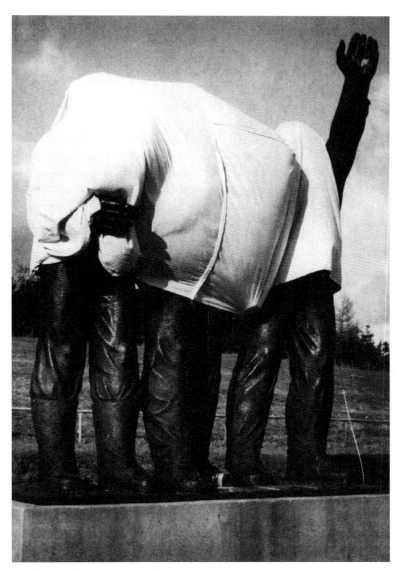

Verhüllungsaktion der Jungen Union.

zu nehmen von einem gescheiterten politischen Programm oder auch erinnert zu werden an das mangelnde Engagement beim Widerstand gegen das schon länger als falsch Erkannte.

Der Beschluss enthielt auch die Zustimmung zur Kunstaktion von Reinhard Zabka und Ben Wagin, die das Kampfgruppen-Denkmal mit

Schnüren verspannt und ein schnell wachsendes Gewächs gepflanzt hatten. Allerdings wuchsen die Pflanzen viel zu langsam, als dass der angestrebte Effekt des Verhüllens hätte demonstriert werden können. Die Installation war bald schon zerstört. Interessanter war dann schon die Farbattacke mit der Sprühdose, die das Pathos der vorbeimarschierenden Kämpfer ironisierte. Mehr als ein dreiviertel Jahr stand die kritische Kommentierung am Kampfgruppen-Denkmal.

Als eine Erfahrung bleibt das Ausbleiben einer nennenswerten Reaktion der Bevölkerung festzuhalten. Allerdings stehen die knapp zehn Zuschriften auch in überhaupt keinem Verhältnis zur gegenläufigen Ursupation des Themas durch die Medien und die Parteien, die durch bezirkliche Initiative den Abriss herbeiführten. Immerhin provozierte die politische Debatte um das Kampfgruppen-Denkmal noch zwei weitere gestalterische Versuche. So stülpte die Junge Union ein weißes Tuch über die Plastik, wohl weniger im Sinne des Verpackens (Christo) als vielmehr im Sinne eines Totentuches. Das Neue Forum versuchte, die Kämpfergruppe durch originalen Stacheldraht vor dem Abriss zu schützen.

Der nun erfolgte Abriss des Kampfgruppen-Denkmals geschah nun aber nicht im Ergebnis des vom Bezirk selbst eingeleiteten Prozesses der öffentlichen Auseinandersetzung um das Denkmal, sondern als dessen Beendigung. Lag dem Beschluss vom September 1990 noch ein historisch-kritischer Denkmalsbegriff zugrunde, ist der Denkmalsbegriff in der Begründung des Abrissbeschlusses der Bezirksverordnetenversammlung (BVV) nur noch affirmativ: »Die BVV Prenzlauer Berg hält es für untragbar, dass eine solche Organisation (d. h. die Kampfgruppen, d. A.), die inhumanen und undemokratischen Zwecken diente, weiterhin durch ein öffentliches Denkmal repräsentiert wird.«[2]

Während nun das plastische Ensemble, auf das sich die kritischen gestalterischen Versuche gerichtet hatten, abgetragen wurde, soll die Denkmalsanlage mit ihrem großen Vorplatz, der früher zu Aufmärschen von Einheiten der Kampfgruppen und der Armee (Vereidigungen) diente, weitergenutzt werden. Am Tage des Abrisses am 28. Februar 1992 war von Bezirkspolitikern die Idee zu vernehmen, das Bronzerelief der vorbeimarschierenden Kämpfer durch eine Orientierungstafel für den Volkspark Prenzlauer Berg zu ersetzen und die Leere des Appellplatzes mit seinen ins Nichts führenden Treppenanlagen durch einen Wochenmarkt zu füllen.[3]

Das Problem des Umgangs mit den politischen Denkmälern ist somit doch zum Problem ihrer Entsorgung geworden. Darin spricht sich für mich ein Verlust von Öffentlichkeit und Geschichte aus, gemessen an den Standards einer historisch-kritisch reflektierenden Moderne.

Projekte der Geschichtsarbeit in Prenzlauer Berg. 1992

V-Effekt: Aktivisten des Neuen Forums schützen das Kampfgruppen-Denkmal vor allzu schneller Geschichtsentsorgung mit deren eigenen Waffen.

Die Umbenennung des Berliner Leninplatzes in »Platz der Vereinten Nationen« und der Abbau des Lenin-Denkmals sollten das Ende der Geschichte des Kommunismus als politischer Bewegung symbolisieren. Aber welcher historische Sinn spricht aus dem Fehlen jeder weitergehenden gestalterischen Idee für diesen Platz? Sollte das Ende des Kommunismus als die einzige die vereinten Nationen verbindende Idee gedeutet werden? Ist gar nach dem Kommunismus das postmoderne Ende der Geschichte unausweichlich? Angesichts dieser Ratlosigkeit scheint die von Unbekannten vorgenommene Benennung des Leninplatzes nach der berühmten DDR-Comicfigur des Ritters Runkel zeitgemäß: als eine resignative Parodie auf die Unfähigkeit im Umgang mit der Geschichte.

Die »Entsorgung« des Thälmann-Denkmals steht noch bevor. Hier sei nur angemerkt, dass im Unterschied zum Kampfgruppen-Denkmal, das im Grunde am Rande eines Parks abgestellt wurde, die Abtragung des Thälmann-Denkmals vor allem eine städtebauliche Gesamtlösung erfordert. Die umfangreichen Bodenuntersuchungen im umliegenden Park und die sich schon andeutende Argumentation, unterm Denkmal sei der Boden des ehemaligen Gaswerks am stärksten verschmutzt, deuten allerdings darauf hin, dass auch in diesem Fall kaum mit einer ernsthaften historischen Auseinandersetzung zu rechnen ist. Auch beim Thälmann-Denkmal ist das Resultat möglicher Entscheidungen wohl absehbar. Aber ich denke, wichtiger als das Resultat selbst ist die Art und Weise, wie es zustande kommt, wie viel Zeit man sich nimmt und ob man ernsthaft versucht, den Vorgang möglichst vielen Menschen nachvollziehbar zu machen. Die Kontaminierung des Bodens war schon einmal der Grund, Geschichte abzutragen: nämlich bei der Sprengung der drei wunderbaren Gasometer am selben Ort 1984.

Nicht aus nostalgischer Neigung, sondern als ein Angebot für historische Reflexion plant das Kulturamt ein Symposium zum Thälmann-Denkmal. Neben noch unbekannten biografischen Aspekten der historischen Person Thälmann sollen vor allem die Entstehung und die Funktion des Thälmann-Mythos in der DDR aufgezeigt werden, darunter die fehlgeschlagenen Versuche, Thälmann in Ostberlin durch ein »zentrales« Denkmal zu ehren und die Geschichte des hiesigen Thälmann-Denkmals, zu der auch der Bürgerprotest gegen die Gasometer-Sprengung gehört.[4]

Die Debatte um die Straßennamen

Das erste eigene Projekt des Heimatmuseums war die im Juni 1991 eröffnete dokumentarische Ausstellung zur Geschichte der Straßennamen im Bezirk und das dazugehörige Begleitbuch.[5] Im Vorfeld der absehbaren Diskussion um die im Bezirk zu DDR-Zeiten vergebenen Straßennamen sollte mit dieser Dokumentation der Zusammenhang von Stadtentwicklung und politischer Geschichte aufgearbeitet werden.

Auf der Grundlage der dabei gewonnenen Positionen formulierte das Kulturamt Grundsätze für ein differenziertes Vorgehen, die das Bezirksamt am 11. Juni 1991 in einem Beschluss bestätigte:

Umfassende Einbeziehung der Bürgerinnen und Bürger des Bezirkes, die Zugrundelegung historisch begründeter Kriterien sowie die Berücksichtigung des Kostenfaktors sollten gleichermaßen Grundlage für das Herangehen sein.
Das Bezirksamt vertritt aus grundsätzlichen historischen und außenpolitischen Erwägungen den Standpunkt, daß die Namen der im Bezirk nach ermordeten antifaschistischen Widerstandskämpfern benannten Straßen, die zudem früher in der Mehrzahl nach ehemals deutschen und heute in Polen bzw. der Sowjetunion gelegenen Städten benannt waren, erhalten werden sollten.
Eine Neubenennung sollte erfolgen, wenn den Geehrten stalinistische Unrechtstaten nachgewiesen werden können oder in Berlin mehrere Straßen nach den entsprechenden Personen benannt sind.

Die Auseinandersetzung sollte sich vor allem auf solche Personen konzentrieren, die nach 1945 in der SBZ bzw. in der DDR wirkten. Auf Beschluss der BVV wurde ein Sonderausschuss gebildet, der, unterstützt vom Kulturamt, Historiker, Angehörige der Namensgeber und die betroffenen Bürger des Bezirks in die Erörterung des Problems der Straßenumbenennungen einbeziehen sollte.
Entgegen der vom Bezirksamt ursprünglich gefassten Orientierung sollen nun aber im Bezirk Prenzlauer Berg verschiedene Straßen, die bislang nach ermordeten Antifaschisten benannt waren, zurückbenannt werden: ehemals deutsche Städte anstelle der Gegner des NS-Regimes? Die Entscheidung der BVV kam zustande, obwohl das Bezirksamt (gebildet aus SPD und Bündnis 90) anfänglich den zitierten Beschluss gefasst hatte und der Sonderausschuss der BVV keine entsprechenden Umbenennungen empfohlen hatte und obgleich der Landesausschuss der SPD eine gegenteilige Orientierung gegeben hatte.[6]
Ich möchte hier darauf verzichten, den Prozess der Debatte und Entscheidung im Einzelnen zu schildern. Retrospektiv betrachtet war die bisherige Debatte um die Straßennamen eine Geschichte vertaner Chancen. Exemplarisch steht hierfür der Ausschluss der Kompetenz anerkannter Historiker. Hatte der BVV-Beschluss die Anhörung von Historikern im Sonderausschuss ausdrücklich empfohlen, wurden die Anhörungen kurzerhand beendet, als sich herausstellte, dass sie

die politischen Ziele einer Mehrheit der Abgeordneten nicht zu stützen schienen.

Auch den beteiligten Historikern (unter ihnen die Sozialdemokraten Prof. Reinhard Rürup, TU Berlin, Mitglied der Historischen Kommission beim Parteivorstand der SPD, und Prof. Wolfgang Wippermann, FU Berlin) ist es nicht gelungen, die Notwendigkeit der Unterscheidung zwischen den politischen Zielen der Namensgebung zu DDR-Zeiten und der historischen Integrität des Widerstandes jener Menschen, die ihr Leben im Kampf gegen die NS-Diktatur verloren haben, zu vermitteln. Selbst die eindeutige Einschränkung, dass dabei Menschen, die Menschenrechtsverletzungen zu verantworten haben, nicht geehrt werden sollten, wurde nicht aufgegriffen: Sie hätte detaillierte historische Nachforschungen erfordert.

Genau dieses Moment der Unbestimmtheit und der notwendigen, in die Zukunft hineinreichenden Aufarbeitung von Geschichte war aber gerade nicht gewollt. Auch die Tatsache, dass sich der überproportionale Anteil kommunistischer Namensgeber nicht nur aus ideologischer Enge ergibt, und vor dem Hintergrund der einseitigen Traditionsbezüge in den Westbezirken Berlins und angesichts des tatsächlich verlustreichen Widerstandskampfes der KPD durchaus relativiert, konnten die Historiker einer Mehrheit der Abgeordneten nicht vermitteln.

Als die Tätigkeit des Sonderausschusses aus der Sicht der Befürworter schneller und rigoroser Umbenennungen keine greifbaren Ergebnisse zu bringen schien, griff das Bezirksamt mit einem Beschluss, der auf Initiative der SPD Prenzlauer Berg zustande kam, in die Tätigkeit des Sonderausschusses ein. In direktem Gegensatz zu der Empfehlung des Landesausschusses der SPD wurde hier eine Umbenennung der nach den von den Nationalsozialisten ermordeten kommunistischen Funktionären John Schehr, Conrad Blenkle, Arthur Becker und Rudi Arndt benannten Straßen gefordert und deren Rückbenennung nach ehemals ostpreußischen Städten vorgeschlagen.

Im sogenannten Taut-Viertel (»Carl-Legien-Stadt«, 1928 bis 1930 errichtet von der GEHAG, Architekten Bruno Taut und Franz Hillinger, benannt nach dem 1920 verstorbenen ADGB-Vorsitzenden) sollten die früheren Namen von sozialdemokratischen Gewerkschaftsfunktionären aus dem ersten Drittel unseres Jahrhunderts die Namen von Opfern der NS-Diktatur ablösen (die Nationalsozialisten hatten die Namen der Gewerkschafter durch flandrische Ortsnamen, erinnernd an Schlachten des Ersten Weltkrieges getilgt). Da die zugesagte historische Begründung für die Umbenennung der nach den genannten KPD-Mitgliedern benannten Straßen vom Initiator des Bezirksamtsbeschlusses nicht beigebracht wurde, zog die Bezirksstadträtin für Kultur und Bildung den Beschluss im Namen des Bezirksamtes insgesamt zurück. Der Sonderausschuss einigte sich schließlich nach kontroverser Debatte auf Empfehlungen, die auf Umbenennungen von Straßen, die nach ermordeten NS-Opfern benannt sind, verzichtet. Für das Taut-Viertel wurde die sinnvolle Lösung vorgeschlagen, die jetzigen Straßennamen nach NS-Opfern beizubehalten und die Geschichte der Straßennamen öffentlich kenntlich zu machen. Durch Änderung einer noch aus der Nazizeit stammenden Straßenbenennung und durch Umbenennung eines Teilabschnittes einer zentralen Straße des Viertels sollten darüber hinaus zwei der bedeutenden Gewerkschaftsführer geehrt werden.

Natürlich blieben weitere Umbenennungsempfehlungen politisch umstritten, vor allem hinsichtlich jener Antifaschisten, die im sowjetischen Exil waren und später in der DDR (oder wie Dimitroff in Bulgarien) wirkten. Aber die kurz umrissenen Vorschläge waren Ergebnisse eines ernsthaften Bemühens und der Suche nach einem mit breiter Mehrheit getragenen Kompromiss. Doch die BVV ignorierte die Empfehlungen des Sonderausschusses. War die Tätigkeit des Sonderausschusses durch die Parteiinitiative per Bezirksamtsbeschluss schon nur noch eine geduldete, dann wurde sie ad absurdum geführt durch das Verhalten der Fraktionen, die selbst den Vorsitzenden (SPD) bzw. den stellvertretenden Vorsitzenden (CDU) gestellt hatten und ihrerseits nun durch eine Antragsflut die Empfehlungen des Sonderausschusses (und gegen das Votum seines Vorsitzenden) zu Fall brachten.

Zu den vergebenen Chancen einer neuen, konsensorientierten politischen Kultur gehört auch der abgebrochene Dialog mit den Bürgerinnen und Bürgern. So wurde die auf den Bürgerversammlungen überwiegend vertretene Stellungnahme gegen die Eile und Undifferenziertheit der Straßenumbenennung mit der Mobilisierungsfähigkeit der PDS erklärt. Der daraufhin von Bündnis 90 initiierte Antrag, auf eine qualifizierte Weise die Bürger des Bezirks zu befragen, wurde von der BVV ebenfalls abgelehnt.

Die (noch nicht abgeschlossene) Auseinandersetzung um die Straßennamen hat sehr deutlich die Grenzen der bezirklichen Geschichtsarbeit markiert. Offenbar hat sich der historische Diskurs, der ja nicht mit Mehrheitsentscheidungen zu führen ist, noch nicht ausreichend von der Politik emanzipieren können. Umgekehrt kann die Geschichtsarbeit nicht den Anspruch erheben, unmittelbar auf die politischen Entscheidungen Einfluss zu nehmen.

Neben der Aufgabe zur Dokumentation der historischen Debatte hat die Geschichtsarbeit aber durchaus die Pflicht, mit den im Prozess der Aufklärung erarbeiteten Standards historischen Denkens die Politik unter Legitimationszwang zu stellen.

Die kritische Kommentierung des »Traditionskabinetts des antifaschistischen Widerstandskampfes«

Was in den Turbulenzen der politischen Auseinandersetzung um die Straßennamen kaum und in der Debatte um den Umgang mit den politischen Denkmälern nur bedingt gelang, konnte dagegen zusammenhängend in einem dritten Projekt der bezirklichen Geschichtsarbeit des Kulturamtes demonstriert werden. Angesichts der besorgten Nachfragen der Vertreter/-innen des heutigen Interessenverbandes ehemaliger Teilnehmer am Widerstand gegen das NS-Regime bestätigten der Bezirksbürgermeister und die für Kultur zuständige Bezirksstadträtin, dass der Bezirk die kommunale Einrichtung im Thälmann-Park erhalten werde und es eine bleibende Aufgabe sei, den Widerstand gegen das NS-Regime parteiübergreifend zu würdigen.

Unter diesen politischen Voraussetzungen entwickelte das Kulturamt seit Herbst 1990 eine Konzeption für die bezirkliche Geschichtsarbeit, die auch eine wesentliche Veränderung der Funktion und des Charakters des Traditionskabinetts einschloss. Die Ausstellung im Traditionskabinett war nicht nur einfach irgendwie überlebt, politisch, museumspädagogisch und gestalterisch, sie war es exemplarisch. Als ein Zeugnis des Antifaschismus-Verständnisses in der früheren DDR war die Ausstellung selbst wie auch ihre Einbindung in das Ideologieprogramm des Ernst-Thälmann-Parks (ein »sozialistisches« Wohngebiet mit dem monumentalen, aus Anlass des 100. Geburtstages Thälmanns geschaffenen Denkmal) als ein Gegenstand der historischen Aufarbeitung zu entdecken.

Unverändertes Fortbestehen oder gar die Schließung der Einrichtung hätten das Gedenken an den Widerstand aus der Umklammerung der Erinnerung durch die politische Ideologie der DDR nicht lösen können. Nach dem Ende der DDR wäre so antifaschistisches Engagement nicht mehr als ein Essential des demokratischen Grundkonsens der Bundesrepublik reformulierbar. Als äußerst problematisch musste auch die Variante erscheinen, das Traditionskabinett durch die Erweiterung bzw. Substituierung der Opfergruppen in eine bezirkliche Gedenkstätte staatlicher Gewaltherrschaft zu verwandeln – wäre doch dann gerade an die institutionalisierte Inszenierung historischen Gedenkens angeknüpft und ein Kontinuum imaginiert worden, das die historischen Brüche ausblendet.

Mit der kritischen Kommentierung der Ausstellung, zu der in Kürze ein Begleitbuch[7] erscheint, sollte nun ein erster Schritt auf dem programmatischen Weg der Umwandlung des »Traditionskabinetts« in eine »Museumswerkstatt« getan werden. Als ein Ort der Projektarbeit sollen hier in Kooperation mit Initiativen und Interessengruppen geschichtliche Themen erarbeitet, präsentiert und öffentlich diskutiert werden. Die Zeit des Nationalsozialismus soll dabei auch weiterhin ein Gegenstand der historischen Auseinandersetzung bleiben.

Diese funktionelle Neubestimmung des früheren Traditionskabinetts verlief nicht ohne Irritationen seitens der bisher dort Beschäftigten sowie der Vertreter/-innen des Interessenverbandes der antifaschistischen Widerstandskämpfer. Die kritische Kommentierung wurde vielfach mit einer Gegenausstellung verwechselt. Der Versuch, den Diskurs der autoritären Präsentation ideologischer Geschichtsbilder zu durchbrechen, wurde übersehen.

Mit der Kommentierung wurden vielmehr Fragen gestellt: an die Ausstellung, an die Besucher, aber auch an die weitere historische Forschung zum Widerstand und zum Alltag im Nationalsozialismus. Antworten im Sinne eines konsensfähigen Geschichtsverständnisses werden nur in wechselnden Projekten mit verschiedenen Perspektiven zu gewinnen sein.

Ein aktiver Umgang mit der Geschichte ist möglich. Die geschilderten Projekte stehen für mögliche Zugänge. Historische Brüche lassen sich nur reflektieren, wenn das Medium der geschichtlichen Tradierung selbst zum Medium der Reflexion wird. Der politische Bruch mit der geschichtlichen Tradition vollzieht sich aber noch immer weitestgehend im selben Medium. Hier kann Geschichtsarbeit eingreifen. Theoretisch betrachtet, könnte man davon sprechen, dass es darauf ankommt, (post)moderne Reflexionsformen gegen das postmoderne Ende der Geschichte zu setzen.

Die kritische Kommentierung oder die gestalterische Ergänzung von Denkmälern einer vergangenen Epoche, die Markierung historischer Brüche in der Geschichte von Straßenbenennungen oder das Medium der Ausstellung in einer Ausstellung sind solche Versuche. Sie können die Fähigkeit zur kritischen Wahrnehmung historischer Bedeutungsstrukturen stärken. In vormodernen Formen des Diskurses ist dagegen der Verlust von Geschichte und Öffentlichkeit unausweichlich. Denn die Geschichte ist heute mehr denn je eine Geschichte der Gleichzeitigkeit des Ungleichzeitigen und nicht eine Geschichte der linearen Abfolge hinter sich zu bringender Zeitalter.

Leicht überarbeitete Fassung des Vortrages auf dem Kulturpolitischen Wochenendseminar des August-Bebel-Instituts »Vorwärts und rasch vergessen? Über den Umgang mit der Geschichte und der Kultur der DDR nach der Wende«, am 7. und 8. März 1992 im Kulturhaus im Thälmann-Park, zuerst veröffentlicht in: KULTUR IN DEUTSCHLANDS OSTEN, *hrsg. von KulturInitiative '89 in Verbindung mit dem Institut für Kulturwissenschaft an der Humboldt-Universität zu Berlin (= Mitteilungen aus der kulturwissenschaftlichen Forschung 32), Berlin 1992, S. 232–250. (Anm. d. Hrsg.)*

1 Vgl. *Erhalten – Zerstören – Verändern?* Denkmäler der DDR in Ost-Berlin. Eine dokumentarische Ausstellung. Schriftenreihe des Aktiven Museums Faschismus und Widerstand in Berlin e. V., Bd. 1, Berlin 1990.
2 Nicht der Abriss als solcher soll hier kritisiert werden, sondern der Abbruch des öffentlichen Prozesses, sich über den Umgang mit diesem Denkmal zu verständigen.
3 Bis zum Herbst 1992 haben nach Abriss des Denkmals keine weiteren Veränderungen stattgefunden.
4 Inzwischen hat die Bezirksverordnetenversammlung Prenzlauer Berg auf Initiative des Kulturausschusses einen Beschluss gefasst, in dem die Entscheidung über das Denkmal von den Ergebnissen eines vom Land Berlin zu veranstaltenden künstlerischen Wettbewerbs zur kritischen Ergänzung bzw. Umgestaltung des Denkmals und von der Vorlage eines städtebaulichen Konzepts für den Bereich abhängig gemacht wird.
5 *Berlin Prenzlauer Berg, Straßen und Plätze.* Begleitbuch zur Ausstellung »Mit der Geschichte leben«, eine Dokumentation zur Geschichte der Straßennamen im Berliner Bezirk Prenzlauer Berg, hrsg. vom Kulturamt Prenzlauer Berg, Berlin 1991.
6 Durch Verwaltungsklage der BVV-Fraktion Bündnis 90/Grüne/UFV/Neues Forum wurden die entsprechenden, von CDU und SPD getragenen Beschlüsse der BVV inzwischen aufgehoben, da während der Abstimmung Formfehler unterlaufen waren. Vor den Wahlen in den Berliner Bezirken beschränkte sich dann das Bezirksamt geltend das Votum der Bündnis-Stadträte auf einige wenige Umbenennungen. Nach der Konstituierung der neuen Bezirksverordnetenversammlung wird die politische Auseinandersetzung um die Straßennamen gewiss fortgesetzt.
7 *Mythos Antifaschismus. Ein Traditionskabinett wird kommentiert.* Begleitbuch zur Ausstellung in der Museumswerkstatt im Thälmannpark, hrsg. vom Kulturamt Prenzlauer Berg, Aktives Museum Faschismus und Widerstand in Berlin e. V., Berlin 1992.

»THÄLMANN UND THÄLMANN VOR ALLEN«[1]
Ein Nationaldenkmal für die Hauptstadt der DDR. 1996

Die mehr als 15-jährige, von 1949 bis 1965 dauernde Geschichte des Denkmals für den früheren Thälmannplatz in Berlin ist eine Geschichte des Scheiterns. Es ist zunächst das Scheitern der DDR selbst, das heute die Verbindung zwischen dem unausgeführten Plan für ein Thälmann-Nationaldenkmal aus dem Gründungsjahr der DDR und der Errichtung des Thälmann-Denkmals von Lew Kerbel in der Endphase der DDR nahelegt. So ist das heutige Thälmann-Denkmal nicht nur ein Dokument der späten DDR, sondern, insofern das gescheiterte Projekt als »Vorgeschichte« darin aufgehoben ist, auch ein Dokument des Gründungsmythos und der Geschichte der DDR. Beide Denkmalsprojekte (und die jeweils unterlegenen Alternativvorschläge) verweisen nicht nur auf die zentrale Funktion der Thälmann-Legende für das herrschende ideologische Selbstverständnis in mehreren Jahrzehnten DDR[2], an ihnen lassen sich auch Linien der kulturpolitischen Auseinandersetzung um Kunst und Politik im öffentlichen Raum der Stadt darstellen.

Konstruktion des Gedenkens
Die bildliche Erinnerung an Ernst Thälmann, den 1944 im KZ Buchenwald nach 11-jähriger Einzelhaft ermordeten KPD-Führer, ist in der Geschichte der DDR keineswegs dominant durch Denkmäler geprägt worden. Hier wären viel eher das Medium der historischen Fotografie, der auf Tribünen und in Demonstrationszügen gezeigten Porträtbilder, des Spielfilms sowie die unzähligen biografischen Schilderungen zu nennen, die stets in bestimmten ideologischen Diskursen verwendet wurden. »Elemente eines Thälmann-Kultes gab es bereits schon vor 1933, als analog zum Stalin-Kult auch die KPD ihren Führer hervorhob und versuchte, ihn mit einer Aura zu umgeben. Da gab es die Legende vom guten Redner und die Legende vom tapferen Kämpfer im Hamburger Aufstand.« [Leo 1993a] Nach seiner Verhaftung 1933 wurde Thälmann zum Symbol einer breiten internationalen Protestbewegung gegen das NS-Regime. Ein von Erich Weinert 1936 in Moskau geschriebenes Gedicht aktualisiert angesichts der Gefangenschaft von Thälmann den christlichen Mythos vom nicht zu tötenden Geist, der trotz Grablegung Kontakt zu seinen Genossen habe und den Wind der Geschichte fühle. Und da die Geschichte eindeutig gerichtet sei, über-

Nach der Einweihung des Thälmann-Denkmals 1986, Ausschnittmarkierung auf dem Original.

lebt der Geist die Finsternis in der Gewissheit über das kommende Ende der Finsternis. So heißt es in dem Gedicht »Ernst Thälmann«:

Er haust in seinem Grab von Stein
Mit schmerzgequälten Gliedern,
Drei Jahre lang mit sich allein.
Da weht kein Wort zu ihm herein,
Kein Wort von seinen Brüdern. [...]

Sie hätten ihn längst umgebracht
Und heimlich ihn begraben;
Doch sehn sie, daß man ihn bewacht,
Daß die Genossen Tag und Nacht
Die Augen offen haben.

So taub und dick die Mauern sind,
Die seine Gruft umschließen,
Er fühlt der Welt geheimen Wind,
An jedem Tag, der ihm verrinnt,
Fühlt er, daß wir ihn grüßen.

Wenn ihn der Feind uns auch entriß,
Er kann den Geist nicht töten,
Der überlebt die Finsternis.
Er weiß: es ist der Tag gewiß,
Wo wir zum Sturm antreten.
[zit. nach *Tägliche Rundschau*, 15.4.1951]

Die Schwächen des Gedichts offenbaren die Problematik: Der vom Feind gefangene Thälmann wird hier schon in die Position des Märtyrers gehoben. Obwohl noch am Leben, »haust« er im Grab. In der Gruft kann von ihm keine Aktivität mehr ausgehen. Es bleibt nur Gewissheit auf den Gang der Geschichte, weniger die Hoffnung auf das Wunder *seiner* Errettung. Die KPD-Führung hatte tatsächlich bald nach seiner Verhaftung und bis 1939 geheime Kontakte zu Thälmann, die sie über Kuriere zu Thälmanns Frau Rosa und in der ersten Zeit der Vorbereitung auf einen Prozess auch zu seinen Anwälten unterhielt.[3]

Es sind immer wieder Vermutungen darüber geäußert worden, »wonach die Komintern bzw. die KPD kein Interesse daran gehabt haben, daß Thälmann aus der Haft entlassen würde, und daß sie deshalb auch die Möglichkeiten, die vor allem nach dem Abschluß des Nichtangriffspaktes 1939 bestanden haben sollten, nicht ausgenutzt haben« [Leo 1993a]. Die Historikerin Annette Leo, die sich intensiv mit den Kurierberichten und anderen zugänglichen Materialien befasst hat, hält diese These für wahrscheinlich. »Es gibt beinahe in jedem Gespräch zwischen Rosa und [dem Kurier] Edwin die von Thälmann geäußerte Bitte an Stalin, doch diplomatisch aktiv zu werden, einen Austausch von Gefangenen oder andere Möglichkeiten zu versuchen.« Hierzu unterbreitete Thälmann sehr konkrete Vorschläge, z. B. über den sowjetischen Botschafter in Rom Verhandlungen zu führen.

In einem undatierten Brief, wahrscheinlich von Ende 1938 schreibt Thälmann: »Die Frage meiner Entlassung steht heute so, daß ich keine Aussicht habe, vorerst entlassen zu werden. Man muß bedingungslos kapitulieren. [...] Ich sehe nur einen Weg und das ist, daß Stalin seine geniale Kunst spielen läßt, um mich frei zu bekommen. Hitler hat alle seine Leute in den letzten Jahren frei und herausbekommen. Warum sollte es Stalin nicht auf dem Wege der Diplomatie oder sonstigen anderen Möglichkeiten gelingen, mich frei zu bekommen. Ich hoffe im vollen Vertrauen auf dieses Gelingen. Sollte aber die Auffassung vorherrschend sein, daß es für die internationale Bewegung ratsam und notwendig ist, das große Opfer hier weiterhin zu bringen, dann offen heraus mit der Sprache und ich werde geduldig und gelassen mein so schweres fast unerträgliches Los ertragen.« [ebd.]

Nachdem die Kurierverbindung zu Thälmann 1939 abgerissen war und sich die Hoffnung auf eine Befreiung nach dem Überfall Deutschlands auf die Sowjetunion 1941 endgültig zerschlagen hatte, beschreibt Thälmann Anfang 1944 in einem Brief an einen Mitgefangenen sehr realistisch seine Situation:

> Wird man mich so ohne weiteres aus der Kerkerverbannung wieder in die große, unruhige Welt zurücklassen? Nein! Freiwillig ganz bestimmt nicht. Es besteht sogar die Wahrscheinlichkeit, so grausam und hart es ist, es hier auszusprechen, daß bei einem für Deutschland gefahrvollen Vordringen der Sowjetarmeen und mit der damit verbundenen Verschlechterung der Gesamtkriegslage das nationalsozialistische Regime alles tun wird, um die Persönlichkeit Thälmann schachmatt zu setzen. Das Hitlerregime wird in einer solchen Situation nicht davor zurückschrecken, Thälmann vorzeitig beiseite bzw. fortzuschaffen oder aber für immer zu erledigen. [...] Nur eine geschichtlich notwendige Selbsthilfe kann hier eine andere Lösung und Entscheidung bringen, die sich dann zugunsten der revolutionären Bewegung vollzieht ... [Thälmann 1986: 369]

Zu dieser »Selbsthilfe« kam es nicht mehr. Auf Befehl Hitlers wurde Thälmann im August 1944 im KZ Buchenwald ermordet. Unmittelbar danach veröffentlichte Alexander Abusch in der in Mexiko erscheinenden Zeitschrift *Freies Deutschland* den Artikel »Märtyrer der Nation und der Menschheit« [*Freies Deutschland* 1944, H. 11]. Darin werden die Grundzüge des Thälmann-Bildes skizziert, das weitestgehend das Thälmann-Gedenken in der DDR prägt. Mit Blick auf die »Einheit aller antifaschistischen Kräfte« wird Thälmann hierin als aufrichtiger Arbeiterführer und deutscher Volkstribun gezeichnet, als Symbol des antifaschistischen Widerstandskampfes und der

> [...] nationalen Friedensbewegung, die alle Klassen der Gesellschaft in Deutschland zu ergreifen beginnt. Hitler und Himmler haben Thälmann gemeuchelt, weil er als die große nationale Gestalt des demokratischen Freiheitskampfes berufen war, das deutsche Volk in die Familie der Kulturvölker zurückzuführen. [...] Die Armeen der Vereinten Nationen zerbrechen jetzt die Hitlerwälle in Ost und West. Die Stunde des Gerichts ist nahe. Und im Chor der Völker

erhebt sich die Stimme der deutschen Antifaschisten: [...] Ehre und Ruhm Ernst Thälmann, dem deutschen Arbeiter, der zum Märtyrer der Menschheit geworden ist. [...] Die revolutionäre Erhebung des deutschen Volkes würde der lebendige Triumph des deutschen Märtyrers Ernst Thälmann über seinen Mörder Hitler sein, den die Geschichte bereits an ihren Schandpfahl genagelt hat. [zit. nach *Neues Deutschland*, 22.8.1954]

Bekanntlich kam es zu dieser »revolutionären Erhebung des deutschen Volkes« nicht. Im Selbstverständnis der SED nahm später die Gründung der DDR diese Stelle ein.

Thälmann-Gedenken im Berliner Stadtraum vor 1949

Nach Kriegsende gab es in Ostdeutschland zunächst keinen ausgeprägten Thälmann-Kult. Ernst Thälmann war vielmehr eines der vielen Opfer der überwundenen Nazidiktatur. In bildlichen Darstellungen dominierten daher zu Anfang auch eher anekdotische und narrative Bildmuster, in denen Thälmann als populärer Politiker erinnert wurde. Des von den Nazis im KZ Buchenwald 1944 ermordeten Vorsitzenden der KPD wurde nach 1945 zuerst durch die Umbenennung von Straßen im westlichen Teil Berlins gedacht.[4] Diese auf Bezirksinitiative vorgenommenen Änderungen von Straßennamen mussten zurückgenommen werden. [vgl. Karwelat 1988]

Ernst Thälmann spricht am Revolutionsdenkmal von Ludwig Mies van der Rohe.

Am 17. Dezember 1945 fasste der Berliner Magistrat den Beschluss, das 1926 von der KPD errichtete und 1935 von den Nazis zerstörte Denkmal für Rosa Luxemburg und Karl Liebknecht, das Mies van der Rohe entworfen hatte und das eng mit den Traditionen der KPD in den zwanziger Jahren verbunden war, wiederzuerrichten. [vgl. Sitzungsprotokolle: 731] Die Wiederaufnahme der traditionellen Gedenkdemonstration zu den Gräbern von Luxemburg und Liebknecht im Januar 1946 war auch durch die Erinnerung an das Revolutionsdenkmal vermittelt. Aus diesem Anlass wurde es provisorisch, als Tribünenbild, wiedererrichtet. An Thälmanns Stelle standen nun Wilhelm Pieck und Walter Ulbricht. Doch Pieck plädierte schon zu dieser Zeit für eine Erweiterung der Gedenkstätte. »Den Zusammenschluß zur SED antizipierend, entwickelte Pieck die Idee, die Erinnerungsorte für die Toten der einstmals rivalisierenden Arbeiterparteien zu vereinigen, die Erinnerungsdiskurse zu vereinheitlichen.« [Adam 1992: 16] In dem 1947 ausgeschriebenen Wettbewerb zur Gestaltung der »Gedenkstätte der Sozialisten« (in der Jury saßen u. a. Hans Scharoun, Heinrich Tessenow und Karl Bonatz) waren die Träger des 1. Preises, der Gartengestalter Walter Kossow, der Architekt Eduard Ludwig und der Bildhauer Gustav Seitz, dieser Intention gefolgt.

> Der prämierte Entwurf sah eine Neuanlage der Gedenkstätte in der Nähe des Friedhofseingangs vor. Es handelte sich dabei um eine 22 m lange und 5,80 m hohe, leicht geschwungene verklinkerte Mauer, die aus übereinander gelegten Quadern bestehen sollte. Im rechten Winkel zum rechten Ende der Gedenkmauer sollte ein schmales Gräberfeld entstehen, das durch zwei überlebensgroße Trauernde, die je aus einem Steinblock herausgearbeitet wurden, begrenzt werden sollte. [NGBK 1990: 31]

Die von Gustav Seitz entworfene Zweifigurengruppe trägt den Titel »Verbundenheit«: »zwei Menschen, die einander mit schlichter Gebärde die Hände reichen und die Zielverbundenheit der Toten über Unterschiede der Charaktere, Zeiten und Auffassungen hinweg symbolisieren« [*Der Abend*, Berlin, 31.1.1948, zit. nach Adam 1992].

Nach Auffassung von Pieck entsprach der Entwurf jedoch »nicht der Möglichkeit, größere Gedenkkundgebungen der Berliner Arbeiterschaft an der Gedenkstätte abzuhalten« [Brief an den Oberbürgermeister Ebert vom 23.2.1948, zit. nach ebd.]. Auf der Grundlage einer Ideenskizze Piecks wurde die »Gedenkstätte der Sozialisten« später (1950/51) überaus konventionell gestaltet: als ein von einer Klinker-

Ein Nationaldenkmal für die Hauptstadt der DDR. 1996

Das Denkmalprovisorium von 1946: Nun stehen Wilhelm Pieck und Walter Ulbricht an Thälmanns Stelle.

mauer gefasstes Rondell mit einem Porphyrblock im Zentrum (Aufschrift »Die Toten mahnen uns«), mit Rednertribüne, flankierenden Pylonen mit Feuerschalen und einer hierarchischen Anordnung der Toten. Neben Liebknecht und Luxemburg, John Schehr, Rudolf Breitscheid und Franz Künstler fand Thälmann nun in der Mitte des Rondells symbolisch sein Grab (später wurden hier auch Pieck, Grotewohl und Ulbricht beerdigt), während an die »alten« Sozialisten bzw. die späteren Aktivisten der DDR an der Innenseite der Ringmauer erinnert wurde.

Vom Wilhelmplatz zum Thälmannplatz

Erst im Jahr nach der Spaltung des Berliner Magistrats (November 1948) beschloss der Ostberliner Magistrat am 18. August 1949, dem 5. Todestag Thälmanns, den Wilhelmplatz in Thälmannplatz und die U-Bahnstation »Kaiserhof« in »Thälmannplatz« (heute Mohrenstraße) umzubenennen. Die Umbenennungen sollten ursprünglich am 11. September 1949, dem Gedenktag der Opfer des Faschismus, stattfinden.

Wie Laurenz Demps in seinem Buch BERLIN – WILHELMSTRASSE berichtet, waren

> [...] die Mächtigen der neuen Zeit, die zunächst in der sowjetischen Besatzungszone und später in der DDR grundsätzliche Entschei-

> dungen auch über die Zukunft der Wilhelmstraße und ihrer Gebäude und Ruinen fällten, [...] mit diesem Ort zumeist nur wenig vertraut. Sie kamen aus der Emigration und standen vor Ruinen. Sie sahen die zerstörte Reichskanzlei und die Überreste der anderen Bauten in der Wilhelmstraße. Die Gebäude der Reichskanzlei wollte niemand mehr haben – da war man sich einig. [Demps 1994: 264]

Sie wurden auf Befehl der sowjetischen Behörden gesprengt und in der Zeit zwischen Februar 1949 und Sommer/Herbst 1950 abgetragen.

Aber den historischen Raum der »Wilhelmstraße« galt es zurückzuerobern, ihn sich untertan zu machen. Ein in der Geschichte oft zu beobachtender Vorgang wiederholte sich erneut: Besetzung der einstigen Orte des Geschehens und Überwindung der als »schlecht« erkannten oder angesehenen Vergangenheit durch eine neue Politik, die am nämlichen Ort die alte ablösen sollte. [...] Der aus der Not geborenen Hinwendung zu diesem Ort folgte ab 1949 die bewußte »Eroberung«. Die Nachkriegsgeschichte des einstigen Regierungsviertels in der Wilhelmstraße wurde Teil des Kalten Krieges in allen seinen politischen und kulturellen Varianten. [ebd.]

»Vom Wilhelmplatz zum Thälmannplatz« – so lautete die Überschrift im *Neuen Deutschland* vom 29. November 1949, unter der auf die am 30. November 1949 erfolgende Umbenennung hingewiesen wird. In dem Artikel wird unmittelbar auf Goebbels' Darstellung der Machtergreifung Hitlers »Vom Kaiserhof zur Reichskanzlei« Bezug genommen.

> Es werden keine 48 Stunden vergehen, dann werden die Blechschilder, die heute noch den Namen Wilhelmstraße tragen, für immer fallen. Sie werden durch neue ersetzt werden, die den Namen eines großen Friedenskämpfers tragen, Ernst Thälmann. [...] Vom Kaiserhof bis zur Reichskanzlei waren es nur gute 200 Schritte, die quer über den Wilhelmplatz führten. Aber es ist zugleich der verbrecherischste Weg, den die deutsche Reaktion je zurückgelegt hat. [zit. nach ebd.: 268]

Die symbolische Konfrontation bezog sich auf den Ort von Politik als Ort politischer Entscheidungen *und* als Ort politischer Demonstrationen:

> In den Gebäuden, die ihn umsäumen, sind Kriege und Raubzüge ausgebrütet worden. Und deshalb hat der Wilhelmplatz eine

schlechte Tradition für eine Stadt und ein Volk, das in der Friedensfront steht. [...] [I]n Gebäuden, die um einen Thälmannplatz stehen, (können) keine Kriegspläne mehr verwirklicht werden [....]. Und wie oft wurden die Berliner zusammengeholt und mußten auf diesem Platz fremden »Staatsmännern« zujubeln, mit denen man hinter verschlossenen Türen den neuen Weltbrand und damit den Untergang Deutschlands beriet. [ebd.]

Mit einer (noch relativ bescheidenen) Kundgebung, an der Wilhelm Pieck, Walter Ulbricht und Oberbürgermeister Friedrich Ebert teilnahmen, wurde der Thälmannplatz am 30. November, dem 1. Jahrestag der Bildung des Ostberliner Magistrats, eingeweiht. Berlin hatte nun einen »Platz des Friedens – den ›Ernst-Thälmann-Platz‹. [...] Aus einem Kriegshetzer-Platz ist ein Symbol des friedliebenden, aufbauenden Berlin geworden« [*Neues Deutschland*, 1.9.1949]. Die Umbenennung des Wilhelmplatzes, jenes Ortes, an dem sich die Machtzentrale Hitlers von seiner Ernennung zum Reichskanzler durch Hindenburg 1933 bis zu seinem Tod Anfang Mai 1945 befand, war eine weitreichende historische Setzung. Es waren die sowjetischen Truppen, die Berlin befreiten und die Reichskanzlei als letzte Bastion Nazi-Deutschlands eroberten. Indem kurz nach dem Krieg Thälmann als tragisch untergegangener Mahner und ungebrochener Kämpfer tradiert wurde (Wahlkampflosung der KPD zur Reichspräsidentenwahl 1932: »Wer Hindenburg wählt, wählt Hitler, wer Hitler wählt, wählt den Krieg«), konnte in der symbolischen Konfrontation mit dem früheren Ort der Reichskanzlei durchaus das vorangegangene Verhängnis deutscher Geschichte reflektiert und ein Angebot für eine neue Identität vermittelt werden.

Zwar war der antifaschistische Erinnerungsdiskurs wohl von Anfang an auf die Legitimation der Politik der SED und später der DDR gerichtet, aber das Thälmannbild hatte (bei allen stalinistischen Verfälschungen der politischen Geschichte der KPD) noch nicht jene triumphalen Züge, die es wenig später annahm. Die sich mit der Gründung der beiden deutschen Staaten im Herbst 1949 vertiefende Spaltung Deutschlands, die divergierende und konfrontative gesellschaftliche und politische Entwicklung bildete den Hintergrund für die zunehmende ideologische Funktionalisierung des Thälmann-Gedenkens. So erklärte Walter Ulbricht bereits aus Anlass des 5. Todestages Thälmanns am 18. August 1949, dass »Thälmann die guten Traditionen der deutschen Arbeiterbewegung verkörpere, er verbinde diese mit den Lehren Lenins und Stalins« [*Neues Deutschland*, 19.8.1949].

Thälmann-Denkmal von Walter Arnold in Weimar, 1958.

Die Aktualisierung Thälmanns musste so auch als Einschüchterung gegenüber der sozialdemokratischen Tradition wirken. Zugleich wurde das Thälmann-Gedenken in die nationale Politik der SED eingebunden.[5]

In den Jahren 1950/51 verengte sich das offizielle Bild von Widerstand und Verfolgung immer mehr auf die KPD. Zu den jährlichen Gedenkkundgebungen für die Opfer des Faschismus trat an die Stelle der Fahnen der Staaten der Anti-Hitler-Koalition das Thälmann-Bild über der Tribüne, die Kundgebung wurde vom Marx-Engels-Platz, für den ein Denkmal der Internationalen Organisation der Widerstandskämpfer (FIAPP) geplant war, zum umbenannten Wilhelmplatz, dem Thälmannplatz, verlegt.

Die ideologische Funktionalisierung des Thälmann-Gedenkens beinhaltete eine charakteristische Veränderung des Bildprogramms: Thälmann wurde nun als heroischer Volkstribun und kämpferisch agierender Politiker mit den entsprechenden Attributen, wie der geballten Faust und dem Habitus eines entschlossenen Politikers, dargestellt. Das bekannteste Werk aus den fünfziger Jahren ist die 1958 in Weimar aufgestellte Plastik von Walter Arnold. Der Wettbewerb zu einem Thälmann-Denkmal im Jahre 1949 fand nun gerade in dieser Phase des Übergangs vom breiten antifaschistischen zum parteidiktatorischen Diskurs statt.

Der Wettbewerb 1949/50

Am 3. Dezember 1949 fasste das Politbüro der SED den Beschluss über einen Wettbewerb für ein Thälmann-Denkmal in Berlin:

> Der Volksbildungsminister gibt der Regierung zur Kenntnis: Ernst Thälmann, dem großen Sohn des deutschen Volkes, dem antifaschistischen Kämpfer und Führer der deutschen Arbeiterschaft, dem Kämpfer für Frieden und Fortschritt und die nationale Unabhängigkeit, soll auf dem Thälmannplatz in Berlin ein Denkmal gesetzt werden, das in ehrenvoller Weise in unserem ganzen Volke die Erinnerung an einen seiner Besten wachhält, das ansport zur Fortsetzung und Vollendung des großen einst von Ernst Thälmann getragenen und nun durch uns zu erfüllenden Werkes. Die Künstlerschaft ganz Deutschlands wird aufgerufen, sich an der Gestaltung dieses ersten Monuments unseres neuen demokratischen Vaterlandes zu beteiligen. [...] Anzustreben ist eine raumgreifende, den Platz gestaltende Lösung, die der Größe des Themas gerecht wird. [SAPMO BArch, DY 30/J IV 2/3/70]

War mit der Umbenennung des Wilhelmplatzes noch ein auf die Geschichte des Ortes bezogenes aktives Be-Deuten evoziert, zielte die Entscheidung für ein Denkmal auf mehr. Nun sollte der Ort durch eine Denkmalssetzung auch gestalterisch neu bestimmt werden, durch »ein Thälmanndenkmal der Deutschen Demokratischen Republik«[6].

Das Ministerium für Volksbildung der DDR wurde beauftragt, einen Wettbewerb auszuschreiben, an dem »alle bildenden Künstler, die in Deutschland ihren Wohnsitz haben oder als Deutsche z. Zt. im Ausland ansässig sind« [siehe Anm. 6] teilnahmeberechtigt sind. Den Wettbewerbsunterlagen wurde eine Beschreibung des Lebens und der Person Ernst Thälmanns beigefügt, die mit großer Wahrscheinlichkeit von Willi Bredel stammt. Die Skizze endet mit den Sätzen:

> Ernst Thälmann hat den Glauben an eine glühende Zukunft unseres Volkes nie verloren, denn er kannte und vertraute der unversiegbaren Kraft der deutschen Arbeiter(klasse), wenn sie geeint an die neuen Aufgaben herantritt. Ihnen wies er das Ziel. Mit ihnen und für sie hat er sein ganzes Leben gekämpft. Für sie hat er ein elfjähriges Martyrium ertragen. Für sie hat er auf einem Golgathaweg ohnegleichen tropfenweise sein Blut geopfert.

Welche städtebaulichen Rahmenbedingungen bestanden für den Wettbewerb? Der Thälmannplatz umfasste nicht nur den historischen Wilhelmplatz, sondern war durch den Abriss des im Krieg zerstörten und auf Anordnung der sowjetischen Besatzungsmacht zwischen dem 21. und 31. Oktober 1947 gesprengten ehemaligen Ordenspalais vergrößert worden. Die erhaltenen Teile des von Karl Reichele 1937/38 gebauten Reichsministeriums für Volksaufklärung und Propaganda bildeten nun die Nord- bzw. einen Teil der Ostfront des Platzes. In den Gebäuden war nun der Deutsche Volksrat bzw. der Nationalrat der Nationalen Front untergebracht. Auf der Ostseite schloss sich nach Süden im Gebäude der ehemaligen Neumärkischen Ritterschaftsbank das Gästehaus der Regierung der DDR an.

Die Wettbewerbsausschreibung machte folgende städtebaulichen Vorgaben:

> a) Die Bauten, die den Platz nach Norden und Osten begrenzen, sind Regierungsgebäude (Verwaltung). b) Die dem Platz gegenüberliegende Westseite der Wilhelmstraße [das Gelände der früheren Reichskanzlei] bleibt unbebaut und ist für Autoparkplätze und Grünanlagen vorbehalten, die in Verbindung mit dem Tiergarten

Ein Nationaldenkmal für die Hauptstadt der DDR. 1996

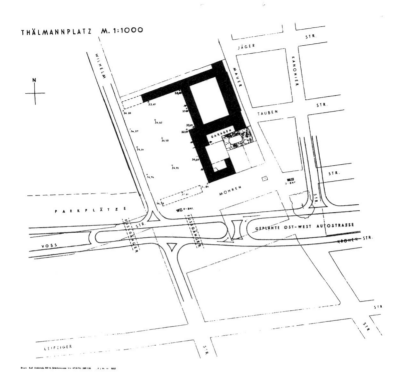

Lageskizze zum Thälmannplatz aus den Wettbewerbsunterlagen. Die vorgesehenen Parkplätze am Ort der früheren Reichskanzlei.

stehen. c) Aus städtebaulichen Gründen ist vorgesehen, den Platz nach Süden zu schließen. [...] d) Bei der geplanten Autostraße handelt es sich um die wichtigste Ost-West-Durchgangsverkehrsstraße ausschließlich für Autoverkehr. e) Die Wilhelmstraße ist eine Fahrstraße von untergeordneter Bedeutung. [siehe Anm. 6]

Die Verbreitung der Wettbewerbsausschreibung erfolgte durch das Ministerium für Volksbildung über die Gewerkschaft Kunst und Schrifttum. So heißt es in einem Schreiben der Hauptabteilung Kunst und Literatur an die Abteilung Kunst und Literatur des Sächsischen Volksbildungsministeriums vom 8. Februar 1950:

> Wir bitten, in Verbindung mit der Gewerkschaft Kunst und Schrifttum die Verteilung unter der Künstlerschaft des Landes sofort vorzunehmen, da von der schnellen Weitergabe wesentlich der Erfolg des Wettbewerbs abhängt. [...] [Die Arbeitsunterlagen] sind an die besten und für die Aufgabe geeignetsten Künstler weiterzuleiten und die Künstler eventuell durch persönliche Fühlungnahme für die Beteiligung am Wettbewerb zu interessieren. [ebd.]

Die Wettbewerbsausschreibung enthielt folgende Termine: Abgabe 15. April 1950, Juryentscheidung am 31. Mai 1950, Grundsteinlegung am 18. August 1950.

Im Erdgeschoss der neu gegründeten Deutschen Akademie der Künste am Robert-Koch-Platz wurde dann am 24. Mai 1950 eine Ausstellung mit 88 der 193 eingereichten Entwürfe eröffnet. In einem kurzen Bericht über die Ausstellung wurden in der *Täglichen Rundschau* vom 26. Mai 1950 vor allem die Entwürfe von Richard Horn und Fritz Cremer hervorgehoben, andere Veröffentlichungen im *Sonntag*, im *Neuen Deutschland* und in der *Illustrierten Rundschau* berichteten eher zurückhaltend über die Vielfalt der eingereichten Entwürfe. An der abschließenden 5. Tagung des Preisgerichtes am 30. Juni 1950 nahmen als Mitglieder des Preisgerichtes teil: von der Regierung: Ministerpräsident Grotewohl, [Aufbau-]Minister Dr. Bolz; vom Magistrat: Magistratsdirektor Dr. Brockschmidt, Prof. Henselmann (in Vertretung für Prof. Scharoun), Architekt Friedrich (Verkehrsplaner bei Scharoun), später vertreten durch Herrn Duntz (Inst. f. Städtebau bei Scharoun); von der Akademie der Künste: Prof. Otto Nagel (in Vertretung für Prof. Max Lingner), Prof. Gustav Seitz (Bildhauer), Willi Bredel (Schriftsteller). Das Fazit des Preisgerichtes offenbarte die Enttäuschung des Auftraggebers:

Ein Nationaldenkmal für die Hauptstadt der DDR. 1996

Der Wettbewerb hat ergeben, daß die Künstler von dieser Aufgabe angesprochen wurden, die ihnen von der Regierung der Deutschen Demokratischen Republik gestellt worden ist. Die Aufgeschlossenheit der Künstler zeigt sich besonders an der großen Beteiligung und es ist zu wünschen, daß den Künstlern solche Aufgaben öfter gestellt werden. Die Jury ist überzeugt, daß sich im Laufe der weiteren Entwicklung künstlerisch befriedigende Lösungen bei ähnlicher Aufgabenstellung immer zahlreicher einstellen werden. Die Jury erzielte Übereinstimmung in der Auffassung, daß die städtebaulichen Voraussetzungen für die Gestaltung eines Ernst-Thälmann-Denkmals nicht zur Genüge geklärt waren. Vor allem ist die Funktion des Platzes bisher noch nicht ausreichend bestimmt. Da das Denkmal in seiner Grundkonzeption wesentlich von dieser Funktion beeinflußt wird, wirkte sich dies auch auf die erarbeiteten Lösungen aus. Im großen und ganzen waren zwar Ansätze in verschiedenen Lösungen vorhanden, die eine Anregung geben für die Entwicklung eines solchen Denkmals, doch auch diese Vorschläge konnten nicht befriedigen, weil sie den Anforderungen, wie sie in ideologischer und künstlerischer Hinsicht an ein Thälmann-Denkmal gestellt werden müssen, nicht voll entsprachen. [Sitzungsbericht]

In dem mit »M« (vermutlich Kurt Margritz) unterschriebenen Beitrag in der von der Sowjetischen Militäradministration in Deutschland (SMAD) herausgegebenen *Illustrierten Rundschau* wird deutlicher argumentiert, die Verbindung zur gleichzeitig anhebenden Formalismusdebatte ist nicht zu übersehen. Interessanterweise rangiert genau umgekehrt zur Argumentation der Jury die kunstästhetische vor der städtebaulichen Problematik:

Die Fülle der Ideen [...] mag dazu beigetragen haben, von den Formen abzuweichen, die in der Denkmalskunst historisch entwickelt worden sind. Dennoch erhebt sich vor den Entwürfen die Frage, worin diese Scheu vor der »konventionellen Form« begründet liegt und ob sie künstlerisch gerechtfertigt ist. Die Denkmalskunst aller Zeiten ist reich an den verschiedenartigsten Formen. Unter all diesen historisch entwickelten Formen hat sich aber, vor allem seitdem die Grabmalskunst zurückgedrängt wurde, gleichsam ein formales Schema herausgestaltet, das künstlerisch vielfältig variiert worden ist, nämlich die Verbindung von Sockel und Porträtfigur. Die Gestaltung des Sockels, seine architektonische Gliederung und seine

Bereicherung durch Inschrift, Relief und Sockelfigur sowie die Gestaltung der Porträtfigur und ihrer gegenseitigen Beziehungen bieten große entwicklungsfähige Möglichkeiten, um das Leben und die Persönlichkeit Ernst Thälmanns künstlerisch lebensvoll herauszuarbeiten. Die großzügige Einbeziehung des Denkmals in eine städtebaulich bedeutende architektonische Komposition bildet gegenüber dieser Grundaufgabe die zweite Seite der Aufgabenstellung. Daß die Künstler die Möglichkeit einer solchen, in den großen Traditionen der Denkmalskunst verwurzelten Form aus ihren Entwürfen im Wesentlichen ausgeschlossen haben, sollte uns zu einer kritischen Diskussion anregen. [*Illustrierte Rundschau* 1950, 1. Juliheft]

Die Preisträger
Die drei gleichberechtigten Preise gingen an Fritz Cremer, Richard Horn und an das Kollektiv Waldemar Heinrichs (Architekt)/Ruthild Hahne (Bildhauerin). »Die Entwürfe zeigen entweder in ideologischer oder in künstlerischer Hinsicht Ansätze zu einer Weiterentwicklung der Aufgabe.« [Sitzungsbericht] Der Entwurf des damals noch in Wien lebenden Fritz Cremer und des Wiener Architekten Wilhelm Schütte »wird besonders deshalb hervorgehoben, weil er von sämtlichen eingereichten Arbeiten die stärkste bildhauerische Leistung zeigt«. Allerdings könne nur »die Arbeit des Bildhauers ausgezeichnet« werden, nicht dagegen die des Architekten. [ebd.]

Die *Tägliche Rundschau* vom 26. Mai 1950 sprach von einer gelungenen Lösung »mit den beiden übereck gestellten reliefgeschmückten Blöcken und der ruhig gefaßten Standfigur Thälmanns vor ihnen, ein dem Blick des um den Platz Schreitenden immer wieder neue, eindrucksvolle Wirkungen darbietendes monumentales Mahnmal«.

Zur Arbeit von Richard Horn vermerkt der Sitzungsbericht:

> Dieser Entwurf wird hervorgehoben, weil er die richtungsweisende Bedeutung Thälmanns in der Geschichte unserer Nation am deutlichsten zum Ausdruck bringt. Jedoch gelingt auch diesem Entwurf eine grundlegende Lösung nicht, weil er weder die geforderte raumgreifende Lösung erreicht, noch die künstlerischen Mittel hinreichend sind für die gestellte Aufgabe. [ebd.]

Die *Tägliche Rundschau* urteilte bereits am 26. Mai 1950:

> Besondere Beachtung fand der Entwurf Nr. 17 für die Mitte des Thälmannplatzes, eine auf ansteigendem Felsblock vorwärtsdrän-

Ein Nationaldenkmal für die Hauptstadt der DDR. 1996

oben: Fritz Cremer: Wettbewerbsentwurf.
unten: Städtebauliche Situation zum Wettbewerbsbeitrag von Fritz Cremer.

Richard Horn: Wettbewerbsentwurf.

gende Schar von Freiheitskämpfern mit Fahnen, denen eine Gestalt voranschreitet, die Züge Thälmanns tragen könnte. Das Ganze in rotem Stein ausgeführt – eine eigenwillige, selbstverständliche, großzügige und begeisternde Formulierung. Wohl möchte man hier noch einzelnes ändern und vervollkommnen, so die Geste des rechten Arms des Vorstürmenden, die noch zu sehr eine hemmende scheint, wohl möchte man sich die Formen geschärfter, geschmeidi-

oben: Ruthild Hahne / Waldemar Heinrichs: Wettbewerbsentwurf.
unten: Ruthild Hahnes Figurengruppen auf den Innenseiten der Gedenkrotunde.

ger im einzelnen vorstellen, die Fahnengruppe schmaler und spitzer herausragend – im ganzen aber ist dieser Entwurf der treffendste.

Horn hatte aber gerade auf eine figürliche Darstellung Thälmanns verzichtet und stattdessen ein Porträtmedaillon auf dem Sockel vorgesehen! Der Kunstkritiker fordert also bereits hier die spätere Keilform des Denkmals und die kampfentschlossene Geste Thälmanns!

Der Entwurf des Kollektivs vom Industrie-Entwurf VEB Berlin mit dem Architekten Waldemar Heinrichs und der Bildhauerin Ruthild

Hahne sah einen durch zwei Hohlschalen gebildeten runden Raum vor (Durchmesser von mindestens 20 m), der durch eine parallel zur Wilhelmstraße angelegte Pappelallee gesäumt wurde. Die zum Platz gelegene Seite der Denkmalsanlage sollte dabei offenbar gleichzeitig als Tribüne dienen. Auf der Innenseite der westlichen Schale sollten Thälmann und die von ihm geführte »Vorhut« dargestellt werden, während auf der Innenseite der östlichen Schale die »Werktätigen« und eine die Zukunft

Waldemar Grzimek: Wettbewerbsentwurf.

symbolisierende Stadtlandschaft dargestellt werden sollten. Die Gestaltung der beiden Reliefs erinnert an Otto Griebels Gemälde »Die Internationale« (1928–30). Bei Griebel scheinen sich die unübersehbaren Massen langsam, aber unaufhaltbar fortzubewegen, ohne dass sie *einem* Ziel zustreben, sie bedrängen den Betrachter, der ihnen nicht ausweichen kann. Bei Hahne haben sich die Massen formiert und symbolisieren in ihrer Anordnung einen historischen Prozess, in den sich der Betrachter hineinziehen lassen kann. Ehrenhof und Rotunde bieten eine Begegnung und Gegenüberstellung von verschiedenen Menschengruppen. Die Vertreter der Zukunft schauen zurück, geben Geleit, nehmen ideell die Gruppe der von Thälmann angeführten Vorkämpfer auf, von denen die Aktivität ausgeht. Obgleich in der Ausschreibung offengeblieben, hatte Ruthild Hahne im Unterschied zu Fritz Cremer und Richard Horn die Denkmalsanlage auf dem Gelände der Reichskanzlei platziert. Die Auftraggeber spürten wohl, dass zugleich auch ein Bruch dargestellt wird: zwischen der Avantgarde, die zum größten Teil nicht mehr lebte, Opfer der Nazidiktatur (bzw. Stalins) wurde, und den Erben auf der anderen Seite, die deren Vermächtnis aufnehmen, die sich aber umdrehen müssten, sich selbst organisieren müssten, um im Sinne der Alten voranzuschreiten. Immerhin vermittelte dieser Entwurf die Ahnung davon, dass es keine Kontinuität in der Geschichte der Arbeiterbewegung gab. Die Jury urteilte so:

Auch dieser Entwurf wird wegen seiner gut fundierten ideologischen Haltung hervorgehoben. Er bringt den Gedanken der von Thälmann geführten Vorhut der Arbeiterklasse deutlich zum Ausdruck, wobei die Beziehung der Arbeiterpartei zu den Werktätigen verständlich ausgedrückt wird. Leider wird dieser Gedanke durch ungenügende architektonische und gartengestalterische Mittel stark abgeschwächt. Die isolierte Darstellung dieser Idee innerhalb eines von zwei schmalen Durchgängen betretbaren Raumes entspricht nicht der Aufgeschlossenheit der Gedankenwelt Thälmanns. [Sitzungsbericht]

Unter den fünf vergebenen Prämien befand sich auch der Entwurf von Waldemar Grzimek:

Der Entwurf [...] verzichtet auf ein freistehendes Denkmal und gestaltet den Mittelteil der östlichen Platzwand reliefartig. Die plastische Gestaltung zeigt im Vergleich zu den anderen Arbeiten hervorragende Qualität. Für die städtebauliche Gestaltung des Platzes bietet der Entwurf keine Lösung. [ebd.]

Waldemar Grzimek ließ Thälmann vollplastisch aus einem Relief heraustreten, das in vier Registern den Kampf der deutschen Arbeiterbewegung zwischen 1948 und 1950 schilderte. [...] Grzimeks Entwurf kann als frühes Beispiel jener seit dem Ende der sechziger Jahre häufig im Relief visualisierten »sozialistischen Traditionslinien« gelten. [vgl. Adam 1992]

René Graetz, der ebenfalls eine Prämie erhielt, entwarf ein Standbild Thälmanns, das nach Ansicht der Jury dem »Wesen« Thälmanns »mit am nächsten« komme [Sitzungsbericht]. Mart Stam und Horst Strempel hatten die ungewöhnliche Idee eines Wandbildes, das in der Mitte der beiden Fahrbahnen der großen Ost-West-Straße angeordnet werden sollte und die Befreiung vom Faschismus darstellte. Die Jury prämierte zwar die Arbeit, hielt sie allerdings für »künstlerisch noch nicht voll ausgereift« und verwarf den Gedanken, das »Standbild zwischen 2 Autostraßen zu legen« [ebd.]. Ein anderer Entwurf verband das zu Demonstrationszwecken temporär befestigte Bild Thälmanns dauerhaft mit der Fassade eines Gebäudes, dem zugleich eine feste Tribüne vorgeblendet wurde. Die Jury befand, dass dies zu sehr den Ausdruck eines Nutzbaus und weniger einer Gedenkstätte trage. Nur wenige Entwürfe benutzten architektonische Mittel zur Gestaltung des Platzes. Der Entwurf einer Gruppe überlebensgroßer Figuren, die »den durch Thälmann geschaffenen neuen Typ eines politisch bewußten Arbeiters« darstellen sollten, wurde verworfen, da es nicht gelinge, »der Gruppe einen Maßstab zu geben, der eine innere Beziehung zum Betrachter herstellt« [ebd.].

Der große Auftrag
Am 7. August 1950 fand in Auswertung des Wettbewerbes eine Beratung unter der Leitung von Walter Ulbricht statt, an der u. a. auch Anton Ackermann, Kurt Liebknecht (Ministerium für Aufbau, Institut für Städtebau und Hochbau), Magistratsdirektor Hans Brockschmidt und die Künstler Ruthild Hahne, René Graetz, Fritz Cremer teilnahmen. »Nach eingehender Beratung wurde das Künstlerkollektiv Hahne, Graetz und Liebknecht mit der Ausarbeitung eines Entwurfes beauftragt. Termin: 15.10.50. Verantwortlich für die Durchführung: Frau Hahne.« [ebd.: Bl. 74]

Durch Hahne und Graetz erfolgte eine grundsätzliche Neugestaltung. Die von Graetz stammende Skizze aus dem Jahre 1950 lässt vermuten, dass der Anteil von Graetz bei der Neukonzipierung größer ist als bisher allgemein angenommen. Zunächst ist die gestalterische Nähe zum Entwurf von Richard Horn nicht zu übersehen. Graetz verlängert den keilförmigen Block demonstrierender Menschen durch zwei flügelartige Reliefplatten, die allerdings nicht ausschließlich auf die Bewegung der führenden Gruppe ausgerichtet sind und thematisch unterschiedlich konzipiert sein dürften. Dies erinnert noch stark an den ersten Entwurf von Hahne. Zugleich schafft Graetz mit diesem Modell aber auch den Raum für ein Standbild Thälmanns, die Idee, mit der er sich selbst beworben hatte. Auf der Rückseite war eine Reliefgestaltung vorgesehen.

Pieck und Grotewohl besichtigten am 30. Oktober 1950 das in der Luisenstraße 46 aufgestellte Modell: »Der neue Entwurf entspricht nicht dem erteilten Auftrag.« [ebd.: Bl. 82] Änderungen sollten jedoch nicht vorgenommen werden, sondern zunächst die anderen Mitglieder der Denkmalskommission (Vertreter der Ministerien), deren Vorsitzender Grotewohl war, den Entwurf begutachten. Interessant ist, dass Grotewohl, der nicht an der von Ulbricht geleiteten Sitzung am 7. August 1950 teilgenommen hatte, sich zwischenzeitlich nach Richard Horn und Fritz Koelle erkundigt hatte. Am 7. September 1950 erhielt Grotewohl

Ruthild Hahne arbeitet am rechten Flügel.

eine durchweg positive Charakteristik des Volksbildungsministeriums Sachsen-Anhalt [ebd.: Bl. 76]. Offenbar hatte Grotewohl über das Volksbildungsministerium beide gebeten, sich zu beteiligen. Horn forderte aber Ende des Jahres seine Fotos zurück, die ihm auch zugesandt wurden. Warum es nicht zur Mitarbeit von Horn kam, lässt sich nur vermuten. Horn musste schlicht brüskiert gewesen sein, falls er den Entwurf von Hahne/Graetz jemals gesehen hat. Warum sollten umgekehrt Hahne und Graetz an der Mitarbeit Horns interessiert sein? Von Fritz Koelle sind dagegen schwerwiegende Einwände gegen eine Beteiligung »an der Ausführung eines Entwurfs der Bildhauerin Ruthild Hahne für ein Thälmann-Denkmal« bekannt:

Ich muß offen gestehen, daß ich diesen Entwurf schon künstlerisch nicht verantworten kann und schon aus diesem Grunde von einer

René Graetz: Entwurf zur Thälmann-Figur, 1951/52.

Mitarbeit absehen muß. Ferner hat ein Relief doch nur Berechtigung in Verbindung mit Architektur, Parthenon-Fries. Der Platz ist völlig ungeeignet, da das Relief mit seiner Hauptansicht fast nach Norden ausgerichtet ist, anstatt nach Süden, es hat das Licht, die Sonne im Rücken, eine Unmöglichkeit. [ebd.: Bl. 83]

Die Kommission für das Thälmann-Denkmal gab am 11. November 1950 – die Zeitplanung war weit überschritten – die Anregung, sechs bis acht der »besten Bildhauer der Republik« zu ermitteln und in die Arbeit einzubeziehen. Hahne und Graetz wurden beauftragt, »einen Entwurf vorzulegen, aus dem die plastische Gestaltung der einzelnen Figuren des Reliefs und der führenden Gruppe ersichtlich ist« [ebd.]. In einer anderen Notiz über dieses Treffen wird »der Modellentwurf von Frau Ruthild Hahne« zur Grundlage der weiteren Arbeit bestimmt. Weiter sei der Sockel auf ca. 3 bis 3,50 m zu erhöhen, für das Denkmal sei (im Unterschied zum Entwurf von Graetz) die runde Plattform vorzusehen. »Neu zu erstellen ist ein Modell im Maßstab 1:10. Frist ca. 4 Monate, jedoch nicht später als 1. März 1951.« [ebd.: Bl. 84f.]

Parallel liefen Überlegungen zur Auswahl des Materials für das Denkmal, für die städtebauliche Gestaltung des Thälmannplatzes und zur Finanzierung der Arbeiten am Denkmal. Das Denkmal sollte, so ein Vorschlag von Kurt Liebknecht an Otto Grotewohl, in Bronze und Granit ausgeführt werden. Für die Vorderfront wären danach 57 t und für die Rückseite ca. 20 t Bronze notwendig gewesen [ebd.: Bl. 87f.]. Diese Vorschläge basierten auf einem Gutachten des Staatssekretariats für Materialversorgung, in dem von einer Lebensdauer des Denkmals von »länger als 200 bis 300 Jahren« ausgegangen wurde und Hartgestein für die figürlichen Darstellungen verworfen wurde, da »die erforderliche Feinheit des Ausdrucks und der Bewegung, [...] technisch nicht durchführbar sind« [ebd.: Bl. 99]. Die enorme Menge an Buntmetall sei, so Liebknecht, »durch eine Sammlung unter der Bevölkerung, vor allem den Genossen« zusammenzutragen. Für die Gestaltung des Thälmannplatzes sollte ein Wettbewerb ausgeschrieben werden, der aber keinen Einfluss auf das Thälmann-Denkmal haben sollte, da er »nur die Fassaden der umliegenden Häuser« beträfe, »die etwa in der heutigen Höhe projektiert werden sollen« [ebd.: Bl. 78]. Für das Jahr 1951 wurden vom Volksbildungsministerium allein 400.000 DM eingeplant [ebd.: Bl. 103], die nicht nur die staatspolitische Bedeutung des Vorhabens unterstreichen, sondern die immensen Erwartungen an eine schnelle Realisierung.

Hahne und Graetz arbeiteten zunächst im Atelier in der Schadowstraße 10, später wurde im Bürgerpark in Pankow ein Bildhaueratelier für das Projekt hergerichtet. Hier entwickelten beide in der Zeit zwischen Herbst 1950 und Herbst/Winter 1951 den Grundentwurf für das Thälmann-Denkmal, an dem Hahne noch bis 1965 arbeitete. Wie Ruthild Hahne in einem Gespräch berichtete, sei das Motiv durch das bekannte Bild der Vereinigung unterschiedlicher Demonstrationszüge der verschiedenen Arbeiterparteien zur SED angeregt worden. Kunsthistorisch ist natürlich auch der Bezug zu El Lissitzkys »Schlagt die

Städtebauliche Einordnung auf dem Gelände der ehemaligen Reichskanzlei, Mitte der fünfziger Jahre.

Weißen mit dem roten Keil« (1919/20) und zu Vera Muchinas »Arbeiter und Kolchosbäuerin« (1937) nicht zu übersehen. Hahne/Graetz entsprachen mit ihrem Entwurf von 1951 den ästhetischen Vorgaben: Sie stellten eine Thälmann-Figur mit erhobener Hand an die Spitze des keilförmigen Sockels, auf dessen beiden Sockelflanken sich Reliefdarstellungen (Figurenhöhe 5 bis 6 m), insgesamt 65 Figuren, befinden sollten. Die Denkmalsanlage ruhte auf einer runden Plattform mit einem Durchmesser von 60 m. Auf der nach innen geschwungenen Rückseite des Denkmals sollten Szenen aus dem Leben Thälmanns dargestellt werden. Gegenüber dem vorhergehenden Entwurf waren die Figuren der Reliefs zur Gruppe der Demonstrierenden »aufgeschlossen«, die führende Gruppe kam nun nicht mehr aus einer metaphorischen Relief-Bild-Wand, sondern fand »illusionsnah« eine sich stetig verbreiternde Masse von Mitstreiterinnen und Mitstreitern hinter sich.

Am 8. Januar 1952 beschloss das Politbüro, dass zur

[...] Fertigstellung des vom Politbüro bestätigten Entwurfes des Thälmann-Denkmals, an dem bisher Ruthild Hahne und René

Graetz gearbeitet haben, [...] ein Kollektiv gebildet (wird), dem folgende Bildhauer angehören: Ruthild Hahne, René Graetz, [Walter] Arnold, [Walter] Howard, [Waldemar] Grzimek, [Will] Lammert. Das Politbüro wird den 1 m hohen Entwurf besichtigen, um noch Direktiven zur Ausführung des Entwurfes in 3 m Höhe in Gips zu geben. [SAPMO-BArch, DY 30/IV 2/2/186]

Doch zur Bildung des Künstlerkollektives kam es nicht. Am 25. März 1952 beschloss das Politbüro lediglich noch, dass mit den beauftragten Künstlern »das Modell des Thälmann-Denkmals nochmals zu begutachten« [SAPMO-BArch, DY 30/IV 2/2/204] sei. Von Will Lammert ist eine vorübergehende Mitwirkung bekannt. Als Diskussionsvorschlag fertigte er 1952 eine Skizze aus Ton. »Die Skizze entstand nach Besichtigung der Arbeiten am Thälmanndenkmal, um darzustellen, daß man mit einer geringen Zahl von Figuren eine starke Massenbewegung erreichen kann.«[7]

Auch die Mitarbeit von René Graetz war schließlich nur von kurzer Dauer. Es scheint vor allem der Streit um die »symbolgerechte« Darstellung der Zentralfigur gewesen sein, die Graetz ausscheiden ließ. Gewiss war die Gestaltung der Thälmann-Figur für Hahne und Graetz auch eine Prestigefrage. Graetz' stärker abstrahierte Figuren und die dynamische Darstellung von Thälmann fanden keine Zustimmung bei der Parteiführung. Die statuarische und realistischere Manier von Hahne entsprach offenbar mehr den Erwartungen der Auftraggeber.

Am 21. Oktober 1952 bestätigte das Politbüro einen »Plan zur Weiterentwicklung des Ernst-Thälmann-Denkmals«. Ausdrücklich erklärte es sich darin »mit der Gestaltung des Ernst-Thälmann-Denkmals im Modell 1:10 grundsätzlich einverstanden, das betrifft vor allem den rechten Flügel des Modells, der von der Genossin Ruthild Hahne geschaffen wurde« [SAPMO-BArch, DY 30/IV 2/2/240]. An die Stelle von Graetz trat nun Hans Kies. Kies und Hahne wurden beauftragt, den linken Flügel »so zu verändern, daß er der Gesamtkonzeption entspricht und sich einfügt« [ebd.]. Hahne wurde »beauftragt, mit der Gestaltung der Thälmann-Statue zu beginnen« [ebd.]. Ein Modell 1:200 sollte dazu beitragen, die städtebauliche Situation zu klären. Später sollte ein Kulissenbau im Format 1:1 angefertigt werden. Hinsichtlich des Materials schien man sich nun für Kirchleitner Sandstein und schlesischen Marmor entschieden zu haben. Zu einem späteren Zeitpunkt wollte das Politbüro erneut beschließen. »Dabei werden die genauen Maße des Unter- und Oberbaus des Thälmann-Denkmals, ihre Größenverhältnisse zueinander und die Größen der wesentlichsten Figuren festgelegt [werden].« [ebd.] Die Fotos aus den Jahren 1952/53 zeigen die Überarbeitung und die Fertigstellung der 1:10-Fassung. Es war jene Phase einer engen persönlichen Beziehung von Künstlerin und Auftraggeber. Wie Ruthild Hahne berichtete, soll Otto Grotewohl einmal gesagt haben, das künstlerische Kollektiv schließe die Parteiführung mit ein.[8]

Aus historischem Abstand markiert der Wettbewerbsentwurf von Fritz Cremer die real mögliche, aber ästhetisch und politisch unterlegene Alternative:

> Thälmann, ganz allein zwischen zwei übergroßen, ihn bedrohenden Kuben stehend. Diese Lösung macht die Besonderheit des deutschen Antifaschismus sinnfällig, für den der Kampf Einzelner gegen eine unfaßbare Übermacht charakteristisch war. [Feist 1990: 135]

Dagegen wurde bei Hahne/Graetz das Thälmann-Denkmal zum Siegesdenkmal. Die eigentümliche Gegenüberstellung der beiden Menschengruppen im ursprünglichen Entwurf (die Führer und die zu Führenden, die Vorkämpfer und die Mitstreiter, Vergangenheit und Zukunft) ist zu einem Demonstrationszug aufgehoben, in dem es zwar eine Hierarchie des vorne und hinten gibt, aber keine unterschiedlichen Bewegungsrichtungen und -geschwindigkeiten. Die Auferstehung Thälmanns überträgt den Führungsanspruch auf jene, die gegenwärtig die Führung innehaben.

> Die hoch über den Köpfen flatternden Fahnen hielten den Zug der Figuren wie der Hintergrundprospekt eine Landschaft zusammen. Sie wehten im gleichen Wind, der auch die Röcke der Frauen flattern ließ. Dieser Gegenwind stand gleichsam allegorisch für die elementare Kraft, mit der die Menschen in die Geschichte einzogen. [Fidorra/Müller 1995: 49]

Der durch den Ort eines Thälmann-Denkmals auf dem Gelände der früheren Reichskanzlei zu überbrückende historische Bruch, der in dem ursprünglichen Entwurf einer Rotunde des Gedenkens und der Verheißung vielleicht noch zu ahnen war, ist getilgt. Die Historizität des Ortes geht dabei gänzlich verloren, tendenziell reduziert er sich zum Platz des Thälmann-Denkmals. Das Denkmal erklärt sich nur noch aus der Benennung des Ortes, nicht aus dessen Geschichte und ihren Brüchen. Geschichte ist nur noch Stoff für den Mythos, nur noch erzählte Geschichte. Folgerichtig bedurfte das Denkmal der Erläuterung. Wie Peter Edel in »Gedanken zu Ruthild Hahnes Arbeit am Thäl-

Ein Nationaldenkmal für die Hauptstadt der DDR. 1996

oben: Ruthild Hahne: Skizze aus Anfang der fünfziger Jahre.
unten: Teilstück der 1:3-Fassung, getönter Gips, ausgestellt auf der Vierten Kunstausstellung Dresden 1958. Über die Jahre wird die Gestaltung immer fester und statuarischer.

mann-Denkmal« in der *BZ am Abend* vom 16. März 1956 berichtete, sei in Aussicht genommen, die Rückwand des Denkmals »mit einem hallenartigen Bau« zu verschmelzen, »in dem ein Thälmann-Museum Platz finden kann«. Das Thälmann-Denkmal steht in dieser Konzeption auf keinem historischen Boden mehr. Es steht nur noch auf dem Boden einer linearen Geschichtsauffassung:

> Dort, wo jener sogenannte Führer, der den Kommunismus ausradieren wollte, ein schmähliches Ende fand, gerade dort soll sich das siegkündende Mahnmal des Arbeiters und Kämpfers, des bescheidenen, tapfer und unermüdlich seinem Volke dienenden Mannes erheben, dessen warnende Worte »Hitler – das bedeutet Krieg« wir nie vergessen wollen. [ebd.]

Auch die später vorgesehene städtebauliche Lösung bezeugt die nur abstrakte Negation des historischen Ortes: Das Thälmann-Museum hätte sich demnach etwa am Ort des früheren Ehrenhofes der Neuen Reichskanzlei von Albert Speer befunden.

Der historisch noch nachvollziehbare Sinn der Um-Benennung des Wilhelmplatzes in »Thälmannplatz« ist mit dem zur Ausführung bestimmten Denkmalsentwurf liquidiert worden. Und als der Plan dann nicht mehr verwirklichbar erschien, musste mit logischer Konsequenz der historische Ort selbst – erst formell, durch die Löschung der Bezeichnung, und dann auch reell, städtebaulich – vernichtet werden.

Unsicherheiten und Verzögerungen

Ungeduld und Unsicherheiten beim Auftraggeber begleiteten den Fortgang der Arbeiten am Denkmalsprojekt. Am 23. Juni 1953 stellte ein Vertreter der Staatlichen Kunstkommission fest, dass »die Gesamtarbeiten am Thälmann-Denkmal nur sehr langsam vorangehen!« [BA: Sign. 5818] »Die immense Bedeutung, die dem im Entstehen begriffenen Berliner Thälmann-Denkmal beigemessen wurde, beweisen die Besuche sowjetischer Ratgeber im Staatsatelier in Berlin-Pankow.«[9]

> Im Herbst 1953 resümierte Nikolai Tomski, der später das Friedrichshainer Lenindenkmal ausführte, die Qualifikation der Künstlerin reiche für die Aufgabe nicht aus. Im Jahr darauf pflichtete der sowjetische Kunstwissenschaftler Fjodor Dawydow anläßlich einer Modellbesichtigung Tomski bei, zwar sei die Idee, Thälmann als Führer der Massen darzustellen, hervorragend, doch entspreche die künstlerische Fähigkeit Hahnes und Kies' nicht den Anforderun-

gen. Weiterhin plädierte Dawydow dafür, die Menge der Figuren auf dem Sockel zu reduzieren. [Adam 1992]

Eine schwere Krise durchlebte das Projekt 1954. Das Ministerium für Kultur in der Person von Fritz Dähn, Leiter der Hauptabteilung Bildende Kunst, schlug dem Politbüro am 19. Juli 1954 aufgrund der eingetretenen »Stagnation in der Entwicklung des Denkmals« eine »Sofortlösung« vor: »ein freistehendes Thälmann-Denkmal (Thälmann-Figur mit hohem Sockel und Sockelrelief)«, das »bis zur endgültigen Lösung, die noch Jahre in Anspruch nehmen wird, auf dem Thälmannplatz vorläufig zur Aufstellung kommen kann«. Bis zu der erbetenen Entscheidung des Politbüros sollte die Arbeit zunächst fortgesetzt werden [SAPMO-BArch, DY 30/IV 2/906/91, Bl. 207]. Bei einer zuvor am 6. Juli 1954 geführten Beratung hatte Dähn die Frage gestellt,

[...] ob man im Prinzip – beim gegenwärtigen Stand der Bildhauerkunst – weiter den Versuch machen soll, kann und darf, allein auf Grund eines Ideenentwurfes eines Plastik-Denkmals, der vor Jahren konzipiert wurde, damit sowohl das Denkmal in Frage zu stellen als auch die Städtebauer in einen Gegensatz zu ihrem üblichen, umgekehrten Arbeiten zu bringen, nämlich die städtebauliche Konzeption nach dem plastischen Kunstwerk zu orientieren.

Damit war das Dilemma des mit der Realisierung des Denkmalsprojekts betrauten Kulturministeriums umrissen. Fritz Cremer sprach sich in der Beratung gegen die Gesamtkonzeption aus. Abgesehen von den Schwierigkeiten des Vorgehens sei »auch die Platzbestimmung dicht an der Sektorengrenze und die Orientierung des Denkmals auf diesem Platz politisch falsch. Er bedauert außerordentlich, daß man seine Mahnung nicht schon früher zur Kenntnis genommen habe.« Der selbstgesetzte Zwang, auf dem Thälmannplatz ein Denkmal zu errichten, war aber stärker. Da man, wie Abusch mitteilte, noch sieben Jahre bis zur Fertigstellung des Denkmals brauche, aber »aus politischen Gründen nicht eine so lange Zeit mit der Aufstellung eines ersten Thälmann-Denkmals gewartet werden« könne, wurde der Vorschlag, »ein sofort zu realisierendes Thälmann-Denkmal in Auftrag zu geben« entwickelt [ebd.: Bl. 211].

Das Politbüro hat diesen Vorschlag aber nicht aufgegriffen. Stattdessen beschloss es am 20. März 1956 fast identisch wie bereits vier Jahre zuvor:

Das Thälmann-Denkmal wird nach dem von der Genossin Hahne und einer weiteren Gruppe von Bildhauern gestalteten Entwurf aus-

Ruthild Hahne: 1:3-Fassung, nun mit Thälmann-Figur.

geführt. Einzelne Gruppen und Figuren müssen dabei noch weiter entwickelt und gestaltet werden. [SAPMO-BArch, DY 30/IV 2/2/465]

An der städtebaulichen Gesamtkonzeption sei weiterzuarbeiten und eine Kulisse im Maßstab 1:1 anzufertigen, nach der die endgültige Ausführungsgröße festgelegt werden solle. Das Kulturministerium trage »die Verantwortung für die Fertigstellung des Denkmals« [ebd.]. Wieder gelang es nicht, »eine Gruppe Bildhauer auszuwählen und sie für das Kollektiv zur Ausführung für das Thälmann-Denkmal zu verpflichten«, selbst der Kandidat des ZK der SED Walter Arnold war nicht für die Mitarbeit am Thälmann-Denkmal zu gewinnen. Arnold wird sich mit der Fertigstellung des am 18. August 1958 (14. Todestag) in Weimar aufgestellten Thälmann-Denkmals entschuldigt haben. Andere angesprochene Bildhauer werden auf die im September 1958 erfolgte Einweihung der Nationalen Mahn- und Gedenkstätte Buchenwald verwiesen haben, an deren Ausführung sie beteiligt waren. Nicht ohne Grund haben sich die bedeutenderen Bildhauer der DDR (wie Fritz Cremer, Waldemar Grzimek, René Graetz, Gustav Seitz) auf die Gestaltung der Nationalen Mahn- und Gedenkstätten konzentriert. Hier, an den tatsächlichen Orten des Schreckens und Leidens, konnte die ideologische Geschichtsauffassung keine so triumphale Dominanz gewinnen. Sie war im Erinnerungsdiskurs zwar allgegenwärtig, aber zugleich im künstlerischen Bezug auf die existentiellen Erfahrungen des Lagers immer auch überschritten.

Aber auch durch ihr eigenes Verhalten war Ruthild Hahne mit ihrem großen Auftrag in die Isolation geraten. Misstrauen wegen ihrer allzu engen persönlichen Beziehung zu den Mitgliedern der Partei- und Staatsspitze, ihr erfolgsorientierter Verhandlungsstil und die rigorose Nutzung der mit dem zentralen Staatsauftrag verbundenen Privilegien ließen die Kollegen auf Distanz gehen. Sarkastischen Spott hatte Fritz Cremer bereits für den Wettbewerbsbeitrag von Ruthild Hahne übrig, je nach Ausrichtung der Gruppe sehe es so aus, als ob der Demonstrationszug aus dem Westteil der Stadt komme oder sich dort hinbewege [vgl. Adam 1992]. Schließlich, welcher der Kollegen wäre an der bloßen Ausführung des gigantischen Denkmals, noch dazu von einer Frau entworfen, interessiert gewesen? Neben Hans Kies ist lediglich die Mitarbeit von Paul Gruson[10] für die Jahre 1954 bis 1956 belegt.

Für Ruthild Hahne bedeutete der Auftrag einen großen Erfolg. Ihre Dozentur an der Kunsthochschule Berlin-Weißensee gab sie auf. Als Frau nach wie vor eine Ausnahme unter den mit Großaufträgen betrauten Künstlern, war sie womöglich sowohl für die Zeichen der Anerkennung wie für den Anpassungsdruck doppelt empfänglich. [Fidorra/Müller 1995]

Es ist richtig, wenn darauf verwiesen wird, dass die Kunstkritik bislang zu sehr nur die allegorische Gesamtkonzeption des Denkmals und weniger die »ikonographischen Wurzeln in der Historienmalerei des 19. Jahrhunderts oder dem Proletkult der zwanziger Jahre« betrachtet hat [ebd.: 50]. Das kann hier nicht geleistet werden. Zu dokumentieren ist aber, wie die Gestaltungskraft der Gerstel-Schülerin immer mehr nachließ.

Die ersten noch skizzenhaften Modelle des Denkmals faßten die Bewegung der Demonstrationszüge noch in einem Schwung, der Details zusammenzog. Die poröse Oberfläche des Materials, Ton, ließ die Flächen und Formen atmen. Diese Lebendigkeit und Offenheit aber verlor sich mit den Vergrößerungen. Die Differenzierung der Figuren verlangte ihre konkrete Verortung in einem sozialen und historischen Raum, die Ruthild Hahne in einem zunehmend naturalistischen Stil, durch Unterscheidung in Kleidung und Bewegungsduktus, zu bewältigen suchte. Mit der Typisierung aber zerfiel die Kette der Menschen in einzelne Blöcke. Die lebendige Oberfläche der Skulpturen erstarrte und nahm der Komposition ihre Bewegungskraft. [ebd.: 49]

Im Niemandsland: das Ende des Nationaldenkmals

Bereits ein Jahrzehnt[11] arbeiteten Ruthild Hahne und ihr wechselndes Kollektiv schon an der Realisierung des Thälmann-Denkmals, als mit dem im März 1961 bestätigten Bebauungsplan für das Stadtzentrum von Groß-Berlin schwerwiegende Eingriffe in die städtebauliche Situation vorgenommen wurden. Der Plan sah die Begradigung der Otto-Grotewohl-Straße vor. Durch die Verschwenkung der Straße in das rechteckige Straßenraster der nördlichen Friedrichstadt sollten nicht nur die historische Wilhelmstraße, das Gelände der Ministergärten und der abgetragenen Reichskanzlei getilgt werden, sondern zugleich der ganze barocke Stadtgrundriss mit seinem Bezug auf den in der südlichen Friedrichstadt (d. h. im Westteil der Stadt) gelegenen Mehringplatz (»Rondell«). Die Wilhelm-/Otto-Grotewohl-Straße endete nach dieser Planung im Vorhof des Preußischen Herrenhauses, auf dessen Rückseite (aus Ostberliner Sicht), im Preußischen Landtag, zum Jahreswechsel 1918/19 die KPD gegründet wurde. Eine bemerkenswerte historisch-stadträumliche Sackgasse![12] Die Ostberliner Stadtplanung nahm mit

Ein Nationaldenkmal für die Hauptstadt der DDR. 1996

oben: Ruthild Hahne: 1:3(End-)Fassung Anfang der sechziger Jahre.
unten: Gesamtansicht der 1:3(End-)Fassung.

diesem Entwurf, der seine Koordinaten allein in der »Zentralen Achse« (Brandenburger Tor, Straße Unter den Linden, Marx-Engels-Platz, Alexanderplatz, Karl-Marx-Allee) hatte, die spätere Abriegelung zu Westberlin vorweg – allerdings zunächst durch eine kranzförmige Barriere von Hochhäusern gen Westen. Ein frühes Indiz auch dafür, dass das Projekt des Thälmann-Denkmals aus selbstgesetzten ideologischen Zwängen zwar weiterverfolgt wurde, ihm aber keine relevante historisch-stadträumliche Bedeutung für die Neugestaltung des Zentrums der DDR-Hauptstadt mehr zukam.

Durch die städtebauliche Planung wurde der Standort des geplanten Thälmann-Denkmals nun weiter westwärts verschoben und geriet damit unmittelbar in die Nähe der seit dem 13. August 1961 stetig ausgebauten Grenzanlagen. Unmittelbar im Sichthorizont des geplanten Denkmals entstand in den Jahren 1961 bis 1963 die Philharmonie von Hans Scharoun. Offenbar in der Hoffnung, Bedenken zu zerstreuen oder auch die erforderlichen Baukapazitäten sicherzustellen, unterbreitete Ruthild Hahne nach dem Mauerbau den Vorschlag, das Denkmal auf seiner Rückseite zugleich als Aufenthaltsraum für Grenzposten zu nutzen.[13] In diesem Kontext stand auch die Veröffentlichung, die einen direkten Zusammenhang zwischen dem Projekt des Thälmann-Denkmals und der »Sicherung der Staatsgrenze« herstellte. [*Neues Deutschland*, 9.9.1961]

In einer Studie aus dem Jahre 1981 hat Bruno Flierl die Gründe für die schließliche Absetzung des Denkmalprojektes zusammengefasst: Demnach waren es die Bedenken »zum städtebaulichen Ort, zur künstlerischen Auffassung und zum Aufwand, nämlich zu den Kosten und zur Dauer der Arbeit. Aber auch die Vorstellungen von Denkmälern und ihrer künstlerischen Gestalt hatten sich gegen Ende der 50er Jahre stark verändert.«[14] Als dann nach dem Bau der Mauer im August 1961

[...] deutlich wurde, daß eine Bebauung in diesem grenznahen Bereich sobald nicht möglich sein würde, kam das Ministerium für Kultur nach mehrfachen und eingehenden Überprüfungen und in Abstimmung mit dem Büro des Chefarchitekten in den Jahren 1962–1964 zu der Schlußfolgerung, daß der vorgesehene Ort sich für die Aufstellung des geplanten Denkmals nicht mehr eigne, daß die künstlerische Konzeption des Denkmals und der Figur Thälmanns zu »heroisch« sei und deshalb den inzwischen gewandelten ideologischen und ästhetischen Auffassungen von sozialistischer Kunst nicht mehr entspräche, nicht zuletzt, daß das Denkmal, würde es ausgeführt, erst 1975 vollendet werden könne und bis dahin Kosten verschlingen würde, die nicht zu rechtfertigen seien. [ebd.]

Die heute zugänglichen Akten bestätigen diese Einschätzung.[15] Zu Recht verweisen Fidorra/Müller darauf, dass die Parteiführung die eigene Verantwortung für das Scheitern des Denkmalsprojektes ignorierte. Die konstatierte »Überforderung« der Künstlerin lag

> [...] weniger in den Defiziten ihres Entwurfes und ihres Könnens begründet als vielmehr in den Paradoxien der Aufgabenstellung und der Selbstüberschätzung der Auftraggeber. Denn an das Thälmann-Denkmal wurde die kaum zu bewältigende Forderung gestellt, einen nationalen Konsens im Blick auf die Geschichte herzustellen: Es sollte unbewältigte Konflikte und Widersprüche der Geschichte auf der Ebene symbolischer Darstellung lösen. [Fidorra/Müller 1995]

Andererseits verweisen die Notizen Kurellas vom 19. März 1962 (»Die gute Hahne hat sich hier eine Lebenspfründe geschaffen und niemand kontrolliert« [zit. nach ebd.: 68]) bzw. von Hager im Juni 1965 (»Bei jeder Kritik hat sie sich auf PB [Politbüro] berufen, auf W. Ulbricht, dadurch gab es keine klaren Entscheidungen« [zit. nach ebd.: 69]) auf das gewandelte Verhältnis von Auftraggeber und Künstlerin. Das »Kollektiv« aus Künstlern und Parteiführung bestand nicht mehr. Die enge persönliche Bindung von Ruthild Hahne an ihre Auftraggeber, die sie suchte, und mit der sie lange Zeit die Auftraggeber an sich und den großen Auftrag zu binden vermochte, hielt nicht länger. Pieck starb 1960, Grotewohl 1964. Seit 1965 war Hermann Matern als Mitglied des Politbüros für das Thälmann-Denkmal verantwortlich [SAPMO-BArch, DY 30/IV 2/2/465: PB-Beschluss vom 20.3.1965]. Noch 1964 schrieb Hahne an Ulbricht, um ihn an »die damalige Akzeptierung des städtebaulichen Modells Thälmannplatz (in unserem Atelier zu besichtigen) durch die Genossen des Politbüros« [zit. nach Fidorra/Müller 1995] zu gemahnen. »Wie ich erfahren habe, ist von Seiten der Stadtplanung die Projektierung des Thälmannplatzes überhaupt nicht im Plan bis 1970 enthalten.« [ebd.]

Die Absetzung des Projektes, die vonseiten des Büros für Städtebau beim Chefarchitekten von Berlin, des Kulturministeriums und auch von Mitarbeitern der Abteilung Kultur des ZK der SED,[16] betrieben wurde, muss im Zusammenhang mit den widersprüchlichen Reformbemühungen zwischen 1961 und 1965 gesehen werden. War die Beendigung des Unternehmens überhaupt erst nach der Ablösung von Alfred Kurella und der Einsetzung des ZK-Sekretärs für Kultur, Kurt Hager, möglich, wäre das offene Eintreten für die Absetzung des Projektes nach dem 11. Plenum im Dezember 1965 wieder weniger aussichtsreich gewesen. Am 13. Juli 1965 beschloss das Politbüro:

> [D]ie weiteren Arbeiten an dem jetzigen Entwurf des Thälmann-Denkmals werden eingestellt. [...] Die Genossen Verner, Ebert, Bentzien und Abusch werden beauftragt, eine Konzeption vorzulegen, welche Denkmäler in Berlin aufgestellt werden sollen. Dabei ist auch der Platz für ein Thälmann-Denkmal vorzusehen. [SAPMO-BArch, J IV/2/2/994]

Der Kulturminister und der Präsident der Akademie der Künste wurden beauftragt, »Maßnahmen für die Ausbildung von Bildhauern für die Arbeit an Groß-Plastiken zu treffen« [ebd.].

Das Thälmann-Denkmal vor dem Gebäude des SED-Zentralkomitees
Erst mit dem »Langfristigen Plan zur Gestaltung von Denkmälern der revolutionären Arbeiterbewegung«, einem Beschluss des Politbüros vom 19. Februar 1974, wurde die nicht aufgegebene Idee der Errichtung eines Thälmann-Denkmals in Berlin mit einem neuen Standort verbunden. Für das nun vor dem ZK-Gebäude am Werderschen Markt geplante Thälmann-Denkmal entwickelte Günther Stahn vom Büro für Städtebau 1977 den Vorschlag, das Revolutionsdenkmal von Mies van der Rohe im Stadtzentrum zu errichten – das Anknüpfen an die kommunistische Tradition als ein Anknüpfen an die architektonische Moderne! Der städtebauliche Vorschlag sah nämlich vor, die Anfang der sechziger Jahre abgerissene Schinkelsche Bauakademie, die, im Krieg zerstört, ursprünglich wiederaufgebaut werden sollte, dann aber dem Gebäude des Außenministeriums weichen musste, gegenüber der Schinkelschen Werderschen Kirche wiederaufzubauen und das Denkmal von Mies van der Rohe durch eine Thälmann-Plastik zu ergänzen. Vom Standpunkt der Gedenkästhetik aus diente die Wiederherstellung moderner Architekturmonumente der Re-Inszenierung eines historisch tradierten Mythos: Thälmann spricht an den Gräbern von Luxemburg und Liebknecht. Durch die städtebauliche Anordnung, die sich über jeden historischen Grundriss und die Geschichte der Gebäude hinwegsetzte, sollte eine Traditionslinie inszeniert werden, die von Schinkel über die Revolutionäre von 1918, Thälmann bis zu Pieck und Grotewohl, also zu DDR und SED reichte. Die Architekten und Stadtplaner mögen vor allem die Absicht gehabt haben, den Abriss der Bauakademie wieder-

gutzumachen, es schien ihnen aber nur im Rahmen der Inszenierung eines historischen Legitimationspfades zur Machtzentrale, dem Gebäude des ZK der SED, möglich. Der Vorschlag offenbart die Zwänge, unter denen Kompromissstrategien entwickelt wurden. Das Angebot basierte auf der unproblematisierten Voraussetzung einer enthistorisierenden Verfügbarkeit über Standorte, historische Stadtgrundrisse und tradierte Gedenkdiskurse. Die Ideen des Stadtplaners hatten aber keine

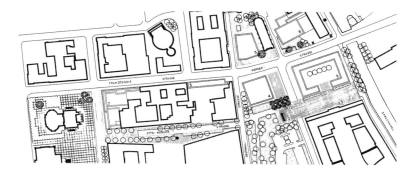

Lageplan für den Wiederaufbau der Schinkelschen Bauakademie und des Revolutionsdenkmals in Verbindung mit einer Thälmann-Figur, Vorschlag von Günther Stahn, 1977:

1 Standort für ein Thälmann-Denkmal; 2 Wiedererrichtetes Revolutionsdenkmal von Mies van der Rohe; 3 Standort für ein Pieck-Grotewohl-Denkmal vor dem Gebäude des ZK der SED; 4 Wiedererrichtete Bauakademie von Schinkel; 5 Ergänzungsbauten (Verwaltung); 6 Außenministerium; 7 Staatsratsgebäude

Chance, war doch auch ein »richtiges«, neues Denkmal gefordert. Allerdings wurde der von Stahn vorgeschlagene Standort für die weiteren Planungen übernommen.[17]

Die eigentümliche und zum Teil völlig willkürlich erscheinende Standortwanderung geplanter und zum Teil nie realisierter politischer Denkmäler verweist auf das wachsende, nur durch die Herstellung einer demokratischen Öffentlichkeit zu lösende Vermittlungsproblem: zwischen den politisch-ideologischen Vorstellungen des zentralen »gesellschaftlichen Auftraggebers«, den ästhetischen Ideen der einbezogenen Künstler und den gestalterischen Erwägungen und Zwängen des DDR-Städtebaus.

Anfang der siebziger Jahre wurde dies – bezogen auf das nicht mehr unmittelbar vorauszusetzende persönliche Vertrauensverhältnis von Auftraggebern und Künstlern – ansatzweise als Problem erkannt.

»Unter Beachtung bisheriger Erfahrungen mit allgemeinen öffentlichen Wettbewerben, die trotz mehrfacher Versuche in den zurückliegenden Jahren für den Bereich der architekturbezogenen Kunst ohne Erfolg blieben«, sah der Beschluss des Politbüros von 1974 nämlich vor, »in Zusammenarbeit mit dem VBK der DDR und seiner zentralen Sektion der Bildhauer [...] einzelne Bildhauer oder kleinere Gruppen zur Teilnahme an den Gestaltungsaufgaben einzuladen« [SAPMO-BArch, DY

Klaus Schwabe: Entwurf eines Thälmann-Denkmals am Werderschen Markt, 1979/80.

30/J IV 2/2/1491: PB-Sitzung am 19.2.1974]. Der Beschluss enthielt auch eine entsprechende Namensliste.

Mit der Gestaltung des Berliner Thälmann-Denkmals wurde später der Leipziger Bildhauer Klaus Schwabe, damals Leiter der Zentralen Sektion der Bildhauer, beauftragt. Sein Denkmalsentwurf aus den Jahren 1979/80 war konzipiert

> [...] als begehbares Monument, gleichsam Ereignis- und Erfahrungsort. Rechts eine Gruppe von Opfern, dahinter eine viertelkreisförmig angeordnete Wand mit Spiegeln, die den Betrachter in das Geschehen hineinnimmt und ihn, der seiner selbst ansichtig wird, zur Bestimmung seiner Position im historischen Prozeß auffordert.

Nach links hin, über eine Rampe aus kristallin-gesplitterten Fragmenten, erhebt sich eine Gruppe aufsteigender Menschen. Schwabe vermeidet das vordergründige Aufstiegspathos früherer Denkmäler; der Weg von der Vergangenheit über die Gegenwart in die Zukunft ist mühselig, aber gangbar. In der Mitte des Denkmals fügte der Künstler später eine Thälmannfigur ein, was ursprünglich seinen Intentionen widersprach. [Adam 1992]

Schwabes Idee wurde abgelehnt, zunächst vor allem, weil die Künstlergruppe, die mit dem Marx-Engels-Denkmal – das damals auf dem Marx-Engels-Platz, also westlich des Palastes der Republik errichtet werden sollte – befasst war, mögliche Sichtbeziehungen befürchtete. Adam meint aber, dass insbesondere auch »die von Schwabe intendierte Individualisierung des Erinnerungsdiskurses, die Abkehr vom autoritären, die Rückkehr zum innerlich-überzeugenden Denkmal« [ebd.] nicht durchsetzbar gewesen seien.

Thälmannpark und Thälmann-Denkmal
Im Zusammenhang mit der »weiteren Ausgestaltung der Hauptstadt« beschloss das Politbüro am 10. Juli 1979 die Errichtung eines gesellschaftlichen Zentrums im Bezirk Prenzlauer Berg. An der Kreuzung Dimitroffstraße/Greifswalder Straße sollte auf dem Gelände des stillzulegenden und abzureißenden Gaswerkes ein »Ernst-Thälmann-Park« entstehen. Mit dieser Entscheidung wurde der Name Thälmanns neu in der Stadt verankert. Stillschweigend wurde in der nachfolgenden Zeit die U-Bahnstation Thälmannplatz in Otto-Grotewohl-Straße umbenannt und der Thälmannplatz sowie das ganze historische Areal an der Wilhelmstraße, deren kritische und stadtverträgliche Aneignung der DDR nicht gelang, durch gehobeneren Wohnungsbau liquidiert. Während die Umbenennung des Wilhelmplatzes und der Plan für ein Thälmann-Denkmal den historischen Bruch nach 1945 noch mit einer transzendenten Stadt- und Gesellschaftsutopie verbanden, hatte der DDR-Wohnungsbau eine quasi immanente Sinnbestimmung: Als soziale Aufgabe sui generis eignete er sich damit hervorragend zur Entsorgung historischer Altlasten. [vgl. Kil 1989]

Die Benennung des neu zu entwickelnden städtischen Areals (Ernst-Thälmann-Park) zog aber in der Folge auch die Denkmalsidee nach sich, eine zu DDR-Zeiten nie überwundene Form der Verbindung zwischen der Benennung städtischer Orte und öffentlichem Gedenken. Sperrte sich die Stadttopografie gegen die Denkmalssetzung am Thälmannplatz, so bot das scheinbar geschichtslose Grün eines Parks ideale

Voraussetzungen, das Stadtquartier auf ein Denkmal hin zu gestalten. Zunächst bestand nur das Ziel, auf dem Gelände des früheren Gaswerkes einen Naherholungspark anzulegen. In einer Studie des Büros für Städtebau vom März 1979 war der Abriss aller Gebäude des Gaswerkes vorgesehen, bis auf die drei einzigartigen Gasometer, die erhalten werden sollten. Der Thälmannpark, der zugleich in die regionale Grünplanung eingeordnet war, sollte nach Westen hin durch eine Mehrzweckhalle (Ausstellungen, Ratssaal) begrenzt sein und das bestehende Verwaltungszentrum des Bezirkes durch den Neubau eines Rathauses ergänzt werden. In einem der drei im Krieg zum Teil zerstörten Gasometer sollten ein Planetarium und eine Gaststätte eingerichtet werden; die anderen beiden Gasbehälter sollten später ausgebaut werden. Günther Stahn konzipierte für diese Studie die Mehrzweckhalle im Geiste der Neuen Nationalgalerie von Mies van der Rohe und markierte mit dem erneuten Vorschlag der Wiedererrichtung des Revolutionsdenkmals, nun im Ernst-Thälmann-Park, den Standort für das später ausgeführte Thälmann-Denkmal.

Die neuerliche Ablehnung des Vorschlages zum Revolutionsdenkmal und die kritische Distanz der Parteiführung zum Entwurf von Schwabe haben wohl mit dazu beigetragen, dass für die auf dem X. Parteitag der SED im April 1981 vorgesehene Verkündigung einer Denkmalssetzung aus Anlass des 100. Geburtstages Thälmanns im Jahre 1986 nun endgültig ein sowjetischer Künstler ausgewählt wurde: Lew Kerbel, der zuvor schon das Marx-Denkmal in Karl-Marx-Stadt (Chemnitz) realisiert hatte. Zugleich wurde ein höherer Anteil von Wohnungsbau vorgesehen. Nicht ein Park mit einem kommunalen Forum und einer bescheidenen Thälmann-Ehrung sollte es sein, sondern Denkmal plus Wohnungsbau. Obgleich die Altbauquartiere immer mehr verfielen und doch zugleich alternativen Lebensformen Raum boten [vgl. Kil 1992], sollte der Thälmannpark die Gegenwart gewordene Zukunft des »Arbeiterbezirkes« Prenzlauer Berg demonstrieren: vor allem der Parteiführung selbst, die jeden Morgen stadteinwärts aus Wandlitz (ihrem abgeschirmten gemeinsamen Wohnort bei Berlin) im Autokonvoi am Park vorbeifuhr und dabei im Geiste Thälmann grüßend ihrer verantwortungsvollen Tätigkeit in der Stadtmitte zustrebte.

Erich Honecker selbst formulierte auf dem Parteitag die politische und künstlerische Zielstellung für das zu errichtende Thälmann-Denkmal: »Dieses Denkmal wird davon künden, daß die Thälmannsche Garde, seinem Vermächtnis getreu, unser Volk in die sozialistische Gegenwart und in die kommunistische Zukunft führt.« [Honecker 1981: 10] Dieser Verkündigung der historischen Mission der »Thälmannsche Garde«, d.h. doch der jetzigen Parteiführung als der legitimen Erben Thälmanns, wurden weder Schwabes Entwurf noch die Replik des Revolutionsdenkmals plus maßstäblicher Porträtfigur gerecht. Es war auch Honecker, der Kerbel mit dem Thälmann-Denkmal persönlich beauftragte. Honecker, der aus Anlass des XXVI. Parteitages der KPdSU Anfang 1981 in Moskau weilte, habe Kerbel während eines Empfangs in der DDR-Botschaft um die Ausführung des Denkmals

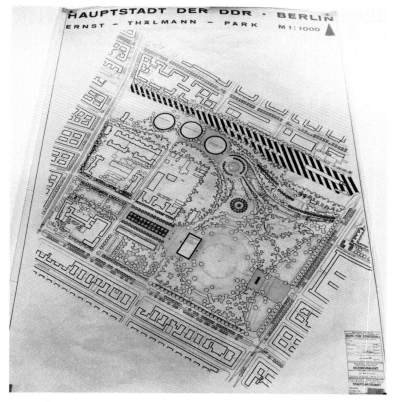

Lagestudie des Büros für Städtebau für den Thälmann-Park mit dem wiedererrichteten Revolutionsdenkmal und Thälmann-Figur, 1979. Die drei Gasometer sind noch eingezeichnet.

gebeten.[18] Damit kündigte Honecker die im Politbürobeschluss von 1974 vereinbarte Zusammenarbeit mit dem VBK selbst auf und zwang (vermutlich über Hager) Kulturminister Hans-Joachim Hoffmann, der die Zentrale Arbeitsgruppe für die Realisierung der beschlossenen Denkmalsprojekte leitete, die Denkmalspläne vor dem VBK zu verbergen. Im September 1981 kam Kerbel mit seinem Entwurf in die DDR.

Ziel des Aufenthaltes sind die Kontaktaufnahme des Künstlers mit den verantwortlichen Berliner Architekten, das direkte Kennenlernen der baulich-räumlichen Situation und grundsätzliche Ansprachen

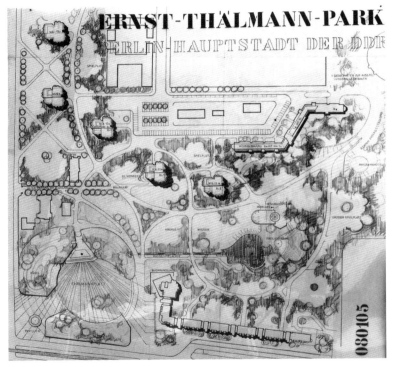

Peter Baumbach, Jo Jastram, Ronald Paris u. a.: Die alternative Denkmalsidee sah die Anlage eines fußläufigen Thälmannplatzes im Innenbereich mit einem maßstäblichen Denkmal und einem Gedenkpavillon vor, im Hintergrund die zu erhaltenden Gasometer.

zu möglichen Gestaltungsvarianten. [SAPMO-BArch, DY 30/Vorl. SED 30338, Bestand Büro Hager: Hoffmann an Hager 29.9.1981]

Zwischen dem Direktor der Aufbauleitung Sondervorhaben Berlin, Eberhard Gißke, dem Chefarchitekten von Berlin, Roland Korn, und

Lew Kerbel sei »schnell Übereinstimmung zur Hauptrichtung der künstlerisch-architektonischen Lösung erreicht« worden. Kerbel unterstützte

[...] sehr die Idee eines Volksparks und schlägt ebenfalls vor, das Denkmal nicht zu stark als Memorial anzulegen. Dazu sollten gehören: Die Nutzung bestehender Gebäude als Jugendklubs, Ein-

Räumliche Situation des Thälmann-Denkmals von Peter Baumbach, Jo Jastram, Ronald Paris u. a.: Thälmann verlässt das Gefängnis.

wohnertreffs usw. und die Einbeziehung weiterer Plastiken von DDR-Künstlern zum Thema Arbeiterklasse, Solidarität sowie zur Vielfalt unseres sozialistischen Lebens. [ebd.]

Hager gab diesen Bericht mit der lakonischen Bemerkung am 28. September 1981 an Honecker weiter: »Ich übermittle Dir die Information des Ministeriums für Kultur über den Besuch des sowjetischen Bildhauers Gen. Prof. Lew Kerbel, der von Dir mit der Schaffung eines Thälmann-Denkmals beauftragt wurde.« [ebd.]

Kerbel hatte zwar der Umnutzung der früheren Verwaltungsbauten des Gaswerkes für kommunale Zwecke (heute Kulturhaus im Ernst-Thälmann-Park) zugestimmt, bestand aber während seines Besuches im September 1981 auf der Ausbildung einer großen Wand von Neubauten im Hintergrund seines Denkmals. Einen entsprechenden Entwurf hierzu

Jo Jastrams Thälmann-Figur erinnert an Fritz Cremers frühen Entwurf.

hatte Dorothea Krause erarbeitet. War wegen der baupolitischen Orientierung auf Wohnungsbau die frühere Idee einer Mehrzweckhalle bzw. gar eines Rathauses ohnehin bereits vom Tisch, so opponierten die beteiligten Stadtplaner intern energisch gegen die »große Wand«, die den letzten Rest stadtplanerischer Substanz beseitigt hätte. Es galt vor allem die Durchschreitung in Ost-West-Richtung – die Grundidee des ursprünglichen Entwurfes für ein gesellschaftliches Zentrum des Bezirkes – zu erhalten. Die Aufbauleitung Sondervorhaben Berlin veranstaltete daraufhin einen städtebaulichen Wettbewerb, der im Wesentlichen eine stärker gegliederte Alternative zur »großen Wand« suchte. Der Standort und das Denkmal von Kerbel sowie die räumlichen Dimensionen der Freiflächen standen fest.

> Der »Ernst-Thälmann-Park«, das »Ernst-Thälmann-Denkmal« und der Wohnungsneubau sind zur gestalterischen Einheit von hoher städtebau-künstlerischer Qualität zu verbinden. Der Wohnungsbau ist städtebaulich in der Höhenentwicklung und in der Entfernung vom Denkmal so angeordnet, daß er die Wirkung des Denkmals steigert und die Gesamtanlage weithin sichtbar wird.[19]

Einen 2. Preis (ein 1. Preis wurde nicht vergeben) erhielt der Entwurf des Kollektivs von Helmut Stingl; später wurden in die Ausführungsplanung noch die markanten Punkthochhäuser, die von Manfred Zumpe entworfen wurden, integriert. An diesem Wettbewerb hatte sich auch der Rostocker Architekt Peter Baumbach beteiligt, der seinerseits den Bildhauer Jo Jastram und den Maler Ronald Paris angesprochen hatte, um im Rahmen des städtebaulichen Wettbewerbs eine alternative Denkmalsgestaltung vorzuschlagen. Die Gestaltungsidee von Jastram erinnert an den frühen Entwurf von Fritz Cremer. Etwa lebensgroß schreitet Thälmann, die Gefängnisgitter hinter sich lassend, ins Leben. Das war die Utopie einer doch noch geglückten Rettung Thälmanns und Drohung zugleich, die Realität an den ursprünglichen Idealen zu messen.[20] Im Wettbewerb hatte dieser Entwurf keine Chance, er schied gleich in der ersten Runde aus.

> Der Teilnehmer legt einen neuen Denkmalentwurf vor, der eine umfangreiche Denkmalanlage mit figürlicher Darstellung Ernst Thälmanns beinhaltet. Der Standort dieser Anlage wurde abweichend von der Vorgabe in den Kreuzungsbereich Dimitroffstraße/Greifswalder Straße gelegt. Durch den vorgeschlagenen 7-geschossigen Wohnungsbau an der Greifswalder Straße wird der »Ernst-Thälmann-Park« zu dieser Magistrale hin abgeriegelt.[21]

Damit wäre allerdings der panoramatische Blick der Parteiführung auf ihr Gestalt gewordenes, epochales Wirken erheblich eingeschränkt worden.

Am 3. März 1982 veröffentlichte das *Neue Deutschland* das zur Ausführung bestimmte städtebauliche Modell mit dem Entwurf zum Thälmann-Denkmal von Lew Kerbel. Die Empörung unter kritischen Intellektuellen und Künstlern war enorm. So berichtete der Parteisekretär der Hochschule der Bildenden Künste in Dresden am 15. März 1982 über lebhafte und erregte Diskussionen der Studenten und Lehrkräfte der Abteilung Plastik nach der Veröffentlichung der Entwürfe zur Gestaltung des Thälmannparks:

> Das Vorhaben wird ausdrücklich begrüßt, aber tiefes Bedauern und Befremden gibt es darüber, daß 1. kein öffentlicher Wettbewerb, auch mit internationaler Beteiligung stattgefunden hat und damit nicht nur die beste künstlerisch-gestalterische Lösung zum Tragen gekommen sei, sondern DDR-Künstlern auch die Möglichkeit verschlossen geblieben ist, ihr Bekenntnis zu Thälmann und der KPD zum Ausdruck zu bringen. Der beste Entwurf hätte, unabhängig von der Nationalität des Künstlers [,] zur Realisierung kommen müssen. 2. der Verband Bildender Künstler bei der Themenvergabe und Entscheidungsfindung nicht gefragt worden ist. [...] [Die] Verstörung der Kollegen in der Plastik [ist] riesengroß [...], die Diskussion hat bereits im Verband heftige Formen angenommen, auf der nächsten Sitzung der Verbandsleitung in Berlin werde man Aufschluß fordern, die Unsicherheit sei so groß wie vor dem 6. Plenum 1972. Die Parteileitung werde ferner in Kenntnis gesetzt, daß die Sorge besteht, bei kritischer Einschätzung des Verfahrensweges des Antisowjetismus bzw. des Nationalismus bezichtigt zu werden. [SAPMO-BArch, DY 30/Vorl. SED 32775: Bestand Abt. Kultur des ZK der SED]

Am 30. März 1982 beschäftigte sich die Zentrale Sektionsleitung (ZSL) Plastik in Gegenwart der Leiterin der Abteilung Kultur des ZK der SED, Ursula Ragwitz, mit dem Thema. Jastram referierte in Vertretung von Schwabe über die stagnierende Arbeit an den Denkmalsprojekten seit den Auftragserteilungen 1974. Lediglich Entwürfe lägen vor: von Schwabe für das Thälmann-Denkmal in Berlin, von Karl-Heinz Appelt für das August-Bebel-Denkmal in Leipzig, von Christa Sammler für das Luxemburg-Denkmal in Berlin, von Karl-Heinz Schamal für das Pieck-/Grotewohl-Denkmal in Berlin und von Arndt Wittig für das Dimitroff-Denkmal in Leipzig. »Für das Thälmann-Denkmal in Berlin sei eine

Lösung beschlossen worden, ohne den Entwurf von Klaus Schwabe in Betracht zu ziehen und ohne den VBK-DDR vorher zu konsultieren.« Die Diskussion hielt mit der Kritik am »gesellschaftlichen Auftraggeber«, d. h. der Parteiführung, nicht zurück:

> In der UdSSR würde nicht von Monumentalkunst gesprochen, sondern von Monumentalpropaganda. Offenbar habe das auch Konsequenzen hinsichtlich der künstlerisch-gestalterischen Ansprüche des gesellschaftlichen Auftraggebers. [...] Ein »Monumentalist« sei allem Anschein nach auch etwas anderes als ein Bildhauer in dem Sinne, wie wir ihn in Wahrung und in dem Bemühen um Fortsetzung der besten Traditionen realistischer deutscher Bildhauerkunst verstehen. Lew Kerbel stehe zweifellos in der Traditionslinie des spezifisch ausgeprägten sowjetischen plastischen Monumentalschaffens, das seit langem mit werkstatt-technischer Vergrößerung kleiner Entwürfe arbeitet und mitunter in massenhafter Auflage produziert. [Vor allem stellt sich bei dem jetzigen Lösungsvorschlag] bereits in der Art der Anlage das Problem des menschlichen Maßes. Entspricht es tatsächlich dem bescheidenen und volksverbundenen Arbeiterführer Ernst Thälmann, von den Genossen damals »unser Teddy« genannt, wenn seine Ehrung in Form einer Art Wallfahrt erfolgt, die Besucher nämlich zwischen einer breiten und langen Allee von sogenannten Wächtersteinen hindurch auf einen entrückt über ihnen befindlichen Denkmalskopf zugehen müssen? (Vergleich[e] einmal mit dem überaus sympathischen Lenin-Denkmal von Imre Vargas!)

Die ZSL forderte eine Verständigung zwischen gesellschaftlichem Auftraggeber und »zumindest den beteiligten Künstlern«. Der Umgang mit dem Verband und den Künstlern in Bezug auf das Thälmann-Denkmal müsse

> [...] überraschend und ernüchternd wirken, sehen doch nicht wenige Kollegen damit auf diesem Gebiet bereits Erreichtes wieder in Frage gestellt. [...] In Kreisen des gesellschaftlichen Auftraggebers setzten sich offenbar wieder bestimmte individuelle Geschmacksrichtungen durch, nach denen entschieden würde.

Dies führe nicht nur zu Resignation, sondern habe auch negative Auswirkungen auf den Nachwuchs [SAPMO-BArch, DY 30/Vorl. SED 32715/2, Bestand Abt. Kultur des ZK der SED, Ragwitz an Hager am 14.4.1982]. Ob Hager diesen Bericht an Honecker weitergegeben hat?

Honecker hat zumindest die Kritik des sowjetischen Botschafters in der DDR, Pjotr Abrassimow, am Thälmann-Entwurf Kerbels zur Kenntnis genommen. Bereits aus Anlass der Schenkung der »Reproduktion der Büste von Karl Marx« (vermutlich ein Modell des Denkmals in Karl-Marx-Stadt) an Abrassimow ließ dieser, kaum dankend, bereits 1978 seine Ablehnung gegenüber Kerbel erkennen (»nach meiner Meinung kein Meisterwerk« [SAPMO-BArch, DY 30/J IV 2/202/475: Bestand Allgemeine Abt., ehem. Internes Parteiarchiv]). Aus Anlass der vorgesehenen Wiederaufstellung des Denkmals Friedrich II. Unter den Linden ließ Abrassimow im Oktober 1980 Honecker die Stellungnahme sowjetischer Historiker zukommen, die ihre Verwunderung drüber äußerten, dass die DDR-Führung »neben der geheiligten Gedenkstätte für die Opfer von Nazismus und Militarismus und neben dem Bebelplatz, auf dem Kundgebungen der Widerstandskämpfer gegen Nazismus und Reaktion stattfinden [...] kein Karl-Marx-Denkmal oder ein Denkmal für den Führer der Arbeiterklasse Deutschlands, den unsterblichen Ernst Thälmann, errichtet«, sondern das »seinerzeit völlig gerechtfertigt als Symbol des preußischen Militarismus nach Potsdam« umgesetzte Denkmal wiederaufstellt [ebd.]. Auch die folgende, von Abrassimow im Oktober 1981 übermittelte, anonyme Kritik des Denkmalentwurfes von Kerbel wird Honecker beiseite gelegt haben:

Beim Anblick des Modells kann man sich des Eindrucks nicht erwehren, daß das Bildnis des Führers der deutschen Arbeiterklasse nicht vollendet wurde. Die Komposition ist unseres Erachtens ungerechtfertigt statisch, der Betrachter sieht nur ein bekanntes Bildnis und eine bekannte Symbolik. Die Dynamik des Ausdrucks fehlt praktisch, und das umso mehr, da die einer revolutionären Bewegung gewidmete bildhauerische Komposition weit hinter dem eigentlichen Denkmal zurückbleibt, das aus der Ferne optisch aussieht wie die Abbildung eines bis an die Schultern in die Erde eingegrabenen Menschen.

Das Denkmal würde gewinnen, wenn es »in einer anderen Manier ausgeführt würde« [SAPMO-BArch, DY 30/J IV 2/203/531: Bestand Allgemeine Abt., ehem. Internes Parteiarchiv].
Unterdessen beschäftigte sich das Präsidium des VBK folgenlos mit der »Verwirklichung der Konzeption zur Errichtung von Denkmälern für hervorragende deutsche Arbeiterführer in Berlin«.

Am 30. März 1982 hatte sich die ZSL Plastik mit diesem Problem befaßt. Zur Zeit stellt sich die Frage nach dem konzeptionellen Herangehen der Bildhauer an die Gestaltung politischer Denkmäler besonders nachdrücklich. Ein von Mitgliedern der ZSL Plastik verfaßtes schriftliches Material, in dem die gegenwärtige Situation und Vorschläge der Bildhauer bei der Vergabe gesellschaftlicher Aufträge erläutert wird, wurde dem Präsidium des VBK-DDR übergeben. Nach gründlicher und leidenschaftlicher Diskussion wurde vom Präsidium beschlossen, die Verwirklichung der Denkmalkonzeption unter eigene Kontrolle zu nehmen. [SAdK]

Die Verwirklichung des Thälmann-Denkmals war der Kontrolle des VBK aber längst entzogen, was blieb, war ein Bittgang. So berichtete Hermann Raum am 24. März 1983 im Auftrag des Präsidiums an den Zentralvorstand:

> Auf Wunsch und Initiative der ZSL Plastik fand am 1. Dezember 1982 ein Fachgespräch mit Kollegen Lew Kerbel und verantwortlichen Architekten anhand des Modells des künftigen Wohngebietes Greifswalder Straße mit der Anlage eines Ernst-Thälmann-Denkmals statt, an der die ZSL-Mitglieder Jo Jastram und Inge Hunzinger teilnahmen. Kollege Jastram brachte seine Genugtuung über diesen Gedankenaustausch zum Ausdruck, der vor allem zu inhaltlichen und gestalterischen Fragen von Denkmalsanlagen, z. B. hinsichtlich ihrer räumlichen Einordnung, ihrer Rezipierbarkeit durch den Betrachter, ihrer Maße, zu Fragen der Traditionen der deutschen Bildhauerkunst und zu gegenwärtigen Erfahrungen des bildhauerischen Schaffens in unserer Republik geführt wurde. Es sei seine Absicht, sagte Kollege Kerbel, über die Problematik der Höhenmaße der Plastik weiterhin nachzudenken, da seine DDR-Kollegen ihre Bedenken geäußert haben. Er sprach die Einladung aus, das Gespräch mit den Kollegen anhand seines Modells in seinem Moskauer Atelier zu gegebener Zeit weiter fortzusetzen.[22]

Wie zum Hohn bedankte sich Lew Kerbel in einem Interview der *Berliner Zeitung* vom 26./27. Februar 1983 für die »kritischen Bemerkungen des Rostocker Bildhauers Jo Jastram«, die außerordentlich hilfreich gewesen seien. Zu einer Überarbeitung des Entwurfs oder zu weiteren Begegnungen von DDR-Bildhauern mit Kerbel kam es nicht. Mehr als dreißig Jahre lang hatten sich DDR-Bildhauer – angeführt von Fritz Cremer – geweigert, »megalomane Skulpturen für noch so wichtige politische Themen als Denkmäler zu fertigen« [Flierl 1994: 56]. Auch die vielen Parteibeschlüsse und die organisierten Reisen zum Studium der Monumentalkunst in der Sowjetunion haben die DDR-Bildhauer von dieser Grundposition nicht abbringen können.

Vom Heroenbild zum Idol
Mit dem tatsächlich realisierten Thälmann-Denkmal von Kerbel wurde der Übergang vom Heroenbild zum Idol vollzogen. Faust, Fahne und die fragmentarische Darstellung des Kopfes geben das Sinnbild einer gottgleichen Verherrlichung. Kerbel orientierte sich offenbar an dem Plakat »Thälmann muß gewonnen werden wie eine Schlacht« von John Heartfield (1934) bzw. an den Bildformen von Abzeichen, die in der Arbeiterbewegung weit verbreitet waren. Während Heartfield in seiner Montage die Bildzeichen der Fahne, der geballten Faust und des Hauptes Thälmanns über den Dingen schweben lassen kann, führen allein die Konstruktion des Denkmals und die Schwere des Materials Kerbels Gestaltung auf den Boden der Wirklichkeit zurück.

> Sucht Heartfield Thälmann als geistigen Inspirator herauszustellen, so lastet Kerbel sein riesiges Porträt auf einem symbolischen Altarsockel auf und unterstreicht den Opfergang des Revolutionärs auf dem Altar des (sozialistischen) Vaterlandes. [Schönfeld 1993]

Mit dem heutigen Thälmann-Denkmal bleibt nur noch das Zeichen eines Zeichens übrig, das sich gegen seinen virtuellen Charakter gegenständlich umso monströser behaupten muss. Der Ort des Thälmann-Denkmals in Prenzlauer Berg erhält allein aus dem Denkmal, zu dem auch die Wohnbauten gehören, seinen ideologischen Sinn. Die wirklichen Spuren der Industriegeschichte Berlins, wie sie sich in den Gasometern der früheren Gasanstalt manifestierten, gehörten im ideologischen Verständnis zur bloßen Vorgeschichte, auf die man nicht nur glaubte verzichten zu können, sondern die als Störung empfunden wurden. Hatten die Stadtplaner zunächst den Kampf gegen die große Kulissenwand Kerbels gewonnen, so öffnete sich damit auch wieder der Blick des Monumentalkünstlers auf die Gasbehälter. Kerbel konnte sich dank Honecker durchsetzen, die Gasometer sollten abgeräumt werden. Als sich dann auch noch spürbarer und entschlossener Bürgerprotest in Flugblattaktionen, Versuchen des Ankettens, Unmutsbekundungen in Institutionen und Parteiorganisationen [vgl. Flierl 1992] gegen die barbarische Abrissentscheidung regte, wurde die Re-Mythologisierung Thälmanns zur machtgestützten Beschwörung des Ursprungsmythos und zur Drohung einer autokratischen Partei- und Staatsführung gegen die eigene Bevölkerung. Trotz allen Protestes wurden die Gasbehälter

Ein Nationaldenkmal für die Hauptstadt der DDR. 1996

Kurz vor der Enthüllung des Thälmann-Denkmals von Lew Kerbel am 15. April 1986.

am 28. Juli 1984 gesprengt. Unbeirrt hielt die Parteiführung an der endlichen Realisierung eines Denkmalsprojektes fest, das die Geschichte der DDR begleitet hatte und, endlich realisiert, ihr Ende ankündigte.

Die Einweihung des Thälmann-Denkmals am 15. April 1986 illustrierte den Zustand der DDR, drei Jahre vor ihrem Ende. Noch einmal lebte die Idee vom Nationaldenkmal auf, als Honecker in Gegenwart der Vorsitzenden von DKP und SEW einen Tag vor dem XI. Parteitag ausrief:

> Nichts erinnert mehr daran, was hier früher einmal war, nichts mehr an den Gestank, an die schlechten Arbeits- und Lebensbedingungen der Menschen, nichts mehr an die fast täglichen Überfälle der Schupo und der SA-Banden, die vielen Proletariern das Leben kostete. Heute sind die Proletarier von einst Herren der Stadt, der Stadt des Friedens, der Hauptstadt der DDR, Berlin. Die Menschen wurden befreit von Ausbeutung und Unterdrückung, und die Polizei wurde zu einer wahren Polizei des Volkes, weil wir in die Uniform dieser Polizei Arbeiter gesteckt haben, Bauarbeiter, Metallarbeiter, Bergarbeiter – die große Schar der arbeitenden Menschen, aus ihren Reihen die Besten, die heute in der Deutschen Volkspolizei ihren Dienst tun. Das Denkmal für Ernst Thälmann [...] kündet für immer davon, daß mit der Errichtung der Arbeiter- und Bauernmacht auf deutschem Boden ein neues Kapitel aufgeschlagen wurde. [*Neues Deutschland*, 16.4.1986]

Diese Rede war geradezu erschütternd stereotyp, unzeitgemäß und hölzern. Ihre Pathosformeln könnten gut aus der Aufbauzeit der Stalinallee stammen (1951/52), nichts deutet auf die komplizierte ökonomische und politische Lage der 80er Jahre hin. Der Hintergrund, vor dem Erich Honecker die Vorzüge der Wohnanlage preist, ist die Situation der 30er Jahre, seine eigene Kampfzeit. [...] Der sonderbar anmutende Exkurs über die Verdienste der Volkspolizei wird im Umkehrschluß verständlich: er soll davon ablenken, daß die Auseinandersetzungen um die Erhaltung bzw. Sprengung der Gasometer mit brutaler Polizeigewalt beendet worden waren. [Dolff-Bonekämper 1994a]

Nicht nur die 13 m hohe kolossale Thälmann-Figur, auch die Gestaltung des zweifach gestuften und leicht ansteigenden Platzes implizierte eine Nutzung des Denkmals, die klassisch bei dessen Einweihung zu erleben war:

Anders als man es bei einer theatralischen Inszenierung erwarten würde, sind die Zuschauerplätze hier jedoch nicht auf einer nach hinten ansteigenden, sondern auf einer abfallenden Schräge angeordnet. Nicht die optimale Sicht der Zuschauer war also das Hauptziel, sondern ihre optimale Sichtbarkeit! [ebd.]

Dolff-Bonekämper deutet die Platzgestaltung als Vorgabe für den rituellen Nachvollzug der staatstragenden Grundannahme, dass in der DDR keine Antagonismen, sondern eine Einheit von Führung und Volk bestünden.

Politische Kontroversen waren nicht vorgesehen – also auch kein Raum für ihre öffentliche Austragung. [...] Wenn auch die Staatsführung selber der Hauptrezipient ihrer eigenen Schauveranstaltungen wurde, sich die Zustimmung des Volkes also nur selber vorspielte, spielte vorerst auch »das Volk« noch mit. [ebd.]

Umgang mit dem Thälmann-Denkmal nach 1989
Die Inbesitznahme des öffentlichen Raums, der Straßen und Plätze als Orte öffentlich-politischer Meinungsäußerungen war das wesentliche Erlebnis und ein wichtiger Katalysator der Emanzipation der DDR-Bevölkerung in den Tagen des Herbstes 1989. In diesem historischen Moment, als die radikale innere Erneuerung des Staatswesens auf der Tagesordnung stand, forderte Hermann Raum am 6. November in einem Thesenpapier, das er in der Kunsthochschule Berlin-Weißensee aushing und zugleich an die Mitglieder des ZK der SED, Kulturminister Hoffmann und den VBK-Präsidenten Willi Sitte sandte, zum Zeichen der »endlichen Trennung von der stalinistischen Deformation des Sozialismus« den Abriss des Thälmann-Denkmals und die Schaffung eines Gedenkortes für die deutschen Opfer des Stalinismus.

Ihrer sollte im Thälmann-Park zu Berlin gedacht werden. Das dortige Thälmann-Denkmal ist keine Ehrung für den deutschen Arbeiterführer (der selbst in gewisser Weise Opfer auch der Politik Stalins wurde), weil es künstlerisch und politisch verlogen ist und gegen den energischen und begründeten Protest des Künstlerverbandes aufgrund des persönlichen Geschmacks von E. Honecker zur Aufstellung kam. Seine Entfernung ist geboten, auch um das Andenken von einer Entstellung zu befreien. [zit. nach ebd.]

Nach Öffnung der Mauer am 9. November 1990 war die Überschreitung des Niemandslandes die wesentlich neue öffentliche Erfahrung, die Reisefreiheit, zunächst vor allem nach Westberlin, und die Erkundung der geheimen Machtzentralen der DDR. Gegenüber den symbolischen Orten und Zeichen der ehemals unüberwindbar scheinenden politischen Macht verhielt sich die Bevölkerung bemerkenswert zurückhaltend. So auch gegenüber dem Thälmann-Denkmal. Von offizieller Seite wurde zunächst die nächtliche Beleuchtung ausgeschaltet, Bronze und Granit wurden von Zeit zu Zeit von Farbe gereinigt. Im Frühjahr 1990, unmittelbar vor den ersten freien Kommunalwahlen im Mai 1990, veranlasste die Bezirksverwaltung Prenzlauer Berg die Entfernung der Inschriftstelen, der »Wächtersteine«; sie enthielten Aussprüche von Thälmann und Honecker.

Das Thälmann-Denkmal ist heute ein Dokument der entfremdeten politischen Kultur der späten, perspektivlosen DDR, deren Führung in Erinnerung an ihre stalinistischen Jugendideale sich selbst noch einmal ein Denkmal zu setzen versuchte. Machtdemonstration und Angstreduktion sind hier eng beieinander: in gewisser Weise ein klassisches Dokument realsozialistischer Staatsästhetik. Und so verweisen Ende und Anfang aufeinander: So perspektivisch wie eindimensional das Auferstehungs-/Siegerdenkmal auf der Reichskanzlei, so reduziert die historische Perspektive im Ernst-Thälmann-Park: Statt mit dem Blick in die Stadt der Zukunft wie im ersten Entwurf von Ruthild Hahne wurde Thälmann in einen realen Wohnpark gestellt. Der »real existierende Sozialismus« der DDR hatte sich verwirklicht, er war an seinem Ende angekommen. Manfred Butzmann sah denn auch im Thälmann-Denkmal die Gestalt einer riesigen Grabvase und unterbreitete den Vorschlag, das Denkmal mit Pappeln zu umpflanzen und mit Wasser zu umgeben – eine Rousseau-Insel.

Nicht der historische Thälmann unmittelbar, sondern der Gestalt gewordene Umgang mit »Thälmann« und die tatsächlich ablesbaren kulturellen Legitimations- und Herrschaftsstrategien einer untergegangenen Epoche machen das Thälmann-Denkmal und die Anlage des Thälmannparks zu einem einzigartigen Dokument. Daher ist auch der Beschluss der Bezirksverordnetenversammlung Prenzlauer Berg aus dem Jahre 1993,[23] das Denkmal abzureißen und bei der zukünftigen Umgestaltung des Parks, der erhalten werden soll, den historischen Thälmann »angemessen« zu würdigen, völlig inadäquat. Bei dieser Beschlussfassung war die ideologisch fundierte Siegermentalität mit dem Hoffen auf eine historisch gerechte Behandlung Thälmanns ein Zweckbündnis eingegangen. Beide Male wird aber der Mythos des

Ein Nationaldenkmal für die Hauptstadt der DDR. 1996

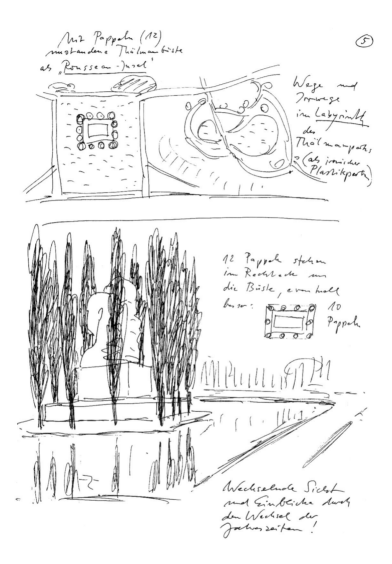

Ideenskizze von Manfred Butzmann: Mit Pappeln umstandene Thälmannbüste als »Rousseau-Insel«, 1993.

Denkmals reproduziert, wenn auch je auf besondere Weise: Während die einen im Abriss des Denkmals die DDR nunmehr kämpferisch zu überwinden suchen, d. h. den früher nicht geübten Widerstand nachstellen, meinen die anderen, dass es richtig sei, Thälmann im Berliner Bezirk Prenzlauer Berg zu ehren und damit ein Stück historischer Legitimation der DDR zu erhalten.

Der Mythos des Denkmals wird aber kritisch nur überwunden, wenn es am Ort erhalten und in eine Neugestaltung des Areals einbezogen wird. Wer bereit ist, das Thälmann-Denkmal als Teil der eigenen Geschichte anzunehmen, der wird auf dieses Denkmal nicht verzichten wollen – damit es uns erinnere, wie viel wir uns haben gefallen lassen, und damit es durch unsere eigene veränderte Wahrnehmung immer mehr zu einem prähistorischen Fossil werde, das uns anzeige, wie viel geschichtlichen Abstand wir bereits gewonnen haben.

Dieser Text entstand zunächst aus Anlass einer Tagung des Aktiven Museums Faschismus und Widerstand in Berlin e. V. und des Kulturamtes Prenzlauer Berg von Berlin zum Umgang mit dem Berliner Thälmann-Denkmal 1993; überarbeitet zuerst veröffentlicht in: KUNSTDOKUMENTATION 1945–1990 SBZ/DDR. Aufsätze, Berichte, Materialien, hrsg. von Günter Feist/Eckhart Gillen/Beatrice Vierneisel, Museumspädagogischer Dienst Berlin in Zusammenarbeit mit der Stiftung Kulturfonds, Köln, DuMont, 1996, S. 358–385. (Anm. d. Hrsg.)

Zitierte Literatur

Adam, Hubertus (1992): »Erinnerungsrituale – Erinnerungsdiskurse – Erinnerungstabus. Politische Denkmäler der DDR zwischen Verhinderung, Veränderung und Realisierung«, in: *kritische berichte* (1992), H. 3, S. 16.

[BA] Bundesarchiv, DR 1 Ministerium für Kultur.

Biermann, Wolf (1977): *Nachlaß 1*, Köln.

Demps, Laurenz (1994): *Berlin – Wilhelmstraße. Eine Topographie preußisch-deutscher Macht*, Berlin.

Dolff-Bonekämper, Gabi (1994a): »Kunstgeschichte als Zeitgeschichte. Das Thälmann-Denkmal in Berlin«, unveröffentlichtes Manuskript, April 1994.

Dies. (1994b): »Optimale Sicht auf den erzwungenen Konsens«, in: *Frankfurter Allgemeine Zeitung*, 5. Januar 1994.

Dies. (1996): »Das Thälmann-Denkmal in Berlin«, in: Ruth Reiher, Rüdiger Läzer (Hrsg.): *Von Buschzulage und Ossi-Nachweis. Ost-Westdeutschland in der Diskussion*, Berlin.

Feist, Günter (1990): »Platz gemacht für Monumentalpropaganda. Ein Kapitel Stadtbildpflege in der ›Hauptstadt der DDR‹«, in: *Kunst in der DDR*, hrsg. von Eckhart Gillen und Rainer Haarmann, Köln.

Fidorra, Jörg; Katrin Bettina Müller (1995): *Ruthild Hahne. Geschichte einer Bildhauerin*, hrsg. von der Schadow-Gesellschaft e. V. Berlin.

Flierl, Bruno (1994): »Politische Wandbilder und Denkmäler im Stadtraum«, in: *Auf der Suche nach dem verlorenen Staat. Die Kunst der Parteien und Massenorganisationen der DDR*, hrsg. von Monika Flacke. Berlin.

Flierl, Thomas (1992): »Gegen den Abriß eines Baudenkmals. Eine Rede aus dem Jahre 1984«, in: *kritische berichte* (1992), H. 3.

Honecker, Erich (1981): *Bericht des ZK der SED an den X. Parteitag*, Berlin/DDR.

Karwelat, Jürgen (1988): »Ein Berliner Stadtplan von 1946 – seiner Zeit voraus«, in: *Sackgassen. Keine Wendemöglichkeiten für Berliner Straßennamen*. Hrsg. von der Berliner Geschichtswerkstatt. Berlin (West).

Kil, Wolfgang (1989): »Verdrängung – Beton. Angesichts von Baumaßnahmen auf dem Gelände der ehemaligen Reichskanzlei«, in: *Niemandsland* (1989), H. 8/9, Berlin (West).

Kil, Wolfgang (1992): »Prenzlauer Berg – Aufstieg und Fall einer Nische«, in: *Die Stadt als Gabentisch*, hrsg. von Hans G. Helms, Leipzig.

[Kinner 1993] Kinner, Klaus: »Ernst Thälmann – Mythos und Realität«, Tagung des Aktiven Museums Faschismus und Widerstand in Berlin e. V. und des Kulturamtes Prenzlauer Berg von Berlin zum Umgang mit dem Berliner Thälmann-Denkmal 1993, unveröffentlichtes Manuskript.

[Leo 1993a] Leo, Annette: »Der Thälmann-Mythos der DDR«, Tagung des Aktiven Museums Faschismus und Widerstand in Berlin e. V. und des Kulturamtes Prenzlauer Berg von Berlin zum Umgang mit dem Berliner Thälmann-Denkmal 1993, unveröffentlichtes Manuskript.

[Leo 1993b] Dies.: »Die Berichte der Thälmann-Kuriere«, Tagung des Aktiven Museums Faschismus und Widerstand in Berlin e. V. und des Kulturamtes Prenzlauer Berg von Berlin zum Umgang mit dem Berliner Thälmann-Denkmal 1993, unveröffentlichtes Manuskript.

[NGBK 1990] *Erhalten – Zerstören – Verändern? Denkmäler der DDR in Ost-Berlin*. Begleitbuch zur dokumentarischen Ausstellung des Aktiven Museums Faschismus und Widerstand in Berlin e. V. und der Neuen Gesellschaft für Bildende Kunst, Berlin 1990, S. 31.

[SAdK] Stiftung Archiv der Akademie der Künste, Berlin, VBK-Archiv: Bericht des Präsidiums auf der Tagung des Zentralvorstandes des VBK am 24. Juni 1982.

[SAPMO-BArch] Stiftung Archiv der Parteien und Massenorganisationen der DDR im Bundesarchiv, Berlin.

[Schönfeld 1993] Schönfeld, Martin: »Die Konstruktion des politischen Idols. Darstellungen Thälmanns in der Kunst der SBZ/DDR«, Tagung des Aktiven Museums Faschismus und Widerstand in Berlin e. V. und des Kulturamtes Prenzlauer Berg von Berlin zum Umgang mit dem Berliner Thälmann-Denkmal 1993, unveröffentlichtes Manuskript.

[Sitzungsbericht] SAPMO-BArch, Nachlass Grotewohl, NY 1090/556: Sitzungsbericht des Preisgerichts im Thälmann-Wettbewerb, Bl. 64–70.

[Sitzungsprotokolle] *Sitzungsprotokolle des Magistrats der Stadt Berlin 1945/46* (= Schriftenreihe des Landesarchivs Berlin, Bd. 2, Teil 1), Berlin 1995.

[Thälmann 1986] *Ernst Thälmann: Bilder, Dokumente, Texte*. Hrsg. vom Institut für Marxismus-Leninismus beim ZK der SED, Berlin/DDR 1986.

1 »Thälmann und Thälmann vor allen, / Deutschlands unsterblicher Sohn – / Thälmann ist niemals gefallen – / Stimme und Faust der Nation.« Refrain des »Thälmann-Liedes« von Kuba (1951).
2 Zur Verfälschung der Geschichte der KPD und der Rolle Thälmanns vgl. Kinner 1993.
3 Rosa Thälmann stand der Befreiungskampagne der ersten Jahre eher ablehnend gegenüber, da sie sie für wenig hilfreich hielt. 1936 übermittelte einer der Kuriere den Satz von ihr: »Ich glaube, daß viele Genossen Angst davor haben, wenn Thälmann einmal aus dem Gefängnis kommt. Für die Partei ist es ja auch besser, wenn er im Gefängnis ist, denn dadurch hat sie ja eine propagandistische Möglichkeit, die ihr sonst genommen ist.« (Leo 1993a)
4 Auf Beschluss der Bezirksverwaltung hieß die Turmstraße in Moabit für einige Monate nach Kriegsende Ernst-Thälmann-Straße. Diese Benennung wurde rückgängig gemacht, dafür erhielt die Kaiserin-Augusta-Allee seinen Namen. Aber auch diese Benennung hatte keinen längeren Bestand. Der Versuch des Berliner Magistrats, im September 1946 in einer koordinierten Weise die anstehenden Straßenumbenennungen vorzunehmen, scheiterte an der mangelnden Abstimmung mit den Bezirken, am knappen Geld und wegen der bevorstehenden Wahl am 20. Oktober 1946. Angesichts der Zusammensetzung des Magistrats nach der Wahl enthielt der Beschluss des Magistrats über Straßenumbenennungen vom 31. Juli 1947 keine Thälmannstraße.
5 Für die hohe Zeit stalinistischer politischer Kultur mögen folgende Gedichtzitate von Max Zimmering in »Vermächtnis« (1950) stehen: »Als ob Thälmann jemals sterben könnte. / Thälmann starb und ist doch nicht gestorben, / [...] Thälmann lebt in allen Zugmaschinen, / die das Saatkorn auf die Äcker fahren, / [...] Thälmann lebt in allen Ätherwellen, / die im Volke Friedensliebe wecken, / Wahrheit künden, Zuversicht verbreiten / bis sich die gebeugten Rücken strecken« usw. »Thälmann lebt, [...] wo die Deutschen, die ihr Deutschland lieben, / trotz der Zonen sich als Brüder finden. / [...] Thälmann lebt, wo Bräute, Frauen, Mütter zur Verteidigung des Friedens rufen.« Ähnlich dichtete Kuba im »Thälmann-Lied« (1951) von Thälmann als Deutschlands unsterblichem Sohn: »Heimatland, reck deine Glieder, / Kühn und beflaggt ist das Jahr. / Breit in den Schultern steht wieder / Thälmann vor uns, wie er war. // Thälmann und Thälmann vor allen, / Deutschlands unsterblicher Sohn – / Thälmann ist niemals gefallen – / Stimme und Faust der Nation. / Maßlos gequält und gepeinigt, / blieb er uns treu und hielt stand. / In seinem Namen geeinigt, / kämpf um dein Leben, mein Land! // Thälmann und Thälmann vor allen [...] // Daß die Geschütze verrosten, / schützen wir Brücke und Wehr, / stehn wir im Westen auf Posten / mutig und standhaft wie er. // Thälmann und Thälmann vor allen [...] // Träumen und drängen und bauen – / wird auch der Rhein wieder frei, / brechen den Feinden die Klauen, Thälmann ist immer dabei. // Thälmann und Thälmann vor allen [...]«
Und Kuba 1956 unter dem Titel »Er hat uns zu siegen gelehrt«: »Ein Herz, das sich niemals ergab. / Er wollte von Feind kein Erbarmen. / Ihm gönnten die Mörder kein Grab. / Geliebt wie ein Sohn und betrauert, / Ein Bruder – ein Vater, verehrt, hat er seinen Tod überdauert / und hat uns siegen gelehrt. [...] Kein Grab und kein Zeichen, kein Stein – [...] Wir spür'n seine führende Hand. / Wir spür'n seinen ewigen, jungen / pulsierenden Atem im Land. / Dies fröhliche Wirken und Schaffen, / dem friedlichen Leben zu Nutz [...] // Dies Volk wird besteh'n, / denn Thälmanns Partei wird es lehren, / die Straße Ernst Thälmanns zu geh'n.«
6 Landesarchiv Sachsen. So bezeichnet in einem Schreiben des Ministeriums für Volksbildung vom 16. Februar 1950. Die Kopie des Schreibens habe ich von Simone Hain, die Fundstelle kann hier nicht nachgewiesen werden.
7 Marlies Lammert: »Werkverzeichnis Will Lammert«, in: *Will Lammert*. Dresden 1963, S. 152; Maße der Skizze: Höhe etwa 25 cm, Breite etwa 50 cm, Tiefe etwa 50 cm.
8 »›Wie unterstützt unsere Regierung Ihre Arbeit?‹, erzählt sie [Ruthild Hahne] leuchtenden Auges eine kleine Episode: ›Eines Tages, meine Kollegen waren zu Tisch, klingelte es. Als ich zur Tür ging, können Sie sich meine Überraschung vorstellen, als Genosse Wilhelm Pieck vor mir steht.‹ ›Ja‹, sagt er lachend, ›Otto und Walter erzählten mir immer so viel von der Arbeit, da muß ich schließlich auch mal sehen, was Du machst.‹ Oft besuchen uns Mitglieder der Regierung, denn sie legen großen Wert auf eine gute Zusammenarbeit mit uns Künstlern.« Aus: »Unter kunstfertigen Händen entsteht ein Thälmann-Denkmal«, in: *Tribüne*, 8. März 1954.
9 Hier irrt Adam; das Staatsatelier wurde erst 1963 fertiggestellt, die Besucher kamen in das Atelier im Pankower Bürgerpark.
10 Paul Gruson, geb. 1895, Meisterschüler von Hugo Lederer an der Preußischen Akademie der Künste Berlin. Wohnhaft in Kleinmachnow, war er nach 1945 Mitarbeiter des Volksbildungsministeriums Brandenburg, bis er trotz Protektion von Pieck 1949 entlassen wurde. Das Deutsche Historische Museum besitzt eine Büste »Walter Husemann« von 1957.

11 Ruthild Hahne arbeitete weiter am Denkmal: Die Thälmann-Figur entsteht im Maßstab 1:4. Für die Ausführung des Denkmals wird in Pankow ein Großatelier gebaut, das erst 1963 errichtet wird und weitere Verzögerungen verursacht. Später diente das Staatsatelier auch der Realisierung des Marx-Engels-Denkmals.
12 Der in südliche Richtung führende Teil der Straße An den Kolonnaden im Wohngebiet in der Wilhelmstraße gibt heute keine Vorstellung von der geplanten Ausrichtung der Wilhelmstraße auf das frühere Preußische Herrenhaus.
13 So berichtete Bruno Flierl aus persönlichem Erleben.
14 Bruno Flierl: Unveröffentlichte Studie über die Realisierung des »Langfristigen Plans zur Gestaltung von Denkmälern der revolutionären Arbeiterbewegung aus dem Jahre 1974«, im Auftrag des Ministeriums für Kultur (1981); vgl. auch ders.: »Denkmäler der revolutionären Arbeiterbewegung«, in: *Plastik-Kolloquium '80 am 2. und 3. Dezember 1980 in Magdeburg*, Protokoll, hrsg. vom MfK, dem VBK/DDR und den Museen, Gedenkstätten und Sammlungen der Stadt Magdeburg, o. O. 1981.
15 SAPMO-BArch, DY 30/IV 2/2024/37, Bestand Büro Hager, Bl. 206f.: Bericht der Abteilung Planung und Finanzen des ZK der SED, mit dem handschriftlichen Vermerk von Walter Ulbricht: »An Genossen Kurt Hager mit der Bitte um Bearbeitung. 28.4.65: Während der Finanzrevision im Ministerium für Kultur wurde u. a. folgendes festgestellt: Seit Ende 1950 arbeitet ein Bildhauerkollektiv unter der Leitung von Frau Ruthild Hahne an der Gestaltung eines repräsentativen Thälmann-Denkmals. Gegenwärtig ist mit einem Kostenaufwand von rd. 2,2 Mio. MDN der Entwurf 1:4 und ein Teil 1:2 fertiggestellt. Nachfolgende Fragen sind nicht geklärt: 1. Für die voraussichtliche Zeitpunkt der Fertigstellung und den Kostenaufwand besteht keine Konzeption. In Beratungen mit dem Genossen Dr. Bartke (Abteilungsleiter Bildende Kunst) kam zum Ausdruck, daß nach seiner Auffassung etwa 30–40 Mio. MDN für das Gesamtvorhaben notwendig sind. Der Zeitpunkt der Fertigstellung wurde in etwa 1979–1980 eingeschätzt. 2. Der zukünftige Standort des Denkmals ist nicht festgelegt. 3. Mit dem freiberuflich tätigen Bildhauerkollektiv gibt es keine arbeitsrechtlich vertraglichen Vereinbarungen. In den 14 Jahren der Arbeit am Denkmal hat es nur im Jahre 1954 einen auf ein Jahr befristeten Vertrag mit Frau Hahne gegeben. Auswirkungen dieses vertragslosen Zustandes sind u. a., daß bei Krankheit das volle Honorar weitergezahlt wird. Gleiches trifft bei Wartezeiten zu. Nach Angaben von Frau Hahne wird seit ca. 5 Monaten die Abnahmekommission erwartet, nach deren Einschätzung die Fertigung des Modells 1:2 erfolgen soll. In dieser Wartezeit wurden rd. 34.000,– MDN Honorar gezahlt.«
16 SAPMO-BArch, DY 30/IV 2/2024/37, Bl. 212f.: Notizen zur Problematik des »Thälmann-Denkmals« von Klaus Weidner, Mitarbeiter der Abteilung Kultur des ZK der SED, am 9. Juli 1965: »Durch die Überforderung der Künstlerin ist objektiv etwas entstanden, das nach meiner Meinung nicht als Realismus bezeichnet werden kann, obwohl an der subjektiven Absicht der Künstlerin, ein sozialistisch-realistisches, parteiliches Kunstwerk zu schaffen, selbstverständlich der geringste Zweifel besteht. 1) Die politisch-ideologische Konzeption des Denkmals ist, wie sie mit der historischen Wahrheit konfrontiert, zumindestens in einer Reihe von Beziehungen überholt. Nach meiner Ansicht käme es darauf an, Thälmann als Führer des deutschen Proletariats in seiner historischen Bedeutung durch eine monumentale Gestaltung herauszuheben, ihn aber zugleich als einen Mann aus dem Volke darzustellen. Das letztere ist durch die gigantischen Ausmaße des Denkmals nicht gegeben. 2) Der Hauptmangel liegt in der Gestaltung der Menschen. Es ist eine sehr gleichförmige Aufreihung von Menschen entstanden, die auch durch eine stärkere Individualisierung nach unterschiedlichen Modellen nicht überwunden werden kann, weil die geistige Welt der Menschen nicht erschlossen wird. Gerade darin zeigen sich die Grenzen der künstlerischen Potenz der Autorin. Die Differenzierung der Figuren erfolgt nur durch äußerliche erzählerische Momente, während die Gestaltung der Dramatik des revolutionären Kampfes und der historischen Größe des Dargestellten sich ausschließlich in äußere Attribute, wie Fahnen und die pathetischen Gesten einzelner Gestalten, verlagert. Das Thälmann-Denkmal, so wie es jetzt ist, verkörpert in gewissem Sinne jene vulgäre äußerliche illustrative Realismusauffassung, die man uns so gerne unterstellen möchte. Deshalb würde die Weiterführung und Realisierung des Projektes bei den mit der Partei verbundenen Künstlern Verwirrung schaffen und für Angriffe auf die Kulturpolitik der Partei Möglichkeiten schaffen. Auch international wären die negativen Auswirkungen groß.«
17 Stahn verfolgte seine Idee weiter: Zunächst mit dem Vorschlag aus dem Jahre 1979, das Denkmal von Mies van der Rohe am alten Standort, in der Nähe der Gedenkstätte der Sozialisten wiederzuerrichten. Allerdings spürte die Parteiführung wohl zu sehr die kulturelle Differenz zum alljährlichen Demonstrationsritual und lehnte auch diesen Vorschlag ab. Realisiert wurden lediglich die Freilegung der Fundamente und die Anbringung einer Gedenktafel.
18 Diese Mitte der achtziger Jahre verbreitete Darstellung konnte bislang nicht durch Dokumente belegt werden. Die Rekonstruktion der zeitlichen Abfolge der Ereignisse

spricht aber für diese Deutung. Noch im Februar 1981 nahm die Parteiführung eine »Information über Maßnahmen zur Stillegung des Berliner Gaswerkes Dimitroffstraße und der nachfolgenden Nutzung des Geländes« zur Kenntnis, in der es heißt: »Vom Minister für Kultur ist der Auftrag für den Entwurf und das Modell eines ›Ernst-Thälmann-Denkmals‹ zu erteilen.« Vgl. Anlage 13 zum Protokoll Nr. 17 vom 11. Februar 1981 (vermutlich PB-Sitzung), Prenzlauer Berg Museum.

19 Ausschreibung zum Wettbewerb »Städtebauliche, architektonische und konstruktive Gestaltung des Wohnungsneubaus im ›Ernst-Thälmann-Park‹, Hauptstadt der DDR, Berlin«, Februar 1982, Prenzlauer Berg Museum.

20 Eine alternative Thälmann-Rezeption auch im »Thälmann-Lied« von Wolf Biermann: »Ich träumte von Teddy Thälmann / Die Nacht einen schönen Traum / Er war entflohn aus dem Kerker / Die Nazis schrien wild / An allen Anschlagsäulen / Hing Teddys Steckbrief und Bild / An allen Anschlagsäulen / hing Teddys schönes Bild! // Ich träumte von Teddy Thälmann / Die Nacht einen schönen Traum / Er zog nach Kriegsende / Mit Fahnen und Schalmei'n / Durch lange Trümmerstraßen / In das rote Hamburg ein / Durch lange Trümmerstraßen / in das rote Hamburg ein! // Ich träumte von Teddy Thälmann / Die Nacht einen schönen Traum / Wir konnten mit Ernst Thälmann / im ganzen deutschen Land / Den Sozialismus besser baun / Als du ihn je gekannt / Den Sozialismus besser baun / als du ihn je gekannt! // Ich träumte von Teddy Thälmann / Die Nacht einen schönen Traum / Wir konnten in ganz Deutschland / Den großen Worten traun / Die Freiheit ohne Grenzen / und die Fraun / Die Freiheit ohne Grenzen / Und schön wie die Fraun!«, in: Biermann 1977: 140ff.

21 Protokoll der Jurysitzung zum Wettbewerb »Städtebauliche, architektonische und konstruktive Gestaltung des Wohnungsneubaus im ›Ernst-Thälmann-Park‹, Hauptstadt der DDR, Berlin« am 11. Mai 1982.

22 SAdK; hier zitiert nach dem Redemanuskript; im stenografischen Protokoll der Tagung fehlen die Seiten 13 bis 56 und 101 und 110. Laut Tagesordnung müssten diese Seiten die Diskussion zum Bericht und die Rede von Hager sowie die sich anschließende Diskussion dokumentieren.

23 Gegenüber dem Kampfgruppendenkmal, das bis vor kurzem in Prenzlauer Berg stand, ist ein kritischer Umgang in Ansätzen gelungen; vgl. Thomas Flierl: »Möglichkeiten eines aktiven Umgangs mit der DDR-Geschichte« (1992). Dem Thälmann-Denkmal wird dagegen bislang immer noch eine »zentrale Bedeutung« beigemessen. Die Debatten der letzten Jahre, die hier nicht dargestellt werden können (vgl. Dokumentation zur Ausstellung »Denk Mal Positionen zum Ernst-Thälmann-Denkmal« im Prenzlauer Berg Museum, hrsg. vom Kulturamt Prenzlauer Berg 1993), waren – im Unkreis der Auseinandersetzung um den Abriss des Lenin-Denkmals im November 1991 und der Tätigkeit einer vom Senat berufenen »Kommission zum Umgang mit den politischen Denkmälern der Nachkriegszeit im ehemaligen Ost-Berlin« – durch eine Re-Ideologisierung der Argumentation geprägt. Die Bezirksverordnetenversammlung (BVV) Prenzlauer Berg hatte noch im Mai 1992 beschlossen, »das Denkmal sollte *in der jetzigen* Form nicht erhalten werden« (Hervorh. d. A.). Eine Entscheidung über die zukünftige Gestaltung setze ein abgestimmtes und finanzierbares städtebauliches Konzept für das Denkmal, die Anlage und den Park voraus. Der Kommission wurde empfohlen, dem Senat die Ausschreibung eines Ideenwettbewerbes zum gestalterisch-verfremdenden Umgang mit dem Denkmal vorzuschlagen (vgl. BVV Prenzlauer Berg, Drucksache 451/92). Die Senatskommission (ihr gehörten vor allem Historiker und Politiker an) sah dagegen Kerbels Plastik vor allem im Hinblick auf die historische Person Thälmanns. »Die heroisierende, unkritische Darstellung seiner Person in Form einer Monumentalskulptur wird seiner realen historischen Bedeutung keineswegs gerecht«; siehe Abschlussbericht der »Kommission zum Umgang mit den politischen Denkmälern der Nachkriegszeit im ehemaligen Ost-Berlin«, Berlin 1993. S. 13. Könnte man hier noch daraus lesen, die Kommission hielte bei größerer historischer Bedeutung der zu memorierenden Person etwas mehr Monumentalität für angemessen, so heißt es an anderer Stelle: »Die 13 Meter hohe Bronzeplastik ist eine städtebauliche Fehlleistung«; siehe Abschlussbericht, S. 14. Dies übersah gerade die »städtebau-künstlerische« Gesamtkonzeption der Anlage. Mehrheitlich empfahl die Kommission den Abriss des Denkmals, allerdings brauche man deshalb auf das Andenken an Thälmann nicht zu verzichten. Von einem Wettbewerb zur Verfremdung des Denkmals hielt die Kommission nichts.
Auf der Grundlage dieser Vorgaben beschloss das Bezirksparlament schließlich im Mai 1993: »Die Denkmalanlage ist abzutragen. [...] Bei den Neuplanungen ist eine angemessene Ehrung der Person Ernst Thälmann vorzusehen«; siehe BVV Prenzlauer Berg, Drucksache 273/93.

ZUR AUFSTELLUNG DES HEINE-DENKMALS AN DER NEUEN WACHE
Brief des Baustadtrates von Berlin-Mitte vom
20. Juni 2000

Sehr geehrte Frau Grütters,
auf Ihre Anregung lege ich Ihnen hiermit meine Stellungnahme zu dem von der Fraktion der CDU angemeldeten, wegen Zeitablauf aber nicht mehr behandelten Besprechungspunkt »Aufstellung des Heinrich-Heine-Standbildes Unter den Linden – Hinderungsgründe?« schriftlich vor.

Es sei die Anmerkung gestattet, dass es sich bei dem zur Aufstellung vorgesehenen Zweitguss des von Waldemar Grzimek geschaffenen und seit 1958 im Volkspark Weinbergsweg befindlichen Denkmals um kein Standbild, sondern um einen sitzenden Heinrich Heine handelt. (Wer allerdings ausschließlich die Generalsstandbilder Unter den Linden im Blick hat, mag das übersehen.)

Nach einer nun erfolgten Übereinkunft zwischen dem Landesdenkmalamt, der Humboldt-Universität und dem Bezirk Mitte soll der in privater Initiative geschaffene Zweitguss in den östlichen Außenanlagen der Humboldt-Universität mit Blick auf das Kastanienwäldchen aufgestellt werden. Damit ist ein längerer Diskussionsprozess abgeschlossen worden, der sich in seinen Etappen wie folgt darstellt:

Bekanntlich war das von Waldemar Grzimek im Auftrag der DDR-Regierung aus Anlass des 100. Todestages Heines 1956 für das Kastanienwäldchen geschaffene Denkmal wegen ideologisch motivierter Kritik an der wenig heroischen Darstellung nicht am vorgesehenen Standort, sondern 1958 im Park am Weinbergsweg aufgestellt worden. Hier hat das Denkmal nicht nur über Jahrzehnte große Akzeptanz bei der Ostberliner Bevölkerung gefunden, sondern – für den Wissenden – auch die Geschichte des ideologischen Verrücktwerdens lesbar gehalten.

Der Bezirk Mitte und das Landesdenkmalamt haben sich daher gegen die, Mitte der neunziger Jahre entwickelte und gegenüber der Gedenktafelkommission des Bezirkes vorgetragene, Idee gewandt, das Denkmal im Park am Weinbergsweg abzubrechen und im Kastanienwäldchen aufzustellen.

Ein wichtiger Impuls für die erneute öffentliche Wahrnehmung des Heine-Denkmals von Waldemar Grzimek war die Ausstellung des Deutschen Historischen Museums (DHM) aus dem Jahre 1996 »Auftrag: Kunst«, in der für das Jahr 1955 das Schicksal des Heine-Denkmals erzählt wurde. Anfang 1997 verfasste die Witwe Grzimeks, Frau Lydia Grzimek, ein Papier, in dem sie den Gedanken einer Umsetzung erneut aufbrachte. Nachdem klar war, dass der Bezirk diesem Vorschlag nicht folgen würde, entstand der Gedanke der Replik. Im November 1997 wandte sich Lydia Grzimek an Bezirksbürgermeister Zeller mit der Bitte um Unterstützung für dieses Projekt.

Waldemar Grzimek: Heinrich-Heine-Denkmal (1955) im Park am Weinberg 1958 aufgestellt.

Am 11. Dezember 1997 appellierte dann der damalige Generaldirektor des DHM Christoph Stölzl im Berliner *Tagesspiegel*, im Jahr des 200. Geburtstages Heines die Gelegenheit nicht verstreichen zu lassen, den Dichter Unter den Linden zu ehren. Platz und Denkmal seien da, sie hätten nur noch nicht zueinander gefunden. »Wo ist die mutige Persönlichkeit«, so fragte Stölzl, »die sich jetzt, pünktlich zum Geburtstag, entschließt, der Mitte Berlins ihren Heine zu schenken?« Wie dem Brief von Frau Grzimek zu entnehmen ist, hatte sich diese Persönlichkeit mit Herrn Dussmann als Stifter eines Zweitgusses bereits vor dem Appell Stölzls gefunden.

Im Januar 1998 gab es schließlich ein Treffen im Kastanienwäldchen, bei dem die Initiatoren des Unternehmens gemeinsam mit dem Bezirksbürgermeister einen Standort sondieren wollten. Als zuständiger Bezirksstadtrat wurde ich im Juni 1998 erstmals mit dieser Frage durch die Anzeige der beabsichtigten Eigentumsübertragung des von Herrn Dussmann gestifteten Zweitgusses des Heine-Denkmals an den Bezirk konfrontiert.

War 1958, wie Eberhard Roters schrieb, die Plastik Grzimeks »in der Öffentlichkeit verborgen worden«, so konnte nach meiner Auffassung die Idee der Aufstellung einer Zweitfassung keine Akzeptanz finden, wenn sie, wie bis zu diesem Zeitpunkt, die fachliche und kommunalpolitische Öffentlichkeit meidet und ausschließlich wie eine private Angelegenheit behandelt wird.

Das Bezirksamt Mitte veranstaltete daher am 28. Oktober 1998 eine öffentliche Anhörung im Kinosaal des Zeughauses, bei der erstmals zusammenhängend über die Planungen für das Lindenforum (Prinzessinnengarten/östlicher Bebelplatz, Wiederaufstellung des restaurierten Denkmals Friedrich II., Neugestaltung der Außenanlagen der Humboldt-Universität und das Heine-Projekt) informiert wurde.

Die Anhörung machte deutlich, dass sich wohl auf den ersten Blick die symbolische Wiedergutmachung gegenüber Waldemar Grzimek mit der öffentlichen Erinnerung an Heinrich Heine an zentraler Stelle der Stadt schlüssig ergänzt. Der zweite Blick musste aber den Umgang mit dem Werk Grzimeks ins Auge fassen und nach dem Konzept symbolischer Geschichtspolitik im Umfeld der Neuen Wache fragen.

Einige der anzuhörenden Experten meinten, dass sich wohl eine für den öffentlichen Raum geschaffene und seit Jahrzehnten mit einem bestimmten Standort verbundene Plastik für das Museum, für den Innenraum, nicht aber für einen weiteren stadträumlichen Zusammenhang wiederholen ließe. Andere verwiesen darauf, dass es einen Unterschied mache, ob ein Zweitguss unter Anleitung des Künstlers oder als Neuguss nach einer erhaltenen Form entstünde. Schließlich wurde die Frage gestellt, warum die Anhänger einer Ehrung Heines Unter den Linden so sehr der zeitgenössischen Kunst misstrauen und ein anerkanntes Kunstwerk, das dem Plusquamperfekt angehöre, bevorzugten statt die Kunst zu neuer Gestaltung herauszufordern.

Verhindert nicht gerade die Duplizierung die Lesbarkeit des Verrückt-Worden-Seins von Denkmal und Künstler durch die SED-Kulturpolitik? Was erzählt die intendierte, aber nicht gelungene Integration Heines in das preußische Denkmalprogramm über die deutsche Nachkriegsgeschichte? Welchen Sinn macht die Fortschreibung des Denkmalprogramms für das Linden-Forum? Ist der Umgang mit Heine und

Grzimek nicht zu taktisch gedacht? Sollten Heine und die Darstellung weiterer positiver Helden (Stölzl sprach zwischenzeitlich auch von den Geschwistern Scholl und Graf von Stauffenberg) die Kollwitz-Erben umstimmen und die Rückkehr der Generäle ermöglichen? Braucht es dieses Gegengewichtes tatsächlich? Kann man nicht die bronzenen und die marmornen Generäle wieder aufstellen, müsste dann aber – bei Erhalt der jetzigen Gestaltung – über die Funktion der Neuen Wache

Waldemar Grzimek: Eine Zweitfassung des Heinrich-Heine-Denkmals wurde 2002 am Kastanienwäldchen aufgestellt.

neu nachdenken? Müsste nicht die Neue Wache nach mehreren Epochen staatlichen, quasi nationalreligiösen Gedenkens als Denkmal ihrer Geschichte säkularisiert werden? Warum muss das Forum Fridericianum zum Forum der ganzen deutschen Geschichte werden? Wo blieben die Brüche der deutschen Geschichte bei derartig inszenierter Traditionslinie: von den Befreiungskriegen, den preußischen Reformen, über Schinkel und Heine in die Märzrevolution und dann gleich zur Bundesrepublik? Wird hier nicht ein selektives Geschichtsverständnis nach dem Denkmuster der frühen DDR verwirklicht?

Das Schinkelsche Lindenforum bedarf keiner geschichtlichen »Verbesserung«, es sollte um seiner selbst willen erhalten und die Lesbarkeit aller historischen Schichten ermöglicht werden. Da sich in der Anhörung die Stimmen gegen eine Weitergestaltung des Forums mittels historischer oder zeitgenössischer Denkmäler und Kunstwerke durchsetzten, schlug der damalige Präsident der Humboldt-Universität vor, den Zweitguss des Heine-Denkmals auf dem Universitätsgelände aufzustellen.

Im Anschluss an die Anhörung initiierte die Fraktion der SPD einen Antrag, der von der Bezirksverordnetenversammlung Mitte am 10. Dezember 1998 beschlossen wurde: »Keine Einzelmaßnahmen ohne Gesamtkonzept für das Forum Fridericianum«. Darin wurde gefordert, die Gestaltung des Forum Fridericianum nicht zum Gegenstand unabgestimmter Aktivitäten verschiedener öffentlicher und privater Akteure zu machen. Der einzigartige denkmalgeschützte Bereich erfordere in besonderer Weise, einen breiten gesellschaftlichen Konsens über den Umgang mit den Spuren aller auffindbaren Phasen der deutschen Geschichte anzustreben. Wie an keinem anderen Ort stellen sich hier die Fragen nach dem Zusammenhang von Politik, Kultur und Geschichte.

Auf der Grundlage dieses BVV-Beschlusses hat der Bezirk offensiv eine Reihe wichtiger Gestaltungsfragen des Forum Fridericianum thematisiert. Gestützt auf Gutachten des Bezirkes konnte mit der zuständigen Senatsverwaltung eine Verständigung zur Gestaltung des Bereichs Prinzessinnengarten/östlicher Bebelplatz, zum historischen Standort des Reiterstandbilds Friedrich II. und nun auch zu den Außenanlagen der Humboldt-Universität gefunden werden.

Auf der Grundlage des Gutachtens von TOPOS Stadtforschung, die eine Orientierung an der aus den zwanziger und dreißiger Jahren stammenden Denkmalschicht der westlichen und östlichen Außenanlagen empfehlen, sollen die Denkmäler für Mommsen und Helmholtz wieder an der Universitätsstraße und auf der Ostseite die Denkmäler für Heine und Mitscherlich aufgestellt werden. Teil der Absprache zwischen Landesdenkmalamt, Universität und Bezirk ist es auch, die beiden Bäume, die die Fundamente der historischen Zaunanlage zur Straße Unter den Linden beschädigen, wegzunehmen und so den architektonischen Charakter von Bebelplatz und Ehrenhof vor der Hauptfassade der Universität zu stärken.

Mit der jetzt gefundenen Lösung, Grzimeks Heine-Denkmal im Rahmen einer Gesamtkonzeption für die Denkmäler in den Außenanlagen der Universität in einer Sichtbeziehung zum Kastanienwäldchen aufzustellen, ist ein Standort gefunden worden, der die gescheiterte Denk-

Neue Wache mit vergrößerter »Mutter mit totem Sohn« von Käthe Kollwitz.

malgeschichte nachvollziehen lässt, ohne das Schinkelsche Lindenforum bedeutungsvoll weiter gestalten zu wollen, ein Standort, der die Universität mit dem revolutionären Demokraten Heinrich Heine verbindet und ihn in eine Beziehung zu den Linden und zum Platz der Märzrevolution stellt.

Diese, in den Umrissen bereits nach der Anhörung 1998 denkbare Lösung konnte erst verabredet werden, nachdem die Universität ihre Debatte zur Gestaltung der Außenanlagen abgeschlossen hatte.

Mit den besten Grüßen
verbleibe ich Ihr
Dr. Thomas Flierl

VON DER DICKEN BERTA ZUR ROTEN ROSA
Ein Denkmal für Rosa Luxemburg in Berlin. 2001

Im Schatten der Mauer – für Heiner Müller war sie »Stalins Denkmal für Rosa Luxemburg« – hatte ein eigenständiges Denkmal für die Revolutionärin weder in Ost- noch in Westberlin eine Chance. Das von der DDR beschlossene Memorial wurde nie realisiert, und im Westen war für die Sozialistin politisch keines durchsetzbar. So blieb das öffentliche Gedenken in Berlin bis in die achtziger Jahre fast ausschließlich an die Tatorte im Tiergarten bzw. an den Friedhof in Friedrichsfelde gebunden.

Für ein von der breiten Öffentlichkeit getragenes Berliner Denkmal streitet seit einigen Jahren der Initiativkreis »Ein Zeichen für Rosa Luxemburg«. Für das Projekt haben sich mittlerweile SPD, PDS und Bündnisgrüne, der Bezirk Mitte und Senator Peter Strieder ausgesprochen. In seiner Verwaltung wird derzeit ein künstlerischer Wettbewerb für ein Denkmal auf dem Rosa-Luxemburg-Platz vorbereitet. Diese Bemühungen haben ihre Vorgeschichte.

Obgleich die Novemberrevolution wesentlich durch die Fotografie als Ereignis begriffen wurde, waren es weniger die Fotos des ermordeten Karl Liebknecht, sondern vielmehr die Gedenkblätter von Käthe Kollwitz, die dem Gedenken dienten. Von der Familie Liebknecht gebeten, zeichnete Kollwitz den aufgebahrten und mit Blumen geschmückten Karl Liebknecht. Über verschiedene Studien gelangte sie zu ihrem berühmten Holzschnitt »Die Lebenden dem Toten. Erinnerung an den 15. Januar 1919« von 1920, der das christliche Motiv des beweinten Märtyrers aufgriff und eine Beziehung zum Freiligrath-Gedicht »Die Toten an die Lebenden« herstellte, das der 1848er Revolution galt. Tatsächlich hatte sich die KPD zunächst bemüht, die Toten auf dem Friedhof der Märzgefallenen im Friedrichshain beizusetzen. Stattdessen wurde der KPD der entfernteste Teil des bis etwa 1911 fast ausschließlich für die Armen Berlins genutzten Friedhofs in Friedrichsfelde zugewiesen.

Wie sehr der am Tag der Beisetzung von Karl Liebknecht und der anderen 31 Toten des Januaraufstandes am 25. Januar 1919 noch nicht gefundene Leichnam Rosa Luxemburgs die Erinnerung belastete, bezeugt nicht nur der symbolisch beigesetzte leere Sarg. Das Foto der am 31. Mai 1919 an einem Wehrgestänge des Landwehrkanals aufgefundenen Leiche Rosa Luxemburgs wurde kein Bestandteil öffentlicher Erinnerung. Dennoch wussten die mehr als hunderttausend Menschen, die am 13. Juni 1919 an ihrer Beerdigung teilnahmen, um diese Zusammenhänge. Erst später kam Max Schwimmer dem Bedürfnis nach einem harmonisierenden Gedenken mit seiner Lithografie entgegen, die die tote Luxemburg gemeinsam mit Liebknecht aufgebahrt zeigt. Auch die Errichtung des Revolutionsdenkmals auf dem Friedhof in Friedrichsfelde war in besonderer Weise auf Rosa Luxemburg ausgerichtet: Grundsteinlegung und Enthüllung des Denkmals erfolgten 1924 bzw. 1926 jeweils zum 13. Juni, dem Tag ihrer Beerdigung.

Das im Auftrag der KPD entstandene Revolutionsdenkmal Ludwig Mies van der Rohes markiert den kurzen Moment einer Verbindung von ästhetischer und politischer Avantgarde in Deutschland. Die eigenständige ästhetische Dimension des Revolutionsdenkmals wurde allerdings sehr bald durch das alljährliche Demonstrationsritual überdeckt. Zwischen 1927 und 1933, der Zeit der endgültigen Stalinisierung der KPD, führte die Partei zwischen den Jubiläen der Ermordung Liebknechts und Luxemburgs (15. Januar 1919) sowie dem Todesdatum Lenins (21. Januar 1924) sogenannte »LLL-Feiern« durch, die der Massenmobilisierung dienten. Dabei wurde der Gang zu den Gräbern zum Vorbeimarsch an der KPD-Führung, die sich in eine Kontinuität zu den toten Vorkämpfern stellte und so den Anspruch behauptete, deren Vermächtnis zu erfüllen. Die SED hat später genau diese autoritäre und metaphysische Struktur des Demonstrationsrituals reproduziert und zur Staatszeremonie erhoben.

Mies van der Rohes Denkmal konnte das Bedürfnis nach einem tatsächlich öffentlichen Denkmal für die beiden Arbeiterführer nicht ersetzen. 1928 stellte die KPD Anträge bei der preußischen Regierung, dem Magistrat und den entsprechenden parlamentarischen Gremien, Denkmäler an den Tatorten im Tiergarten zu errichten. Die Anträge wurden abgelehnt.

Nachdem die Nazis das Revolutionsdenkmal im Januar 1935 vollständig abgebrochen, die Grabstellen eingeebnet und neu belegt hatten, fasste der Berliner Magistrat im Dezember 1945 den Beschluss, das Revolutionsdenkmal wieder aufzubauen. Die Wiederaufnahme der traditionellen Gedenkdemonstrationen zu den Gräbern von Liebknecht und Luxemburg im Januar 1946 war auch durch die Erinnerung an das Revolutionsdenkmal vermittelt. Es wurde aus diesem Anlass provisorisch, als Tribünenbild, errichtet. Doch Pieck plädierte schon zu dieser Zeit für eine Erweiterung der Gedenkstätte. Den Zusammenschluss von KPD und SPD antizipierend, sollten auch die Erinnerungsorte für die Toten der einstmals rivalisierenden Arbeiterparteien vereinigt werden. Die Gedenkstätte der Sozialisten wurde in der Nähe des Friedhofseingangs neu angelegt. Der Siegerentwurf des 1947 ausgeschriebenen Wettbewerbs wurde aber nicht realisiert. Er sah u. a. von Gustav Seitz zwei überlebensgroße, aus Stein gehauene Trauernde mit dem Titel »Verbun-

Ein Denkmal für Rosa Luxemburg in Berlin. 2001

Igael Tumarkin: Von der dicken Berta zur roten Rosa, 1989, Bundesallee.

denheit« vor. Nach Auffassung von Wilhelm Pieck entsprach der Entwurf jedoch »nicht der Möglichkeit, größere Gedenkkundgebungen der Berliner Arbeiterschaft abzuhalten«. Auch das gleichberechtigte Erbe der Sozialdemokratie erschien bald nicht mehr opportun. Auf der Grundlage einer Ideenskizze Piecks wurde die »Gedenkstätte der Sozialisten« 1950/51 dann überaus konventionell gestaltet: als ein von einer Klinkermauer gefasstes Rondell mit einem Porphyrblock im Zentrum mit der Aufschrift »Die Toten mahnen uns«, mit Rednertribüne, flankierenden Pylonen mit Feuerschalen und einer hierarchischen Anordnung der Toten.

Nicht nur aus ideologischen Gründen, auch wegen der von 1949 bis 1965 geltenden Fixierung auf das Projekt eines monumentalen Thälmann-Denkmals am Ort der abgetragenen Reichskanzlei konnten andere Denkmalspläne erst nach dessen Scheitern verfolgt werden. So fasste das Politbüro der SED erst 1974 einen Denkmalsbeschluss, der auch ein Berliner Luxemburg-Monument am gleichnamigen Platz vorsah: »Überlebensgroße plastische Figur auf erhöhtem Sockel oder Naturstein mit figürlichen Reliefs zur Geschichte der Arbeiterbewegung«.

Das Projekt für ein Denkmal am Rosa-Luxemburg-Platz ist über Vorstudien nicht hinausgekommen. Bekannt sind Arbeiten von Siegfried Krepp, Christa Sammler und Wilfried Fitzenreiter. Für die Künstler hatte die Arbeit durchaus ein subversives Moment. Die Divergenz zwischen dem ästhetischen Anspruch der DDR-Künstler und den Erwartungen der SED-Führung war am Beispiel des Thälmann-Denk-

Ingeborg Hunzinger (Reliefs) / Rolf Biebl (Skulptur): Denkmal für Rosa Luxemburg vor dem ND-Gebäude in Berlin-Friedrichshain, 2007.

mals von Lew Kerbel in Sitzungen des Künstlerverbandes offen ausgebrochen. Spätestens die »LL-Gegendemo« von Bürgerrechtlern und Ausreisewilligen am 17. Januar 1988 machte das Kunstprojekt für die Auftraggeber auch politisch unbeherrschbar.

In Westberlin wurde bald nach dem Kriege an der Tiergartener Corneliusbrücke eine Gedenktafel angebracht, an der sich alljährlich am Mordtag Bürger zu einer Mahnwache versammelten. Die Gedenktafel wurde mehrfach gestohlen oder zerstört, aber immer wieder erneuert. Eine Zuspitzung erfuhr die latente Debatte um das Gedenken an Luxemburg und Liebknecht mit dem Beschluss der BVV Tiergarten, die neu zu errichtende Lichtensteinbrücke nach Luxemburg zu benennen. Da die Brücken jedoch in Senatszuständigkeit liegen, wurde der Beschluss nie umgesetzt. Eine Lösung bot sich an, als die Architekten des Brückenneubaus (R. Schüler/U. Schüler-Witte) vorschlugen, aus eigener Tasche und nach eigenem Entwurf zwei Mahnmale an den Tatorten zu errichten.

Die Arbeit »Von der dicken Berta zur roten Rosa« (1989) ist ein Geschenk des israelischen Bildhauers Igael Tumarkin. 1991 wurde sie im Bezirk Wilmersdorf aufgestellt – an einem verkehrsumfluteten Platz, kein Ort, an dem eine Auseinandersetzung mit der Skulptur erfolgen kann. Dabei hat sie – ein Eisenbahngestell auf Schienen mit einem abgeklappten Eisernen Kreuz, Apparaturen des Weltkriegs-Geschützes »Dicke Berta« und dem als Prellbock oder Zuganker dienenden roten Porträtrelief der Luxemburg – durchaus vielschichtige Dimensionen.

Der Kopf der Luxemburg bändigt das banale unheilvolle Gefährt. Die Bronzeskulptur von Rolf Biebl und die beiden flankierenden Keramikreliefs von Ingeborg Hunzinger sind dagegen das erste Rosa Luxemburg gewidmete figürliche, in den Stadtraum hineinwirkende Kunstwerk in Berlin. Die Künstler rückten das Vorhaben immer näher an die PDS-Parteizentrale im Karl-Liebknecht-Haus heran. Anfang 1998 beschloß jedoch die PDS, einer öffentlichen, als Ergebnis eines Wettbewerbes entsprungenen Erinnerung an Rosa Luxemburg im Stadtraum den Vorrang vor einer parteinahen Initiative zu geben. Dennoch kam es zunächst anders. Ohne Zustimmung der PDS wurde am 9. Januar 1999 im Eingangsbereich des Karl-Liebknecht-Hauses die Bronzeskulptur von Rolf Biebl aufgestellt. Nach deutlicher Distanzierung von der Aktion hat sich die PDS zwar später in die nachträgliche Auftraggeberschaft für die Arbeiten von Hunzinger und Biebl begeben, die Kunstwerke aber der Rosa-Luxemburg-Stiftung übereignet, die sie vor ihrem Gebäude am Franz-Mehring-Platz aufstellte.

Aus der historischen Revue lassen sich Elemente einer Aufgabenstellung für das nun geplante erste öffentliche Berliner Luxemburg-Denkmal ableiten. Am Platz vor der Volksbühne fehlt jede auratische Bindung an den Ort des Verbrechens und der Grablegung. Auch die Inanspruchnahme einer bestimmten Traditionslinie kann vor dem Hintergrund der mehrfach gebrochenen politischen Geschichte und angesichts der angestrebten breiten öffentlichen Trägerschaft nicht bestimmendes Moment sein. Vielmehr sollten die gelebte Widersprüchlichkeit Luxemburgs, der anhaltende Streit über die Deutung ihres Wirkens und über die Folgen ihrer Ermordung den Ansatzpunkt zur Denkmalssetzung bilden. Dabei darf das Denkmal die Benennung des Platzes nicht einfach steigern, sondern sollte vielmehr ebenso die verdrängte NS-Geschichte des Platzes reflektieren. Die Erinnerung an Rosa Luxemburg wäre so in den Kontext des »kurzen Jahrhunderts der Extreme« (Hobsbawm) gestellt, das sie mit ihrem Leben und Sterben bereits an seinem Beginn symbolisch vorwegnahm.

Zuerst veröffentlicht unter dem Titel »Von der dicken Berta zur roten Rosa. Das gewalttätige 20. Jahrhundert tat sich schwer, Rosa Luxemburg ein Denkmal zu setzen« in: Berliner Zeitung, 13. Januar 2001, S. 11. Der Text basiert auf dem Vortrag »Vorangegangene Konzepte des Gedenkens an Rosa Luxemburg im Berliner Stadtraum«, gehalten im Jahre 2000 auf dem Kolloquium »Ein Zeichen für Rosa Luxemburg. Deutungsmuster eines politischen Lebens«. (Anm. d. Hrsg.)

EIN TEXTFELD AUF ÖFFENTLICHEM GRUND
Hans Haackes Denkzeichen für Rosa Luxemburg. 2006

Mit der heutigen Übergabe eines »Denkzeichens« für Rosa Luxemburg auf dem gleichnamigen Berliner Platz vor der Volksbühne kurz vor der Wahl zum Berliner Abgeordnetenhaus im September 2006 realisieren wir ein Projekt, das SPD und PDS im Koalitionsvertrag aus dem Jahre 2002 vereinbart hatten. Der in einem Kunstwettbewerb der Stadt Berlin ausgewählte, in New York lebende Künstler Hans Haacke verteilte eine große Zahl in den Boden eingelassener Zitate Rosa Luxemburgs über den Platz: keine Statue, kein auf den ersten Blick sichtbares Denkmal, sondern ein auf öffentlichem Grund der Lektüre empfohlenes Textfeld, eine Einladung, sich heute auf den Standpunkt von Rosa Luxemburg zu stellen.

Das Denkmalsprojekt ist sowohl geschichtspolitisch wie ästhetisch bemerkenswert. Kaum zu glauben, welche Kontroverse die Absicht des rot-roten Senats ausgelöst hat, im öffentlichen Stadtraum an Rosa Luxemburg zu erinnern. Die Zeitungen vermuteten einen geschichtspolitischen Deal von PDS und SPD: »Wurde die rigoros mit dem politischen System der DDR brechende Präambel des Koalitionsvertrages gegen Rosa Luxemburg als einer erneuerten Ikone des postsozialistischen Milieus eingetauscht?« Solch eine Vermutung übersieht, dass die Bemühungen um eine künstlerische und diskursive Auseinandersetzung mit Rosa Luxemburg nach 1990 bereits eine eigene Geschichte hatten. Der Anstoß für ein Denkzeichen für Rosa Luxemburg war 1998 von einer parteiübergreifenden Initiative von Menschen aus dem rot-rot-grünen Spektrum hervorgegangen und sie war selbst eine Reaktion auf eine im Umfeld der PDS entstandene und dann von der PDS selbst korrigierte Denkmalsaktion gewesen.

1994 hatten Delegierte auf dem Bundesparteitag der PDS die Anregung gegeben, an der Berliner Parteizentrale, dem Karl-Liebknecht-Haus, dem früheren Sitz der KPD, an deren 1919 ermordete Mitbegründerin Rosa Luxemburg zu erinnern. Das »Anti-Eiszeit-Komitee« der PDS sammelte Anteilsscheine zur Finanzierung eines Denkmals. Als die Bildhauer Ingeborg Hunzinger und Rolf Biebl schließlich im November 1997 ihre Entwürfe für eine künstlerische Gestaltung am Eingang des Parteihauses vorstellten, erhob sich Kritik. Ist es sinnvoll, Rosa Luxemburg mit dem Parteihaus, nicht aber mit dem öffentlichen Stadtraum zu verbinden? Worauf richtet sich die Kulturpolitik der

PDS, aufs eigene Haus oder auf die Stadt? Kann die PDS so unmittelbar an Rosa Luxemburg anknüpfen? Obgleich der Bundesvorstand beschlossen hatte, die Möglichkeiten eines Bündnisses für eine breit getragene, auf die Öffentlichkeit zielende Initiative zu sondieren, installierten die Künstler im Januar 1999 eine Plastik von Rolf Biebl im Eingangsbereich des Parteihauses. Der Protest war unüberhörbar: »Rosa Luxemburg gehört in das Zentrum eines großen öffentlichen Platzes und nicht in die Nische einer Partei.« (Walter Jens) Der PDS-Bundesvorstand distanzierte sich von der Aktion, Lothar Bisky nahm die Statue in seine »persönliche Obhut« (d. h. er ließ sie demontieren und bezahlte ein Honorar). Später wurde sie der Rosa-Luxemburg-Stiftung übereignet, deren Haus am Franz-Mehring-Platz sie seit Oktober 1999 kennzeichnet.

Der Verzicht auf die Dekoration des eigenen Hauses und die Durchsetzung des immer noch umstrittenen Projektes eines Denkzeichens für Rosa Luxemburg ermöglichte und bestätigte die Hegemoniefähigkeit undogmatischer linker Kulturinitiativen, übrigens auch den praktischen Gebrauchswert der Regierungsbeteiligung der PDS.

Kunst wie Politik können heute nicht mehr betrieben werden, wenn sie sich nicht zugleich selbst in ihren Möglichkeiten und Grenzen reflektieren. Die Schaffung eines zunächst unsichtbaren Denkmals durch Hans Haacke und die vielfältigen Zitate werden sowohl der Selbstthematisierung öffentlicher Denkmalskunst heute, der Widersprüchlichkeit Rosa Luxemburgs wie der Vielschichtigkeit der Geschichte dieses Platzes gerecht.

Ende des 19. Jahrhunderts legte man den Platz im früheren Scheunenviertel an, um eine Verbindung zwischen dem damaligen Stadtzentrum und den nordöstlichen Vorstädten zu schaffen. Wenige Jahre später wurde für die erstarkende Volksbühnenbewegung ein eigenes repräsentatives Haus auf diesem damals nach Reichskanzler Bülow benannten Platz errichtet.

Erinnerungen an die zwanziger Jahre des vergangenen Jahrhunderts prägen diesen Ort: Die KPD zog in das Karl-Liebknecht-Haus ein; das moderne Kino Babylon lockte Menschen zum neuen Medium Film; Demonstrationen und Aufmärsche waren an der Tagesordnung. Hier fanden Anfang der dreißiger Jahre die symbolischen und die gewalttätigen Auseinandersetzungen zwischen der KPD und den Nationalsozialisten statt.

1931 erschoss ein Redakteur der Roten Fahne und Mitglied des KPD-Selbstschutzes auf dem Bülow-Platz zwei Polizisten. Der Mann hieß Erich Mielke, floh 1936 in die Sowjetunion, wurde mächtigster Mann der DDR-Staatssicherheit und 1993 für die Tat von 1931 zu sechs Jahren Haft verurteilt.

Weil der Platz so eng mit der kommunistischen Bewegung verbunden war, verwandelten ihn die Nazis nach ihrer Machtergreifung in ein Nazi-Forum. Demonstrativ wurde der Platz nach Horst Wessel umbenannt, die Volksbühne wurde zum Horst-Wessel-Theater, das Liebknechthaus zum Horst-Wessel-Haus.

Die DDR suchte schließlich ihren Traditionsbezug zu den Anfängen der KPD: Kaiser-Wilhelm-Brücke und -Straße wurden zu Liebknechtbrücke und -straße und die daran sich anschließende Luxemburgstraße führte zum Luxemburgplatz mit dem Liebknechthaus. Denkwürdigerweise führte die wegen der Neugestaltung des Alexanderplatzes zum Prenzlauer Tor verlängerte Liebknechtstraße bald an Rosa Luxemburg vorbei. Die in späten DDR-Jahren geplante Denkmalsetzung für Rosa Luxemburg scheiterte.

Nach der Überwindung der Mauer blieb die deutsche Gesellschaft aufgefordert, die Erinnerung an Rosa Luxemburg zu erneuern. Und dies sollte eben hier passieren, denn die anderen Berliner Gedenkorte sind ausschließlich mit ihrer Verhaftung, Ermordung bzw. Beerdigung verbunden.

Der parteiübergreifenden Bürgerinitiative gehörten 1998 als Erste an: Klaus-Uwe Benneter, Micha Brumlik, Thomas Flierl, Frigga Haug, Volker Hobrack, Walter Jens, Diethart Kerbs, Johann Kresnik, Dominique Krössin, Reinhard Rürup, Hans-Christian Ströbele, Christina Thürmer-Rohr, Wolfgang Wippermann, Frieder Otto Wolf. Im selben Jahr beschloss die BVV Mitte die Errichtung eines Denkzeichens an diesem Platz: »Am Ende des 20. Jahrhunderts«, so heißt es im Beschlusstext, »soll die Erinnerung an Rosa Luxemburg und ihre Position zwischen Demokratie und Diktatur den widersprüchlichen Beitrag der deutschen Linken zum kurzen Jahrhundert der Extreme in das öffentliche Bewusstsein rücken...« Das Projekt wurde schließlich Teil der Koalitionsverhandlungen zwischen SPD und PDS im Jahr 2002. Von Anfang an wurde das Vorhaben von CDU und FDP politisch bekämpft, vermuteten sie doch eine unzeitgemäße und unkritische kommunistische Traditionspflege.

Die Senatsverwaltung für Wissenschaft, Forschung und Kultur lud 2003 im Rahmen eines Kunstwettbewerbs Künstlerinnen und Künstler ein, Ideen zur Realisierung des Vorhabens zu entwickeln. Die Koordinaten aus Stadtraum, Erinnerung, historischen Brüchen, widersprüchlichen Geschichtsprozessen und der Person Rosa Luxemburgs sollten den Kontext und das Assoziationsfeld für die künstlerische und gestalterische Auseinandersetzung bilden.

Hans Haackes Denkzeichen für Rosa Luxemburg. 2006

Haackes Denkzeichen quert Fußwege und Fahrbahnen.

Sich auf Rosa Luxemburg einzulassen, ist auch heute noch ein gefahrvoller und schwieriger Vorgang. Zu sehr haben die Brüche des 20. Jahrhunderts Schichten abgelagert, als dass ein einfacher, direkter Zugang zu ihrer Person und eine breit getragene Deutung möglich wären. Darum wird auch der Kunstwettbewerb die geschichtliche Deutung Rosa Luxemburgs nicht abschließend klären können. Es wird vielmehr eine künstlerische, vom Ausgang her ungewisse Arbeit am historischen Material sein, eine Erkundungsgrabung durch die aufgeworfenen und überlagerten Schichten bzw. Bruchzonen des letzten Jahrhunderts.

Die Jury, der u. a. Volksbühnen-Intendant Frank Castorf, Mittes Baustadträtin Dorothee Dubrau und Hauptstadtkulturfonds-Kuratorin Adrienne Goehler angehörten, empfahl schließlich im Januar 2005 unter Vorsitz des Kunsthistorikers Prof. Dr. Hans-Ernst Mittig die Arbeit von Prof. Hans Haacke.

Nach Haackes Konzept sind insgesamt 60 Zitate Rosa Luxemburgs, die vom Künstler ausgewählt wurden, rund um den Platz, die Rosa-Luxemburg-Straße und die Weydinger Straße (jeweils bis zur Linienstraße) verstreut in Gehwege und Fahrbahnen eingelegt. Haacke nähert sich der Person Luxemburg vom Text her – literarisch. Die Schriftbalken bestehen aus Betonfertigteilen, in den Beton sind die Buchstaben aus Bronzeguss eingelegt.

Die Zitate Rosa Luxemburgs fügen sich nicht zum geschlossenen Text. Der ideologische Streit um Rosa Luxemburg, den Sozialdemokraten, demokratische Sozialisten, orthodoxe Kommunisten, antiautoritäre 68er im Westen, DDR-Funktionäre wie DDR-Bürgerrechtler mit den jeweils passenden Zitaten führten, wird weder entschieden noch fortgesetzt. Hans Haacke selbst bemerkt zu seinem Entwurf:

> Die Zitate stammen aus ... sehr unterschiedlichen Schriften von Rosa Luxemburg: aus ihren Briefen an Freundinnen und Freunde, Geliebte und Gegner, aus Artikeln, Polemiken, Aufrufen und ihren theoretischen Schriften ...
> So finden sich zum Beispiel Splitter aus einer politischen Debatte in unmittelbarer Nachbarschaft mit sehr privaten Mitteilungen. Fehleinschätzungen und Ansichten, die dem heutigen Verständnis von Demokratie nicht entsprechen, werden ebenso berücksichtigt wie Einstellungen, die nichts an ihrer Relevanz für die Gegenwart verloren haben und weiterhin wegweisend sind. Es wird nicht versucht, die manchmal nicht miteinander zu vereinbarenden Positionen von Rosa Luxemburg zu versöhnen. Im Denkzeichen Rosa Luxemburg bewegt man sich – fast buchstäblich – durch die komplexe Gedankenwelt der 1919 Ermordeten.

Mit dem Entwurf von Hans Haacke ist es meiner Meinung nach auf überzeugende und subtile Weise gelungen, die Aufgabe des Wettbewerbs zu erfüllen.

Die Bodeninstallation soll den Platz nicht beherrschen wie ein Monument, sondern in ihn eingeschrieben werden. Erst beim Umhergehen wird man die Texte entdecken und sich dann vielleicht dazu verleiten lassen, die Gedanken Rosa Luxemburgs zu erwandern und über ihre Vielschichtigkeit und Widersprüchlichkeit nachzudenken. »Die im Boden eingelassene Schrift«, schrieb Walter Grasskamp zum Entwurf, »verändert so den Stadtraum vielleicht mehr als ein aufgesockeltes Denkmal, denn jeder Passant hat nun Entscheidungen zu treffen: Gehen oder lesen, betreten oder respektieren, verdrängen oder erinnern.«

Rede zur Übergabe des Denkzeichens für Rosa Luxemburg an die Öffentlichkeit am 14. September 2006, zuerst veröffentlicht in: Disput, *Oktober 2006, S. 28–30. (Anm. d. Hrsg.)*

WER GUANTANAMO UND ABU GHRAIB KRITISIERT, ...
Rede zur Übergabe des Denkzeichens Haftstätte in Haus 3. 2005

Um dieses Denkzeichen ist in Berlin-Prenzlauer Berg lange gerungen worden und es ist gut, dass wir es heute gemeinsam der Öffentlichkeit übergeben können. Meine Verwaltung hat dieses Projekt mit Mitteln aus dem Titel Kunst am Bau/Kunst im Stadtraum gefördert; wie viele andere Erinnerungsprojekte auch wurde es auf bürgerschaftliche Initiative im Bezirk selbst angeregt. Ich erinnere an das Denkzeichen zur Erinnerung an die Ermordeten der NS-Militärjustiz am Murellenberg, an die Gedenkstele für Chris Gueffroy oder an das in Ausführung befindliche Denkzeichen für Rosa Luxemburg. Ich unterstütze diese Initiative in Prenzlauer Berg nachdrücklich und freue mich über die gelungene gestalterische Umsetzung durch Karla Sachse.

Die Künstlerin stellt Fragen aus. Fragen, die sich Menschen gestellt haben, die in diesen Kellern saßen. Solche, die Schuld auf sich geladen hatten, und viele, die unschuldig waren. Wie viele Menschen es genau waren, die das NKWD – und später das MfS – hier inhaftiert hatte, wissen wir bis heute nicht. Aber wir gedenken der Vorgänge in einer Haftstätte, an einem Ort, der sich nun aufladen kann mit Projektionen und Erinnerungen, mit Bedeutung und mit historischem Wissen.

Wir wissen, wie es im Mai 1945, als diese Haftstätte durch das NKWD eingerichtet wurde, ausgesehen hat – in Deutschland, in Berlin, aber auch in der Sowjetunion und in den Ländern Osteuropas, durch die der Weg der Roten Armee führte. Wir wissen, wer diesen Krieg mit seinen unvorstellbar vielen Millionen Toten ausgelöst und zu verantworten hatte. Wir wissen, dass die Rote Armee auf ihrem Weg nach Berlin Auschwitz und die anderen Konzentrations- und Vernichtungslager befreit und ihre Soldaten das Grauen gesehen haben. Wir wissen, dass die Befreier von den Deutschen in der Mehrheit als Besatzer und Sieger angesehen wurden.

Wir kennen die Thesen von »Hitlers willigen Vollstreckern« (Daniel Goldhagen) und »Hitlers Volksstaat« (Götz Aly). Wir wissen aus Zeugnissen und Selbstzeugnissen, wie es zu diesem Zeitpunkt – nach 12 Jahren NS-Herrschaft und mörderischem Krieg – in den Köpfen vieler Deutscher ausgesehen hat.

Wir kennen den Ausspruch Stalins von den Hitlers, die kommen und gehen, und dem deutschen Volk, das bleibt. Und wir kennen die Befehle der SMAD, die zu einem korrekten Umgang mit der Zivilbevölkerung anhielten.

Wir wissen aber auch, dass es Vergewaltigungen, Plünderungen, Raub und Übergriffe gab, dass Menschen verschwanden. Wir wissen, dass Nazis versuchten unterzutauchen, dass es Widerstand gegen die Alliierten gab und dass junge Menschen unter Werwolf-Verdacht verhaftet und in Lagern inhaftiert wurden. Viele davon unschuldig. Wie andere auch, die als Mitläufer oder Täter von ihren Landsleuten denunziert wurden. Von Landsleuten, die auf Rache sannen, von solchen, die historische Gerechtigkeit wollten, und anderen, die Angst hatten – Angst und Hunger.

Wir können uns durch die Zeitzeugenberichte ein Bild von den Haftbedingungen an diesem Ort machen. Grausamer und fast unerträglicher Haftalltag – erschwert durch die schwierige Versorgungslage im kriegszerstörten und besetzten Berlin der unmittelbaren Nachkriegsjahre.

Die genaue zeithistorische Erkundung des Ortes ist nicht abgeschlossen. Es gibt Zeitzeugen, die reden und sich erinnern. Es gibt wenige Sachzeugnisse und noch geschlossene Archive. Und deshalb auch weiterhin Fragen. Wer war hier? Was war das für eine Mischung von mehr oder weniger Schuldigen, mehr oder weniger Unschuldigen? Wie viele von ihnen sind bis jetzt noch namenlos, ohne Biografie?

Ja, die Geschichte der Haftstätte des NKWD und später des MfS muss historisiert werden, es muss der Kontext und die damals geltende Rechtslage berücksichtigt werden. Die Historisierung, die weitere Forschung benötigt, auch die der vergleichenden Untersuchung der Praxis der anderen Besatzungsmächte in Deutschland, darf aber nicht zur Relativierung der Maßstäbe heutigen Denkens über die damalige Haftpraxis und der Formulierung rechtsstaatlicher Standards führen. Alle Historisierung und Relativierung muss ihren Ankerpunkt in einem Grundrechtsstandard haben, den es international durchzusetzen gilt.

Ich halte es für überzeugend, dass Karla Sachse mit diesem Denkzeichen die Fragen aller hier Inhaftierten aufgreift. Das sind Fragen, die sich jeder von uns in einer solchen Situation würde stellen müssen. Fragen sind die erste Form des Nach-Denkens. Beim Nachlesen fällt auf, dass sich niemand die Frage gestellt hat, ob er hier zu Recht sitzt. Auch das ist verständlich.

Friedrich Engels sprach einmal davon, dass der zivilisatorische Standard einer Gesellschaft an der sozialen Lage der Frauen abzulesen sei. Seit

Michel Foucault wissen wir, dass wir insbesondere auch auf die Psychiatrie und die Gefängnisse schauen müssen, wenn wir die Gesellschaften genauer verstehen wollen.

Eine der wichtigsten zivilisatorischen Errungenschaften, die Abschaffung der Todesstrafe und das Recht der Unversehrtheit und der Bewahrung der Würde auch jener Menschen, die Verbrechen gegen andere begangen haben oder dessen beschuldigt werden, wird durch

Karla Sachse: Denkzeichen in Erinnerung an die Haftstätte in Haus 3 des Bezirksamtes Prenzlauer Berg von Berlin, 2005.

den internationalen Terrorismus und die weltweite Wiederkehr des Krieges als Mittel der Politik zunehmend in Frage gestellt.

Wir können Rachegefühle, Selbst- und Siegerjustiz historisch und psychologisch erklären, dulden dürfen wir sie nicht. Und natürlich ist dieses Urteil, ist unser Plädoyer für die Unantastbarkeit der Würde des Menschen auch geprägt durch unsere eigene Erfahrung heute – durch Bilder aus Guantanamo oder Abu Ghraib und durch Nachrichten aus diesem Land, die Androhung von Folter in Extremsituationen für legitim erklären zu wollen.

Wer aber Guantanamo und Abu Ghraib kritisieren will, darf über die eigene Geschichte, darf über NKWD und Stasi nicht schweigen. Auch dieses Denkzeichen zeigt uns: Gedenken braucht Zeit, braucht den historischen Abstand. Gedenken braucht einen Ort und es braucht Zeichen.

Karla Sachses Fragen sind eben genau das: Fragen. Fragen, die Kenntnis voraussetzen, neue Fragen aufwerfen und zum Nachdenken provozieren. Ein Denk-Zeichen im besten Wortsinn.

Die Antworten auf der Informationstafel sollten von Zeit zu Zeit erneuert werden, die Fragen und das Denkzeichen von Karla Sachse mögen bleiben und wirken in den öffentlichen Raum.

Rede anlässlich der Übergabe des Denkzeichens Haftstätte in Haus 3 auf dem Gelände des Bezirksamtes Prenzlauer Berg von Berlin am 22. Oktober 2005. (Anm. d. Hrsg.)

WIR BRAUCHEN KOMPLEXE ERINNERUNGSBILDER
Ute Tischler im Gespräch mit Thomas Flierl. 2007

Unmittelbar nach dem Ende des Zweiten Weltkriegs begann im Mai 1945 der sowjetische Geheimdienst im heutigen Berliner Bezirk Lichtenberg, Stadtteil Hohenschönhausen, mit der Einrichtung eines militärisch gesicherten Sperrgebiets. 1951 wurde das Areal dem Ministerium für Staatssicherheit der DDR übergeben und von diesem bis Anfang 1990 weitergeführt.

Im Zentrum des Sperrgebiets befanden sich verschiedene Haftanstalten und die dazugehörigen Verwaltungs- und Versorgungseinrichtungen: zunächst ein sowjetisches Internierungslager, das Speziallager 3, in das untere Funktionäre des NS-Regimes, politisch Missliebige und andere willkürlich Verhaftete verbracht wurden, außerdem das zentrale sowjetische Untersuchungsgefängnis in der SBZ/DDR, ab 1951 die zentrale Untersuchungshaftanstalt des Ministeriums für Staatssicherheit der DDR und ab 1952 das Lager X, ein Haftarbeitslager.

Im Februar 1990 übernahm das Innenministerium der DDR die Haftanstalt, zu deren letzten Insassen u. a. Erich Mielke und Harry Tisch gehörten. In dem heute wegen seiner zeitgeschichtlichen Bedeutung denkmalgeschützten Gebäude erinnert seit 1995 die Gedenkstätte Berlin-Hohenschönhausen als Stiftung des Landes Berlin an die Opfer der Überwachung und Verfolgung politisch Andersdenkender und -handelnder in der sowjetischen Besatzungszone und der DDR.

Ute Tischler: Im März des vergangenen Jahres fand in Hohenschönhausen eine öffentliche Diskussion statt, die nicht nur eine weithin beachtete Medienresonanz, sondern im Bezirk eine anhaltende Diskussion über Erinnerungskultur ausgelöst hat. Was war der Anlass der Podiumsveranstaltung?
Thomas Flierl: Die Podiumsveranstaltung war der öffentliche Auftakt für das vom Bezirk Lichtenberg und der Senatskulturverwaltung gemeinsam getragene Verfahren zur stadträumlichen Markierung des ehemaligen Sperrgebiets in Hohenschönhausen. Dem war ein entsprechender Beschluss der Bezirksverordnetenversammlung Lichtenberg vorausgegangen. Während die Gedenkstätte ursprünglich nur einige

Informationstafeln aufstellen wollte, war unser Projekt umfassender, zielte auf das gesamte Areal. Das Ergebnis des Verfahrens rechtfertigt die damaligen Bemühungen für einen Wettbewerb mit vorgeschalteter öffentlicher Debatte.

Wie weit sind Sie mit der Realisierung des Ergebnisses gekommen?
Wir konnten im letzten Jahr nicht nur das Verfahren erfolgreich durchführen, mit etwas Glück bei der nächsten Vergabeentscheidung der Lotto-Stiftung kann die Markierung des Sperrgebiets in Hohenschönhausen noch in diesem Jahr erfolgen. Damit würde ein weiteres wichtiges Projekt des Arbeitsbereiches »Geschichte im Stadtraum« aus meiner Zeit als Berliner Kultursenator verwirklicht. Zeitgeschichtliche Projekte im Stadtraum sind immer noch schwierig und nur diskursiv zu realisieren.

Um ehrlich zu sein, wussten viele nicht, was ein diskursives Verfahren ausmacht, und waren skeptisch, ob ein Diskurs zu einem gestaltungsstarken und überzeugenden Ergebnis führen kann.
Tatsächlich war ich mir auch nicht sicher, ob wir so dicht an der Geschichte eine annehmbare Lösung finden. Die Diskussion im Preisgericht war deshalb auch sehr interessant. Allerdings hatten wir uns vorab auf eine stadträumliche Markierung in Form eines Informationssystems verständigt. Das hat die Sache weitaus leichter gemacht. Ein Kunstwettbewerb schien nicht, vielleicht noch nicht, möglich.

Wie muss man sich die Entwürfe vorstellen?
Einfach und unspektakulär. Die Diskussion hat ergeben, dass zwei von den drei vorgestellten Entwürfen in eine gemeinsame Überarbeitungsphase geführt wurden und nun umgesetzt werden. Der Vorschlag des Büro International hingegen war so überraschend, dass wir wegen der noch lange nicht abgeschlossenen Verständigung über die Geschichte der »verbotenen Zone« ein ästhetisch avanciertes und kontroverses Erinnerungskonzept ausgeschlossen haben.

Warum?
Es war nicht konsensfähig. Auf längere Zeit gedacht kann ich mir allerdings vorstellen, dass derartige Konzepte mehr erreichen, weil sie eher weiter reichende Fragen provozieren als Gewissheit verbürgende Antworten liefern. Der jetzt zur Ausführung bestimmte Entwurf wird auf mehreren, ca. 2 m hohen Texttafeln und an einem zentralen Ort über die Geschichte des Geländes informieren. Die Informationen wurden mit der Gedenkstätte abgestimmt.

Ute Tischler im Gespräch mit Thomas Flierl. 2007

Wie lässt sich die MfS-Geschichte des Bezirks Hohenschönhausen im Gesamtberliner Erinnerungskontext beschreiben?
Erinnerungskultur braucht Verortung, Spurensicherung und Deutung. Die DDR-Repressionsgeschichte hat ihre signifikanten Orte; heute sind sie nicht länger geheim, sondern im Zusammenhang zu sehen und zu gestalten. Die Erinnerung an die Berliner Mauer, die Stasi-Zentrale in der Normannenstraße und die MfS-Untersuchungshaftanstalt gehörten und gehören in einen funktionellen Zusammenhang. Für andere Phasen der Berliner Geschichte gibt es andere Topografien. Manche, wie zum Beispiel die Topografien der vier Besatzungsmächte in Berlin, sind in vielem für das öffentliche Bewusstsein noch verborgen.

Politik als angewandte Geschichte?
Ja und zugleich Geschichtsdeutung als Feld politischer Auseinandersetzung. Eine produktive zeitgeschichtliche Auseinandersetzung wird wesentlich auch von lokalen Initiativen getragen. Dass der Bezirk Lichtenberg uns damals gebeten hat, das Projekt gemeinsam anzugehen, hielt ich für selbstverständlich, da es sich bei der Geschichte des MfS um keine regionale Angelegenheit handelt. Ähnlich lief es beim Gedenkzeichen für den Haftort Haus 3 im Bezirksamtsgelände Prenzlauer Berg: Eine lokale Bürgerinitiative fand Unterstützung beim Bezirk, dieser wandte sich an den Senat, gemeinsam wurde das Wettbewerbsverfahren durchgeführt, das künstlerische Resultat ist weithin anerkannt. Der Bezirk Mitte hatte sich an uns mit der Bitte gewandt, den Sockel des unvollendet gebliebenen Karl-Liebknecht-Denkmals am Potsdamer Platz wieder aufzustellen, weil er viel über die deutsche Geschichte erzählen kann. Und es war eine Bürgerinitiative, die am Rosa-Luxemburg-Platz an die linke Arbeiterführerin erinnern wollte. Dieses Vorhaben fand sogar Eingang in die erste rot-rote Koalitionsvereinbarung. Mit Hans Haackes Entwurf ist ein interessantes Beispiel für ein reflektiertes, nichtautoritäres Erinnern im Stadtraum geschaffen worden. Auf Beschluss des Abgeordnetenhauses haben wir mit einer Gedenksäule am Britzer Zweigkanal an den letzten erschossenen DDR-Flüchtling, an Chris Gueffroy, erinnert. Und in Oberschöneweide haben wir den deutschlandweit ersten Ort geschaffen, der in einem früheren Barackenlager die NS-Zwangsarbeit thematisiert. Das Mauergedenkkonzept ist ebenfalls »diskursiv« entstanden, wenn Sie so wollen als Reaktion auf den Erinnerungsbetrieb am Checkpoint Charlie. Die Mauer in Berlin teilte eine ganze Stadt, es gab viele Ereignisorte und die unterschiedlichen Perspektiven aus Ost und West. Es brauchte gewisse Zeit, bis alle verstanden haben, dass es nicht die westliche, bemalte Mauer allein war,

sondern ein Grenzstreifen, der von Osten zwar nicht so eine prägnante Gestalt hatte, aber wegen der ungleich verteilten Reisefreiheit umso mehr das Ende der Welt bedeutete. Bei einem Konzept zur Erinnerung an die Berliner Mauer und deren Opfer waren die unterschiedlichen Themen der je charakteristischen Orte zu definieren: innerstädtische Grenze, Grenze am Wasser, Berliner Mauer und Brandenburger Tor, Bahnhof Friedrichstraße, Ausländerübergang Checkpoint Charlie usw. zu berücksichtigen. Zum Beispiel musste am Checkpoint Charlie die Konfrontation der Weltmächte im Mittelpunkt stehen, während der Gedenkort der Bernauer Straße stärker von innerstädtischen Zerschneidungen und Fluchtgeschichten geprägt ist. Dort ist die entsprechende Ereignisdichte sehr viel größer. Ich habe versucht, eine bestimmte Art von Gedenkkultur zu fördern, die in lokalen Initiativen gründet und auf gesamtstädtischer Ebene inhaltlich und finanziell unterstützt wird. So habe ich auch die Auftaktveranstaltung in Hohenschönhausen gesehen. Solche lokal angestoßenen und dann gesamtstädtisch geführten Verständigungsprozesse sind genau das, was wir in dieser Stadt brauchen. Es geht nicht darum, Resultate vorzugeben, sondern Prozesse anzustoßen, die gemeinsam erarbeitete Resultate hervorbringen. Uns sollte es darum gehen, diese Art Erinnerungskultur in Berlin zu stärken und zu sagen, wir leben selbstbewusst und selbstkritisch mit unserer widersprüchlichen Geschichte.

Nicht erst die Podiumsveranstaltung in Hohenschönhausen hat gezeigt, dass die deutsche Geschichte voller Brüche und vor allem voller widersprüchlichem Aufarbeitungswillen steckt. Welche Rolle spielt in diesem Zusammenhang die Gedenkstätte Hohenschönhausen?
Brüche und Widersprüche – und die deutsche und Berliner Geschichte kennt viele davon – sind das eigentliche Material historischen Bewusstseins. Der gesetzliche Auftrag und die Ressourcen zur historischen Aufarbeitung liegen bei der Gedenkstätte. Sie muss nach wissenschaftlich abgesicherten Standards arbeiten. Die Markierung des früheren Sperrgebiets im Stadtraum kann jedoch nicht allein Sache der Gedenkstätte sein, sondern muss zugleich Anliegen von Bezirk, Land und breiter Öffentlichkeit sein. Deshalb ist es richtig, dass die Bezirksverordnetenversammlung beschlossen hatte, die Markierung durch externe Experten zu begleiten und mit der Gedenkstätte abzustimmen. Das Verfahren war dazu da, die Möglichkeiten der stadträumlichen Markierung des historischen Gebiets herauszufinden. Zugleich geht es darum, den Ort in den Kontext der DDR-Geschichte zu stellen und für eine ehemals verbotene Zone die notwendigen Basisinformationen zu liefern.

Ute Tischler im Gespräch mit Thomas Flierl. 2007

Mehr und mehr gewinnt man den Eindruck, dass die geschichtliche Auseinandersetzung um das Sperrgebiet auch ein Kampf um die Deutungshoheit von Geschichte ist.
Das ist ganz klar der Fall. Deswegen müssen wir eine Form finden, in der differenziert, aber nicht relativiert wird, in der also historische Genauigkeit angestrebt wird. Ich plädiere absolut dafür, dass wir für die Geschichte dieses Ortes so viel Sachkunde entwickeln und seriöse Belege sammeln, damit wir eine historisch genaue und abgesicherte Darstellung der Ereignisse und Zusammenhänge erlangen. Die Texte auf den Informationstafeln können nur eine ganz kurze Verknappung sein, in der Denkanstöße gegeben und verschiedene Aspekte aufgeblättert werden. Ich vertrete allerdings die Auffassung, dass ohne Erinnerung an die Vorgeschichte, an die Zeit vor 1945, dieser Ort historisch nicht hinreichend eingeordnet werden kann. Und das heißt, die verschiedenen historischen Perioden, Kontinuitäten und Diskontinuitäten, berechtigte und nichtberechtigte Maßnahmen eines Staatswesens aus heutiger Sicht historisch aufzuarbeiten. Alle Kontextualisierung muss aber ihren Orientierungspunkt in einem modernen Menschenrechtsverständnis finden: So problematisch Geheimdienste als solche bereits sind, ein Geheimdienst darf auf keinen Fall eine eigene Staatsanwaltschaft und eine Untersuchungshaftanstalt unterhalten. Wer Guantanamo und Abu Ghraib kritisiert, darf über NKWD und MfS nicht schweigen. Andererseits darf die Auseinandersetzung über die DDR-Geschichte nicht auf das politische und hier insbesondere auf das Repressionssystem reduziert werden.

Wie viel Täterperspektive muss man einnehmen, um historisch genau sein zu können? Der Vorwurf an die Podiumsveranstaltung, hohen Stasioffizieren, die sich weigern anzuerkennen, dass elementare Menschenrechte verletzt wurden, eine Plattform für Geschichtsschreibung gegeben zu haben, steht bis heute im Raum.
Für den Historiker und den Zeitgeschichtler sind natürlich auch die früheren Mitarbeiter des Unterdrückungsapparates Zeitzeugen, Träger von Informationen, die es lohnt zu erschließen. Aber natürlich nicht unkritisch, nicht als Medium retrospektiver Rechtfertigung oder gar zur Verhöhnung der Opfer ihres früheren Tuns. Im moralisch-politischen Sinn liegt die Zeugenschaft bei den Opfern. Aber auch deren Erinnerung muss an anderen Befunden geprüft und verifiziert werden. Der massive Auftritt von früheren Stasi-Mitarbeitern bis hin zu stellvertretenden Ministern war für mich nicht vorherzusehen. Eingeladen wurden sie nicht. Insofern hat ihnen keiner der Veranstalter ein Podium

geboten. Der Kontext der Veranstaltung war ganz klar: Es ging um die Markierung des Stasi-Geländes in Hohenschönhausen, um die Erinnerung an einen Unterdrückungsapparat, um öffentliches Lernen in und für eine demokratische Gesellschaft. Die Stasi-Leute waren denn auch an der Markierung gar nicht interessiert, sondern vielmehr an einer Auseinandersetzung mit der Gedenkstätte Hohenschönhausen, deren Darstellung sie widersprachen. Die Art, wie sie dies taten, hat sie allerdings nachhaltig ins Abseits gestellt.

Es gibt einen CDU-Antrag im Abgeordnetenhaus, dass jetzt sämtliche dankenswerterweise recherchierten Orte der sowjetischen Geheimpolizei in ganz Berlin, auch im Westteil der Stadt, markiert werden sollten. Ich halte eine solche Initiative nicht für sinnvoll. Zum einen wäre es falsch, das Wirken der sowjetischen Besatzungsmacht in der ersten Zeit nach Kriegsende auf den repressiven Aspekt zu reduzieren. Zum anderen wären Orte interessant, an denen die historischen Brüche festgemacht werden können. Also z. B. dort, wo der Kulturbund gegründet wurde, residierte zuvor die Reichskulturkammer, später wurde der Kulturbund im Westteil der Stadt verboten. Auch die westlichen Besatzungsmächte besaßen ihre eigenen Areale, die erst nach Abzug der Westalliierten wieder öffentlich zugänglich wurden (z. B. die Briten im Bereich des Olympiastadions). Wir erleben die vereinte Stadt jetzt als geöffneten Stadtraum, in dem wir an die im Kalten Krieg gegensätzlichen gesellschaftspolitischen Orientierungen und an die Abschottung von Ost und West von Währungsreform über die Blockade bis hin zum Mauerbau und spezifisch an militärisch gesicherte Sperrgebiete und Objekte erinnern. Das Markierungsprojekt in Hohenschönhausen leistet hierfür einen wichtigen Beitrag.

Ute Tischler ist Leiterin des Kulturamtes Lichtenberg von Berlin. Erstabdruck dieses Interviews in: Kunststadt – Stadtkunst 54, *Informationsdienst des Kulturwerks des BBK, Berlin 2007, S. 33–34. (Anm. d. Hrsg.)*

DOKUMENTATION, INFORMATION UND GEDENKEN
Gesamtkonzept zur Erinnerung an die Berliner Mauer. 2006

Einleitung
Der Senat von Berlin betrachtet das Gedenken an die Opfer der Berliner Mauer und der deutschen Teilung als eine fortwährende geschichtspolitische Aufgabe bei der Bewältigung der Folgen der SED-Diktatur und der Gestaltung der inneren Einheit Deutschlands. Dies gilt ebenso für die breite öffentliche Auseinandersetzung mit den Ursachen und Formen der politischen Unterdrückung in der Sowjetischen Besatzungszone und der DDR, mit den Formen kritischer Distanz, zivilen Ungehorsams und politischen Widerstands in der DDR-Gesellschaft sowie mit der jahrzehntelangen Fluchtbewegung in den Westen.

Die Berliner Mauer: Instrument und Symbol der Teilung
Auch mehr als 15 Jahre nach dem Fall der Berliner Mauer am 9. November 1989 und dem späteren zügigen Abriss der DDR-Grenzanlagen zum Westteil Berlins konzentriert sich das zeitgeschichtliche Interesse auf die noch erhaltenen Spuren und auf ihren topografischen Verlauf. Wie an keinem anderen materiellen Zeugnis der Vergangenheit lassen sich die Nachkriegsentwicklung Berlins, die Teilung der Stadt, Deutschlands und Europas und deren Überwindung im Berliner Stadtraum selbst erinnern.

Der Bau der Mauer quer durch Berlin, die Abriegelung Westberlins vom Umland, die Trennung von Ost und West, die ständige Perfektionierung der Grenzanlagen und das brutale Grenzregime haben unendliches Leid über die Menschen in Ost und West gebracht. Hunderte von Flüchtlingen sind an der Berliner Mauer getötet oder verletzt worden. Zu Tode gekommen sind auch DDR-Grenzsoldaten, die von Flüchtenden, Fluchthelfern oder eigenen »Kameraden« erschossen wurden.

Die Berliner Mauer war keine Grenze im üblichen Sinne zur Außensicherung eines Staates. Ihrer Entstehung, Struktur und Wirkung nach war sie vor allem eine nach innen gerichtete Grenze: Sie sollte die Flucht von DDR-Bürgern in den Westen verhindern und damit zugleich die Herrschaft der SED in der gesamten DDR sichern. Mit der Grenzschließung 1961 war die bis dahin mögliche Alternative zur Existenz als Bürger der DDR scheinbar für immer weggefallen.

Die Mauer in Berlin war das sichtbarste Zeichen des Eisernen Vorhangs im Kalten Krieg. Sie war und bleibt damit das Symbol der Verweigerung elementarer Menschenrechte in der DDR, das Symbol politischer Unterdrückung und struktureller Schwäche des staatssozialistischen Systems insgesamt. Die tief gestaffelten Grenzanlagen und das bewaffnete Grenzregime haben die Situation der geteilten Stadt jahrzehntelang geprägt. Der innerstädtische Grenzstreifen zog sich 43,1 km von Nord nach Süd mitten durch die Stadt. 111,9 km maß die Abgrenzung des Westteils der Stadt zum Umland. Zunächst als Stacheldrahtzaun

Das Brandenburger Tor im Niemandsland.

angelegt bzw. mit Hohlblocksteinen grob gemauert, entwickelte sich die Grenze nach Westberlin zu einem nahezu unüberwindlichen Grenzregime, das weltweit einmalig war. In der letzten Phase bestand die Vorderlandmauer aus einer 3,6 m hohen Betonplattenwand mit Rohrauflage oder eingelassenem Rohr. Über mehr als 40 km zeigte sie ein nach Westen hin einheitliches äußeres Erscheinungsbild. Mehr als 200 Beobachtungstürme, Führungsstellen und Bunker dienten der Überwachung der Grenze. Streckmetallgitterzäune, elektronische Alarmsysteme, Kettenhunde und Kfz-Sperren kamen hinzu. Lichttrassen leuchteten den Todesstreifen taghell aus, so dass auch nachts günstige Sichtverhältnisse herrschten. Denn neben schwer überwindbaren Sperranlagen und dicht gestaffelten Grenzposten war der Schusswaffengebrauch das dritte und entscheidende Element der DDR-Grenzsicherung. Tief gestaffelte Hinterlandmauern und sonstige weitere Absperrmaßnahmen sicherten die Grenze weit in das Gebiet der DDR hinein, um Menschen, die von der DDR aus in den Westen gelangen wollten, schon frühzeitig aufzuspüren. Jede Flucht, sei sie gelungen oder gescheitert, wurde zur Perfektionierung des Grenzregimes genutzt. Parallel wurde auch der innere Überwachungsapparat der DDR immer weiter ausgebaut. Fluchtabsichten sollten bereits im Ansatz erkannt und deren Umsetzung verhindert werden. Grenzregime und Diktatur bedingten einander. Ohne die Mauer war die DDR nicht existenzfähig.

Demokratie und Menschenrechte können aber auf Dauer den Menschen nicht vorenthalten werden. Als die Mauer fiel, fiel auch das politische Herrschaftssystem der DDR in sich zusammen. Mit ihrer friedlichen Überwindung von Osten her wurde die geöffnete und abgetragene Mauer zugleich zum Symbol einer in der deutschen Geschichte beispiellos erfolgreichen Demokratie- und Freiheitsbewegung. Eine von Menschen errichtete monströse Grenzanlage, an der der Staat auf die eigenen Bürger schießen ließ, eine solche Grenze konnte auf Dauer nicht Bestand haben, sie wurde von den Menschen friedlich beseitigt: Daran lassen sich epochale Umbrüche sichtbar machen.

Der Umgang mit der Berliner Mauer seit 1989/90
»Die Mauer muss weg«
Aus gesamtdeutscher und internationaler Perspektive wird der Mauerfall als *der* symbolische Moment der Zeitenwende wahrgenommen. Unter dem Druck der DDR-Bevölkerung wurde die Öffnung der Mauer erzwungen und die Passage der Grenze von Osten her möglich. Die Begegnung von Ostdeutschen und Westdeutschen auf der Mauer am Brandenburger Tor, die Verbrüderungsszenen mit Grenzsoldaten, die schrittweise Herstellung neuer Grenzübergänge und schließlich der systematische Abbruch der Mauer in den darauf folgenden Monaten wurde der zentrale und weltweit beachtete symbolische Vorgang. Er lenkte zugleich die Demokratiebewegung der DDR in Richtung staatliche Einheit.

Medien, Öffentlichkeit und Politik in Ost und West waren sich 1989/1990 und in den Folgejahren zunächst einig: Die Mauer muss so schnell wie möglich weg. Senat und Bezirksämter wetteiferten damit, gerade im öffentlichen Bereich an Straßen, Brücken und Plätzen die Mauer zu beseitigen, und die Grenztruppen der DDR zeigten ihre Leistungsfähigkeit nun im Abräumen der Grenze, die mitten durch eine Millionenstadt geführt hatte.

Mit der gleichen Gründlichkeit, mit der sie die Mauer 28 Jahre lang bewacht hatten, gingen die DDR-Grenztruppen, seit dem 3. Oktober dem Bundeswehrkommando Ost unterstellt, nun bei ihrem Abriss zu Werk. Schon am 30. November 1990 meldeten sie Vollzug.

Die Inbesitznahme und Öffnung der Mauer am Brandenburger Tor 1989.

(Konrad H. Jarausch, Stellungnahme des Zentrums für Zeithistorische Forschung, Potsdam, 2005)

Die von westlicher Seite in bestimmten Stadtteilen als längste Leinwand der Popkultur erlebbare Mauer wurde schließlich filetiert, ausdrucksstark bemalte Segmente zugunsten denkmalpflegerischer und sozialer Aufgaben weltweit verschenkt und verkauft. Die Reste der Mauer wurden der Rohstoffverwertung zugeführt. Es schien so, als ob nur der permanente und vollständige Mauerabbruch (psychologisch und politisch) die Unumkehrbarkeit des historischen Prozesses garantieren konnte.

War bereits die Berliner Mauer (mit Aussichtsplattformen, Mauerbemalung und dem Besuch in Ostberlin) *das* (westliche) Touristenziel, wurde der Mauerabbruch, an dem man buchstäblich selbst mitwirken konnte, zur historisch einzigartigen Erfahrung in Ost und West. Erst mit ihrer Überwindung und ihrem Abriss, mit ihrem Verschwinden wurde die Berliner Mauer als *ungewolltes* Denkmal wahrgenommen und begriffen.

Parallel zum systematischen Mauerabbruch zieht sich die Linie der Bemühungen zur Bewahrung von Mauerresten als notwendige zeitgeschichtliche Zeugnisse einer gerade erst überwundenen Epoche. Denkmalschützer, Museumsleute und Historiker stemmten sich bereits damals gegen den Trend, alle Spuren der Mauer restlos zu beseitigen. Sowohl der Runde Tisch Berlin-Mitte wie auch das Deutsche Historische Museum und das Museum für Deutsche Geschichte plädierten im Frühjahr 1990 für den Erhalt der Mauer an der Bernauer Straße und die Errichtung einer Gedenkstätte. Der Ost-West-Regionalausschuss Kultur drängte im Sommer 1990 auf die Bewahrung der Mauer in der Niederkirchnerstraße. Der

Ostberliner Magistrat beschloss schließlich am 2. Oktober 1990, die Grenzmauerabschnitte an der Bernauer Straße, der Niederkirchnerstraße und am Invalidenfriedhof unter Denkmalschutz zu stellen.

Das Kunstprojekt »Die Endlichkeit der Freiheit« (1990) demonstrierte mit temporären Installationen im Berliner Stadtraum bereits frühzeitig Ansprüche und Möglichkeiten einer künstlerischen Auseinandersetzung mit dem historischen Wandel. In der Zeit des Mauerabbruchs entstanden auch erste Überlegungen darüber, wie sich die Spur der Berliner Mauer im öffentlichen Stadtraum nachzeichnen und damit die Erinnerung an die trennende Grenze in der rasch zusammenwachsenden Stadt bewahren ließe.

Denkmal und Dokumentationszentrum Berliner Mauer an der Bernauer Straße

Bereits 1990 wurde am Runden Tisch Berlin-Mitte sowie von der Versöhnungsgemeinde die Schaffung einer Gedenkstätte an dieser Stelle angeregt. Das Deutsche Historische Museum und das Museum für Deutsche Geschichte sowie die beiden Berliner Bürgermeister betrieben seit Frühjahr 1990 die Errichtung einer Gedenkstätte in der Bernauer Straße. Der Senat von Berlin beschloss am 13. August 1991, am 30. Jahrestag des Mauerbaus, eine Erinnerungs- und Gedenkstätte Berliner Mauer zu errichten. Dazu sollten die Rekonstruktion der Tiefenstaffelung und die Erhaltung des noch vorhandenen Grenzstreifens gehören. Das Deutsche Historische Museum erhielt die Nutzungsberechtigung. Wegen schwieriger eigentumsrechtlicher Auseinandersetzungen und konkurrierender Nutzungsansprüche konnte der Senat erst im Oktober 1993 eine Vereinbarung mit der Sophiengemeinde über die Errichtung der Gedenkstätte treffen. Der künstlerische Wettbewerb fand 1994 statt. In Absprache mit dem Land Berlin entschied der Bund im Juli 1995 die Realisierung des Entwurfes von Kohlhoff/Kohlhoff (Stuttgart). Am 9. November 1997 wurde der Grundstein für das Gedenkstättenareal gelegt, am 13. August 1998 fand die Eröffnung der Gedenkstätte statt. Das Dokumentationszentrum in Trägerschaft des Vereins Berliner Mauer e. V. konnte jedoch erst nach einiger Verzögerung am 9. November 1999 eröffnet werden. Es befindet sich im Haus der Versöhnungsgemeinde. Die Finanzierung des Dokumentationszentrums blieb zunächst nur bis zum Jahr 2006 durch den Mauerfonds gesichert. Mit der Einweihung der Kapelle der Versöhnung im Jahre 2000 und mit dem Umbau und der Ergänzung des Dokumentationszentrums durch eine Aussichtsplattform (2003) hat das Gedenkensemble an der Bernauer Straße seine heutige Gestalt gefunden.

Mit dem Beschluss zur Feststellung der Fläche entlang der Bernauer Straße als Gebiet von außergewöhnlicher stadtpolitischer Bedeutung nach § 9 Abs. 1 Satz 1 Nr. 1 AGBauGB durch den Senat und der nachfolgenden Aufstellung eines Bebauungsplans für den Mauerstreifen an der Bernauer Straße wurden Ende 2005 die Voraussetzungen geschaffen, die Erweiterung der Gedenkstätte an der Bernauer Straße planungsrechtlich zu sichern.

Das neue Berlin und der Checkpoint Charlie
Anfang der neunziger Jahre stimmte sich der Senat mit dem Bund darüber ab, die Bernauer Straße zum zentralen Ort des Gedenkens an die Berliner Mauer zu machen. Seitdem wurde das Ziel verfolgt, auf dem Gelände des ehemaligen Grenzübergangs Friedrichstraße/Zimmerstraße ein »American Business Center« zu errichten. Für die erwartete Ansiedlung vieler amerikanischer Unternehmen in Berlin sprachen die weltweit bekannte Adresse, die angestrebte Rekonstruktion des historischen Stadtgrundrisses der Friedrichstadt und der damals erhoffte Ausbau Berlins zur Dienstleistungsmetropole und Ost-West-Drehscheibe in Europa.

Der Verkauf der Grundstücke des ehemaligen Grenzübergangs erfolgte 1992 durch das Land Berlin für den Bund. Im Kaufvertrag vom 9. März 1992 wurde auf die historische Situation Bezug genommen und folgende Verpflichtung des Käufers fixiert: »Die Käuferin [stellt eine] angemessene Fläche für eine Open-air Mauer-Gedenkstätte unentgeltlich zur Verfügung und [trägt] für die Gestaltung in Absprache mit einer vom Verkäufer zu benennenden Stelle auf eigene Kosten Sorge.«

Geplant waren fünf Gebäudekomplexe (»Quartiere«) mit einer Grundfläche von zusammen 20.000 Quadratmeter. Gemäß Investitionsvorranggesetz erhielt ein Käufer den Zuschlag, der angekündigt hatte, ca. eine Milliarde DM investieren zu wollen. Die European Development Corporation Group wurde gegenüber den Alteigentümern bevorzugt. Letztlich wurden jedoch nur zwei Gebäude realisiert: das von Philip Johnson entworfene Gebäude zwischen Friedrich- und Mauerstraße (Quartier 106) und das Quartier 201 an der Friedrich-, Ecke Krausenstraße. Der Abriss des Wachturms der ehemaligen Grenzübergangsstelle auf Antrag des Eigentümers war nicht zu versagen, da der Turm nicht als Denkmal eingetragen war. Die Investitionshoffnungen für das Quartier am Checkpoint Charlie erfüllten sich nicht, da der Projektentwickler für das Quartier am Checkpoint Charlie Insolvenz anmelden musste. Seitdem stagniert die städtebauliche Entwicklung. Das öffentliche Straßenland und die privaten Grundstücksflächen wurden temporär auf eine Weise genutzt, die dem Ort nicht angemessen war (Straßenhandel, Schausteller).

Großes touristisches Interesse erfuhr das private Museum Haus am Checkpoint Charlie, das mit zusätzlichen Ausstellungsräumen an der Zimmerstraße unmittelbar an den früheren Grenzübergang heranrückte. Der Kontakt des Senats mit dem jahrelang öffentlich geförderten Museum ist jedoch seit Mitte der neunziger Jahre schwieriger geworden. Diskussionspunkte seitdem sind die Professionalisierung der Museumsarbeit, Fragen der Abstimmung von Aktivitäten im Stadtraum, latente Konkurrenz mit dem Dokumentationszentrum an der Bernauer Straße und eine gewisse Intransparenz des Geschäftsgebarens (der Verein hat die Gemeinnützigkeit aufgegeben).

Mit der als »temporäre Kunstaktion« annoncierten Schaffung eines Mauermahnmals hatte die Arbeitsgemeinschaft 13. August erneut die Frage nach einem zentralen Gedenken für die Toten der Mauer (und aller deutsch-deutschen Grenzen) sowie die Frage nach der zukünftigen Nutzung der privaten Grundstücke des ehemaligen Grenzübergangs aufgeworfen. Die Gedenkinstallation wurde jedoch auf Verlangen des privaten Grundstückseigentümers abgebaut, weil er die Fläche nur befristet zur Verfügung gestellt hatte. Das Land Berlin ist weiterhin darum bemüht, mit den Eigentümern der Grundstücke der ehemaligen Grenzübergangsstelle Zwischennutzungen zu vereinbaren, die dem Charakter des Ortes nicht entgegenstehen. Darüber hinaus soll an der im Verkaufsvertrag anvisierten Nutzung für Gedenkstättenzwecke festgehalten werden.

Denkzeichen für die Toten an der Berliner Mauer

Unverzichtbarer Bestandteil einer Gedenkkonzeption Berliner Mauer ist der Umgang mit den verschiedenen Denkzeichen, die bereits in der Vergangenheit an jene Menschen erinnerten, die an der Mauer zu Tode kamen. Diese Denkzeichen entstanden auf Betreiben verschiedener Initiativen und sind deshalb in Gestaltung und Konzeption sehr unterschiedlich:

1. Der Gedenkstein Günter Litfin mit der Inschrift: »Hier starb als erstes Opfer der Mauer / Günter Litfin / 19.2.37–24.8.61 / ihm und allen Opfern der Mauer zum Gedenken« wurde am 24. August 1962 auf Initiative der SPD-Fraktion des Berliner Abgeordnetenhauses am Humboldthafen, gegenüber der Stelle aufgestellt, an der Günter Litfin ins Wasser gesprungen war. Vermutlich wegen Bauarbeiten wurde der Stein später entfernt und gelangte zur Arbeitsgemeinschaft 13. August, die ihn einlagerte. Einen neuen Platz fand er auf Initiative von Jürgen Litfin, dem Bruder des Getöteten, an der Sand-

krugbrücke. Sobald das Alexanderufer, der Flucht- bzw. Bergungsort von Günter Litfin, fertiggestellt ist, soll der Stein dort platziert werden, gemeinsam mit einer Tafel der Geschichtsmeile Berliner Mauer, die mit mehreren Fotos über die gescheiterte Flucht informiert.
2. Der Gedenkort »Weiße Kreuze« wurde zum 13. August 1971 vom privaten Berliner Bürgerverein eingerichtet. Die Kreuze, die zuvor an verschiedenen Mauerorten gestanden hatten, an denen Flüchtlinge getötet worden waren, kamen zunächst hinter das Reichtagsgebäude und an die Bernauer Straße, weil diese Orte besser betreut werden konnten. So erklärt sich die willkürlich erscheinende Zusammenführung der Kreuze. Nach der Öffnung der Mauer wurde der Gedenkort wegen Bauarbeiten vom Spreeufer an die Ebert-, Ecke Scheidemannstraße verlegt. Der nach einem Entwurf des Architekten Braunfels gestaltete neue Gedenkort wurde am 17. Juni 2003 ebendort der Öffentlichkeit übergeben. Die mit dem Trägerverein vereinbarte Auflösung des vorübergehend angelegten Gedenkortes an der Ebert-, Ecke Scheidemannstraße unterblieb bislang. Die 14 Opfer werden also augenblicklich an zwei Orten gewürdigt. Unweit der neuen Gedenkkreuze steht außerdem seit 2003 eine Tafel der Geschichtsmeile Berliner Mauer. Diese Tafel erläutert allerdings nicht, wie es zu der doppelten Würdigung kam.
3. Der Gedenkort für Peter Fechter wurde bereits am 17. August 1962, an Fechters Todestag, bei der spontanen Protestdemonstration eingerichtet, seitdem gepflegt und mehrfach verändert. Für diesen Gedenkort engagierte sich u. a. die Arbeitsgemeinschaft 13. August bzw. das Haus am Checkpoint Charlie. Die letzte Änderung erfolgte zum 13. August 1999, als nach dem Entwurf von Karl Biedermann und mit finanzieller Unterstützung des Axel-Springer-Verlages eine Pflastermarkierung aus Basaltsteinen angelegt und eine Stele aufgestellt wurde. Die Stele trägt die Inschriften: »Peter Fechter / 1944–1962 / Er wollte nur die Freiheit« und »Von 1961 bis 1989 verlief entlang dieser Straße die Berliner Mauer. Hier wurde am 17. August 1962 der junge Bauarbeiter Peter Fechter erschossen«. An der Zimmer-, Ecke Charlottenstraße ergänzt ebenfalls seit 1999 eine Tafel der Geschichtsmeile Berliner Mauer die Installation.
4. Die Gedenkstele für Chris Gueffroy wurde auf Initiative des Abgeordneten Michael Cramer (Bündnis 90/Die Grünen) im Auftrag der Senatsverwaltung für Wissenschaft, Forschung und Kultur und in bewusster gestalterischer Anlehnung an das Denkzeichen für Peter Fechter (ebenfalls nach einem Entwurf von Karl Biedermann) gefertigt und am 21. Juni 2003, dem 35. Geburtstag von Chris Guef-

froy, unter Beteiligung von Familie und Freunden des Toten aufgestellt. Die Stele, die sich am Fluchtort im Verlauf des Berliner Mauerweges befindet, trägt die Inschrift »Von 1961 bis 1989 verlief an diesem Ufer die Berliner Mauer / Hier wurde am 5. Februar 1989 der zwanzigjährige Chris Gueffroy, geb. am 21.6.1968, getötet / Er war der letzte Flüchtling, der erschossen wurde, als er versuchte, die DDR-Grenzanlagen zu überwinden.«

5. Als sich 1989/90 keiner für das Niemandsland des Grenzstreifens gegenüber dem Reichstag am Schiffbauerdamm verantwortlich fühlte, gestaltete Ben Wagin das »Parlament der Bäume«. Dieses ist derzeit nur eingeschränkt zugänglich. Auf einzelnen Segmenten der Hinterlandmauer listete Wagin Todesjahre und die Anzahl der damals vermuteten Mauertoten auf und ergänzte die Dokumentation durch Bilder und Gedichte. Von der nahen S- und Fernbahn-Brücke aus war am 24. August 1961 Günter Litfin erschossen worden. Auf dem Gelände lagern Steinplatten mit den Namen der an den deutsch-deutschen Grenzen getöteten Flüchtlinge. Gleichzeitig erinnert das »Parlament der Bäume« an den Tod Tausender Soldaten im Zweiten Weltkrieg. Das »Parlament der Bäume« wurde von namhaften politischen Repräsentanten gepflanzt. Auf einem der Mauerfragmente steht der Gorbatschow zugeschriebene Ausspruch »Wer zu spät kommt, den bestraft das Leben«. Die Installation ist ganz von den künstlerischen und persönlichen Visionen Ben Wagins durchdrungen. Ein Teil der von Ben Wagin gestalteten Hinterlandmauer ist jetzt in den Neubau der Bibliothek des Bundestages einbezogen und dort öffentlich zugänglich. Nördlich setzt sich die Markierung im Foyer der Bundespressekonferenz mit einer Reihe von Ginkgo-Bäumen fort.

Markierung des Mauerverlaufs, Geschichtsmeile Berliner Mauer und Kunstwettbewerb »Übergänge«

An die Mauer als eine die ganze Stadt zerschneidende Grenze wird man nur erinnern können, wenn der topografische Verlauf auch dann noch erkennbar bleibt, wenn die Unterschiede zwischen Ost und West im Alltag nicht mehr wahrgenommen werden können. Erste Initiativen zur Mauermarkierung wurden bereits Anfang der neunziger Jahre ergriffen. Das Tiefbauamt Kreuzberg brachte 1990 die Idee der doppelreihigen Großpflastersteinreihe auf. Weitere Markierungsideen entstanden: das Kupferband (Gerwin Zohlen, 1992), die Markierung der Grenzmauer und der Hinterlandmauer mit roten und blauen Betonintarsien (Angela Bohnen, 1992), das lupinenbestandene Mauerland

(Manfred Butzmann, 1990) sowie ein erstes Konzept zu einer Geschichtsmeile Berliner Mauer des Kreuzberg Museums. Diese Ideen wurden von der Fraktion Bündnis 90/Die Grünen aufgegriffen, die 1993 den Senat aufforderte, Probestücke der verschiedenen Markierungsvarianten an der Niederkirchnerstraße zu verlegen. Inzwischen ist im öffentlichen Straßenland auf mehr als 5 km der Verlauf der vorderen Grenzmauer mit einer Doppelpflasterstein-Reihe und eingelegten Gusseisentafeln gekennzeichnet.

Begleitend zur Markierung des Verlaufs der vorderen Grenzmauer hat das Berliner Forum für Geschichte und Gegenwart seit Mitte der neunziger Jahre in Verantwortung der Senatsverwaltung für Wissenschaft, Forschung und Kultur das Projekt »Geschichtsmeile Berliner Mauer« realisiert. Bislang 23 Tafeln berichten über die Teilung Berlins, den Mauerbau und die Öffnung der Grenze. Mit historischen Fotos und viersprachigen Texten (in Deutsch und den Sprachen der vier Besatzungsmächte) werden Ereignisse geschildert, die sich am jeweiligen Standort ereignet haben und die politische und lebensweltliche Situation in der geteilten Stadt beschreiben.

Der künstlerische Wettbewerb zur Markierung der ehemaligen Grenzübergänge geht auf eine Projektgruppe bei der Neuen Gesellschaft für Bildende Kunst zurück. Nach der Maueröffnung hatte sich ein aus Kunstschaffenden und Kunstwissenschaftlern/-kritikern aus dem Ost- und Westteil der Stadt zusammengesetzter Arbeitskreis gebildet, der den historischen Prozess künstlerisch reflektieren wollte. Das Fachreferat Kunst im Stadtraum/am Bau (damals in der Senatsverwaltung für Bauen und Wohnen) griff die Initiative auf und lobte 1996 den Kunstwettbewerb »Übergänge« aus. Ziel des Wettbewerbs war es, die Erinnerung an die sieben ehemaligen innerstädtischen Grenzübergänge im Stadtbild zu bewahren. Von den mehr als 30 eingeladenen Wettbewerbsteilnehmern wurden Beiträge erwartet, die sich mit dem Thema »Übergang« in seiner Vielschichtigkeit auseinandersetzen. Die Arbeiten folgender Künstlerinnen und Künstler wurden realisiert:

Karla Sachse: Chausseestraße
Gabriele Basch: Invalidenstraße
Frank Thiel: Friedrichstraße/Checkpoint Charlie
Susanne Ahner: Heinrich-Heine-Straße
(und vier weitere U-Bahnstationen)
Torsten Goldberg: Oberbaumbrücke
Heike Ponwitz: Sonnenallee
E.Twin Gabriel: Bornholmer Straße

Mit der Herstellung der künstlerischen Markierung der ehemaligen innerstädtischen Grenzübergänge, der Planung des Mauerparks und später des Berliner Mauerweges entlang der Grenze rund um das ehemalige Westberlin beschritt die Senatsverwaltung für Stadtentwicklung neue Wege, indem sie die Freiraum- und Erholungsplanung mit stadtgeschichtlicher Spurensuche in Übereinstimmung brachte. Dies geschieht nun auch bei der Grünplanung im Bereich des ehemaligen Nordbahnhofs. Nachdem der Senat bereits in den Jahren 1991 (East Side Gallery) und 1995 weitere Teile der Mauer bzw. der Grenzanlagen (die Wachtürme am Schlesischen Busch und in der Kieler Straße, den »Tränenpalast«) unter Denkmalschutz gestellt hatte, konnten 2001 weitere Mauerreste, die dem Abbruch entgangen waren, denkmalrechtlich gesichert werden.

Defizite der Erinnerungspolitik
Obgleich in Berlin nach 1990 bereits eine Vielzahl von Bemühungen unternommen wurden, an die Berliner Mauer zu erinnern, offenbarten die öffentlichen Diskussionen im Umfeld des 15. Jahrestages der Maueröffnung im Herbst 2004 Defizite der Erinnerungspolitik. Wie jedes historische Gedenken war auch der Umgang mit der Mauer in den letzten 15 Jahren selbst historisch-politisch geprägt, insbesondere durch den weithin unaufgelösten Widerspruch, die sichtbaren Spuren der Teilung beseitigen und dennoch im öffentlichen Raum an die Teilung und ihre Überwindung erinnern zu wollen.

> Gerade wegen ihrer verhassten Allgegenwart wurde die monströse Grenzabsperrung im Zuge des demokratischen Aufbruchs durchbrochen und im Vereinigungsjahr 1990 so gründlich abgerissen und entsorgt, dass die verbliebenen Reste nur noch mit Mühe zu finden sind. Anderthalb Jahrzehnte danach wird dem Projekt Mauerabriss jedoch sein eigener Erfolg zum Verhängnis, und die erfüllte Entsorgungsforderung schlägt um in den Wunsch nach dem authentischen Erinnerungsort, der den verflogenen Schrecken der Mauer fassbar macht. (Konrad H. Jarausch, Stellungnahme des Zentrums für Zeithistorische Forschung, Potsdam, 2005)

Mit dem historischen Abstand zum Mauerfall ist bei vielen Bürgerinnen und Bürgern in Berlin die Bereitschaft gewachsen, sich mit der jüngsten Zeitgeschichte und der SED-Herrschaft in der DDR auseinanderzusetzen. Dies führte zu der Einsicht, dass die Berliner Mauer zu gründlich und zu unbedacht abgetragen worden war. Die Defizite der Erinnerungspolitik wurden jedoch öffentlich am wirksamsten von Touristen und Tourismusunternehmen angesprochen. Als wichtigstes Reiseziel in Deutschland ist Berlin auch die deutsche Hauptstadt der Zeitgeschichte. Wie in keiner anderen deutschen Stadt lassen sich die historischen Brüche des 20. Jahrhunderts nachvollziehen. Es wird daher allgemein als Verlust empfunden, dass vergleichsweise minimale Spuren der Berliner Mauer erhalten geblieben sind. Nur noch an wenigen Orten kann man Mauerteile oder gar komplette Ensembles der monströsen und brutalen Sperranlagen im Original sehen. Und dort, wo sie noch vorhanden sind, fehlen vielfach die Hinweise, die diese Spuren lesbar machen. Vor allem werden die vorhandenen Mauer- und Gedenkorte nicht zueinander in Beziehung gesetzt und es gibt keine Hinweise auf die musealen Einrichtungen, in denen über Ursache und Wirkungen der Mauer in angemessener Weise berichtet würde.

Anstöße gingen auch von der kontrovers diskutierten Aktion des privaten Museums Haus am Checkpoint Charlie aus, dessen Leiterin ein als »temporäre Kunstaktion« deklariertes Mahnmal errichten ließ. Historischer Ort, Mauermuseum und Mahnmal hatten sich schnell zum touristischen Magneten entwickelt. Die Installation warf die Frage nach dem sachgerechten Zusammenhang von »authentischem« Ort, Information/Dokumentation und Gedenken auf. Aus rechtlichen, städtebaulichen und gedenkstätten- und denkmalpolitischen Gründen konnte diese Initiative keine Dauer beanspruchen.

Ausgangspunkte der Konzepterarbeitung
Vor dem Hintergrund der öffentlichen Debatten berief der Berliner Senator für Wissenschaft, Forschung und Kultur im Spätsommer 2004 eine Arbeitsgruppe aus Mitarbeiterinnen und Mitarbeitern der Senatsverwaltungen für Kultur, für Stadtentwicklung, der Senatskanzlei, der Beauftragten der Bundesregierung für Kultur und Medien, dem Berliner Forum für Geschichte und Gegenwart, dem Verein Berliner Mauer, der Stiftung für die Aufarbeitung der SED-Diktatur, den Bezirken Mitte und Friedrichshain-Kreuzberg und weitere Partner und initiierte ein diskursives Verfahren, um ein Gesamtkonzept zur Erinnerung an die Berliner Mauer zu erarbeiten.

Ausgangspunkt der Überlegungen war, dass die Berliner Mauer kein auf einen bestimmten Ort hin isolierbares Phänomen darstellt: Die Berliner Mauer teilte die ganze Stadt, schnitt den Westteil der Stadt von seinem Umland ab und verwehrte den Zugang aus Ostberlin und der Umgebung. In Berlin hat sich deshalb in den neunziger Jahren – in Anlehnung an die historischen Erfahrungen der Menschen, die jahrzehntelang mit der Mauer leben mussten – die Erinnerung mit sehr verschiedenen Orten und mit dem Mauerverlauf insgesamt verbunden. Die geschichtspolitische oder auch nur touristische Konzentration des Themas Berliner Mauer oder gar der gesamten deutsch-deutschen Grenze auf einen einzigen Ort und noch dazu auf den Bereich des früheren Checkpoint Charlie widerspricht gerade diesen deutschen und speziell Berliner Erfahrungen.

Die Defizite der derzeitigen Situation waren also nicht zu übersehen. Es galt diese zu benennen und zu beheben. Elementar betrifft dies die denkmalpflegerische Sicherung der nach 15 Jahren Mauerabbruch noch vorhandenen Spuren. Daran knüpften sich die Fragen, wie und welche dieser Reste und Spuren wahrnehmbar und deutbar gemacht und wie die vielen bereits vorhandenen Informationen vor Ort, die eher fragmentarischen Charakter haben, in einen Kontext gebracht werden können. Schließlich stellte sich aus dieser Gesamtperspektive die Frage nach möglichen Leerstellen: Welche Themen und Informationen fehlen im jetzigen, durch verschiedene Initiativen, Institutionen und Akteure realisierten (impliziten) Gedenkkonzept? Wie verhalten sich Informationsangebote vor Ort und Gedenkstätten- bzw. Museumsarbeit, wie private und öffentliche Träger zueinander?

Ein zentraler Ausgangspunkt der Überlegungen war es, die Gedenkstätte und das Dokumentationszentrum Berliner Mauer an der Bernauer Straße in ihrer Arbeitsfähigkeit zu stärken, weitere Orte, insbesondere im Umkreis des Deutschen Bundestages und am Brandenburger Tor, in ein solches Konzept einzubeziehen und die Vernetzung und Vermittlung der Informationsangebote auf eine neue Grundlage zu stellen. Weiterhin müssen die Erinnerung an die Menschen, die an der Berliner Mauer verletzt oder ums Leben gebracht wurden, und die historische Aufklärung der Umstände, die zur Errichtung, zur 28-jährigen Existenz und zur Überwindung der Mauer führten, integraler Bestandteil eines Gesamtkonzeptes sein.

Die Fraktion Bündnis 90/Die Grünen im Berliner Abgeordnetenhaus fordert in ihrem Antrag vom 11. November 2004 »Die Teilung Berlins und die Erinnerung an ihre Opfer im Stadtbild wach halten«, ein »Gesamtkonzept der Dokumentation der Berliner Mauer als Zeugnis der Teilung Berlins zu entwickeln, in dem die vorhandenen authentischen Mauerzeugnisse dauerhaft gesichert, sichtbar und verstehbar gemacht werden.« In einem Diskussionsprozess soll geklärt werden, »ob und an welcher Stelle ein zentrales Denkmal für die an der Mauer getöteten Menschen errichtet werden soll.«

Die CDU-Fraktion im Berliner Abgeordnetenhaus fordert in ihrem Antrag vom 11. November 2004 ein »Gesamtkonzept zur öffentlichen

Darstellung und Aufarbeitung der jüngsten deutschen Zeitgeschichte in der Hauptstadt Berlin«. Sie verbindet die Forderung nach der Prüfung der »Möglichkeiten zur Wiederherstellung von markanten historischen Orten und die Erweiterung von Dokumentationszentren«, insbesondere hinsichtlich des »Informationsbedürfnisses (sic) der Berliner und der nationalen und internationalen Besucher über Dimension und Verlauf der Berliner Mauer im Herzen Berlins«, die »Vernetzung der bestehenden Angebote und eine bessere Erschließung«, die »Verbesserung der Zusammenarbeit zwischen staatlichen Einrichtungen und privaten Initiativen« mit einem vom Berliner Senat zu konzipierendem zeitgeschichtlichen Gesamtkonzept zur »Gewaltherrschaft der beiden deutschen Diktaturen«

Der fraktionsübergreifende Antrag von Mitgliedern des Deutschen Bundestages (Beschluss vom 30. Juni 2005) bestimmt das »Gelände um das Brandenburger Tor als Ort des Erinnerns an die Berliner Mauer, des Gedenkens an ihre Opfer und der Freude über die Überwindung der deutschen Teilung«. Gefordert wird ein »Gesamtkonzept zur Dokumentation und Erinnerung an die Berliner Mauer sowie ihrer lokal- wie gesamtpolitischen, individuellen wie gesellschaftlichen Folgen«. Im Umkreis des Brandenburger Tores sei kein Denkmal oder Mahnmal, sondern »ein Ort für die Information über und die Erinnerung an die Berliner Mauer, die Auseinandersetzung mit ihren Folgen, des Gedenkens an ihre Opfer und der Freude über die Überwindung der deutschen Teilung zu gestalten«.

Das Abgeordnetenhaus von Berlin beschloss schließlich am 12. Mai 2005: Der Senat wird aufgefordert, ein Gesamtkonzept der Dokumentation der Berliner Mauer als Zeugnis der Teilung Berlins zu entwickeln. In diesem Gesamtkonzept ist darzustellen,

1. wie die vorhandenen authentischen Mauerzeugnisse dauerhaft gesichert und im Stadtbild sichtbar gemacht werden können;
2. wie im öffentlichen Raum der an der Mauer getöteten Menschen angemessen und würdevoll gedacht werden soll;
3. welche finanzielle Auswirkungen zu erwarten sind.

Das hier vorgelegte Gesamtkonzept zur Dokumentation und zur Erinnerung an die Berliner Mauer und für das Gedenken an deren Opfer konzentriert sich auf den Umgang mit den Spuren der deutschen Teilung im Berliner Stadtraum. Es ist nicht identisch mit dem Konzept für einen Geschichtsverbund »Aufarbeitung der SED-Diktatur«, das kürzlich von Prof. Dr. Martin Sabrow vorgestellt wurde. Auf der Grundlage dieses Kommissionsberichtes werden Bundesregierung und Berliner

Senat eine Neuordnung der Gedenkstättenlandschaft erarbeiten und öffentlich zur Diskussion stellen.

Gleichwohl sind die Bezüge zu den hier nicht behandelten Gedenkstätten unverzichtbar. Dazu gehören beispielsweise die Gedenkstätte in der ehemaligen Stasi-Untersuchungshaftanstalt Hohenschönhausen, in der an die Verfolgung geplanter und gescheiterter Fluchtversuche Tausender Menschen erinnert wird, sowie die Erinnerungsstätte Notaufnahmelager Marienfelde, die sich mit gelungenen Fluchten bzw. genehmigten Ausreisen verbindet. Beide Gedenkstätten stehen in einer engen Korrespondenz zur Mauergeschichte und sind Teil dessen, was an diesen Orten zu erzählen und worauf ausdrücklich hinzuweisen ist. Gleiches gilt für andere Orte des Machtapparates der SED-Diktatur (insbesondere für die ehemalige Stasizentrale im Haus 1 der Normannenstraße) und deren Überwindung: Auch hier lassen sich Bezüge zur innerstädtischen Grenze in Berlin herstellen.

Die heutigen Orte des Gedenkens an die Opfer und der Erinnerung an die Berliner Mauer im Berliner Stadtraum ebenso wie die Situation der Gedenkstätten zur Erinnerung an die politische Unterdrückung in der Sowjetischen Besatzungszone sind das Ergebnis einer Politik der unmittelbaren Nachwendezeit. Hierzu gehören auch das Mauergrundstücksgesetz, die kaum noch rückgängig zu machenden Grundstücksverkäufe, beispielsweise am Checkpoint Charlie, und die unbefriedigenden Entschädigungsregelungen für politisch Verfolgte in der DDR.

Konzeptbildung verlangt Konsens und Interessenausgleich

Es steht außer Frage, dass die gegenwärtig bruchstückhafte Erinnerungslandschaft in ihrem Wildwuchs das öffentliche Interesse an einer reflektierten Erinnerung auf Dauer nicht angemessen befriedigen kann. In der jetzt in Gang gekommenen öffentlichen Debatte um eine adäquate Form der Erinnerung an die Berliner Mauer treten jedoch ganz unterschiedliche Interessen zu Tage, deren Anliegen sich teils überlagern, teils aber auch wechselseitig ausschließen.

Zunächst bestehen die Denkmalschützer darauf, die wenigen authentischen Reste zu erhalten, und in der Tat wäre ein hollywoodhafter Wiederaufbau der Mauer als trivialisierter »Themenpark« eine entsetzliche Vorstellung. Die Angehörigen der Opfer beseelt vor allem der Wunsch nach einem würdigen Gedenkort für die Toten, der die Erbarmungslosigkeit des Sperrsystems in den Vordergrund stellt und das Leid, das es über die Menschen brachte. Für die Nachgeborenen, die das perfide Grenzsicherungssystem nicht mehr selbst erlebt haben, müssen Darstellungsformen gefunden werden, die seine frühere Bedrohlichkeit deutlich machen. In einer Zeit der boomenden *public history* ist weiterhin auch auf die Touristen aus dem In- und Ausland Rücksicht zu nehmen, die gerade im zentralen Erinnerungsbereich um das Brandenburger Tor und den Reichstag vergeblich nach Resten der Mauer suchen. Das Kupferband und die doppelte Reihe von Pflastersteinen im Straßenasphalt am Brandenburger Tor und anderen Stellen sind wenig geeignet, um den eigentlichen Charakter der Mauer in Erinnerung zu rufen. Schließlich will bedacht sein, dass die Mauer auf einem Areal verlief, das vielerorts aus konkurrierenden historischen Schichten besteht, und dass das Mauergedenken in unmittelbarer topographischer Korrespondenz zu den Orten der nationalsozialistischen Terrorherrschaft steht. Nur wenn es Politik und Öffentlichkeit gelingt, diese durchaus legitimen, aber teilweise konträren Anliegen aufzugreifen und miteinander zu versöhnen, kann sich auf Dauer eine tragfähige Form des Mauergedenkens entwickeln. (Konrad H. Jarausch, Stellungnahme des Zentrums für Zeithistorische Forschung, Potsdam, 2005)

Stufen der Konzepterarbeitung
Die vom Senator für Wissenschaft, Forschung und Kultur einberufene Arbeitsgruppe trat am 29. November 2004 erstmals zusammen. Sie konnte sich auf die bereits umfangreiche Bestandsaufnahme in der vom Landesdenkmalamt in Auftrag gegebenen Studie von Klausmeier/Schmidt »Mauerreste – Mauerspuren« stützen. Das Forum für Geschichte und Gegenwart listete im Auftrag der Arbeitsgruppe mehr als 100 Orte auf, an denen in der einen oder anderen Form an Maueropfer, Mauerbau und Mauerfall erinnert wird. Die AG hörte verschiedene Experten aus dem Bereich Gedenkstätten, Museen und zeitgeschichtlicher Forschung, Denkmalpflege sowie beteiligter öffentlicher Verwaltungen und Institutionen an und wertete zahlreiche Stellungnahmen und Anregungen aus. Sie veranstaltete am 2. und 3. Februar 2005 ein Expertentreffen, bei dem u. a. die Standorte Bernauer Straße, Kieler Eck, Parlament der Bäume, Brandenburger Tor, Niederkirchnerstraße und Checkpoint Charlie besichtigt wurden, und erörterte die verschiedenen parlamentarischen Initiativen.
Der Senator für Wissenschaft, Forschung und Kultur stellte die Arbeitsergebnisse erstmals auf Einladung des Berliner Landesbeauftragten für die Unterlagen des Staatssicherheitsdienstes Martin Gutzeit am 11. März 2005 im Arbeitskreis II der Berlin-Brandenburgischen

Gedenkstätten und Opferverbände (SBZ/DDR/SED-Diktatur) vor. Weitere Abstimmungsrunden der AG mit dem Arbeitskreis II fanden am 28. September 2005, am 19. Januar 2006 und am 3. April 2006 statt. Nach der Erörterung von Bestandsaufnahme und Handlungsempfehlungen während der öffentlichen Anhörung der Stiftung Aufarbeitung der SED-Diktatur am 18. April 2005 im Berliner Abgeordnetenhaus, nach Anhörungen im Kulturausschuss des Abgeordnetenhauses am 25. April 2005 und des Ausschusses für Kultur und Medien des Deutschen Bundestages am 15. Juni 2005 sowie am 30. März 2006 wurde das Konzept weiter ausgearbeitet. Erste Maßnahmen wurden eingeleitet.

Grundrichtungen zukünftiger Maßnahmen
Die Diskussion in der AG legte folgende Grundrichtungen für künftige Maßnahmen fest:

1. Authentische Relikte der früheren Grenze sollten in deren gesamtem Verlauf bewahrt werden. Darüber hinaus ist ein größerer zusammenhängender Abschnitt der Grenzsicherungsanlagen erfahrbar zu machen. Hierfür bietet sich ausschließlich der Bereich an der Bernauer Straße an.
2. Das Gedenken an die Opfer der Berliner Mauer hat seinen zentralen Ort an der Gedenkstätte in der Bernauer Straße. Sofern Ort und Umstände nachgewiesen sind, ist der einzelnen Toten im jeweiligen räumlichen Kontext zu gedenken. Auf konkurrierende Orte zentralen Gedenkens ist zu verzichten.
3. Der Wunsch des Deutschen Bundestages, im Bereich von Brandenburger Tor und Deutschem Bundestag an die Berliner Mauer zu erinnern, ihrer Opfer zu gedenken und der Freude über die Überwindung der deutschen Teilung Ausdruck zu geben, ist zu respektieren. Dies sollte jedoch nicht zu einer Konkurrenz zur zentralen Gedenkstätte an der Bernauer Straße führen. Deshalb wird die Einrichtung eines Ortes für die Information im zukünftigen U-Bahnhof Brandenburger Tor vorgeschlagen.
4. Die Berliner Mauer ist nicht nur ein Berliner und ein deutscher Erinnerungsort. Was Berlin fehlt, ist ein Ort im Zentrum der Stadt, an dem sich die Konfrontation der Weltmächte dokumentieren lässt. Für den Bereich am Checkpoint Charlie wird deshalb vorgeschlagen, einen Ort der Dokumentation zu schaffen, der den Grenzübergang an der Friedrichstraße und die Berliner Mauer in ihren weltpolitischen Bezügen darstellt.

5. Die dezentrale Struktur der Erinnerungslandschaft, die sich in den vergangenen 15 Jahren entwickelt hat, weil nur noch Reste der Mauer vorhanden waren und sich die um sie gebildeten Initiativen an unterschiedlichen Orten und zu unterschiedlichen Zeiten verdichtet haben, muss respektiert werden. Die zahlreichen Einzelinitiativen von Organisationen und Vereinen sind überwiegend Ausdruck bürgerschaftlichen Engagements. Sie sollten entsprechend gewürdigt und gestärkt werden.

6. Das bereits begonnene Projekt des Berliner Mauerweges, der als Fuß- oder Fahrradweg wichtige Spuren und Stätten der Erinnerung miteinander verbindet, verdient verstärkte Unterstützung. Er ist mit vorhandenen Informationsmedien, wie z. B. der Geschichtsmeile, zu verknüpfen und einheitlich zu kommunizieren. In diesen Kontext gehört es auch, die Kennzeichnung des Mauerverlaufes durch die Doppelpflastersteinreihe und die Bronzetafel mit der Inschrift fortzusetzen.

7. Aufgrund ihrer Geschichte und der vorhandenen materiellen Zeugnisse lassen sich die verschiedenen Erinnerungsorte jeweils spezifischen, einander ergänzenden Themen zuordnen. Die Orte verweisen damit jeweils aufeinander und konstituieren einen übergreifenden Kontext, ohne ihre besondere Perspektive zu verlieren. Ein flankierendes Kommunikationskonzept, das vom Flyer über elektronische Angebote und Audioguides bis zu einer integrierten Einbindung des öffentlichen Nahverkehrs, vor allem der U- und S-Bahnhöfe, reicht, soll diesen Kontext deutlich machen. Ebenso wäre zu prüfen, ob an geeigneten Orten virtuelle Rekonstruktionen der Grenzsituation oder künstlerische Projekte realisiert werden sollten.

Die Erweiterung der Gedenkstätte Berliner Mauer an der Bernauer Straße

Die Bernauer Straße ist ein Ort von großer historischer Aussagekraft und von zugleich hoher symbolischer Bedeutung im Kontext der Berliner Mauer, der deutsch-deutschen Teilung und der internationalen Systemkonkurrenz. Die Geschichte dieser Straße spiegelt exemplarisch die Auswirkungen des Mauerbaus: die Zerstörung von Stadtraum und Lebenswegen, die Trennung von Familienangehörigen und Freunden. Sie dokumentiert Erfolg und Scheitern der Versuche, der Diktatur durch die Flucht in den Westen zu entkommen oder Fluchthilfe zu leisten, sie steht für die Opfer des Mauerregimes und die Toten an der Berliner Mauer. Hier befindet sich der zentrale Gedenkort von Bund und Land »Zur Erinnerung an die Teilung der Stadt und die Opfer kommu-

Gesamtkonzept zur Erinnerung an die Berliner Mauer. 2006

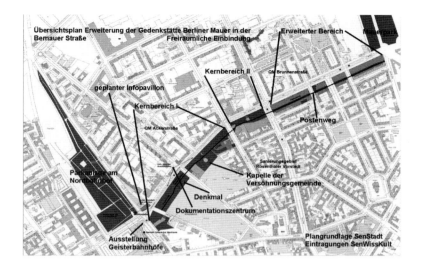

nistischer Gewaltherrschaft«. Der historische Ort Bernauer Straße mit der Ausstellung im Dokumentationszentrum belegt die Verantwortung der SED für das Mauerregime und die Art und Weise der Absicherung der Grenzanlagen, deren Unmenschlichkeit in Todesschüssen gegen Flüchtlinge ihren schärfsten Ausdruck fand. Er zeigt die exponierte Rolle der Mauer im Herrschaftsgefüge der SED, er zeigt das Funktionieren des Mauerregimes im Alltag und lässt die tiefe Diskrepanz zwischen Bevölkerung und Staatsführung der DDR unübersehbar zutage treten.

Doch die Bernauer Straße ist nicht nur Erfahrungsort für die Instrumentarien einer Diktatur: Sie ist auch Schauplatz für die Überwindung der Mauer und des darauf basierenden Regimes und Schauplatz für die pluralistische und oftmals spannungsreiche Aneignung von Geschichte in einer demokratisch verfassten Gesellschaft. Zwischen 1998 und 2001 wurde hier das Gedenkensemble Berliner Mauer fertiggestellt. Es besteht aus drei Elementen, die einen jeweils eigenen Zugang zur Vergangenheit eröffnen: dem Denkmal Berliner Mauer, dem Dokumentationszentrum Berliner Mauer und der Kapelle der Versöhnung.

Die Spuren- und Ereignisdichte der ehemals geteilten Straße und ihrer Umgebung legen den gezielten Ausbau des Gedenkensembles auf dem ehemaligen Todesstreifen nahe. Aber auch die Rückmeldungen der Besucher, insbesondere kritische Hinweise auf Defizite, lassen einen Ausbau der Informations- und Gedenkangebote schlüssig und erforderlich erscheinen. Vor diesem Hintergrund wurde ein Erweiterungskonzept erarbeitet, das auf folgenden Leitgedanken beruht:

– alle bestehenden Elemente des Ensembles in einer erweiterten Gedenkstätte zu integrieren, die den Namen »Gedenkstätte Berliner Mauer« tragen soll;
– das Dokumentationszentrum dauerhaft zu sichern;
– den Mauer-Gedenkbereich auszudehnen und die Informationsangebote und Orte für das Gedenken auszubauen;
– die authentischen Reste der Grenzsicherungsanlage zu sichern, dauerhaft zu erhalten und zu präsentieren;
– die überlieferte Brache zwischen Strehlitzer und Gartenstraße (Kernbereich I) und sich anschließendem ehemaligen Mauerstreifen zum Nordbahnhof (Kernbereich II) als historisches Sachdokument zu schützen, damit keine weitere Bebauung der künftigen, erweiterten Gedenkstätte von Garten- bis Brunnenstraße zuzulassen und eine zurückhaltende Kommentierung des Geländes, eine behutsame, die vorhandenen Reste und Spuren einbeziehende Gestaltung des Freiraums vorzunehmen;
– die individuellen, die Sinne ansprechenden Elemente und biografischen Momente zu stärken, Anknüpfungspunkte für Empathie zu schaffen;
– dem individuellen Gedenken Raum zu geben: Gesichter und Namen, Lebens- und Todesdaten dokumentieren (fotografisches Band des Gedenkens);
– den Gesamtzusammenhang Bernauer Straße vom Nordbahnhof bis zur Oderberger Straße/Mauerpark stärker betonen und für den Besucher deutlicher erfassbar machen.

Auch der neu gestaltete Landschaftspark auf dem Gelände des früheren Nordbahnhofes wird in das Erweiterungskonzept der Gedenkstätte an der Bernauer Straße einbezogen, Hinterlandmauer und andere historische Spuren werden kommentiert. In den Fußgängerunterführungen zur S-Bahnstation Nordbahnhof wird es eine Ausstellung zu den früheren Geisterbahnhöfen der unterirdischen S- und U-Bahnlinien auf Ostberliner Gebiet geben. Ein Informationspavillon mit verschiedenen Serviceangeboten im Bereich Bernauer Straße/Gartenstraße soll als neues Portal zur Gedenkstätte Berliner Mauer dienen. Richtungweisend bleibt jedoch der Grundsatz, die überlieferte Geschichtslandschaft nicht zu überformen, sie in behutsamer und unaufwändiger Gestaltung verständlich zu machen und die inhaltlichen Angebote klar zu gliedern und historisch präzise zu platzieren.

Der Erinnerung Namen geben: Das Gedenken an die Opfer

Die Herausforderung, den authentischen Ort der Berliner Mauer in der Bernauer Straße als Gedenkort einer gesamtdeutschen Erinnerungskultur zu gestalten, schließt das Totengedenken ein. »In der erinnernden Rückbindung an die Toten«, durch sinnliche und kognitive Wahrnehmung des entstandenen Verlustes »vergewissert sich [...] [unsere] Gemeinschaft ihrer Identität«.[1] Deshalb ist das Gedenken an die durch das DDR-System Umgekommenen für unsere gemeinsame Geschichte besonders verpflichtend.

Aufgabe der Gedenkstätte an der Bernauer Straße ist es, den Toten »ihre Namen, ihr Gesicht wiederzugeben« und ihre Biografien, soweit sie rekonstruierbar sind, der Öffentlichkeit zu erzählen. Diese Form des Gedenkens holt die Toten aus der Anonymität heraus und beendet unwürdige Diskussionen um die Zahl der Getöteten. Sie schafft Orte für individuelle Trauer und für gemeinsame Gedenkrituale. Allein für den Mauerabschnitt Bernauer Straße (Kernbereich I) ist bisher der gewaltsame Tod von sechs Menschen dokumentiert, die entweder auf der Flucht nach Westberlin tödlich verunglückt oder von DDR-Grenzpolizisten erschossen worden sind. An einige von ihnen erinnerten bereits in der Vergangenheit Gedenkzeichen, die durch Bürgerengagement und andere Initiativen am jeweiligen Ort des Geschehens entstanden waren. Diese Zeichen sollen erhalten, ergänzt und deutlicher als bisher als Orte des Totengedenkens sichtbar gemacht werden.

Ein Teil der ebenfalls tradierten »Weißen Kreuze« ist infolge von Baumaßnahmen zurzeit noch eingelagert. Die meisten hatte in den siebziger Jahren der private Berliner Bürgerverein in der Bernauer Straße und an verschiedenen anderen Orten an der Mauer angebracht. Sowohl die eingelagerten als auch eventuell noch hinzukommende »Weiße Kreuze« sollen auf dem einst durch die Mauer zerstörten Friedhof der Sophiengemeinde ihren Platz finden, wo sie exemplarisch bürgerschaftliche Erinnerungskultur in der geteilten Stadt bezeugen können.

Zusätzlich zu den jährlichen öffentlichen Gedenkfeiern am 13. August und am 9. November, deren Zeremonien aus einer Andacht in der Kapelle der Versöhnung und dem Gedenken vor der Inschrift der Gedenkstätte bestehen, haben der Verein Berliner Mauer und die Evangelische Landeskirche Berlin-Brandenburg-Schlesische Oberlausitz einen neuen Gedenkritus initiiert. Seit dem 13. August 2005 finden regelmäßig Opferandachten mit biografischem Bezug in der Kapelle der Versöhnung statt. Geistliche unterschiedlicher Konfessionen und Laien (z. B. Schüler, Betroffene, Prominente) stellen jeweils einen Mauertoten namentlich vor und lesen Auszüge aus seiner Biografie. Diese Initiative soll dem bürgerschaftlichen Gedenken eine Plattform geben und die Erinnerung an die Mauertoten stärker in der Gesellschaft verankern. Voraussetzung für dieses Gedenken sind eine quellengestützte Namensliste der Todesopfer der Berliner Mauer und die Dokumentation von Lebensgeschichten, Todesumständen, Fluchtmotiven, aber auch davon, wie mit den Mauitoten und ihren Angehörigen nach ihrem Tode umgegangen wurde. Ein gemeinsames Forschungsprojekt des Vereins Berliner Mauer und des Zentrums für Zeithistorische Forschung Potsdam e. V. hat bereits mit der Arbeit am biografischen Totenbuch begonnen. Die Ergebnisse sollen als elektronisches und gedrucktes biografisches Handbuch und multimedial auf der Website www.chronik-der-mauer.de öffentlich zugänglich gemacht werden und so zur Ausgestaltung des Erinnerungsraumes Bernauer Straße beitragen.

Um das Gedenken an die Toten über die Namensnennung hinaus »begreifbar« zu machen, bedarf es gewissermaßen eines »verräumlichten«, »vergegenständlichten« Totenbuches am authentischen Ort. Deshalb wird es eine Fotogalerie geben, die an der dem Sophienfriedhof zugewandten Seite der Gedenkstätte, im Bereich der Rostwand, installiert werden soll. Die Fotografien sollen die Toten der Berliner Mauer in Alltagsituationen zeigen. Dabei können fehlende Angaben oder Fotos von einzelnen Opfern auf noch bestehende Lücken der historischen Forschung aufmerksam machen und dazu anregen, die gemeinsame Suche zu verstärken, um die weißen Flecken nach und nach zu füllen.

Die Geschichte des Sophienfriedhofes ist besonders vielschichtig, weil die Mauer Gräber überbaut hatte. Sie sollen wieder sichtbar gemacht werden, ebenso wie die beiden Kriegsgräberfelder an der Vorderlandmauer mit Toten aus den letzten Kriegstagen 1945.

Das Dokumentationszentrum
Die erweiterte Gedenkstätte in der Bernauer Straße wird künftig der Ort sein, an dem sich die Besucherinnen und Besucher über die Teilung Berlins, das Grenzregime an der Mauer, seine Opfer und seine Überwindung informieren. Das Dokumentationszentrum Berliner Mauer ist das Kompetenzzentrum zu Geschichte und Folgen des Mauerbaus, es bietet vielfältige Module zur Grundinformation wie auch zur inhaltlichen Vertiefung an; hier wird ein ausdifferenziertes und adressatenorientiertes Bildungsangebot entwickelt und bereitgestellt. Zugleich ist es ein authentisches Sachzeugnis und damit selbst ein zentrales Exponat. Das Ensemble wird nach der Neugestaltung des Außenbereichs zwischen Nordbahnhof und Mauerpark erheblich an Attraktivität gewinnen und auch deutlich mehr Besucher anziehen. Dazu wird

beitragen, dass man die Gedenkstätte künftig in nur knapp zehn Fahrminuten vom Berliner Hauptbahnhof aus erreichen kann. Um den steigenden Anforderungen gewachsen zu sein, muss das Leistungsspektrum des Dokumentationszentrums zielstrebig gestärkt und ausgebaut werden. Die Institution braucht Stabilität, Finanzierungs- und Planungssicherheit und größere räumliche Kapazitäten.

Der Ansatz des *exemplarischen Arbeitens* am Geschichtsort Bernauer Straße, die historische Forschung und Analyse einschließlich der sozialwissenschaftlich fundierten kontinuierlichen Zeitzeugenarbeit und auch die Einbeziehung von Zeitzeugen in die politische Bildungsarbeit werden beibehalten und ausgebaut. So können historische Ereignisse und Zusammenhänge konkretisiert und in ihren Folgen für die Menschen in Ost und West verdeutlicht werden. Die erfolgreiche »Verbindung der öffentlich-politischen Geschichte und der persönlich-privaten Erfahrungsebene«, die sich bereits als erfolgreiches Konzept für die Arbeit des Dokumentationszentrums erwiesen hat, bleibt konstitutiv. Die Weiterentwicklung der wissenschaftlichen Dienstleistungen und Bildungsangebote im Dokumentationszentrum erfordert eine deutliche Ausweitung der räumlichen Kapazitäten.

Die künftige neue zentrale Dauerausstellung zeichnet die Geschichte und die Auswirkungen der Berliner Mauer nach und bestimmt deren Ort im internationalen Systemkonflikt. Wesentliche Stichworte sind: die Teilung Europas, Deutschlands und Berlins nach dem Zweiten Weltkrieg, der Mauerbau und seine politischen Hintergründe, das Grenzregime in Berlin und der Ausbau der Grenzanlagen, das Grenzregime als Teil der Herrschaftspraxis in der DDR (inkl. System der Überwachung im Hinterland der Grenze und flächendeckendes System der Verhinderung von Flucht und Ausreise), die Folgen des Mauerregimes für das gesamte Leben im geteilten Deutschland, der Mauerfall mit der Überwindung der Diktatur. Hintergründe, Kontexte, politische Strategien und Praktiken werden erläutert, ihre Interdependenzen herausgearbeitet. Die Einbeziehung individueller Schicksale schafft konkrete Anknüpfungspunkte zur Lebenswirklichkeit. Besonderes Augenmerk sollte Themen gelten, an die heutige und künftige Besucher trotz der zeitlichen Distanz nahtlos anknüpfen können: so beispielsweise Fragen der politischen Öffentlichkeit, der Kontrolle von Kommunikation und Bewegungsfreiheit. Diese stets aktuellen Fragestellungen sollten eine thematische Brücke zur Vergangenheit schlagen.

Als zweites Ausstellungsangebot wird eine Dauerpräsentation erarbeitet, die sich mit den Lebensgeschichten der an der Mauer zu Tode gekommenen Menschen befasst. Auf der Basis des aktuellen biografischen Forschungsprojekts werden die Lebensläufe der Opfer dokumentiert, der Ablauf der Fluchten, die Umstände und Motive zur Flucht nachgezeichnet sowie die Vertuschungsstrategien des MfS offengelegt. Der individuelle Bezug zur Geschichte der Teilung und der Lebensalltag im DDR-System nehmen deutlichen Raum ein. Gleichsam als Pendant und Vertiefung zu den Gedenkangeboten im Außenbereich der Bernauer Straße werden hier Hintergründe und Kontexte erläutert, Beachtung findet auch die komplexe Problematik der juristischen Aufarbeitung der Gewalttaten an der Grenze.

Freilichtausstellung zwischen Strelitzer Straße und Brunnenstraße
Die Freilichtausstellung ergänzt den historischen Erfahrungsraum im Grenzstreifen zwischen Nordbahnhof und Strelitzer Straße (Kernbereich II). Sie schließt sich räumlich an diesen Abschnitt an und reicht bis zur Brunnenstraße. Der Besucher der Bernauer Straße soll hier eine Anschauung davon bekommen, wie die Berliner Mauer auf das Ziel hin konstruiert war, Fluchten zu verhindern. Die noch bestehenden Relikte der Grenzanlagen entlang der Bernauer Straße bieten den Besuchern nur mehr einen Teileindruck von der Vielförmigkeit der Berliner Mauer als Grenzsicherung: Die Grenzanlagen sind nicht mehr vollständig erhalten, sie bilden nur eine der Grenzsituationen im Stadtraum ab und sie repräsentieren einen bestimmten Zeitausschnitt, nämlich den Endzustand einer längeren Entwicklung. Die Grenzsituation um Westberlin wies indes verschiedene spezifische topografische Gegebenheiten auf, an die sich die Planer der Grenzanlagen anzupassen suchten. Beispiele hierfür sind die eng bebaute Innenstadt mit Grenzverlauf entlang der Häuserfluchtlinie Ost oder auf der Straße, spärlich oder gar nicht mit Wohnbebauung versehene Außenbezirke, Grenze in der Mitte bzw. am Ufer von fließenden Gewässern in der Innenstadt (Beispiel Humboldthafen oder Spandauer Schifffahrtskanal am Invalidenfriedhof) und schließlich Grenze in offenen Gewässern am Stadtrand (Beispiel Havel zwischen Glienicker Brücke und Schwanenwerder/Kladow). Außerdem wurden die Grenzanlagen stetig ausgebaut und perfektioniert.
In der Freilichtausstellung sollen die Besucherinnen und Besucher einen Überblick über die Entwicklungsstadien – die Grenzmauertypen der sogenannten ersten bis vierten Generation – und die Funktionsweise der Grenzsicherungsanlagen bekommen. Die Ausstellung ist so zu gestalten, dass die museale Präsentation bzw. Inszenierung nicht verdeckt wird, damit nicht der Eindruck entstehen kann, es handele sich um Relikte einer authentischen Situation. Fatal wäre auch die Assoziation an einen Mauer-Miniaturpark. Die Darstellung der Materialität

der Mauer ist eine didaktisch nicht zu unterschätzende Herausforderung, die in enger Zusammenarbeit mit Fachleuten gelöst werden sollte. Die einzelnen Stationen der Freilichtausstellung – gedacht ist an insgesamt 14 Standorte – sollen aus je drei Komponenten bestehen: aus originalen aussagekräftigen Elementen der Grenzanlagen, die eine sinnliche Erfahrung ermöglichen, aus Bildtafeln mit Erläuterungen zum Exponat und zur damit veranschaulichten Grenzsituation und aus stadträumlichen Modellen, die eine topografische und dreidimensionale Vergegenwärtigung erlauben.

Erweiterter Bereich zwischen Brunnenstraße und Mauerpark
Der erweiterte Bereich der Gedenkstätte zwischen Brunnenstraße und Mauerpark stellt ein wichtiges Bindeglied im innerstädtischen Zusammenhang dar. Daher ist der Verlauf des erhaltenen Kolonnenwegs in diesem Abschnitt durchgängig zu sichern und öffentlich begehbar zu machen. Eine Bebauung der Grundstücke entlang der Bernauer Straße ist möglich, sofern mit der Bebauung mit angemessenen Mitteln (Kennzeichnung, gestalterische Elemente, öffentliche Durchwegung auf früherem Kolonnenweg) auf die historische Situation eingegangen wird. Wichtig ist die Kennzeichnung der Ereignisorte im öffentlichen Straßenraum auch deshalb, weil einige der hier zu lokalisierenden Ereignisse zum kollektiven Gedächtnis gehören (z. B. Foto der Flucht des Grenzpolizisten Schumann), aber nicht mit diesem Ort in Verbindung gebracht werden.

Passagen der Information im U-Bahnhof Brandenburger Tor
Hier, am Brandenburger Tor, verdichtet sich die Geschichte einer ganzen Generation, für die die Teilung Deutschlands und der Welt prägend war. Kein Ort der Welt stand so für die Teilung Deutschlands und der Welt wie das Brandenburger Tor inmitten von Mauer, Stacheldraht, Wachtürmen und Todesstreifen. Das Brandenburger Tor symbolisiert jedoch nicht nur die Teilung, es stand auch für den ungebrochenen Willen der Menschen, diese zu überwinden. Am 9. November 1989 wurde das Brandenburger Tor zum Symbol der Freiheit und der friedlichen Überwindung einer Diktatur. [...] Auf dem Gelände um das Brandenburger Tor ist ein Ort für die Information über und die Erinnerung an die Berliner Mauer, die Auseinandersetzung mit ihren Folgen, des Gedenkens an ihre Opfer und der Freude über die Überwindung der deutschen Teilung zu gestalten. (Beschluss des Deutschen Bundestages vom 30. Juni 2005, Plenarprotokoll 15/184, Drs. 15/4795)

Das Brandenburger Tor und die Berliner Mauer haben einen größeren Bekanntheitsgrad als die Mailänder Scala und der Vatikan. Das ist das Ergebnis einer internationalen Umfrage[2] zum Städteranking, in dem Berlin als einzige deutsche Stadt berücksichtigt wird und auf Platz zehn rangiert. Zugleich assoziieren die Befragten Berlin und das Brandenburger Tor mit dem Mauerfall und der deutschen Wiedervereinigung. Damit ist das Brandenburger Tor ein idealer Standort, um Besucherinnen und Besuchern der Stadt Hinweise zu den verschiedenen Orten der Erinnerung an die Berliner Mauer zu geben. Dieter Vorsteher (Deutsches Historisches Museum) unterbreitete zunächst den Vorschlag, in den beiden Torhäusern des Brandenburger Tores Ausstellungen zum 13. August 1961 bzw. zum 9. November 1989 zu präsentieren. Den Symbolgehalt des Brandenburger Tores auf die Zeit der Berliner Mauer zu reduzieren, erscheint jedoch nicht angebracht. Das Brandenburger Tor ist ein nationales Symbol und steht nicht nur für den jüngsten Abschnitt der deutschen Geschichte.

Mit der Vereinbarung der Senatsverwaltung für Wissenschaft, Forschung und Kultur und der BVG, Passerelle, Treppenhaus und den Bahnsteig des neuen U-Bahnhofes Brandenburger Tor als Ort für die Information zu nutzen, ist eine überaus geeignete Lösung für die vom Bundestag gestellte Aufgabe gefunden worden. Zum einen bedarf es keiner weiteren Neubauten, die in das Ensemble um das Brandenburger Tor schwer einzuordnen wären. Die Mehrkosten für die bauliche Gestaltung des U-Bahnhofs Brandenburger Tor übernimmt der Bund. Zum anderen bieten die öffentlich zugänglichen und stark frequentierten Bahnhofsbereiche ideale Möglichkeiten, um sowohl die Geschichte des Brandenburger Tores als auch den thematischen Schwerpunkt der deutschen Teilung und ihrer Überwindung zu behandeln. Dieser Informationsort konkurriert zudem nicht mit der zentralen Gedenkstätte Berliner Mauer an der Bernauer Straße.

Am Konzept für die Passagen der Information arbeitet derzeit eine Arbeitsgruppe, der Vertreter der BVG, des Hauses der Geschichte in Bonn (Dr. Jürgen Reiche), Prof. Dr. Laurenz Demps, die Gestalterin Dagmar von Wilcken (die bereits für den Ort der Information des Denkmals für die ermordeten Juden Europas verantwortlich zeichnete), ein Vertreter der Senatsverwaltung für Wissenschaft, Forschung und Kultur und eine Vertreterin des Beauftragten der Bundesregierung für Kultur und Medien der Bundesregierung angehören. Im Bereich der Passerelle ist vor den hinabführenden Treppen eine mediale Installation mit entsprechender Wandgestaltung zur Geschichte nach 1945 vorgesehen, die zugleich auf andere Orte der Zeitgeschichte und deren Erreichbarkeit hinweist. Im Treppenhaus und auf dem Bahnsteig soll die Geschichte des Brandenburger Tores großflächig dargestellt und zusätzlich auf zwei elektronischen Bildwänden mit Kurzpräsentationen erläutert werden. Die Präsentation soll gemeinsam mit dem Bahnhof im Jahre 2007 eröffnet werden.

Temporäre Ausstellung am Checkpoint Charlie
Der frühere Grenzübergang Friedrichstraße/Zimmerstraße war Übergangsstelle für die Besatzungsmächte und für Ausländer und ist deshalb bei Touristen aus dem Ausland besonders bekannt. Seine besondere historische Prägung erfuhr der Ort durch die Konkurrenz der Weltmächte. Am Checkpoint Charlie fand 1962 die bekannte Konfrontation sowjetischer und amerikanischer Panzer statt, hier ging es um die Durchsetzung des unkontrollierten Zugangsrechts der Westalliierten nach Ostberlin und in die DDR. Der Checkpoint Charlie war gleichzeitig ein Ort erfolgreicher Fluchten und erfolgreicher Fluchthilfe. Das Museum Haus am Checkpoint Charlie erzählt hier die Geschichte individueller Fluchten und des gewaltfreien Widerstandes in aller Welt. Und: Es ist selbst Teil der Geschichte des Kalten Krieges. In dieser Hinsicht ist dieses Museum genuiner und unverzichtbarer Bestandteil der Auseinandersetzung mit dem Thema.

Wir brauchen einen Ort der reflektierten Erinnerung an die Teilung Europas und ihrer vielfältigen Dimensionen in Politik, Wirtschaft und Kultur, die den Riss durch Berlin als Ausdruck des ein halbes Jahrhundert in die Tiefe prägenden Gegensatzes zwischen zwei Welten erlebbar und erkennbar macht. (Dieter Vorsteher, Deutsches Historisches Museum)

Im Diskussionsprozess wurde der Vorschlag, ein »Museum des Kalten Krieges« zu errichten, als langfristig realisierbar eingeschätzt. Ein neuer Eigentümer könnte die Idee eines Museums an diesem Ort aufgreifen und als Chance einer zukunftsträchtigen Entwicklung sowohl zur Identitäts- und Imagebildung als auch zur Vermarktung des Standortes begreifen. Wichtigstes Element für die künftige Gestaltung des Checkpoints wird deshalb ein Informationspunkt im Bereich des Blockes 200 sein. Daran hält der Senat gemäß ursprünglichem Verkaufsvertrag weiterhin fest und bemüht sich seit Jahren darum, die im Kaufvertrag verankerte Regelung zur Errichtung eines Gedenkortes gegenüber wechselnden Eigentümern und verschiedenen Investoren durchzusetzen. Bislang scheiterte die Bebauung des gesamten Areals an wirtschaftlichen Überlegungen der Investoren.

Das Informationsangebot auf dem Gelände der früheren Grenzübergangsstelle sollte in Abgrenzung zur Bernauer Straße und zum Brandenburger Tor den weltpolitischen Bezügen des Ortes während des Kalten Krieges gewidmet werden. Solange jedoch die private Baumaßnahme auf dem privaten Gelände nicht realisiert wird, strebt der Senat

Simulation der Informationsausstellung am Checkpoint Charlie.

eine mehrjährige Zwischenlösung an, um auszuschließen, dass die Brachflächen eine dem Ort unangemessene Nutzung erfahren. In schwierigen Gesprächen mit den privaten Eigentümern der Flächen konnte nunmehr vereinbart werden, eine Bauzaunausstellung auf der Grundstücksgrenze aufzustellen. In redaktioneller Verantwortung des Forums für Geschichte und Gegenwart, finanziert durch den Hauptstadtkulturfonds und mit Unterstützung der Wall AG, soll die temporäre Informationsausstellung die Geschichte des Grenzübergangs erzählen, auf die anderen Orte der Erinnerung an die Berliner Mauer und des Gedenkens an deren Opfer verweisen und durch Terminals Zugang zum Internetangebot der Berliner Senatskanzlei (www.berlin.de/mauer) und der anderen Gedenkstätten ermöglichen. Des Weiteren ist vorgesehen, zusätzlich zu den schon bestehenden zahlreichen Markierungen und Hinweisen zur Geschichte des Ortes auch die Linie der Hinterlandmauer in der Friedrichstraße zu kennzeichnen.

Außerdem hat sich über dem »Café Adler« an der Zimmerstraße die freie Initiative »checkpoint charlie project« gebildet. Sie möchte im Sinne eines »Museums in Progress« ein Diskussionsforum für das projektierte »Museum des Kalten Krieges« in den ehemaligen Räumen der amerikanischen

Militärverwaltung etablieren. An diesem musealen Projekt wollen sich neben dem Deutschen Historischen Museum, dem Deutsch-Russischen Museum Karlshorst und dem AlliiertenMuseum Berlin das Zentrum für Zeithistorische Forschung in Potsdam, die Freie Universität Berlin und das International Cold War Project der Woodrow Wilson Foundation sowie verschiedene US-amerikanische Museen und Bibliotheken beteiligen.

Dezentrale Orte/Grenztopografien
Wachtürme am Kieler Eck und am Schlesischen Busch
Von den 31 Führungsstellen der Grenztruppen (insgesamt standen 1989 mehr als 200 Beobachtungstürme und Führungsstellen an der Berliner Mauer) sind auf Berliner Stadtgebiet nur noch zwei erhalten. Eine davon befindet sich im Bereich der innerstädtischen Sperranlagen zwi-

schen Sandkrugbrücke (Kontrollpunkt Invalidenstraße) und Bernauer Straße und soll als Teil des Mauerweges unweit des Hauptbahnhofes in das Mauerkonzept einbezogen werden. Die andere steht im Schlesischen Busch (Bezirk Treptow-Köpenick) und wird im Rahmen eines künstlerischen Konzeptes der Kunstfabrik am Flutgraben mit Projekten genutzt, die auf den Ort und seine Geschichte Bezug nehmen (gefördert von der Senatsverwaltung für Wissenschaft, Forschung und Kultur). Der Mauerweg im Bereich des historischen Invalidenfriedhofes und von der Sandkrugbrücke zum Humboldthafen gehört zu einem zentralen, am Wasser gelegenen Abschnitt der Berliner Mauer. Hier ist ein beträchtliches Stück Hinterlandmauer erhalten.

Mit dem Grenzturm am Kieler Eck, einer früheren Leitstelle der Grenztruppen, erhält dieser Bereich eine besondere Ausprägung. Der Turm wird von Jürgen Litfin und seinem Verein betreut. Die Mauerreste am Invalidenfriedhof und der Wachturm Kieler Eck sind – wie die Bernauer Straße – nur einige hundert Meter vom neuen Hauptbahnhof entfernt und über den Mauerweg am Spandauer Schifffahrtskanal zu erreichen, vorbei am ehemaligen Kontrollpunkt Invalidenstraße. Die Außenhaut des Turmes bedarf einer Sanierung. Derzeit wird verhandelt, ob diese Sanierung im Jahre 2006 aus Landesmitteln finanziert werden kann.

Das Parlament der Bäume/Bibliothek des Deutschen Bundestages
Das »Parlament der Bäume« zwischen Bundespressekonferenz und Bundestagsbibliothek ist durch den Spreewanderweg und Mauerweg gut erschlossen. Es bedarf aber der Kommentierung und des Verweises auf die anderen Erinnerungsorte der Berliner Mauer. Die Installation von Ben Wagin in der Bibliothek des Deutschen Bundestages ist nach Einbau von Sicherheitsschleusen öffentlich zugänglich. Sie soll durch ein Totenbuch für die Opfer der Deutschen Teilung ergänzt werden, das sich auf die Ergebnisse der wissenschaftlichen Recherchen stützen wird, die derzeit vom Dokumentationszentrum Berliner Mauer und vom Zentrum für Zeithistorische Forschung Potsdam für die Berliner Mauertoten erarbeitet werden (gefördert vom Gedenkstättenfonds des Bundes). Außerdem sollten Besucherinnen und Besucher sich in diesem Raum auch darüber informieren können, in welchem Kontext die Installation steht und welche weiteren authentischen Orte es gibt. Hier könnte man auf das Internetangebot unter berlin.de oder andere bereits vorhandene bzw. in Arbeit befindliche Quellen zurückgreifen (wie z. B. die Website www.chronik-der-mauer.de, die von der Bundeszentrale für Politische Bildung, Deutschlandradio und dem Zentrum für Zeithisto-

rische Forschung betrieben wird). Das Thema wird vom Kunstbeirat des Deutschen Bundestages weiterbearbeitet.

Potsdamer Platz: Wiedergewonnene Dichte
Der Potsdamer Platz war einer der wichtigsten Orte des Massentourismus in Westberlin. Im Fokus des Interesses stand hier das fast spurlose Verschwinden des Stadtzentrums infolge der Kriegszerstörungen und des Mauerbaus. Es gab eine Aussichtsplattform, die einen weiten Blick von Westen über die Mauer und die Grenzanlagen nach Ostberlin gewährte. Bildtafeln ermöglichten den Vergleich mit dem Zustand vor dem Zweiten Weltkrieg. Präsentiert wurde so der »Mythos Potsdamer Platz« als die Erzählung vom einst verkehrsreichsten Platz Europas, von dem jede Bebauung und jedes städtische Leben gewichen war. Leitkonzept für die Wiederbebauung war der Bezug auf die Vorkriegssituation. Ein legendärer metropolitaner Ort entstand unter größter medialer Begleitung neu, getragen vom Konsens, den Grenzstreifen vollständig zu überbauen und die Mauer schnellstmöglich verschwinden zu lassen.

Die wenigen und vereinzelten, dank hartnäckigster Privatinitiative geretteten Mauerreste, die Kennzeichnung des Mauerverlaufes mit einzelnen Mauersegmenten und der Wachturm bleiben wegen ihrer Überraschungs- und Verfremdungswirkung hochinteressant für Geschichtsinteressierte. Nur ergänzende Erläuterungen zu diesen Relikten können die spektakulären Gegensätze zwischen dem hochverdichteten, dann völlig entleerten und heute wieder hochverdichteten Stadtzentrum anschaulich machen. Es wäre reizvoll, das Schaubedürfnis von Einzel- und Gruppenbesuchern durch die erneute Aufstellung eines Aussichtspodestes sowohl zu befriedigen als auch kritisch zu hinterfragen, weil der gesuchte weite Blick ja gerade gewollt verbaut ist. Solche Installationen wären auch an anderen Stellen im Mauerverlauf denkbar, wo Aussichtspodeste für den Blick nach Osten standen. Die am Potsdamer Platz vorhandene Mauermarkierung am Boden, die einzelnen aufgestellten Mauerteile und der Wachturm sollen erhalten und durch die in das künftige Bundesumweltministerium wieder eingebauten originalen Mauerreste ergänzt werden.

Die Senatsverwaltung für Stadtentwicklung hat auf der ehemaligen Mauerlinie vor dem Sony- und dem Beisheim-Center eine Informationsausstellung aus Mauerteilen erstellt, die wegen der außerordentlich großen Aufmerksamkeit bei Berlinern und Touristen bis zum Ende der Fußballweltmeisterschaft im Jahre 2006 verlängert wurde.

Niederkirchnerstraße: Historische Schichtungen

Unweit des vielbesuchten Checkpoint Charlie steht an der Niederkirchnerstraße ein originaler Abschnitt der Berliner Mauer. Zwischen früherem Reichsluftfahrtministerium und Gestapo-Zentrale gelegen, werden an diesem Ort die Komplexität und die spezielle Schichtung der Berliner und der deutschen Geschichte sichtbar. Die Stiftung Topographie des Terrors wird in ihrer Bildungsarbeit genau diese geschichtlichen Zusammenhänge zwischen dem NS-Regime, dem von Deutschland ausgelösten Weltkrieg sowie der Besetzung und Spaltung Deutschlands deutlich machen. Der Ort wird in das Leitsystem zur Berliner Mauer einbezogen. Für Besucherinnen und Besucher soll ein spezielles Terminal zur Mauergeschichte und zu weiteren Mauerorten zur Verfügung stehen.

East Side Gallery: Mauerkunst Ost

Bei der Teilung Berlins wurde der Ostberliner Nord-Süd-Verkehr auf einem Straßenzug nahe dem östlichen Spreeufer gebündelt. Zwischen der Oberbaumbrücke und dem Ostbahnhof wurde die Uferbebauung zur Grenzsicherung weitgehend abgetragen. Die Hinterlandmauer an der Straßentrasse bestand ausnahmsweise aus jenen Betonfertigteilen, die in der Regel an der Grenzlinie zum Westen Verwendung fanden. Die Bemalung der Mauer 1990 durch Künstlerinnen und Künstler aus aller Welt war Teil der befreienden Aneignung der Grenzanlagen. Sie hatte ihr Vorbild in der Mauerkunst West; Ästhetik und Bildprogramm sind ein zeitgeschichtliches Dokument des historischen Umbruchs.

Heute muss man die East Side Gallery kommentieren, da sie nicht mehr genau zu datieren und zu deuten ist. Besucherinnen und Besucher sollen auch hier Gelegenheit dazu haben, etwas über die tatsächliche Situation vor dem Mauerfall, das Grenzregime an dieser Stelle und über die Bemalung nach 1989/90 zu erfahren. Mit der vorgesehenen Gestaltung des Uferstreifens als Park sollen einige Mauerteile versetzt werden, um Wegebeziehungen und Sichtachsen zur Spree zu öffnen. Hier können zusätzliche Informationsangebote Platz finden. Freizeitorientierte Zwischennutzungen als Gastronomie- und Eventstrand in den vergangenen Sommern sowie die zu erwartende Entertainment- und Bürobebauung im Hinterland lassen erwarten, dass die East Side Gallery auch zukünftig als eine Art künstlerisch gestalteter Lärmschutzwand in einer Tourismus- und Freizeitzone erlebt wird. Dieser längste erhaltene Mauerabschnitt veranschaulicht zwar besonders gut die räumliche Trennwirkung der Mauer im Stadtgefüge, vermag jedoch die Abschreckungswirkung und die Gefahren des früheren Grenzstreifens nicht zu vermitteln.

Die East Side Gallery ist heute weniger ein Ort der Erinnerung an Schrecken und Opfer der Mauer, sondern vielmehr an die euphorische Maueröffnung und die ästhetische Aneignung der Betonmauer.

Durch den Abschluss der städtebaulichen Verträge mit der Anschutz Entertainment Group zu den Bebauungsplänen V-3 und 2-4 VE ist die künftige Gestaltung des Bereiches an der East Side Gallery weitestgehend festgeschrieben. Danach ist Folgendes vorgesehen: Die East Side Gallery wird im Bereich des privaten Flurstücks 60 in einer Länge von ca. 50 m geöffnet. Die Öffnung ist unter Mitwirkung der Denkmalpflege durch positiven Vorbescheid abgesichert. Es ist vorgesehen, die umzusetzenden Mauerelemente im benachbarten Spreeuferpark aufzustellen, wobei die Bildzusammenhänge erhalten bleiben sollen. Die Öffnung korrespondiert mit dem Platz vor der geplanten Mehrzweckhalle der Anschutz Entertainment Group; sie ermöglicht den freien Blick von der Halle zur Spree und den Zugang zum Spreeuferpark und zur geplanten Anlegestelle für die Fahrgastschifffahrt. Auf dem Flurstück 60 wird die Anschutz Entertainment Group eine große Werbeanlage (Wechselbild), die Schiffsanlegestelle, einen Gastronomiebetrieb und einen Ticketkiosk errichten. Das geplante Café an der Anlegestelle soll nach diesem Konzept auch ein Treffpunkt für »East Side Gallery«-Besucher werden und daher einen Infoshop und Terminals zum Abrufen von Informationen zur Berliner Mauer, die mit dem Internetangebot des Landes vernetzt sind, erhalten.

Der Uferstreifen insgesamt wird vom Büro Häfner und Jimenez, den Gewinnern des ausgelobten landschaftsplanerischen Wettbewerbs, als Park unter Einbeziehung der Mauer (als Einheit aus Gehweg, Mauer, Peitschenlampen und Postenweg) hergerichtet. Weitere bauliche Anlagen sind nicht beabsichtigt. Der Park soll spätestens bis zur Fertigstellung der Mehrzweckhalle (voraussichtlich 2008) fertig sein. Beginnend im Jahr 2006 wird die East Side Gallery grundsaniert und muss zukünftig im Rahmen der verfügbaren Bauerhaltungsmittel gesichert werden.

Bahnhof Friedrichstraße/Tränenpalast: So nah und doch so fern
Wie kein anderer Ort repräsentierte der Bahnhof Friedrichstraße Perfektion und Absurdität der Entflechtung und Trennung der innerstädtischen Verkehrswege im geteilten Berlin, die gewaltsam durchgesetzte staatliche Abschottung der DDR und die ungleiche Verteilung der Reisefreiheit. Zwei Welten in einem Bahnhof: Westbürger stiegen im Osten auf für Ostbürger unzugänglichen Bahnsteigen in westliche S- und U-Bahnlinien um, ohne Ostberlin zu betreten. Für die Ostbürger war der Bahnhof Friedrichstraße bloße Endstation der S-Bahn. Zugleich war

der Bahnhof Grenzübergang mit Anschluss an die getrennten Verkehrssysteme und Fernbahnhof in Richtung Westen. Die Abfertigungshalle des Grenzübergangs in Richtung Westen war der legendäre »Tränenpalast«. Während die Spuren der Teilung im Bahnhof Friedrichstraße nach der Sanierung vollständig getilgt sind, erinnert die ehemalige Abfertigungshalle auch heute noch an die Grenzübergangssituation und an die dort erzwungenen Abschiede. Zugleich war der Tränenpalast Aus- und Einreisestelle für Dienstreisende der DDR.

Die kulturelle Nutzung des Tränenpalastes war nach 1989/90 die geeignete Form, den denkmalgeschützten Ort zu erhalten und die Last der Vergangenheit abzustreifen. Obwohl das Nachbargrundstück inzwischen verkauft ist und bebaut werden soll und auch der Tränenpalast mittlerweile vom selben Eigentümer erworben wurde, soll die kulturelle Nutzung fortgesetzt werden. Zu begrüßen ist, dass die Stiftung Haus der Geschichte in Bonn und die Betreiber des Tränenpalastes eine Kooperation eingehen wollen. Diese bezieht sich auf eine angemessene historische Kommentierung des Ortes und auf die Präsentation zeitgeschichtlicher Ausstellungen durch das Haus der Geschichte. Der Tränenpalast sollte als kultureller Veranstaltungsort *und* als Ort historischer Information erhalten bleiben und weiter profiliert werden. Das erfordert seine Einbeziehung in das Gesamtkonzept Berliner Mauer. Jedoch sollte hierfür die spezielle Problematik des Ortes erkundet und vermittelt werden. Zum 125-jährigen Bestehen des Bahnhofs Friedrichstraße soll in Abstimmung mit der Bahn ein Fotoprojekt des Hauses der Geschichte im gesamten Bahnhof Bilder aus der DDR-Zeit präsentieren. Nach Ablauf der Ausstellung soll ein Kernbestand an Bildern dauerhaft an die Situation des Bahnhofs zur Zeit der Teilung erinnern.

Checkpoint Bravo: Denkmalraum Dreilinden-Drewitz
Der Turm ist der letzte authentische Bauteil der Grenzübergangsstelle Drewitz, der einst größten Grenzübergangsstelle der DDR. Rund 50 Millionen Mark kostete der Neubau 1969, der mit der Baufälligkeit der weiter westlich gelegenen alten Anlage begründet wurde. 1970 fand auf der neuen Anlage, die das Vorbild für weitere Bauvorhaben der DDR (z. B. für die Grenzübergangsstelle Marienborn) abgab, bereits die Kontrolle von 5,8 Millionen Menschen und 2,4 Millionen Fahrzeugen statt. Der Turm ist Teil eines größeren Denkmalraums, der deutsch-deutsche Nachkriegsgeschichte veranschaulicht. Der Turm war bis 1990 Führungspunkt des Grenzregiments 44 »Walter Junker«. Die Gemeinde Kleinmachnow ließ ihn 1994 unter Denkmalschutz stellen. Das

»Panzerehrenmal« stand seit 1945 auf dem Mittelstreifen der Potsdamer Chaussee in Zehlendorf, wurde 1955 an den (alten) Grenzübergang Dreilinden auf DDR-Gebiet umgesetzt, »da es auf Westberliner Territorium ständig Provokationen ausgesetzt war«, und mit der 1969 errichteten Grenzübergangsstelle Drewitz nochmals neu aufgebaut. Nach 1990 baute die sowjetische Armee den Panzer ab, der am 24. April 1945 als erster die Reichshauptstadt Berlin erreicht haben soll. Seither steht, nach einer Idee des ehemaligen HdK-Gastprofessors Eckhard Haisch, eine rosa lackierte Schneefräse auf dem Sockel. Sie ist eingetragener Bestandteil des Denkmals. Die aus Kunststoff und Glasfasern erstellte Stele trug bis 1990 das Emblem der DDR. Sie steht unter Denkmalschutz.

Der auf Berliner Seite gelegene Alliierte Kontrollpunkt »Checkpoint Bravo« (Grenzübergang Dreilinden) steht ebenfalls unter Denkmalschutz. Auf dem Mittelstreifen befindet sich die Bronzeplastik »Berliner Bär« (Entwurf Renée Sintenis, 1956). Erhalten ist auch der »Stauraum« für Transitnutzer. Auf dem Mittelstreifen der Potsdamer Chaussee, oberhalb des Checkpoint Bravo, befindet sich die Gedenkstätte 17. Juni 1953. Von den Bauten der alten DDR-Grenzübergangsstelle »Dreilinden« in Albrechts Teerofen (Zehlendorf) sind kaum Spuren erhalten.

1993/94 wurde die Grenzübergangsstelle Drewitz für ein neues Gewerbegebiet abgerissen. Darauf folgte die Zerstörung des Turminneren und seiner technischen Einrichtungen durch Vandalismus. In dem geräumigen Turm waren beispielsweise umfangreiche Telefonrelaisanlagen erhalten, die auf die zentrale Bedeutung dieses Führungspunktes verwiesen, oder zentimeterdicke Stahlplatten an den Panoramascheiben, die die im Turm Beschäftigten bei einem möglichen Schusswechsel an der Grenzübergangsstelle schützen sollten. 1998 gründeten Bürgerinnen und Bürger aus Berlin und Brandenburg den Checkpoint Bravo e.V. mit dem Ziel, den Turm zu restaurieren und zu pflegen. Das Denkmal soll künftig eine Dauerausstellung zur Geschichte des Ortes beherbergen und Veranstaltungen in kleinem Rahmen Raum bieten (»Tatort wird Lernort«). [Historische Sachverhaltsdarstellung und Zitate stammen vom Checkpoint Bravo e.V., vgl. www.checkpoint-bravo.de.]

Berliner Mauerweg

Zum 40. Jahrestag des Mauerbaus forderte das Abgeordnetenhaus auf Antrag der Fraktion Bündnis 90/Die Grünen den Senat auf, zu prüfen, »wie im Zuge des ehemaligen Zollweges entlang des ehemaligen Mauerstreifens in geeigneter Weise die Zeit der Teilung Berlins und Deutschlands dokumentiert werden kann«. Im Oktober 2001 stellte der Senat fest: Im Gegensatz zu den anderen Bestandteilen der Grenzanlagen ist das parallel zu Innenstadt- und Umlandmauer angelegte ehemalige Versorgungs- und Kontrollwegesystem größtenteils noch erhalten. Mit der Anlage eines um das ehemalige Westberlin herumgeführten Rad- und Wanderweges soll es gesichert und dokumentiert werden. Ziel ist die Herstellung und Kennzeichnung eines durchgängig sowohl für Fußgänger als auch für Radfahrer nutzbaren Weges im Verlauf der ehemaligen Grenzanlagen um Westberlin. Dadurch soll dieser ehemalige Grenzraum mit den noch vorhandenen Resten der Grenzanlagen erhalten und dokumentiert werden. Die ehemaligen Kontrollwege (der Zollweg auf westlicher und der Kolonnenweg auf östlicher Seite) sollen – soweit noch vorhanden – in das Wegenetz einbezogen werden. Das Land Brandenburg befürwortet und unterstützt das Projekt. Der Berliner Mauerweg wird sowohl von Erholungsuchenden aus den angrenzenden Gebieten als auch – mit ständig steigender Tendenz – von Radtouristen genutzt. Mit dem »Berliner Mauerweg« soll nicht nur der Verlauf der ehemaligen Grenzanlagen der DDR rund um Westberlin gekennzeichnet und im wahrsten Sinne des Wortes erfahrbar gemacht werden, der Weg soll darüber hinaus »geschichtlich bedeutsame Orte und wertvolle Naturräume« verbinden und dem Nutzer so »ein Angebot für Freizeit und Kultur, Erholung und Tourismus« erschließen.

Ein touristisches Wegeleit- und Informationssystem soll die Hauptroute des Berliner Mauerwegs ausweisen. Zum einen wird der Verlauf um das ehemalige Westberlin herum mit dem Schild »Berliner Mauerweg« gekennzeichnet werden. Dieses Schildersystem wird wichtige touristische Hinweise zum Streckenverlauf anbieten. Zum anderen sind 15 Informationstafeln geplant, die »geschichtlich bedeutsame Orte« markieren sollen. Der Berliner Mauerweg wird die bekannten Gedenkorte und die Stationen der Geschichtsmeile Berliner Mauer verbinden. Er wird im Auftrag der Senatsverwaltung für Stadtentwicklung durch die Grün Berlin Park und Garten GmbH realisiert; die Informationstafeln verantwortet das Berliner Forum für Geschichte und Gegenwart. Die gutachterliche Betreuung übernimmt der Fachbeirat Berliner Mauerweg im Auftrag der Senatskulturverwaltung und unter Federführung des Vereins Berliner Mauer.

Geschichtsmeile Berliner Mauer/Doppelpflasterreihe
Die Geschichtsmeile Berliner Mauer ist eine viersprachige Dauerausstellung. Sie informiert in deutscher, englischer, französischer und rus-

sischer Sprache auf derzeit 21 Tafeln an 19 verschiedenen Standorten entlang des ehemaligen innerstädtischen Verlaufs der sogenannten Vorderlandmauer (zu Westberlin) über die Geschichte von Teilung, Mauerbau und Maueröffnung. Mithilfe von Fotografien und kurzen Texten werden Ereignisse geschildert, die am jeweiligen Standort stattfanden und die politische und lebensweltliche Situation in der geteilten Stadt charakterisieren. Die Geschichtsmeile Berliner Mauer ist als Ergänzung zur Markierung des innerstädtischen Verlaufs der »Vorderlandmauer« mit der doppelreihigen Großsteinpflasterreihe konzipiert.

Bahnhöfe: Trennung und Verbindungen, Geisterbahnhöfe
Für die Erinnerung an Mauerorte, die durch den öffentlichen Personennahverkehr erschlossen werden können, sind vor allem folgende Bahnhöfe interessant: Nordbahnhof und Bernauer Straße, Friedrichstraße, Kochstraße, Potsdamer Platz, Brandenburger Tor/Unter den Linden, Ostbahnhof. In Abstimmung mit der BVG und der Bahn AG wird angestrebt, durch die Gestaltungen einzelner Werbeflächen oder Informationstafeln die Geschichte des jeweiligen Bahnhofs und die Verbindung zu anderen Mauerorten darzustellen. Die hierfür vorgesehenen Punkte sind durch direkte Bahnverbindungen sehr gut miteinander verknüpft. Die Bahnhöfe sind selbst Teil der Geschichte. Nordbahnhof und Bernauer Straße waren zur DDR-Zeit Geisterbahnhöfe und bieten jetzt den direkten Zugang zur Gedenkstätte Bernauer Straße von beiden Seiten. Es ist vorgesehen, den gespenstischen Zustand, dass die Züge von Westberlin nach Westberlin durch die von Grenzsoldaten der DDR bewachten geschlossenen Bahnhöfe auf dem Gebiet von Ostberlin fuhren, mit großformatigen Fotos auf den Werbeflächen zu dokumentieren. Der Bahnhof Friedrichstraße mit dem »Tränenpalast« – nur zwei Bahnstationen von der Bernauer Straße entfernt – war der innerstädtische Übergangspunkt in den jeweils anderen Teil der Stadt. Am Bahnhof Kochstraße mussten Ausländer aussteigen, um über den Übergang Friedrichstraße in den Ostteil Berlins zu gelangen. Der neue Bahnhof Brandenburger Tor und die Station Unter den Linden – nur drei Bahnstationen von der Bernauer Straße/Nordbahnhof entfernt – ist ein Verkehrsknotenpunkt des neuen Berlin, an dem die Geschichte des geteilten Berlin erzählt wird. Von der Friedrichstraße aus kann man mit durchgehendem Zug zum Ostbahnhof die East Side Gallery erreichen und in umgekehrter Richtung von dort aus alle anderen Mauerorte bis zur Bernauer Straße. Der Potsdamer Platz könnte in seinem großen Bahnhofsbau seine eigene Geschichte erzählen und zu den anderen Orten den Weg weisen, die direkt angebunden sind

(Brandenburger Tor, Unter den Linden, Friedrichstraße, Nordbahnhof).

Im Ergebnis des konkurrierenden Auswahlverfahrens zum Erscheinungsbild Berliner Mauer wird zu entscheiden und mit den Bahnbetrieben abzustimmen sein, wie an den genannten Bahnhöfen die Hinweise auf die Mauergedenkorten gestaltet werden sollen. Insbesondere am neuen Hauptbahnhof ist es sinnvoll, einen Hinweis auf die nur wenige Hundert Meter entfernt liegenden Mauergedenkorte Kieler Eck/Invalidenfriedhof und Bernauer Straße zu geben.

Für den Nordbahnhof als wichtigsten Zugang zur Gedenkstätte an der Bernauer Straße ist darüber hinaus in Abstimmung mit der Bahn vorgesehen, die Fußgängerverbindung zur Gartenstraße als Ausstellung über die Geschichte der Geisterbahnhöfe zu gestalten und im Zwischengeschoss zum Ausgang Gartenstraße Museumsshop, Kiosk und Toiletten vorzusehen.

Die Mauer im Internet
Als Teil des Gesamtkonzeptes zur Dokumentation und zur Erinnerung an die Berliner Mauer und für das Gedenken an deren Opfer wurde im Rahmen des Berliner Stadtinformationssystems Berlin.de unter der Adresse www.berlin.de/mauer das Internetportal »Berliner Mauer« geschaffen. Funktion des Internet-Portals ist es, über die einzelnen Erinnerungsorte, die sich mit dem Thema Mauer beschäftigen, zu informieren. Es gibt darüber hinaus Hinweise auf die Orte des Gedenkens an die Opfer der Berliner Mauer und einen Link zu der Website, auf der Biografien von Mauertoten nachzulesen sind.

Mit rund 20 Millionen Seitenabrufen im Monat ist Berlin.de das mit Abstand größte kommunale Stadtportal in Deutschland. Diese hohe Reichweite und die prominente Adresse gewährleisten dem Angebot weltweit hohe Aufmerksamkeit. Als vom Land Berlin autorisierter »offizieller Landesinhalt« bildet es zugleich eine orientierende Qualitätsmarke in der Vielzahl der unterschiedlichen Mauerinformationen im Netz.

Unter Beteiligung der Senatsverwaltungen für Stadtentwicklung, für Wissenschaft, Forschung und Kultur, der Senatskanzlei und des Berliner Forums für Geschichte und Gegenwart e. V. wurde hier umfangreiches Text- und Bildmaterial zum Thema zusammengetragen und mediengerecht verfügbar gemacht. Dabei wurden auch alle bereits beim Land Berlin zum Thema »Mauer« vorhandenen Informationen erstmals einheitlich zusammengefasst, wie z. B. Links zu den Gedenkstätten und Erinnerungsorten, Biografien von Maueropfern oder die umfangreiche Studie »Berliner Mauerspuren« des Landesdenkmalamtes.

Neue Technologien für Stadt- und Gedenkstättenführungen

Gemeinsam mit privaten Anbietern soll über audiovisuelle Führungssysteme nachgedacht werden, die interessierte Besucherinnen und Besucher kommentierend zu den jeweiligen Orten geleiten und sie vor Ort in vielen Sprachen informieren. Dies könnte sogar über private Handys und Handhelds mit GPS möglich sein. Das System soll auch an den anderen historischen Orten, Gedenkstätten und Museen der Stadt Anwendung finden. Im Sommer 2006 wird über eine Ausschreibung ein offizieller Partner für ein Audioguideangebot des Landes zur jüngsten Zeitgeschichte ermittelt. Damit soll ein privater Partner gesucht werden, der auf eigene Rechnung, aber nach definierten Qualitätskriterien und in Zusammenarbeit mit den Gedenkorten ein Hard- und Softwareangebot entwickelt und vermarktet, das im Jahr 2007 ans Netz gehen soll, wenn das zeitgeschichtliche Portal im U-Bahnhof Brandenburger Tor als zentrale Anlaufstelle für Touristen eröffnet wird.

Visuelles Erscheinungsbild »Berliner Mauer« (Logo/Leitsystem)

Im Oktober 2005 wurde von der Senatsverwaltung für Wissenschaft, Forschung und Kultur ein konkurrierendes Auswahlverfahren zur Gestaltung des Erscheinungsbildes der Orte der Erinnerung an die Berliner Mauer ausgeschrieben. Daraus sollte ein einheitliches Logo für alle mit dem Themenkomplex »Berliner Mauer« verbundenen Orte und Informationsangebote hervorgehen, das zugleich als eine Art Gütesiegel nach zu definierenden Kriterien vergeben werden soll. Das Logo des Designstudios Gewerk orientiert sich am Logo des Dokumentationszentrums Berliner Mauer in der Bernauer Straße. Des Weiteren wurde ein Leitsystem in Auftrag gegeben, das gestalterisch kompatibel zum Berliner Mauerweg und zur Geschichtsmeile Berliner Mauer ist und an ausgewählten Orten Verwendung finden soll. Für dieses Leitsystem wurde ein Wettbewerb durchgeführt, aus dem der Entwurf des Teams Helga Lieser/Dagmar von Wilcken/Gudrun Haberkern als Sieger hervorging. Dieser Entwurf sieht Informationssäule aus Metall mit quadratischer Grundfläche vor, die als vertikales Zeichen mit Wiedererkennungswert in zurückhaltender, aber qualitätsvoller Gestaltung die Übersichtsinformationen zum jeweiligen Bereich anbietet und die Feinverteilung zu den einzelnen Einrichtungen übernimmt. Diese Info-Säulen sollen als Orientierungs- und Informationssystem für die wichtigsten innerstädtischen Standorte der Berliner Mauer dienen. Sie stellen das Bindeglied zwischen dem bereits installierten touristischen Wegeleitsystem mit seinen knappen Ziel- und Distanzangaben, den Hinweisschildern des Berliner Mauerwegs und den ausführlichen

Informationsangeboten zum Thema Mauer an den jeweiligen Orten dar. Das Leitsystem vermittelt allgemeine Texte zur Gesamttopografie der Mauer. Die Aufstellung ist an 10 bis 15 Standorten möglichst innerhalb der in die Fahrbahn bzw. den Gehweg eingelassenen doppelten Steinreihe zur Mauermarkierung vorgesehen (zwei Standorte am S-Bahnhof Nordbahnhof und am U-Bahnhof Bernauer Straße, im Umkreis des Brandenburger Tores am Platz des 18. März und an der Ostseite des Pariser Platzes, im Bereich Ebertstraße an der Ecke Behrenstraße zwischen dem Neubau der US-Botschaft und dem Holocaust-Denkmal, am Checkpoint Charlie). Der endgültige Aufstellungsort und die genauen Informationen werden für jeden Standort mit den jeweiligen Institutionen abgestimmt.

Von den Herausgebern gekürzte und redaktionell geringfügig überarbeitete Fassung des gleichnamigen Senatsbeschlusses vom 20. Juni 2006. Die Vorlage an den Senat geht auf die Ergebnisse einer ressortübergreifenden Arbeitsgruppe zurück, die von Rainer Klemke koordiniert wurde. Grundideen und redaktionelle Endfassung von Thomas Flierl. Die vollständige Senatsvorlage in der Fassung vom 12. Juni 2006 ist abrufbar unter www.thomas-flierl.de. (Anm. d. Hrsg.)

1 Assmann, Jan: *Das kulturelle Gedächtnis*. Schrift, Erinnerung und politische Identität in frühen Hochkulturen, München 1992, S. 59f.
2 Nach einer US-amerikanischen Online-Umfrage, in der 17.000 Menschen aus 18 Ländern aufgefordert wurden, 30 Städte in aller Welt nach ihrer Attraktivität zu bewerten. Zitiert nach SPIEGEL Online vom 6. Dezember 2005.

DER »FALL« DER DENKMÄLER
Konkurrierende Konzepte symbolischer
Geschichtspolitik in Berlin. 2005

Die markanten historischen Brüche machen Berlin zweifellos zum geeigneten Ort, den Umgang mit ererbten Denkzeichen vergangener Zeiten zu analysieren. Vor allem die kurze historische Periode seit 1989/90, d. h. der demokratische Aufbruch in der DDR, die nachfolgende staatliche Vereinigung Deutschlands und die längere Transformation der ostdeutschen Gesellschaft, bietet Gelegenheit, unterschiedliche Varianten der Arbeit an der Geschichte zu studieren.

Mit dem historischen Umbruch im Osten wandelte sich auch der Kontext für Kunstgegenstände im öffentlichen Raum. Der Blick auf viele Objekte offenbarte plötzlich eine evidente Differenz zwischen den von Auftraggebern und Künstlern intendierten Bedeutungen, den tradierten Gehalten und den aktuell, unter so rasant geänderten Bedingungen, wahrgenommenen. Vielfach wuchsen den Gegenständen neue, gegen die Intentionen ihrer Künstler und Auftraggeber gerichtete Bedeutungen zu.

Aber der Wandel kann sich auch am Gegenstand selbst vollziehen: von der spontanen oder geplanten gewaltsamen Attacke, dem polemischen oder sachlich-kritischen Kommentar über die bewusste Umgestaltung bis hin zu seiner Beseitigung aus dem öffentlichen Raum.

Der Umgang mit vorgefundenen Denkzeichen, vor allem mit den politisch intendierten und nach dem historischen Wandel als nicht mehr zeitgemäß empfundenen Denkmälern wurde selbst zum Gegenstand und zum Medium politischer und kultureller Auseinandersetzungen.

Hier soll keine umfassende historische Darstellung des Umgangs mit den Denkmälern der DDR im öffentlichen Raum Berlins gegeben werden. Zumal in diesen Kontext auch der Umgang mit Städtebau und Architektur gehörte. Ich möchte exemplarisch ästhetisch und politisch konkurrierende Konzepte symbolischer Geschichtspolitik skizzieren.

Erstens: Der Blick richtet sich für gewöhnlich ausschließlich auf den Ostteil der Stadt. Dabei hat sich der Kontext für ganz Berlin verändert. Es wäre ein interessantes Unterfangen, die vielen politisch intendierten und nach meinem Wissen vollständig erhalten gebliebenen Westberliner Denkzeichen in ihrem nun gewandelten historischen und räumlichen Kontext zu deuten: die Berliner Bären an den nicht mehr vorhandenen Grenzübergängen, die ihr Pendant an den westdeutschen Enden der Transitwege fanden, den nach Osten gerichteten »Rufer«

Ironische Kommentierungen am Marx-Engels-Denkmal 1989.

von Gerhard Marcks am Brandenburger Tor oder die Ewige Flamme am Theodor-Heuss-Platz, die, von den Heimatvertriebenen vor Jahrzehnten installiert, nach der deutschen Einheit gelöscht und kurze Zeit später am Tag der Menschenrechte wieder entzündet wurde: eine interessante Umdeutung, auch nach der Anerkennung der Nachkriegsgrenzen.

Die Topografie politischer Denkmäler in Ost- und Westberlin ließe sich mühelos zu einer Geschichte der Doppelstadt fügen, in die Strategien eines kalten Denkmalkrieges eingeschrieben sind.

Die Konzentration auf den Ostteil der Stadt hat zunächst mit der grundsätzlichen Asymmetrie des Einigungsprozesses zu tun, insbesondere aber auch damit, dass die so vollzogene Einheit vor allem in der historischen Mitte, dem Zentrum der früheren DDR-Hauptstadt, stattfindet.

Und zweitens fällt auf: Der Umgang mit den Denkmälern in Ostberlin ist keinesfalls allein eine Geschichte des Denkmalsturzes. Es gibt bemerkenswerte Versuche, den ideologischen durch einen reflektierten Umgang mit der Geschichte abzulösen, d. h. Denkmäler zu erhalten und kritisch anzueignen, ja sogar eine neue Ästhetik im Umgang mit memorierter Geschichte zu erproben.

Durchaus quer zu den politischen Fronten, wenn auch ungleich verteilt, verlaufen zwei Linien zwischen den Polen von affirmativer Kultur und Kulturkritik. Da ist zum einen der Versuch, am historischen Material eine Arbeit als öffentliche Selbstverständigung zu leisten – mit der Überzeugung eines offenen Ausgangs der Geschichte. Und da ist zum anderen die Linie einer eindimensionalen Traditionsstiftung von Bedeutungsstrukturen. Hier das spannungsvolle Verhältnis von Kunst und Politik, dort die Einheit von Ideologie und machtgestütztem Diskurs. Hier der Umgang mit schwieriger Vergangenheit als kontroverser Vorgang, dort die Vorherrschaft eines vormodernen, metaphysischen Denkmals- und Geschichtsverständnisses.

Da ich ausreichend kritische Distanz zum Alten hatte, konnte ich das Neue, den demokratischen Aufbruch in der damaligen DDR und die nachfolgende Modernisierung der ostdeutschen Gesellschaft als Chance erkennen, annehmen und mitgestalten. Dennoch war bereits Anfang der neunziger Jahre absehbar, dass eine ausschließlich nachholende Modernisierung des Ostens, d. h. die bloße Übertragung des Institutionen- und Rechtsgefüges der bereits selbst als modernisierungsbedürftig erkannten bundesdeutschen Gesellschaft nicht ausreicht. Ich vertrete auch weiterhin die Auffassung, dass nur eine *reflexive* Modernisierung die deutsche Gesellschaft – Ost und West zusammen – voranbringt.

Im Rahmen dieser Ringvorlesung sprach Kurt Hübner aus Kiel über das Thema »Tyrannensturz – Mythos und Wirklichkeit«. In seinem Text fand ich den Satz: »Wer also Zeuge vom Sturz der Statue Saddam Husseins war, der sah das Ende eines politischen Pseudomythos. Und doch war er zugleich Zeuge eines im echten Sinne mythischen Ereignisses.«

Man kann darüber streiten, ob und für wen der im Fernsehen bezeugte Sturz des Standbilds durch die amerikanischen Truppen in Bagdad ein »mythisches« Ereignis gewesen ist. Anregend ist die Übertragung der Differenz von »mythischem Ereignis« und »politischem Pseudomythos« auf die Berliner Ereignisse. Das mythische Ereignis war die unerwartete Maueröffnung am 9. November 1989, der spätere Denkmalsturz war die Inszenierung eines politischen Pseudomythos, die Inszenierung der »friedlichen Vollendung der Revolution«, die den ideologischen Sinn der Entstehung der demontierten Denkmäler nur negativ reproduzierte, den kalten Denkmalkrieg noch einmal siegreich zu Ende führen wollte.

Zeitenwende ohne revolutionäre Denkmalstürze:
Die Mauer als ungewolltes Denkmal

Im Rahmen der Demokratiebewegung in der DDR gab es keine revolutionären Denkmalstürze. Der revolutionäre Akt der DDR-Bevölkerung war die Rückgewinnung des öffentlichen Raums – der Stadt, der Medien, der Politik: durch Demonstrationen und Versammlungsöffentlichkeit, Glasnost in Kultur und Medien und durch Parteienneugründungen.

Statt politische Denkmäler zu stürzen, wurden die verbotenen Zonen betreten, die Zentralen des Ministeriums für Staatssicherheit belagert und die Sicherung und Herausgabe der Akten der Geheimpolizei gefordert. Der eigentliche Denkmalsturz vollzog sich nicht an einem politischen Denkmal, sondern an einem ungewollten Denkmal, der Berliner Mauer. Bereits Heiner Müller hatte die Mauer als Denkmal bezeichnet, in der ihm eigenen historischen Dialektik als »Stalins Denkmal für Rosa Luxemburg«.

Mit der Öffnung der Berliner Mauer wurden die freie Passage der Mauer von Osten, zugleich die Verbrüderung mit den Grenzsoldaten, die schrittweise Herstellung neuer innerstädtischer Grenzübergänge und schließlich der systematische Abbruch der Mauer in den nächsten Monaten der zentrale symbolische Vorgang. Er lenkte die Demokratiebewegung in Richtung staatliche Einheit, übersetzte die Losung »Wir sind das Volk« in »Wir sind ein Volk«.

Wir haben also zunächst den interessanten Vorgang, dass die Mauer erst mit ihrem Abriss und mit ihrem Verschwinden als Denkmal wahrgenommen wurde. Es scheint so, als ob nur der vollständige Mauerabbruch die Unumkehrbarkeit des historischen Prozesses verbürgen konnte. In kurzer Zeit haben die Menschen in Ost und West ihre unterdrückten und verdrängten Wünsche und Ängste auf die Mauer projiziert und zugleich mit dem sichtbaren Mauerabbruch bearbeiten können. Dieser Vorgang eignete sich vorzüglich als symbolisches Material für den Gründungsmythos der neuen deutschen Einheit. In der Tradition der Silvesterfeier 1989 auf dem noch unbebauten Pariser Platz finden sich alljährlich bis zu eine Million Menschen am Brandenburger Tor zusammen. Was spontan begann, wird heute professionell organisiert, kommerziell verwertet und überregional touristisch annonciert.

Parallel zum systematischen Mauerabbruch zieht sich die Linie der Bewahrung von Mauerresten als notwendige zeitgeschichtliche Zeugnisse einer überwundenen Epoche. Bereits im Sommer 1990 bemühte sich der Ost-West-Regionalausschuss Kultur noch vor der staatlichen Einheit um den Denkmalschutz für wichtige Mauerabschnitte. So geschehen an der Niederkirchnerstraße in Mitte zwischen dem früheren Gestapo-Gelände und dem Reichsluftfahrtministerium.

Im Maße des historischen Abstandes ist mittlerweile die Einsicht gewachsen, dass die Berliner Mauer zu undurchdacht abgetragen wurde. Erneut wurde dies ins Gedächtnis gerufen, als der Vorschlag unterbreitet wurde, die verbliebenen Reste der Grenzanlagen auf die Weltkulturerbeliste der UNESCO zu setzen.

Für den gestalterischen Umgang mit dem Thema der innerstädtischen Grenze nach 1990 stehen beispielhaft folgende Gedenkorte:

Die Stele für Peter Fechter, der am 17. August 1962 beim Versuch, die Grenzzäune zu überwinden, angeschossen wurde und verblutete, wurde von dem Berliner Bildhauer Karl Biedermann gestaltet. Die 1992 aufgestellte Stele befindet sich in der Zimmerstraße in unmittelbarer Nähe des Axel-Springer-Verlages, der sich maßgeblich an der Finanzierung des Projektes beteiligte. Auf Ostberliner Gebiet für getötete DDR-Grenzsoldaten aufgestellte Gedenksteine waren etwa zeitgleich Anfang der Neunziger abgeräumt worden.

Im Jahre 2003 wurde auf Initiative des Abgeordnetenhauses vom Senat eine ähnliche Gedenksäule desselben Bildhauers für den letzten an der Grenze erschossenen Flüchtling, Chris Gueffroy, zwischen den Außenbezirken Treptow und Neukölln aufgestellt.

Die Gedenkstätte Berliner Mauer an der Bernauer Straße ist der einzige Ort in Berlin, an dem die Grenzanlagen noch heute in ihrer Tiefenstaffelung erfahrbar sind. Der erhalten gebliebene Mauerabschnitt wird durch zwei Metallwände eingefasst, die als Spiegel konzipiert, die Grenzsituation ins Unendliche ausdehnen sollen. Über die Gestaltung der Gedenkstätte wurde intensiv diskutiert. Der Spiegeleffekt ist nicht eingetreten. Im benachbarten Dokumentationszentrum finden die Besucherinnen und Besucher nicht nur alle wichtigen Informationen zur Berliner Mauer, sondern dank des neu errichteten Aussichtsturms einen Blick auf die Topografie der Teilung der Stadt. Die heute im ehemaligen Grenzstreifen stehende (einst von den DDR-Behörden abgerissene) Auferstehungskirche ist als Kapelle modern am historischen Ort rekonstruiert. Die gelungene Rekonstruktion des Kirchenraumes im Bezirk Mitte, die nüchterne Information und der topografische Blick aus dem Wedding wirken viel stärker als die auf Re-Inszenierung angelegte Gestaltung der eigentlichen Mauergedenkstätte.

Die wohl wichtigste in den städtischen Alltag eingreifende und auf die frühere Teilung der Stadt verweisende Erinnerung an die Berliner Mauer ist die Markierung des innerstädtischen Mauerverlaufs durch eine Doppelpflasterreihe im Asphalt Berliner Straßen und in Gehwegen. Ergänzt wird diese Markierung durch eine Vielzahl von Informationstafeln mit Fotos und Texten zur Geschichte der innerstädtischen Grenze. Allerdings ist auch hier der Blick zumeist der westliche: Einzig am Potsdamer Platz wird nicht nur die sogenannte Vorderlandmauer, die aus Westen sichtbar und oft bemalt war, sondern auch die Hinterlandmauer, die den Beginn des Grenzgebietes mit anschließendem Sperrgebiet und gestaffelten Grenzanlagen von Osten aus bildete, markiert.

Eine sehr gelungene künstlerische Markierung und Interpretation der früheren Grenzsituation stellen die beiden Fotoporträts eines US-amerikanischen bzw. sowjetischen Soldaten am Checkpoint Charlie, Friedrichstraße/Zimmerstraße, dar. In der symbolischen Personalisierung ist die weltpolitische Konfrontation weit besser gelungen als in dem Versuch des privat betriebenen Museums Haus am Checkpoint Charlie, durch nachgebildete Ausstattungsrudimente (westliches Wachhäuschen, Sandsäcke) den früheren Grenzübergang zu re-inszenieren, zumal auf östlicher Seite alle Spuren getilgt wurden und die Stadtbrache durch fliegenden Handel mit Politkitsch und Militaria geprägt wird. Die Situation eskalierte, als sich Schauspieler in alliierten sowie DDR-Uniformen den Touristen als Fotomotive präsentierten, ein Vorgang, der im Bedürfnis nach retrospektiver Re-Inszenierung statt Dokumentation des Vergangenen und reflektierter heutiger Gestaltung angelegt ist.

Nachrevolutionäre Denkmalstürze: Der Abriss des Lenin-Denkmals als symbolische »Vollendung der friedlichen Revolution«

Politische Denkmäler gerade erst untergegangener Regimes provozieren zu Über-Identifikation bzw. Über-Distanzierung. Umso bemerkenswerter bleibt jene eigentümliche Zurückhaltung der Ostdeutschen gegenüber den politischen Denkmälern aus DDR-Zeiten. Bereits frühzeitig hatte eine Ost-West-Initiative jüngerer Kunstwissenschaftlerinnen und Kunstwissenschaftler auf das Problem hingewiesen und dem unreflektierten Umgang mit politischen Denkmälern der DDR im öffentlichen Raum entgegenzuarbeiten versucht. Die Ausstellung »Erhalten – Zerstören – Verändern?« im Prenzlauer Berg Museum dokumentierte die Objekte, ihre Künstler, Entstehungskontexte und schuf Grundlagen für eine differenzierte Diskussion.

Hatte das Bezirksamt Friedrichshain im November 1990 das Lenin-Denkmal am gleichnamigen Platz im Bezirk Friedrichshain noch reinigen lassen, begann nach dem Sturz sowjetischer Lenin-Denkmäler eine beispiellose Abrisskampagne von oben und von Westen. Obgleich die

Koalitionsvereinbarung von CDU und SPD die Einrichtung einer Expertenkommission zum Umgang mit den politischen Denkmälern in Ostberlin vorgesehen hatte, nutzte der Senat den Novemberputsch in Russland und die Rückbenennung Leningrads in St. Petersburg zur politisch initiierten symbolischen Konfrontation und beschloss ohne Debatte und gegen breiten Widerstand den Abriss des Lenin-Denkmals. Der Abriss des Denkmals in den Tagen des Endes der Sowjetunion wurde dabei bewusst als symbolische Überwindung des Kommunismus durch die Umbenennung des nun denkmallosen Ortes in Platz der Vereinten Nationen inszeniert. Dabei wurde nicht nur übersehen, dass das Lenin-Denkmal aus dem Jahre 1970 eine für politische Denkmäler typische kompensatorische Rolle spielte:

Es steht zeitgeschichtlich für eine »Geste der Besiegung einer in Wirklichkeit bezweifelbaren Eintracht« (Hans Ernst Mittig) – versuchte die DDR doch unter Ulbricht gerade mehr Unabhängigkeit gegenüber Moskau, z. B. durch die Einführung eines flexibleren »Neuen Ökonomischen Systems der Planung und Leitung der Volkswirtschaft«, zu erlangen.

Zugleich wurde der hohe Zeugniswert des städtebauliches Ensembles sowie der Leninfigur selbst übersehen. Ursprünglich hatten die Architekten Herrmann Henselmann und Heinz Mehlan eine öffentliche Bibliothek vorgesehen, nach der damals verbreiteten Bildarchitektur in Gestalt einer Fahne. Später dominierte die politische Funktion die städtebauliche und ikonografische Idee. Statt das gesellschaftliche Projekt auf Wissensaneignung zu stützen, wurde es auf die personifizierte Tradition gegründet; die Bibliothek mutierte zur Monumentalplastik, die die Revolution symbolisierende Fahne erstarrte zum Ornament dogmatischer Herrschaft.

Das sah damals auch die Leiterin der Inventarisation beim Landesdenkmalamt Berlin Hoh-Slodczyk, die am 24. September 1991 in der Tageszeitung *Neue Zeit* unter der Überschrift »Mit Lenin muß man leben lernen« schrieb:

Wie vorgehen? 1. Ein Moratorium, das Zeit zum Prüfen, zum Abwägen, zum Entscheiden läßt. Was soll stehen bleiben. Wie soll es stehen bleiben? Kommentiert etwa? Mit einem Gegendenkmal? 2. Die Einsetzung der in den Koalitionsvereinbarungen verabredeten Fachkommission. Zu ihrem Auftrag sollte auch eine breite öffentliche Diskussion gehören, durch eine Bürgeranhörung eine breite öffentliche Diskussion zu initiieren und zu führen. 3. Eine Denkmalsdiskussion, die Denkmale in Ost und West einbezieht.

Konkurrierende Konzepte symbolischer Geschichtspolitik in Berlin. 2005

Der Kopf des Lenin-Denkmals wurde am 50. Geburtstag des Regierenden Bürgermeisters Diepgen abgenommen.

Alles andere wäre ein selektiver Ansatz, Geschichte zu bearbeiten. Wir haben mit den Denkmalen Ost-West eine Komplementärsituation wie im Städtebau, in dem Hansa-Viertel und Ernst-Reuter-

Platz gegen die Stalinallee stehen. Beide dokumentieren unterschiedliche politische Systeme, zwei Seiten ein und derselben Medaille, die unsere gemeinsame Geschichte ist und die wir mit Mauerabriß und Schloßaufbau nicht eliminieren können.

Die damalige Debatte um das Lenin-Denkmal hat zu beispielloser Polarisierung, auch zwischen Ost und West, in Berlin beigetragen.

Das Denkmal widersetzte sich wochenlang der Abrisstechnik, die Konstruktion aus durch Stahlträger verbundenen Granitblöcken machte umfangreiche bautechnische Maßnahmen erforderlich. Die »Enthauptung« – der Abbruch des Kopfes der Statue – gelang am 50. Geburtstag des Regierenden Bürgermeisters Eberhard Diepgen, am 13. November 1991. Und so wurde der Kopf des Tyrannen nicht dem befreiten Volk, sondern dem Herrscher dargeboten: Diepgen verteidigte den Vorgang als Abriss »eines Despoten«. Die politischen Akteure identifizierten das Zeichen mit dem Bezeichneten, es kam zu einer Re-Ideologisierung des Ereignisses. Ereignisse, so Hegel und Marx, wiederholen sich in der Geschichte: das eine Mal als Tragödie, das andere Mal als Farce. Schließlich kam es zu einer Grablegung der Statue in einem Berliner Forst. Erst sehr viel später wurde die Freifläche zum Platz der Vereinten Nationen umgestaltet.

Die Fachkommission legte schließlich ihren Bericht im Februar 1993 vor und versuchte eine differenzierte Empfehlung: Sie sprach sich für den Erhalt des Marx-Engels-Denkmals aus und forderte den Abriss des Thälmann-Denkmals, der bis heute nicht erfolgt ist.

Um nicht missverstanden zu werden: Abrisse – auch von Denkmälern – sind möglich und können sinnvoll sein. Aber Denkmalstürze müssen sich der Kritik stellen, sowohl hinsichtlich der gewählten Verfahren als auch der möglichen Substanzverluste an zeitgeschichtlich lesbaren Zeugnissen.

Zwischen Abriss und Transformation: Der Umgang mit dem Palast der Republik

Ein weiteres Beispiel der symbolischen Konfrontation ist der Umgang mit dem Palast der Republik. Erneut ging es um die Überwindung eines bereits gestürzten Systems. Zunächst hatte der Palast alle Chancen, dem demokratischen Wandel in der DDR Ausdruck zu geben, denn nach den bereits von Protesten begleiteten Feierlichkeiten anlässlich des 40. Jahrestages der Gründung der DDR im Oktober 1989 wurde er mit dem politischen Umbruch zur gläsernen Lobby der neu gewonnenen Demokratie, exemplarisch als zentraler Ort der Berichterstattung zu

Konkurrierende Konzepte symbolischer Geschichtspolitik in Berlin. 2005

Kulturelle Zwischennutzung des Palastes der Republik, 2005.

den ersten demokratischen Wahlen im März 1990. Nach dem Asbestbefund zog die Volkskammer in das frühere Gebäude des Zentralkomitees der SED, der eigentlichen Machtzentrale des alten Regimes.

Die neunziger Jahre waren durch politische und ideologische Konfrontationen gekennzeichnet: Die Entscheidung, den Palast durch Nutzungsentzug vom gesellschaftlichen Wandel auszuschließen und durch Asbestentsorgung zu ruinieren, machte ihn retrospektiv zum Symbol des untergegangenen Staatswesens und suchte bewusst den Konflikt mit den kulturellen Erfahrungen der Ostdeutschen im Umgang mit diesem Gebäude. An die Stelle einer ignorierten kulturellen Erfahrung wurde das tradierte Bild einer idealischen Vorvergangenheit gestellt: das Schloss.

Als wollte man am Palast Rache für den Abriss der kriegszerstörten Schlossruine Anfang der fünfziger Jahre nehmen, existiert in weiten Teilen des westlich dominierten öffentlichen Bewusstsein noch immer die Annahme, das Schloss sei zum Zwecke der Errichtung des Palastes der Republik abgerissen worden (zwischen diesen Ereignissen lag ein Vierteljahrhundert). Ebenso verfestigte sich die Vorstellung, der nun ruinöse Charakter des Palastes sei Ausdruck der maroden DDR-Verhältnisse gewesen. Häufig wurde der Wiederaufbau des Schlosses mit der endgültigen Beendigung des Zweiten Weltkrieges assoziiert, die mit dem Ende der DDR zusammenfiel. Die Frage entwickelte sich zur

Grundfrage der deutschen Einigung: Weiterbauen nach der DDR oder rückbauen vor die DDR?

Nach der Gestaltung des politischen Zentrums der Bundeshauptstadt im Spreebogen, nach der Errichtung des neuen Urban Entertainment Centre am Potsdamer Platz und der Akzeptanz des großzügigen kommunalen Forums am Roten Rathaus zwischen Fernsehturm und Spree bildet die Mitte der Spreeinsel die verbleibende große städtebauliche und gesellschaftspolitische Herausforderung: die Transformation vom preußisch-ostdeutschen Staatsforum zur kultur- und wissensbasierten gesellschaftlichen Mitte eines europäischen Landes.

Der Beschluss zur Errichtung eines neuen Gebäudes in Kubatur und mit den Barockfassaden des Berliner Stadtschlosses erbrachte immerhin das Ergebnis, dass es an diesem städtischen Ort und zur Legitimation der retrospektiven Architektur eines dominant öffentlichen Zweckes bedarf. Diese öffentlichen Zwecke sind derzeit nicht öffentlich finanzierbar. Es steht ein Abriss ohne Anschlussprojekt bevor. Nun soll als Zwischenlösung eine Grünfläche entstehen.

Parallel zu den politischen Diskursen artikulieren sich neue Akteure, die jenseits symbolischer Konfrontationen agieren und diese unbestimmte Situation und den Ort als offenen Raum begreifen. Diese neue Generation will unbelastet fragen, deuten und erkunden. Das Projekt einer kulturellen Zwischennutzung nimmt den rückgebauten Palast der Republik als das, was er sein könnte: als Rohbau für eine Zukunft mit öffentlicher Nutzung – jenseits der ideologischen Konfrontation von retrospektivem DDR-Palast und ebenso retrospektiv gedachtem Schloss. Die kulturelle Zwischennutzung einer »Konstruktion mit ungewissem Status« (Rem Koolhaas) schafft in der Mitte der Stadt ein urbanes Labor, einen transitorischen Raum: nicht für retrospektive, sondern für prospektive Erkundungen. Nicht für die ältere Generation, die Subjekt und/oder Objekt der deutschen Einheit war, sondern für die jüngere Generation, für die die deutsche Einheit eine unbestrittene historische Voraussetzung, nicht aber schon die Antwort auf ihre Zukunftsfragen darstellt.

Die kulturelle Zwischennutzung kann die vom Bundestag getroffene Entscheidung zum Abriss des Palastes und zur Errichtung eines Gebäudes in der Kubatur und mit den Barockfassaden des Berliner Stadtschlosses politisch nicht in Frage stellen, sie setzt diese Entscheidung vielmehr voraus, wenn sie sie kulturell hinterfragt. Sie ist eine diesseitige Utopie: die Zukunft nicht im Jenseits, schon gar nicht in der Vergangenheit zu suchen, sondern aus dem Fragmentarischen, Ungewissen, Schwierigen des Vorhandenen zu entwickeln.

Symbolischer Tausch und nationaler Gründungsmythos: Der Umgang mit Schinkels Neuer Wache

Die Schinkelsche Neue Wache mit den Generalsstandbildern wurde in der Weimarer Republik mit der Umgestaltung des Innenraumes durch Heinrich Tessenow den Opfern des Ersten Weltkrieges gewidmet. Nach dem Zweiten Weltkrieg wurde der Ort die zentrale Gedenkstätte der DDR für die Opfer von Faschismus und Militarismus – mit ebenfalls neuer Innenraumgestaltung in den sechziger Jahren.

Nach der deutschen Vereinigung, 1993, wurde der Ort wiederum umgestaltet und als zentrale Gedenkstätte nunmehr allen Opfern von »Krieg und Gewaltherrschaft« gewidmet. Die Zustimmung des Zentralrats der Juden in Deutschland zu dieser Widmung der Neuen Wache war nur gegen die Zusicherung der Errichtung eines gesonderten Mahnmals für die ermordeten Juden Europas gegeben worden. 1993 wurde die einmalige historische Chance verpasst, das staatliche Gedenken, den nationalen Totenkult durch eine Säkularisierung der Neuen Wache abzulösen: Statt weiterem Opfergedenken bei Neuordnung (extreme Ausdehnung der Opfergruppen) wäre dies der geeignete Ort gewesen, an die bei aller Diskontinuität kontinuierlichen Formen staatlichen Gedenkens in Deutschland zu erinnern und die Neue Wache zum Denkmal ihrer selbst zu machen.

Alexanderplatz, 4. November 1999

Im Kontext der 10-Jahres-Feiern des demokratischen Herbstes in der DDR gelang ein interessantes Projekt, Geschichte durch ästhetische Intervention im Stadtraum zu vergegenwärtigen. Das mehrteilige

»Wir waren das Volk«, Geschichtsprojekt des Bezirksamtes Mitte von Berlin zehn Jahre nach der Demonstration am 4. November 1989.

Projekt »Wir waren das Volk« erinnerte an die Demonstration am 4. November 1989 auf dem Berliner Alexanderplatz. An diesem Tag forderten viele hunderttausend Menschen nicht nur ihre demokratischen Ansprüche auf Einlösung der in der DDR-Verfassung verbrieften Meinungs-, Presse- und Versammlungsfreiheit ein, gewannen öffentlich ihre Sprache, sie gaben auch dem städtischen Raum seinen öffentlichen Charakter zurück: als Ort der Begegnung, des Gesprächs und der Selbstdarstellung einer sich emanzipierenden Bürgerschaft.

Der 4. November steht für die heroische Illusion des gesellschaftlichen Umbruchs in der damaligen DDR. Er ist der Moment des Übergangs: einerseits selbstbestimmter demokratischer Aufbruch und Tag der Hoffnung auf eine demokratisierte DDR, andererseits Beginn der Konstituierung einer politischen Öffentlichkeit, die angesichts der historischen Konstellationen in kürzester Zeit unausweichlich zum Anschluss der DDR an die Bundesrepublik führte. In der Presseerklärung zum Projekt hieß es:

Zehn Jahre danach besteht die Chance, sich mit Stolz der historischen Aktion zu erinnern, sich mit rückhaltloser Offenheit von den Selbsttäuschungen zu verabschieden und sich zugleich der uneingelösten Hoffnungen zu erinnern. Erst die gewonnene politische Freiheit lässt die Frage nach der Demokratisierung der Demokratie präzise stellen. Der 4. November 1989 entzieht sich linearen und/oder parteipolitisch dominierten Geschichtsdeutungen und kann daher ein Potential der andauernden selbstkritischen Befragung der heutigen bundesdeutschen Gesellschaft sein.

Dabei soll der veränderte Charakter des öffentlichen Stadtraums Ausgangspunkt unserer Projektreihe sein. War der Alexanderplatz am 4. November 1989 durch die Demonstration Hunderttausender unmittelbar ein politischer Raum, so hat sich heute das öffentliche Gedenken im Stadtraum mit der Dominanz konsum- und mediengestützter Botschaften auseinanderzusetzen. Der Zugriff auf das historisch-politische Ereignis kann und soll daher nicht unmittelbar erfolgen, sondern über die Wahrnehmung des veränderten Zusammenhangs von Politik, Medien und Stadtraum. Das *blow-up* am Haus des Lehrers, die Fernsehdokumentation auf dem Bildschirm des Street TV und das »Denkzeichen 4. November 1989«, die jeweils mit dem Werbemedium spielen, haben eigenständige kulturelle Dimensionen. Wir möchten neue Formen des historischen Erinnerns im öffentlichen Stadtraum erproben.

Das Projekt bestand aus folgenden Elementen: Eine Ausstellung »Der kurze Herbst der Utopie« im Haus des Lehrers dokumentierte das historische Ereignis; Rednerinnen und Redner der damaligen Demonstration stellten sich der Diskussion. Ein Leuchtkasten (»Kunst statt Werbung«) zeigte mehrere Jahre hindurch künstlerische Arbeiten. Dabei ging es nicht allein um historische und politische Querverbindungen und Parallelen der Demokratiebewegungen in verschiedenen Teilen der Welt, sondern ebenso um die individuellen Konflikte zwischen Anpassung und Widerstand, Resignation und Zivilcourage. Das »Denkzeichen« wurde mehrere Jahre durch die Projektgruppe Pat Binder und Gerhard Haupt betrieben. Die erste Arbeit wurde von dem aus der DDR stammenden, heute in Hamburg lebenden Grafiker und Filmemacher Lutz Dammbeck gestaltet.

Ein anderer Projektteil konfrontierte die Passanten unerwartet mit dem historischen Ereignis selbst: Auf einer Bildschirm-Werbefläche auf dem Dach des früheren Hauses der Elektroindustrie wurde der mehrstündige Fernsehmitschnitt der historischen Demonstration gezeigt und per Lautsprecher auf den Alexanderplatz übertragen. Der Werbescreen auf dem Dach befand sich nur unweit der damaligen Tribüne. Damit kehrte das Ereignis als Dokumentation auf den Platz zurück, auf einer ansonsten der Werbung dienenden Fläche und in einer gegenüber dem Street TV durchaus archaisch anmutenden Ästhetik.

Während der einmalig gezeigte Fernsehmitschnitt bewusst beiläufig und unangekündigt präsentiert wurde, dominierte das Riesenposter »Wir waren das Volk« am Haus des Lehrers provokant mehrere Wochen den Alexanderplatz. »Wir waren das Volk« setzt den legendären Text »Wir sind das Volk« in die Vergangenheitsform. Das ist mehrdeutig interpretierbar: Stolz auf die historische Aktion, Melancholie über uneingelöste Hoffnungen und Vergewisserung des gewonnenen historischen Abstandes sind erkennbar. Heute artikulieren sich demokratische Ansprüche nicht zuerst in einem gegen eine uneinsichtige politische Klasse gesetzten Volksbegriff. Der Text ist daher auch lesbar als: »Wir waren das Volk, heute sind wir mündige Bürger/-innen«. Andererseits bleibt der zivile Widerstand der Bevölkerung eine unberechenbare und sich von Zeit zu Zeit erneuernde geschichtsbildende Kraft.

Der leere Sockel:
Die gescheiterte Denkmalssetzung für Karl Liebknecht
Am Potsdamer Platz finden wir den Überrest eines unvollendeten Denkmals für Karl Liebknecht. Liebknecht stimmte 1914 als einziger Reichstagsabgeordneter gegen eine Bewilligung weiterer Kriegskredite

Das unvollendete Liebknecht-Denkmal, verwaist im Mauerstreifen am Potsdamer Platz.

und wurde daraufhin aus der Fraktion der SPD ausgeschlossen, er organisierte am 1. Mai 1916 vor dem Potsdamer Bahnhof eine Demonstration für die Beendigung des Ersten Weltkriegs, wurde verhaftet und daraufhin zu einer Zuchthausstrafe verurteilt.

Die Spaltung der deutschen Linken im Ersten Weltkrieg und in der Novemberrevolution, die für die revolutionäre Linke traumatische Ermordung von Rosa Luxemburg und Karl Liebknecht 1919 hatte katastrophale Auswirkungen auf die weitere deutsche Geschichte. So wird verständlich, dass nach 1945 die DDR in ihrem Traditionsbezug an Karl Liebknecht anknüpfte. Interessant und vielsagend, dass diese und andere Denkmalssetzungen für die revolutionäre deutsche Linke in der DDR jedoch scheiterten. Der Sockel wurde zum 80. Geburtstag Liebknechts am 13. August 1951 aufgestellt. Politischer Kontext war damals der Kampf um die Einheit Deutschlands und gegen die Wiederbewaffnung Westdeutschlands. Der prominente Ort an der Sektorengrenze war also Programm. Das Denkmal auf dem Potsdamer Platz wurde jedoch nicht fertiggestellt. Seit dem 13. August 1961 stand der Denkmalsockel im Grenzgebiet inmitten der Sperranlagen. Von Osten her konnten ihn wegen der Staffelung der Grenzanlagen nur die DDR-Grenzsoldaten sehen, nur von der Westseite her war er von den Aussichtsplattformen wahrzunehmen. Im Niemandsland des Grenzgebietes verwaiste der Sockel wie ein ausgespülter Findling als unvollendetes Antikriegsdenkmal zwischen den zwei Welten des Kalten Krieges. Nach der Maueröffnung, deutscher Einheit und Grundstücksrestitution stand der Liebknecht-Sockel auf privatem Baugrund. Erst 1995 wurde der Sockel geborgen und abgeräumt. Hätte eine Liebknecht-Statue auf dem Sockel gestanden, wäre das Denkmal gewiss sehr viel früher und kontroverser in die öffentliche Debatte geraten. Seit 2002 setzten sich der Verein Aktives Museum, die Gedenktafelkommission Mitte und schließlich die Bezirksverordnetenversammlung Mitte für die Wiederaufstellung des Sockels ein. Die Senatskulturverwaltung organisierte und finanzierte im Jahr 2003 dieses ungewöhnliche Denkmalprojekt. Die Geschichte der gescheiterten Denkmalssetzung wurde so selbst zum Denkzeichen, der Sockel zur Projektionsfläche der Geschichte des 20. Jahrhunderts und des historischen und stadträumlichen Wandels am Potsdamer Platz.

Fazit:
Bedingungen reflektierter Geschichtsaneignung
Strategien des Bildersturms sind keineswegs ein überwundenes Verfahren der Geschichts-»Bewältigung«, sie reproduzieren sich latent, und

Jürgen Raue: Gedenkstein für die Widerstandsgruppe um Herbert Baum im Berliner Lustgarten (1981), respektvoll ergänzende Kommentierung durch das Bezirksamt Mitte (2000).

machtgestützte Politik weiß sich immer wieder des Bildersturms und der Denkmalstürze zu bedienen. Historische Brüche lassen sich aber nur reflektieren, wenn das Medium der geschichtlichen Tradierung selbst zum Gegenstand der Reflexion wird.

Deshalb wird eine aufgeklärte Theorie und Praxis, auch politische Praxis danach streben, im öffentlichen Stadtraum tradierte Denkzeichen nicht zu ersetzen, sondern in komplexere Bedeutungszusammenhänge zu versetzen. In vormodernen Formen des Diskurses ist der Verlust von Geschichte und Öffentlichkeit unausweichlich. Es braucht die spannungsvolle Differenz von Alltagskommunikation, Fachdiskurs und Politik. Und es braucht die Ablösung eines vormodernen Denkmalsbegriffes. Die Berliner Erfahrungen sind widersprüchlich, aber nicht ohne Ermutigung.

Vortrag im Rahmen der Ringvorlesung »Bildersturm« des Studium generale an der Ruprecht-Karls-Universität Heidelberg im Wintersemester 2003/04, zuerst veröffentlicht in: BILDERSTURM, Heidelberg, Universitätsverlag Winter, 2006, S. 61–79; durch den Autor für diese Ausgabe geringfügig ergänzt. (Anm. d. Hrsg.)

KULTURARBEIT UND GESELLSCHAFTLICHE MODERNISIERUNG
Vortrag auf der Jahrestagung »Kultur Aufschwung Ost?!«. 1992

I.

Auch auf kulturellem Gebiet kann die deutsche Einheit nur »gelingen«, wenn die »nachholende Modernisierung« (Jürgen Habermas) der ostdeutschen Gesellschaft mit der »reflexiven Modernisierung« (Ulrich Beck) der bundesdeutschen Gesellschaft insgesamt gekoppelt wird.

Die Erfordernisse der Weiterentwicklung der bundesdeutschen Gesellschaft sind dabei nicht aus dem Erbe irgendwelcher DDR-«Errungenschaften«, sondern aus den im östlichen Transformationsprozess deutlich offenbar werdenden Strukturproblemen gesellschaftlicher Entwicklung herzuleiten. Dieser Transformationsprozess hat natürlich historische Voraussetzungen und insofern gehört auch die deutsch-deutsche Differenz dazu.

Die Rede vom »Aufbauprozess in den neuen Bundesländern« reduziert die Perspektive aber von vornherein auf die einfache Reproduktion der in Westdeutschland gewachsenen Strukturen und negiert Notwendigkeiten und Ansätze zu einer eigenen Weiterentwicklung. Ganz zu schweigen davon, dass die kulturelle Entwicklung in der DDR in ihrer Widersprüchlichkeit so nicht zu fassen ist. Es muss dann ein Geheimnis bleiben, woher die vielen »freien« Träger, die Initiativen, Projekte und Vereine eigentlich kommen. Zudem steht die Redeweise vom »Aufbau« im Widerspruch zur Forderung nach dem kulturellen »Substanzerhalt« im »Beitrittsgebiet«.

II.

»Freie« Kulturarbeit bedarf der gesicherten Existenz einer Pluralität von Trägern, Inhalten und Formen der Kulturarbeit. Ihr Zusammenhang und die Vermittlung mit der gesellschaftlichen Entwicklung insgesamt stehen somit zur Debatte. Die Existenzbedingungen der von »freien Trägern« geleisteten Kulturarbeit umreißen also nur einen Teilaspekt. Im Sinne der unumgänglichen nachholenden Modernisierung hatte und hat die Entwicklung der »freien Träger« der Kulturarbeit in den neuen Ländern zweifellos herausragende Bedeutung.

Da war und ist (noch) viel Anfang: Der demokratische Aufbruch vollzog sich auch als kulturelle Selbstbestimmung. Ähnlich wie bei den alternativen politischen Öffentlichkeiten der Bürgerbewegungen und

Parteien konnte die neu entstehende kulturelle Öffentlichkeit an vorhandene informelle Kommunikationsstrukturen anknüpfen. Jugend- und Kunstszenen waren längst in Ansätzen ausdifferenziert und haben sich schnell institutionalisieren können. Sie sind heute wieder stark gefährdet. Der Ende 1989 einsetzende Prozess der »Entstaatlichung« war die logische Antwort auf die staatssozialistische Zentralisierung. Endlich möglich gewordene freie Projektarbeit und die Bildung von Organisationsstrukturen enthielten bzw. enthalten Ansätze zur Bildung einer Zivilgesellschaft.

Aber auch die Bemühungen um die programmatische Erneuerung der kommunal getragenen Kulturarbeit, die einem produktiven Legitimationsdruck ausgesetzt wurden, sind nicht zu übersehen. (Immer unter der Voraussetzung, die Institutionen der Kulturarbeit wurden nicht vollständig liquidiert.) In vielen Bereichen hat sich eine sinnvolle Kooperation zwischen öffentlichen und freien Trägern herausgebildet. Ansatzweise konnte in den Kommunen so etwas wie eine kommunale Kulturpolitik entstehen.

Kulturpolitisch war die Orientierung auf die Entstaatlichung der Kulturarbeit bei gleichzeitiger Behauptung des Kulturstaatsgebotes wohl zweifellos richtig. Diese direkt und mittelbar vor allem durch die Aktivität der neuen »freien Träger« ermöglichte Freisetzung einer enormen kulturellen Kreativität befestigte dabei zugleich Ansprüche, mit denen heute gerechnet werden muss.

III.

Ich komme aus einem Ostberliner Bezirk, in dem die kulturelle Substanz bislang nicht nur erhalten werden konnte, sondern gerade durch die Existenz »freier« Träger bedeutenden Zuwachs erlangt hat. Angesichts der jedoch nun auch in Ostberlin absehbaren Notsituation der »freien« und kommunalen Träger der Kulturarbeit zeigen sich die Grenzen des bisher verfolgten Ansatzes.

Die aktuelle Notsituation, in der sich die »freien« Träger in Ostberlin befinden, lässt sich folgendermaßen charakterisieren: Weitere (zu erwartende) Einschränkungen bei der Gewährung von ABM-Stellen führen zum sofortigen Infarkt der vielen »freien« Projekte, aber auch der kommunalen Träger, die angesichts eigener Personalkürzungen ihr kulturelles Angebot nicht aufrechterhalten können.

So gibt es zurzeit in den drei Nordostbezirken Berlins um die tausend ABM-Stellen im kulturellen Bereich. Die Rede von einer »Überausstattung« ist nicht nur unangemessen gegenüber der auf andere Weise nicht zu erhaltenden kulturellen Substanz. Sie ist sogar politisch blind angesichts der instabilen sozialen Lage. Solche Sprüche übersehen auch die Tatsache, dass die kulturpolitische Orientierung auf »freie Träger« keine eigenen Instrumente zur Verfügung gestellt hat. Uns blieb kein anderer als der ABM-Weg.

IV.
Schwerwiegende Verluste sind auch bei einer weiteren Einschränkung der Bundesförderung zu erwarten. Diese Mittel wurden in Berlin nicht nach den Förderkriterien des BMI durch das Land verteilt, sondern pauschal in den Landeshaushalt eingestellt. Angesichts dieses Skandals gab es deutlichen, aber ergebnislosen Protest.

Rein rechnerisch stand damit in Ostberlin zwar eine ganze Menge Geld zur Verfügung, aber es konnte nicht zielgerichtet, d. h. für einen sinnvollen Strukturwandel, eingesetzt werden. Die Einrichtungen erhielten eine quasi »normale« Finanzausstattung, die für den dringenden Bedarf an Bauleistungen und Ausrüstungsinvestitionen gerade nicht verwendet werden konnte. Die »freien Träger« gingen auf diese Weise leer aus.

Das dann noch gefundene Sonderprogramm für die »freien Träger« (da wurde ein Programm zur »Minderung teilungsbedingter Folgen« angezapft) half zweifellos, hatte aber nicht den notwendigen Umfang. Vor allem wurde nur selten so verteilt, dass »freie Träger« eine wirksame Infrastrukturhilfe erhielten.

Dank des genannten Verteilungsmodus konnten zwar bislang viele kulturelle Einrichtungen und Projekte erhalten werden, die Zeit wurde aber nur unzureichend für einen sinnvollen Strukturwandel genutzt. Das konzeptionelle Defizit, das auf Landesebene hinsichtlich der Perspektive der kommunalen Kulturarbeit in den Bezirken existiert, lässt sich nun nicht mehr verbergen.

V.
Nun werden die weitestgehend fehlenden Rahmenbedingungen zur langfristigen Sicherung der Existenz »freier« Träger offenbar.

An erster Stelle steht hierbei natürlich die Frage der Räume und des Erhalts einer durchgängigen Infrastruktur in Berlin. Wenn der Finanzsenator verlangt, dass öffentliche Räume zu ortsüblichen Preisen zu vermieten sind, und die Summen der Zuwendungen für »freie Träger« aber gleich bleiben bzw. sinken, ist das Schicksal der »freien« Kulturarbeit besiegelt. Eine logische Folge sind dann entsolidarisierende Verteilungskämpfe unter den freien Trägern um die knapper werdenden Projektmittel. Neue Träger haben hier kaum eine Chance.

VI.

Es existieren auch zu wenig inhaltliche Kriterien für die Bewertung der »freien« Projekte. Diese werden jetzt zwar durch den Abbau der ABM-Kontingente erzwungen. Noch werden die Entscheidungen aber von den Arbeitsämtern ohne eine institutionell geregelte Abstimmung mit den im kulturellen Bereich Tätigen getroffen.

»Freie« und kommunale Träger der Kulturarbeit fordern daher nicht nur die Aufrechterhaltung der ABM-Kontingente, sondern auch Mitwirkungsmöglichkeiten bei der Erarbeitung von Bewertungskriterien für AB-Maßnahmen im kulturellen Bereich. Gute informelle Kontakte zu den Arbeitsämtern können die notwendige Grundsatzdebatte über den Zusammenhang von Kulturarbeit und Beschäftigungspolitik nicht ersetzen.

Dabei sind die Leistungen »freier Träger« weithin anerkannt: Neben der künstlerischen und sozial-kulturellen Projektarbeit sind das beachtliche Niveau und die wachsende Professionalisierung mancher Projekte nicht zu übersehen. Auf der Grundlage von Mischkonzepten (also der Verbindung von Kulturarbeit, Gewerbe, Ausbildung usw.) entwickeln heute einige »freie Träger« Standorte von überregionaler Bedeutung (z. B. die in ehemaligen Brauereien ansässige Kulturbrauerei und die Pfefferwerk GmbH).

Die jeweils ausgewiesenen Kompetenzen »freier Träger« sind dabei die entscheidende Grundlage für eine sinnvolle Kooperation mit der Kommune. So betreibt das Kulturamt Prenzlauer Berg bereits heute eine Reihe von kommunalen Kultureinrichtungen und -projekten in Kooperation mit sogenannten freien Trägern (z. B. den Stadtteilkulturladen »Zunge«, den Kiezklub mit multikulturellem Programm »Asiaticus« und das umfangreiche Programm künstlerischer Werkstätten an den Schulen des Bezirks).

VII.

Die Anwendung der bisherigen Förderprogramme hat nicht nur die traditionellen Institutionen der Kulturarbeit (Einrichtungen mit »gesamtstaatlicher« Bedeutung oder festgefügte Institutionen) bevorteilt und sollte daher zugunsten »freier Träger« modifiziert werden. Sie hat die Trägerstruktur der Kulturarbeit insgesamt nicht ausreichend zum Ansatzpunkt genommen.

Hier zeigt sich ein weithin ungeklärtes Problem. Es gibt kein ausreichendes Verständnis und daher auch keinen kulturpolitischen Konsens für die genuinen Aufgaben der verschiedenen Träger der Kulturarbeit, die hier ansatzweise nach privaten, freien und öffentlichen unterschieden werden sollen.

Spätestens hier stellt sich auch die Frage, was mit freier Kulturarbeit gemeint sein kann. Wird diese nur von Freischaffenden, von Freiberuflern geleistet? Zumeist wird freie Kunst- und Kulturarbeit nur negativ bestimmt, als gemeinnützige, nicht-kommerziell bzw. nicht-öffentlich getragene Kulturarbeit. Ist eine von Kompetenz getragene, demokratisch kontrollierbare und öffentlich finanzierte kommunale Kulturarbeit nicht auch »frei«?

Und spricht sich nicht in der missverständlichen Rede von den »freien Trägern« auch das ideologisch sedimentierte Ressentiment gegen jede privatwirtschaftliche Trägerschaft im Kulturbereich aus? Aus dem Wissen, dass wirtschaftlicher Macht gesellschaftlich gegengesteuert werden muss, ergibt sich aber noch keine konkrete Kenntnis, wie dem Kapital im kulturellen Bereich, in den verschiedenen Formen der Kulturwarenproduktion und -zirkulation, gesellschaftsvertragliche Zügel angelegt werden sollen.

VIII.

Mitunter wird auch die ideologisch angerufene »Staatsferne« der Kultur von interessierter Seite als Instrument zur Zerschlagung kommunaler Trägerstrukturen und zur Etablierung »freier Träger« für bestehende Kultureinrichtungen benutzt. Die Spekulation auf die Finanzschwäche der Kommune setzt hier nicht auf eine Kooperation, sondern auf den rigorosen Trägerwechsel. Das ist dann besonders ärgerlich, wenn die Existenz leistungsfähiger freier Träger nur behauptet wird und die Bewerber weder ein schlüssiges Kultur- noch ein Finanzkonzept vorweisen können.

Sind dann noch komplizierte Baumaßnahmen zu realisieren und die Kulturlobby ohnehin schwach in einer Kommune, kann der lachende Dritte sehr schnell der private Investor sein, der sich um kommunale und alternative Kulturbelange wenig schert.

Die latente Konkurrenz zwischen freien und kommunalen Trägern schadet beiden Seiten. Dabei wird oft übersehen, dass die kommunalen Kulturhaushalte keine unwesentliche Einnahmequelle der »freien« Künstler/-innen und der diversen Kulturprojekte sind.

IX.

In Berlin ist das Fehlen einer kulturpolitischen Lobby, die sich dem Problem der in beiden Stadtteilen unterschiedlich gewachsenen Infrastrukturen der Kulturarbeit ernsthaft stellt, auch dadurch zu erklären, dass kein politikfähiges Verständnis der kommunalen Kulturaufgaben existiert.

Vortrag auf der Jahrestagung »Kultur Aufschwung Ost?!«. 1992

Während die vom Kultursenator berufene Strukturkommission zur Weiterentwicklung der bezirklichen Kulturarbeit sich zurzeit um eine Fortschreibung der erstmals im Jahre 1985 durch eine gemeinsame Stellungnahme der Westberliner Volksbildungsstadträte fixierten Aufgaben der Kunstämter bemüht und parallel entsprechende Fachgutachten in Auftrag gegeben wurden, vollziehen der Innen- und Finanzsenator längst die »Herstellung der Vergleichbarkeit der Strukturen«, ihre »Harmonisierung« auf dem angestrebten Niveau der am schlechtesten ausgestatteten Westberliner Kunstämter, ohne jede »Aufgabenkritik« und ohne eine kulturpolitische Stellungnahme des Senats zu den vorgenommenen Einschränkungen.

Damit ist das Ende der Übergangsregelungen in Berlin eingeläutet. Weder gibt es Überlegungen zu den kulturellen Rahmenbedingungen des Einigungsprozesses und der dafür erforderlichen Infrastruktur noch ein langfristiges Konzept für die kulturelle Zukunft Berlins. (Das im Auftrage des Bundespräsidenten erstellte Gutachten spielt kulturpolitisch für die Diskussion der kommunalen Kulturarbeit leider überhaupt keine Rolle.)

Die Rede von der besonderen Bedeutung der »freien Träger« für den kulturellen »Aufbau«prozess wendet sich hier ins Zynische. Für den Osten werden existenzfähige freie Träger vorausgesetzt, obwohl fast alle Bedingungen hierfür fehlen. Was jetzt kaputt zu gehen droht, ist kein abzuwickelndes DDR-Erbe, sondern kulturelles Resultat des demokratischen Aufbruchs.

Eine angemessene Finanzausstattung der Kulturhaushalte der Kommunen und eine auf infrastrukturelle Erneuerung ausgerichtete Bundesförderung müssen sich ergänzen. Zurzeit droht der Kollaps für die Kulturarbeit sowohl der kommunalen wie der freien Träger.

Gerade angesichts der Schwäche unserer demokratischen Kultur (wie sie sich in der Ausländerfeindlichkeit, der Gewaltbereitschaft bei Jugendlichen und der sinkenden Autorität der demokratischen Institutionen ausdrückt) kann die im Einzelnen wohl sinnvolle Auflegung von Sonderprogrammen keine grundsätzliche Alternative zum dramatischen Abbau der Kulturhaushalte darstellen.

X.

Hier macht sich auch bemerkbar, dass die kulturpolitische Grundsatzdebatte in der Bundesrepublik nicht weitergeführt wurde. Die Anwendung der seit den siebziger Jahren gewonnenen und »bewährten« Orientierungen, wie sie etwa die Kulturpolitische Gesellschaft verdienstvollerweise gesammelt und verbreitet hat, abstrahierte von der

Tatsache, dass im aktuellen Einigungsprozess der Hintergrund eines gesellschaftlichen Reformprogramms fehlt und mit wachsenden Ausgabemöglichkeiten für den kulturellen Bereich nicht zu rechnen ist.

Der Substanzerhalt und damit die Entwicklung neuer Träger gelingt nur, solange die Anschub- bzw. Übergangsfinanzierung funktioniert(e): die vom CDU-Kulturminister verteilten »Spendenmittel« der PDS, die Mittel der Stiftung Kulturfonds und die inzwischen mehr als zwei Milliarden DM Bundesförderung.

Das Bündnis jener, die nur auf eine verzögerte Abwicklung der »DDR-Kultur« setzten, mit jenen, die auf einen neuen Aufschwung der »Soziokultur« hofften, wird brüchig. Die aktuelle Debatte um die Fortsetzung der Bundesförderung stellt die Frage radikaler denn je: Geht es um die Verlängerung einer Sterbehilfe, oder lassen sich im Prozess der deutschen Einigung strukturelle Probleme lösen?

XI.

Angesichts der enormen Probleme besteht vielleicht die Chance, diese notwendige Debatte nicht parteipolitisch zu führen, etwa nach dem Muster: hier neokonservativ-liberale Deregulierung, dort alternativer Kulturbereich. (Das einmütige Votum des Unterausschusses Kultur des Deutschen Bundestages zur angemessenen Fortführung der Übergangsfinanzierung lässt dies wenigstens hoffen.)

Vielleicht muss die kulturpolitische Grundsatzverständigung an einem paradoxen Punkt beginnen, nämlich dem offensichtlichen Dilemma, den Zusammenbruch einer Gesellschaft durch ABM auffangen zu wollen. Längst ist bewiesen, dass die Einrichtung und Unterhaltung eines Kulturarbeitsplatzes nur unwesentlich mehr kostet als die Finanzierung einer arbeitslosen Kulturarbeiterin bzw. eines Kulturarbeiters. Auch gesamtgesellschaftlich gerechnet sind die strukturellen Verbesserungen durch Kulturarbeit offensichtlich.

Mit dem Ende der Arbeitsgesellschaft bleibt zwar die Arbeit notwendige Existenzgrundlage, aber das zu gewinnende Reich der Freizeit ist aus sich heraus nicht auch schon ein Reich der Freiheit. Kultur kann als immer wichtiger werdende Ressource begriffen werden, die Potentiale der gesellschaftlichen Modernisierung mit den lebensweltlich verankerten produktiven Vermögen der Individuen rückzukoppeln.

XII.

Kulturpolitische Überlegungen haben im derzeitigen Diskurs der Politik jedoch kaum eine Chance. Im Dilemma befangen, die notwendigen finanziellen Transferleistungen von West nach Ost mit der Sicherung der sozialen Verträglichkeit im Westen zu verbinden, stehen für den Westen Besitzstandswahrung und für den Osten schrittweises Aufholen auf dem Programm. So kann nicht nur nichts Neues gedacht werden, es können auch die real existierenden Ansätze möglicher neuer Entwicklungen nicht wahrgenommen werden.

Arbeitsmarktpolitische Maßnahmen sind ein in der Geschichte der Bundesrepublik durchaus bewährtes Instrument, regionalen und sektoralen wirtschaftlichen Strukturwandel zu unterstützen. Vor dem Hintergrund des unaufschiebbaren Umbaus der Industriegesellschaft kommt der (auch im Westen in weiten Teilen ABM-gestützten) Kultur- und Sozialarbeit strategische Bedeutung zu: nämlich als Kristallisation eines zweiten Arbeitsmarktes für sozial abgesicherte, »gesellschaftlich nützliche Tätigkeiten«, wie Hermann Glaser schon 1988 forderte.

Es gehört zur Ironie der Geschichte, dass gerade die konservative Politik den Maßstab von Arbeitsbeschaffungsmaßnahmen im kulturellen Bereich in einer Weise ausgedehnt hat, die Ansätze für eine zukunftsweisende Infrastruktur enthält.

XIII.

Jedem ist heute klar, dass der erste Arbeitsmarkt die Kulturarbeiter/-innen nicht wieder aufnehmen kann. Die aktuelle Debatte um die Fortführung der arbeitsmarktpolitischen Maßnahmen sollte daher nicht nur als eine Diskussion über die Bewältigung der sozialen Folgen der deutschen Einigung begriffen werden. Vielmehr wird gerade im Hinblick auf den Kulturbereich über ein wirkliches Potential zukünftiger gesellschaftlicher Entwicklung entschieden.

Daher kann es nicht nur darauf ankommen, ein bestimmtes Niveau der Beschäftigung im kulturellen Bereich zu halten, sondern es gilt, mit institutioneller Phantasie Netzwerke der verschiedensten Träger und Formen der Kulturarbeit zu schaffen: Netze, die nicht nur vom öffentlichen Haushalt abhängen und das gesamte Repertoire der Arbeitsförderung wie der Bindungen an den Markt der Kulturwaren nutzen.

Neben der Sicherung eines bestimmten Niveaus der Kulturarbeit in Ost und West ist vor allem ein strategisches Bündnis zwischen Kultur- und Beschäftigungspolitik gefordert.

Die Grenzen einer bloß nachholenden Modernisierung überschreiten heißt also, den reproduktiven Zusammenhang einer Pluralität von Trägern der Kulturarbeit mit der Gesamtgesellschaft zu denken und zu gestalten. Wir benötigen eine Ästhetik, eine Soziologie und eine (politische) Ökonomie privater, freier und öffentlicher Träger der Kulturarbeit.

XIV.

Während bestimmte Formen der Kulturproduktion und -vermittlung einen hohen Vergesellschaftungsgrad aufweisen (z. B. große Teile der Musikindustrie) und ohne weiteres kapitalisierbar sind, lassen sich andere Formen der Kulturarbeit nicht privatwirtschaftlich betreiben. Hier müssen »freie« und öffentliche Träger unverzichtbar Aufgaben wahrnehmen (z. B. in Bereichen der sozialpädagogisch orientierten Kulturarbeit, bei der Förderung junger Künstler/-innen oder bei der themenbezogenen Projektarbeit).

Die bestehenden Formen der Förderung »freier« Träger (Projektförderung bzw. institutionelle Förderung) verweisen bereits auf deren interne Differenzierung in der Arbeitsweise wie bei den Subjekten. Zwischen der Ad-hoc-Arbeit und der Professionalisierung bestehen ebenso Unterschiede wie zwischen der individuellen bzw. der gemeinschaftlichen Produktion von Künstlerinnen und Künstlern und soziokulturellen Projektgruppen. Diese Unterschiede werden im Begriff der »freien« Träger oft verwischt.

Die Tätigkeit »freier« Projektgruppen kann gegenüber der in kommunalen Institutionen geleisteten Kulturarbeit Vorteile haben: Das starke Eigeninteresse und die Rückbindung an die informelle Gruppe können zu einer authentischen Artikulation gesellschaftlich relevanter kultureller Veränderungen und damit auch zu einer Quelle ästhetischer Innovation werden.

Dagegen stehen die Probleme der Diskontinuität der Arbeit und der zumeist begrenzte Blick auf den kulturellen Horizont der eigenen sozialen Gruppe.

XV.

Öffentliche Träger können sich durch Professionalisierung und Längerfristigkeit der Kulturarbeit auszeichnen. Kulturarbeiter/-innen im öffentlichen Dienst sollten zudem die Fähigkeit zur Abstraktion von der ausschließlich eigenen individuellen Selbstverwirklichung haben. Die themenbezogene und sozialorientierte Projektarbeit kann nur durch die Kombination der Diskurse verschiedener Bevölkerungsgruppen gelingen.

Hinderlich für die Kulturarbeit öffentlicher Träger können andererseits bürokratische Zwänge (der Haushaltsordnung, des Personalrechts), übermäßige Routine und Abhängigkeiten von der Tagespolitik sein.

Also ist die Analyse der verschiedenen Arten der Kunst- bzw. Kulturproduktion und deren gesellschaftlicher Vermittlung nach der Effizienz und Innovationsfähigkeit der jeweiligen Träger notwendig.

Vortrag auf der Jahrestagung »Kultur Aufschwung Ost?!«. 1992

Zum Schluss einige Überlegungen zur zukünftigen Kulturförderung:

1. Es hat sich deutlich gezeigt, dass die Infrastrukturförderung gegenüber der Einzelprojektförderung gestärkt werden muss. Projektförderung allein kann Infrastruktur nicht erhalten oder gar erneuern. Sie tendiert eher zur Reproduktion der gegebenen Bedingungen von Kulturarbeit. Projektförderung ohne eine mittelfristig tragfähige Infrastruktur verschleißt Ideen und Arbeitskräfte und unterstützt in nur geringem Maße die Verallgemeinerung gewonnener Erfahrungen. Projektförderung folgt in der Regel dem Kriterium der künstlerischen bzw. kulturellen Innovation. Die heute zu erbringende Innovation ist aber vor allem infrastruktureller Art.

2. Die vielfach geforderte Beschäftigungsoffensive Kultur muss nun wirklich entfaltet werden. Die Schaffung eines zweiten Arbeitsmarktes – eines Sektors gesellschaftlich nützlicher Tätigkeiten mit einem hohen Anteil lebendiger Arbeit – bildet einen integralen Bestandteil des ökologischen Umbaus der Industriegesellschaft. Die Transformation der ostdeutschen Gesellschaft bietet die Chance, das Problem paradigmatisch zu erkennen.

Die bundesdeutsche Politik diskutiert heute über die Reform des Gesundheitswesens und über die Pflegeversicherung. Soll die englische und amerikanische Fehlentwicklung nicht in spezifisch deutscher Gestalt nachvollzogen werden (es gibt erste Anzeichen, wie dies aussehen könnte), muss sie heute auch über Jugend- und Sozialarbeit und über die Perspektive der Kulturarbeit reden und entsprechende gesellschaftliche Lösungen suchen.

Noch gehen die Umschulungsangebote für arbeitslose Kulturarbeiter von der Illusion einer Reintegration in den ersten Arbeitsmarkt aus. Anstelle arbeitsloser Künstler und Kulturarbeiter wird es dann arbeitslose Bankkauffrauen und -männer, Büro- und Verwaltungsfachkräfte sowie viele Kommunikationsdesigner geben. Statt die vorhandenen kulturellen Qualifikationen mit nur wenig Aufwand auf neue sozial-kulturelle Berufsfelder zu lenken, werden gerade diese spezifischen Fähigkeiten entwertet.

Wenn unstrittig gesellschaftlicher Bedarf nach Kulturarbeitern/ -innen und Künstlern/-innen besteht, sich dieser Bedarf aber nicht auf dem Arbeitsmarkt darstellt, dann sagt dies nicht nur etwas über die Grenzen einer ausschließlichen Marktsteuerung, sondern vor allem etwas über die Aufgabe der Politik, die Ansätze für den sogenannten zweiten Arbeitsmarkt zu stärken, nicht als einen autarken, allein staatsfinanzierten Bereich, sondern als einen integralen, innovativen Bestandteil moderner gesellschaftlicher Entwicklung.

3. Als ein wesentliches Hindernis zur Schaffung neuer Strukturen der Kulturarbeit erweist sich der Dualismus von haushaltsrechtlich-öffentlicher und privatwirtschaftlicher Sphäre. Dies beginnt bei der Definition der Künstler/-innen als Gewerbetreibende (was dazu führt, dass sie in den großen Städten ihre Ateliers und Probenräume nicht mehr bezahlen können). Das betrifft weiter das Problem der begrenzten Einnahmemöglichkeiten kommunaler und gemeinnütziger »freier« Kulturprojekte und dann die Schwierigkeit der Erschließung neuer Finanzquellen für die öffentlichen Kulturhaushalte insgesamt. Es endet schließlich (in dieser Aufzählung) bei den städtebaurechtlichen Planungsinstrumenten.

So stand z. B. der Bezirk Prenzlauer Berg kürzlich vor dem Problem, für das Gebiet der ehemaligen Brauerei am Pfefferberg, auf dem eine gemeinnützige GmbH ein soziokulturelles Zentrum errichten will, den Bebauungsplan aufzustellen. Planungsrechtlich gibt es hier nur die Alternative der Definition als Gewerbegebiet bzw. als Fläche für Gemeinbedarfseinrichtungen. Die Definition als Gewerbegebiet treibt den Verkehrswert in eine für das gemeinnützige Projekt nicht erreichbare Höhe, die Definition als Gemeinbedarf macht das Projekt aussichtslos abhängig von alleiniger öffentlicher Zuwendung. Die Struktur einer gemeinnützigen Gesellschaft, die für den gemeinnützigen Zweck Einnahmen (z. B. durch Vermietung an zahlungsfähiges Gewerbe) macht, ist planungsrechtlich nicht ausreichend zu fassen. Um das Projekt überhaupt zu ermöglichen, soll der Standort nun als Fläche für Gemeinbedarfseinrichtungen definiert werden.

Das angedeutete Grundproblem bleibt. Der Dualismus von öffentlich und privat macht die Gesellschaft steuerungsunfähig für strukturelle Innovationen. Einen interessanten Vorschlag zur Finanzierung der Kulturarbeit hat Freimut Duve unterbreitet: Aus der Besteuerung der Werbeindustrie könnten die so notwendigen »Kulturgroschen« gewonnen werden.

Während die Notwendigkeit der staatlichen Finanzierung der Grundlagenforschung in Wissenschaft und Technik unstritig ist, müssen sich die ästhetischen Innovationen der Künste (die in einem gewissen Sinne mit der Grundlagenforschung vergleichbar sind) privatwirtschaftlich behaupten. Duve will nun einen Zusammenhang herstellen zwischen der Verwertung der ästhetischen Innovationen durch die Werbeindustrie und der öffentlichen Kulturfinanzierung. Man muss nicht unbedingt den vermeintlich zerstörerischen Einfluss der Werbung auf

Vortrag auf der Jahrestagung »Kultur Aufschwung Ost?!«. 1992

die Wahrnehmungsfähigkeit der Menschen hinnehmen, um hier eine enorme finanzielle Ressource für die Kultur politisch einzuklagen. Jedenfalls lassen sich erst auf der Grundlage eines in der angedeuteten Weise erneuerten kultur- und gesellschaftspolitischen Diskurses die Perspektiven einer »freien« Kulturarbeit bestimmen.

Der Beitrag fußt auf einem Vortrag auf der Jahrestagung des Qualifizierungsprogramms Kultur »Kultur Aufschwung Ost?!« am 29. und 30. September 1992 in Schildow bei Berlin, zuerst erschienen in: KULTUR IN DEUTSCHLANDS OSTEN (= Mitteilungen aus der kulturwissenschaftlichen Forschung 32), hrsg. von KulturInitiative '89 in Verbindung mit dem Institut für Kulturwissenschaft an der Humboldt-Universität zu Berlin, Dezember 1992, S. 92–104. (Anm. d. Hrsg.)

KULTURPOLITISCHE AUFGABENTEILUNG IN BERLIN NACH 1945
Vortrag im Rahmen der Reihe »Berlin wird Stadt«. 1995

Für den endlich notwendigen Übergang »von einer kulturellen Berlin-Politik zu einer Berliner Kulturpolitik« (Volker Plagemann) bedarf es der Aufarbeitung der Geschichte der Kulturpolitik in dieser Stadt. Interessanterweise gibt es selbst für die Phase nach 1945 so gut wie keine kulturpolitischen Darstellungen. Ich stütze mich daher in meinen Bemerkungen vor allem auf das deutsch-deutsche KULTURPOLITISCHE WÖRTERBUCH und möchte eine Bemerkung hieraus voranstellen. Dort heißt es: Das Subjekt Berliner Kulturpolitik »ist nicht nur wegen der Teilung der Stadt, sondern auch wegen der zahlreichen stadtfremden Interessen, die auf sie Einfluß genommen haben, zweifelhaft«. Besteht denn heute möglicherweise die Chance, Berlin – ähnlich wie nach 1920 – neu zu gründen, dann ist nach den kulturpolitischen Interessen der verschiedenen Akteure zu fragen und danach, wie sich in der Vermittlung der unterschiedlichen Interessen ein neues, berlinisches Selbstverständnis in der Kulturpolitik herausbilden könnte.

Der historische Rekurs muss natürlich am Ende des Krieges beginnen: »Bis zur Teilung der Stadtverwaltung 1948/49 hatte das kulturpolitische Ressort keinen festen Ort und keine kontinuierlichen Aufgaben und Zuständigkeiten innerhalb der Berliner Verwaltung.« Die Sowjetische Militäradministration schuf noch vor dem Eintreffen der Westalliierten eine kulturpolitische Instanz in Gestalt eines Bevollmächtigten des Kriegskommandos für Kunstangelegenheiten. In dessen Verantwortung wurde wenig später aus den Hinterlassenschaften der Reichskulturkammer die Kammer der Kunstschaffenden gebildet. Zusammen mit der Abteilung für Museen und Sammlungen ressortierte die Kammer der Kunstschaffenden im Bereich Volksbildung des Magistrats, die unmittelbar nach Kriegsende von dem Kommunisten Otto Winzer geleitet wurde.

Auf der Grundlage des dann im Herbst 1945 erlassenen Bezirksverfassungsstatutes existierten kurzzeitig bis Winter 1946 selbständige Kunstämter in allen Berliner Bezirken, die dann aber wieder den Abteilungen Volksbildung unterstellt wurden. Dieses formale Grundmuster des zweistufigen Verwaltungsaufbaus und der Zuordnung der bezirklichen Kunstämter zu den Volksbildungsabteilungen hat sich im Wesentlichen in beiden Stadtteilen erhalten – im Westen stärker als im Osten.

[Die] Kammer der Kunstschaffenden und die Kunstämter (hatten) neben ihrer Aufgabe als öffentliche kulturelle Veranstalter in den Bereichen Theater, Ballett, Tanz, Musik, Schrifttum und Volkskunst auf Befehl der Alliierten Kommandantur anfangs auch die soziale und berufliche Betreuung der Künstler, die Registrierung, Material- und Atelierbeschaffung, Ernährung, Reisebescheinigungen u. a. übernommen.

Die Phase eines aufblühenden kulturellen Pluralismus in Ost und West war bekanntlich kurz. Zwar konnten nach den Gewerkschaften, die mit den politischen Parteien zugelassen worden waren, bald auch private Organisationen und Vereine am kulturellen Leben mitwirken. Die Spaltung der Stadt und die Berlin-Krise hatten in der Formalismusdebatte und in der Westberliner Neugründung der Volksbühnenbewegung ihre kulturpolitischen Vorläufer.

Der Spaltung der Volksbühnenbewegung folgten [...] Zug um Zug die Spaltung der Stadtverwaltung, der Gewerkschaften und Verbände, der Universitäten und schließlich des gesamten kulturellen Lebens, die in der Folgezeit zu einer Verdopplung der wichtigsten kulturellen Institutionen von den Rundfunkanstalten bis hin zu den Sammlungen und Museen führen sollte.

Die lange nachwirkenden Strukturen der Westberliner Kulturpolitik lassen sich recht genau zurückverfolgen:

Als im Jahre 1949 die Berliner Luftbrücke zur Versorgung der Westsektoren eingerichtet wurde, hielt man im Westen auch eine »kulturelle Luftbrücke« für erforderlich. So charakterisierte sich selber der Kongreß für kulturelle Freiheit, der im Sommer 1950 unter internationaler Beteiligung in West-Berlin stattfand. Von dieser Veranstaltung führen viele, auch personalpolitische Linien in die spätere Kulturpolitik in West-Berlin. Einer ihrer Initiatoren, N. Nabokov, übernahm alsbald die Leitung der Berliner Festwochen. Der Kongress markierte – nach und neben der Gründung der Freien Universität – den Beginn einer längerfristigen kulturellen Berlinhilfe, die überwiegend aus den USA finanziert und erst allmählich durch die Berlinhilfe des Bundes ersetzt wurde.

Das erklärte kulturpolitische Ziel war dabei nicht der Wiederaufbau der kulturellen Infrastruktur, sondern die Schaffung einer hauptstadtähnlichen kulturellen Repräsentanz mit Ausstrahlung nach »Ost-Berlin und in die DDR«. Daher wurde insbesondere dem Ausbau des repräsentativen »hochkulturellen« Bereiches »Priorität gegenüber denjenigen Aufgaben kommunaler Kulturarbeit eingeräumt, die bei der Gründung der Kunstämter noch im Vordergrund gestanden hatten«. Während der Weltfestspiele der Jugend und Studenten 1951

> [...] organisierte das Büro des Kongresses für kulturelle Freiheit in Zusammenarbeit mit Behörden und der Filmwirtschaft West-Berlins ein Veranstaltungsprogramm bei freiem Eintritt für die Besucher der Filmfestspiele. Einen ähnlichen »Schaufenstereffekt« bezweckte die gleichzeitige Gründung der Internationalen Filmfestspiele (1950) und der Berliner Festwochen (1951), aus denen später die Berliner Festspiele GmbH als Veranstalterin ganzjähriger Festspielaktivitäten hervorging. Dem Ziel gleichrangiger kultureller Repräsentanz dienten die Gründungen der Akademie der Künste (1954) im Gegensatz zur Akademie in Ost-Berlin, die Stiftung Preußischer Kulturbesitz (1957) und der Neuen Nationalgalerie (1968). Während also, wenn auch zunächst mit amerikanischen Stiftungsmitteln wie im Fall der Akademie, der Amerika-Gedenk-Bibliothek, des Literarischen Colloquiums oder des internationalen Künstlerprogramms Artists in Residence geradezu eine Gründerzeit repräsentativer Institutionen und Künstlerprogramme in West-Berlin anbrach, wurden Ende der 50er Jahre die Kunstämter der Stadt »personell, finanziell und inhaltlich zusammengestutzt und in ihrer Wirkungsweise erheblich reduziert«; so U. Christoffel.

Im Rahmen der von allen Westberliner Stadtregierungen gleichermaßen forcierten Akzentverschiebung auf die kulturelle Außenwirkung Westberlins führte insbesondere die lange Ära des Volksbildungssenators Tiburtius (1951–1963) zu einer strukturellen Deformation der kulturpolitischen Strukturen. Anders als sein Vorgänger May forderte Tiburtius

> [...] ständische gegen gewerkschaftliche, repräsentative gegen basisdemokratische, elitäre gegen egalitäre Strukturen im kulturellen Leben. [...] Die Tendenz solcher Entscheidungen traf sich in fataler Weise mit der Schwäche des traditionell mäzenatischen Bürgertums im Berlin der Nachkriegszeit.

Erst nach dem Mauerbau 1961, dem Ende »direkter Schaufensterpolitik« und der Rücklenkung der Westberliner Kulturpolitik auf die Stadt bzw. ihre westlichen Besucher, bildeten sich Gegengewichte in Gestalt kultureller Bürgerinitiativen. Für diese Entwicklung können exemplarisch die Geschichte der 1965 gegründeten Deutschen Gesellschaft für Bildende Kunst und die auf dem Höhepunkt der Studentenbewegung 1969 erfolgte Spaltung dieser Gesellschaft in zwei Kunstvereine, den Neuen Berliner Kunstverein und die Neue Gesellschaft für Bildende Kunst, stehen. Von hier aus führen unmittelbar »jene sub- und gegenkulturellen Momente, die in die Bewegung der Bürgerinitiativen der 70er und 80er Jahre eingegangen sind« und die das kulturelle Leben Westberlins mindestens bis 1989 entscheidend mitprägten.

Zwar verstand es später der Berliner Senat unter Volker Hassemer, den alternativen Kulturbereich im Rahmen der großen Kulturjahre – 1987 zur 750-Jahrfeier der Stadt und 1988 als Kulturhauptstadt Europas – weitestgehend zu integrieren. Das kann aber nicht darüber hinwegtäuschen, dass der Senat den Entwicklungen stets nur zögerlich folgte.

Die Veränderungen zeigen sich am deutlichsten in dem beträchtlichen Abstand zwischen der Intensität der seither »von unten« entstandenen kulturellen Szene und dem Grad ihrer kulturpolitischen Anerkennung durch die öffentliche Hand.

Nur wenige der Neugründungen (Grips, Schaubühne, NGBK, NGL, das Kulturwerk des BBK) haben sich eine institutionelle Förderung erkämpfen können. Seit Ende der siebziger Jahre gibt es einen kleinen Titel für »freie Gruppen«. Die vom Senat selbst initiierten Gründungen, wie das Künstlerhaus Bethanien, die Kunsthalle oder die Umgestaltung des Theaters des Westens, zielten jedoch weiterhin fast ausschließlich auf die Außenwirkung Berlins, ebenso wie der vom Senat geforderte Anschluss an den Ausstellungs- und Veranstaltungstransfer westlicher Metropolen. Weitestgehend folgenlos blieben auch die 1985 verabschiedeten Empfehlungen der Westberliner Volksbildungsstadträte zur Weiterentwicklung der bezirklichen Kulturarbeit. Und dies, obwohl einige Westberliner Kunstämter durch Eigeninitiative und projektbezogene Kooperation in den siebziger und achtziger Jahren wichtigen Anteil an der Erneuerung kommunaler Kulturarbeit hatten.

Die seit Jahrzehnten mangelhafte Ausstattung der Kunstämter wurde erst am Ende der achtziger Jahre durch den rot-grünen Senat erkannt: Die geringe Anzahl der vom Senat den Bezirken zugebilligten zusätzlichen Stellen und die wenigen zusätzlichen Finanzmittel standen jedoch in keinem Verhältnis zu den Erfordernissen kommunaler Kulturarbeit. Viele der im Westteil der Stadt angestandenen Reformen hin zu einer großstädtischen Kulturpolitik, zu einem ausgewogeneren Verhältnis zwischen zentraler und bezirklicher Kulturarbeit und zwischen kommunalen und freien Trägern sind durch die Vereinigung der Stadt auf der Strecke geblieben. Die großen Veränderungen der letzten Jahre haben sich vor allem im Osten vollzogen.

In der DDR hatte die Kulturarbeit aus bekannten Gründen einen hohen gesellschaftspolitischen Stellenwert. Als Hauptstadt der DDR war Ostberlin unmittelbar Gegenstand zentraler »Leitung und Planung«. Kaum entwickelt war dagegen die kommunalpolitische Dimension städtischer bzw. bezirklicher Kulturarbeit. Auch von »Kulturpolitik« zu sprechen, insofern ein diskursives Verfahren unterscheidbarer Subjekte mit identifizierbaren Interessen gemeint ist, fällt schwer. Da man bei einem zentralistischen System sofort auf die Gesamtpolitik zu sprechen kommt, möchte ich hier nur einige Anmerkungen zur Kulturarbeit in den Bezirken machen.

Die kulturelle Infrastruktur in den Ostberliner Bezirken bestand in den fünfziger Jahren nicht anders als im Westen zunächst vor allem aus den traditionellen städtischen Kultureinrichtungen wie Bibliotheken, Musik- und Volkshochschulen. Angesichts der kommunalen Wohnungs- und Gewerberaumbewirtschaftung befanden sich die Bibliotheken und andere Kultureinrichtungen territorial gut verteilt in heute zumeist restitutionsbefangenen Häusern. Systemspezifischer waren schon die sogenannten Klubs der Werktätigen, zumeist ehrenamtlich getragene Stadtteilkultureinrichtungen. Gegenüber der Kulturarbeit der Parteien und Massenorganisationen, der Berufsverbände und der Großbetriebe hatten die bezirklichen Einrichtungen aber kaum eigenständige Profile oder Selbstverständnis.

Getragen von einem wohl eher traditionellen »volkserzieherischen« Kulturbegriff (Bibliotheken, Musikschule, Volkshochschule) wurden diese formell selbständigen Kultureinrichtungen durch Abteilungen für Kultur bei den Räten der Stadtbezirke »angeleitet«. Gleichzeitig erfüllten die Kulturabteilungen etwa jenes Aufgabenspektrum, wie sie unmittelbar nach Kriegsende von den Kunstämtern bzw. der Kammer für Kunstschaffende wahrgenommen wurden (z. B. Wohnraum- und Ateliervergabe für Künstler und »Kulturschaffende«). Erst im Ergebnis der Bitterfelder Konferenzen und des 1963 gefassten Beschlusses der SED zum sogenannten »umfassenden Aufbau des Sozialismus in der DDR« kam es zur systematischen Einrichtung von Kreiskulturhäusern bzw. von Kreiskabinetten für kulturelle Massenarbeit in allen Berliner Ostbezirken. Nun war der, wie es hieß, »sozialistischen Lebensweise« auch in kultureller Hinsicht eine materielle Basis zu geben. Genau in dieser

Zeit datiert die sehr viel bessere kommunale Infrastruktur in den Ostbezirken. Mit der Verwaltungsreform nach 1968 erhielten die Ostbezirke eigene Kulturstadträte. So wurde z. B. die bezirkliche Kulturabteilung in Prenzlauer Berg aus dem Bereich Gesundheit, Soziales und Kultur herausgelöst und einem eigenen Ratsmitglied für Kultur unterstellt.

Durch das System der Mehrfachunterstellungen hatten der Bezirk und das Ratsmitglied für Kultur jedoch kaum eigenen kulturpolitischen Handlungsspielraum. Neben der unmittelbaren Einflussnahme der verfassungsgemäß führenden Partei (und der mehr oder weniger diskreten Kontrolle durch das MfS) lag die fachliche Aufsicht über die bezirklichen Kultureinrichtungen jeweils bei der betreffenden Abteilung des Magistrats bzw. beim Ministerium für Kultur oder, im Falle der später entstehenden Jugendklubs, bei der FDJ. Dies relativierte die bezirkliche Hoheit, konnte aber auch vor lokaler Borniertheit schützen, indem man sich auf zentrale Vorgaben stützen oder wenigstens berufen konnte.

Eine wesentliche Veränderung erfuhr das Ensemble der Ostberliner bezirklichen Kultureinrichtungen mit der Entwicklung von Jugendklubs zu Anfang der siebziger Jahre. Ein wichtiger Impuls zur Entwicklung neuer Nutzungskonzepte und institutioneller Formen verbindet sich für Ostberlin mit den Weltfestspielen 1973. Aus den siebziger Jahren datiert auch die Entwicklung der Bezirksmuseen in den Ostbezirken.

Bei den Abteilungen für Kultur spezialisierten sich Mitarbeiter auf verschiedene künstlerische und kulturelle Arbeitsbereiche. Dies förderte den wachsenden Eigensinn der Mitarbeiter, die sich enger mit den entstehenden kulturellen Szenen verbanden. In bestimmten Grenzen kam es dadurch zur Ausdifferenzierung und Modernisierung der Aufgabenstellung der bezirklichen Kulturabteilungen. Dies bezeugt nicht nur die Entwicklung der kommunalen Galerien und Spielstätten in den siebziger und achtziger Jahren. Längst war die Orientierung auf die Förderung der vielen hochqualifizierten bildenden und darstellenden freiberuflichen Künstler und weniger die Förderung des sogenannten Volkskunstschaffens maßstabsetzend auch für die bezirkliche Kulturarbeit geworden. In die achtziger Jahre fallen auch die ersten Ansätze zur Ausbildung von stadtteilkulturellen Öffentlichkeiten, u. a. von den kommunalen Kultureinrichtungen unterstützte und damit legimierte Straßenfeste, die nicht mit den eher offiziösen Stadtbezirksfesten oder gar der monströsen hauptstädtischen Öffentlichkeit der Jugendfestivals oder des Umzugs zur 750-Jahrfeier verwechselt werden sollten.

Die Reformfähigkeit ostdeutscher Kulturarbeit lässt sich in Berlin wohl am besten bei den Kulturämtern studieren, die nach 1989 einen wesentlichen Strukturwandel vollzogen haben und insbesondere die

Entstehung einer breiten Landschaft freier Träger im Ostteil der Stadt befördert haben. Das konnten sie aber nur, weil sie nicht nur wie im Westen Kunstämter, sondern Kulturämter waren und sich einer komplexeren Aufgabenstellung verpflichtet fühlten. Mit der Übernahme der westlichen Ressortierung in de facto vier parallel arbeitende Kulturämter (Musikschule, Volkshochschule, Bibliothek, Kulturamt) sind starke Ressortgrenzen gezogen worden, die den Bereich der bezirklichen Kulturarbeit insgesamt schwächen und für die einzelnen Bereiche unterschiedliche Perspektiven vorgeben.

Vortrag im Rahmen einer vom Autor organisierten und betreuten vierteiligen Vortragsreihe »Berlin wird Stadt. Überlegungen zur Kulturpolitik«, die zwischen November 1994 und Januar 1995 stattfand und in den Mitteilungen aus der kulturwissenschaftlichen Forschung 35, *Juni 1995, dokumentiert wurde. Der hier abgedruckte Vortrag ist nachzulesen ebenda, S. 30–36. Alle Zitate sind dem Artikel von Hannes Schwenger »Kulturpolitik der Bundesrepublik Deutschland, Abschnitt V, Die Berliner Situation« entnommen, vgl.* KULTURPOLITISCHES WÖRTERBUCH. BUNDESREPUBLIK DEUTSCHLAND/DDR IM VERGLEICH, *hrsg. von W. R. Langenbucher, R. Rytlewski und B. Weyergraf, Stuttgart 1983, S. 386–390. (Anm. d. Hrsg.)*

PRENZLAUER BERG – EIN BEZIRK ZWISCHEN LEGENDE UND ALLTAG
Vorwort zum gleichnamigen Buch. 1996

Prenzlauer Berg – inzwischen zum Mythos stilisiert – kann den Vergleich mit anderen Berliner Stadtteilen gelassen ertragen. So hat sich in der Gegend der Spandauer Vorstadt im Bezirk Mitte eine vergleichbare Stadtkultur entwickelt. Mehr als nur für den oberflächlichen Ost-West-Vergleich bleibt aber Kreuzberg der relevante Bezugspunkt für absehbare Entwicklungen. Die beiden Bezirke entstanden vor allem in den Gründerjahren nach dem Deutsch-Französischen Krieg 1870/71 als Stadterweiterungen außerhalb der mittelalterlichen Stadt, sind Teil des »steinernen Berlin«, das stadtauswärts durch den S-Bahnring begrenzt wird und an die 1920 durch die Bildung Groß-Berlins aus Dörfern hervorgegangenen Außenbezirke stößt. Sie repräsentieren exemplarisch die »Berliner Mischung« von Wohnen und Arbeiten in der Innenstadt, die aus dem engen Zusammenleben von Lohnarbeitern, Angestellten und Gewerbetreibenden entstanden war. Und trotz der unterschiedlichen gesellschaftlichen Entwicklungen nach 1945 rückten Kreuzberg und Prenzlauer Berg in eine randständige Lage. Die Konkurrenz beider Berlins förderte hauptstädtischen Zentralismus; das betraf im Westen nur einen Teil von Kreuzberg und Prenzlauer Berg glücklicherweise fast wirkungslos erst in den späten DDR-Jahren. Aufgrund ihrer städtebaulichen und sozial-räumlichen Voraussetzungen haben sich beide Bezirke als besonders offen für den sozialen und kulturellen Wandel erwiesen. Hier konnten und können (noch) trotz partieller Raumnutzungskonkurrenz und sozial-kultureller Distanz durchaus verschiedene soziale Gruppen, teilweise in symbiotischer Beziehung zueinander, leben.

Nachdem sich die sozialen Konflikte in den siebziger Jahren zuspitzten und neue Regulierungsformen gefunden werden mussten, wurde Kreuzberg als Ort alternativer Kultur wahrgenommen. Mit breiter öffentlicher Förderung wurden ganze Stadtteile repariert, baulich und sozial; alternative Wohn- und Lebensmodelle integriert und fanden ihre kulturellen Ausdrucksformen im Stadtraum. Über Bürgerbeteiligung wurden neue Verfahren des Aushandelns von Interessen gefunden. Dies war ein interessanter Vorgang, eine beispielhafte Erfahrung, auf die in den Ostbezirken nach der Vereinigung zurückgegriffen werden konnte. Die soziale und behutsame Stadterneuerung in Ostberlin hat aber heute nicht mehr diese Voraussetzungen: Den durch die Inselsituation Westberlins und die besondere Randlage Kreuzbergs gedämpften Marktmechanismen standen damals noch umfängliche öffentliche Ressourcen und in sozial-liberaler bis alternativer Perspektiven auch ein erkennbares politisches Interesse an gesellschaftlichen Reformen gegenüber.

Den vordergründigen Vergleich mit Kreuzberg ziehen heute aber vor allem jene erlebnisorientierten Konsumenten, die in den sechziger Jahren geboren wurden, westlich sozialisiert sind und denen Prenzlauer Berg mit seinen vielen Kneipen und kulturellen Orten am Kollwitzplatz als »der« Szenebezirk schlechthin erscheint. Hier finden sich eine Vielzahl kultureller Angebote, die der situativen Selbstinszenierung das entsprechende Ambiente bieten.

Dabei wird aber übersehen, dass die einzigartige Stadtkultur in Prenzlauer Berg, ebenso wie damals in Kreuzberg, nur durch bewusste Gegensteuerung, d. h. durch die Sicherung einer gleichberechtigten Existenz verschiedener Kulturen entstehen und existieren kann. Die ausschließliche Orientierung an der kulturellen Wahrnehmung einer aufstiegsorientierten jüngeren Klientel, den »jungen Erwachsenen mit hohem Ausbildungsniveau«, die nun verstärkt auch nach Mitte und Prenzlauer Berg ziehen, würde die Segmentierungsprozesse nur vorwegnehmen und damit genau jener bestaunten, aber unbegriffenen kulturellen Vielfalt den Boden entziehen.

In Prenzlauer Berg trifft heute die Wucht der Alt- und Neueigentümerinteressen auf eine Bevölkerung, die zwar eine ideale soziale Mischung repräsentiert, in ihren Existenzbedingungen aber radikalen Veränderungen ausgesetzt wurde und sich schnell differenziert, und auf ein Gemeinwesen, dem weit weniger Finanzmittel zur Verfügung stehen und das zugleich mit der herrschenden Vorstellung konfrontiert ist, dass die Perspektive der ostdeutschen Gesellschaft ohnehin nur der verspätete Nachvollzug westlicher Entwicklungen sei. Im Vergleich der Berliner Bezirke lebt die einkommensschwächste Bevölkerung in Prenzlauer Berg. Etwa ein Drittel der arbeitsfähigen Bevölkerung ist arbeitslos, in den Vorruhestand versetzt bzw. in verschiedenen Arbeitsförderungsmaßnahmen befristet beschäftigt. Einer Studie von TOPOS Stadtforschung und der Mieterberatung Prenzlauer Berg zufolge zeichnet sich ab, dass nach privater Sanierung nur noch ca. 60 Prozent der früheren Bewohnerschaft die gestiegenen Mieten bezahlen können! Das heißt, der Verdrängungsgrad beträgt hier ca. 40 Prozent!

Stadtkultur in Prenzlauer Berg hatte und hat daher zunächst vor allem politische Voraussetzungen: den Willen und die Fähigkeit, alle verfügbaren Instrumente einzusetzen bzw. geeignete neue zu schaffen, um die Verdrängung der ansässigen Bevölkerung zu verhindern, dem ökonomischen Druck der privaten Eigentümer gegenzusteuern, die

Betroffenen in einen qualifizierten Abstimmungsprozess zu integrieren und so nach einem Modell für eine andauernde, nachhaltige Stadtentwicklung zu suchen. Dem Bezirk sind dabei durch Regelungen auf Bundes- und Landesebene sehr enge Grenzen gesetzt.

Dank des Engagements der Bürger/-innen, der Balance der politischen Kräfte im Bezirk und der öffentlichen Förderung konnten die Ziele der sozialen und behutsamen Stadterneuerung in den Sanierungsgebieten weitgehend erreicht werden. Hier vollzieht sich die Stadterneuerung nicht wie ein Prozess dritter Person, sondern Gegensteuerung und Verlangsamung schaffen Voraussetzungen für Beteiligung und Mitgestaltung. Die Akteure von den unzähligen Initiativen und freien Projekten, in Verwaltung und Kommunalpolitik teilen dabei wohl mehr oder weniger die Überzeugung, dass es hier nicht nur darauf ankommt, die eigene Gesellschaft in die westliche zu transformieren, sondern dass es gilt, im Bewusstsein unterschiedlicher historischer Voraussetzungen den Wandel zu gestalten, um neue Perspektiven zu eröffnen. Der Umbruch im Osten und die Begegnung mit dem Westen haben jede Generation der hier Lebenden zu neuer Orientierung herausgefordert, und der anhaltende, ostspezifische Wunsch nach gemeinwesenorientierten Strukturen bietet dabei eine Basis für Toleranz und Verständigungsbereitschaft.

Das Problem ist nicht die Veränderung selbst, sondern das erkennbar beschleunigte Tempo, das den Bewohnern Chancen nimmt, sich einzubringen und von den Veränderungen wenigstens teilweise zu profitieren. Die Angst vor Verdrängung ist allgegenwärtig: »Wir bleiben alle!« lautet die populäre Losung einer Bürgerinitiative, die auf die Situation in der späten DDR anspielt, als demokratische Ansprüche eingefordert wurden und das Verlassen des Staates systemkritisch problematisiert wurde. Sollten zukünftig die dem ausschließlich ökonomischen Kalkül in der Stadtentwicklung gegensteuernden Kräfte weiter geschwächt werden, z. B. durch die weitere Reduzierung der Mittel für die soziale und behutsame Stadterneuerung, die Ausdünnung der öffentlich geförderten kulturellen und sozialen Infrastruktur, den Abbau gewonnener demokratischer Standards wie die Schwächung der kommunalpolitischen Kompetenz der Bezirke durch deren Zusammenlegung bzw. die weitere Zentralisierung von Entscheidungen usw., könnten schon jetzt spürbare soziale Spannungen leicht eskalieren.

Nachdem aus Anlass der Walpurgisnacht 1995 am Kollwitzplatz eine Straßenschlacht entbrannt war, an der neben Teilnehmerinnen und Teilnehmern aus der ganzen Stadt auch die Polizei ihren Anteil hatte, bildete sich eine Anwohnerinitiative, die die nächste Walpurgisnacht in Zusammenarbeit mit dem Bezirksamt, den Bewohnerinnen und Bewohnern, den umliegenden Projekten und den »Sicherheitsorganen« vorbereiten wird. Noch haben machtgestützte Rituale wenig Chancen. Der Gedanke einer zur friedlichen Konfliktlösung fähigen, am bürgerschaftlichen Gemeinwesen orientierten Stadtkultur bewahrt sich als regulative Idee. Er muss Zukunft erhalten.

Zuerst erschienen als Vorwort zum gleichnamigen Buch PRENZLAUER BERG – EIN BEZIRK ZWISCHEN LEGENDE UND ALLTAG, *Berlin 1996, S. 13–15. (Anm. d. Hrsg.)*

OPER IN BERLIN
Strukturkonzept. 2003

Mit seinen Opernhäusern, der Staatsoper Unter den Linden, der Deutschen Oper und der Komischen Oper, verfügt Berlin über ein einzigartiges kulturelles Potenzial: das Angebot von drei renommierten, künstlerisch wertvollen und unterschiedlich profilierten Repertoire- und Ensemble-Opern ist weltweit einmalig. Das Musiktheater in Berlin prägt in besonderer Weise die kulturelle Ausstrahlungskraft der Bundeshauptstadt. Dennoch stellt die Sicherung der Zukunftsfähigkeit der drei Opernhäuser seit Jahren ein zentrales Problem der Berliner Kulturpolitik dar. Die akute Haushaltsnotlage der Stadt verdeutlicht dabei nur umso mehr die seit der Vereinigung der Stadt 1990 ungelösten Probleme: die Neubestimmung des Verhältnisses von Bund und Land bei der Finanzierung der gesamtstaatlich bedeutsamen Kultureinrichtungen in der Hauptstadt Deutschlands außerhalb der Stiftung Preußischer Kulturbesitz, die Sicherung der Arbeitsbedingungen der Opernhäuser bei gleichbleibenden oder sinkenden Kulturhaushalten sowie die Entwicklung einer »kooperativen Konkurrenz« der drei Opernhäuser.

Berlin hatte seit der auf private Initiative hin 1912 in Charlottenburg gegründeten und später von der Stadt übernommenen Städtischen Oper bis zur Vereinigung der geteilten Stadt 1990 immer nur ein Opernhaus unterhalten. Die Struktur von drei Opern in Berlin ist ein Resultat der Geschichte der Hauptstadt Preußens bzw. der Teilung der Stadt und der faktischen Hauptstadtkonkurrenz der beiden deutschen Staaten. Mit der Übertragung der Staatsoper Unter den Linden und der Komischen Oper, die bis 1990 von der DDR-Regierung finanziert worden waren, auf das Land Berlin und mit dem Abbau der Berlinhilfe (mehr als 50 Prozent des Haushaltes Westberlins hatte einst der Bund getragen) ist Berlin bereits seit Beginn der neunziger Jahre strukturell überfordert, die ererbte Opernlandschaft aus eigener Kraft zu finanzieren.

Die annähernde Angleichung der Ost-Tarife und die regelmäßigen Tarifsteigerungen wurden in den neunziger Jahren vor allem durch einen massiven Stellenabbau getragen. Dies ging zulasten der variablen künstlerischen Mittel und der baulichen Instandhaltung bzw. notwendiger Erneuerungsinvestitionen. In den Jahren 1991 bis 2003 sank der Kulturetat des Landes von 466 Millionen Euro auf 448 Millionen Euro, während der Opernetat absolut von 82 Millionen Euro auf 115 Millionen Euro und der Anteil der Opern am Berliner Kulturhaushalt von 18 auf ca. 26 Prozent anstieg. Damit verfestigten sich die Disproportionen im Kulturhaushalt weiter zulasten anderer städtischer Kulturaufgaben.

Strukturprobleme
Der Bereich der drei Berliner Opern selbst weist erhebliche strukturelle Probleme auf, die zunächst aus der bisherigen Form der kulturpolitischen Steuerung der Opernhäuser erwachsen. Wichtige Personalentscheidungen der Vergangenheit waren untereinander nicht kompatibel. Trotz deutlicher Verbesserungen der Berichterstattung an das Parlament und des internen Controllings der Opernhäuser haben sich alle institutionsübergreifenden Anregungen wie Spielplanabstimmung, Werkstätten- und Marketingkooperation nicht umsetzen lassen. Der kulturellen Öffentlichkeit und der Stadtpolitik fehlt vor allem ein zutreffendes, stimmiges und kommunizierbares Verständnis der drei Berliner Opernhäuser, es fehlt ein Verständnis ihres »Dreiklanges«.

Laut den Analysen der Deutschen Opernkonferenz subventionierte Berlin im Jahre 2000 seine drei Opern mit 35,4 Euro je Einwohner keineswegs zu hoch. In Dresden sind es 74,5 Euro, in München (allerdings mit Umland) 31 Euro pro Jahr und Einwohner. In Berlin erweisen sich vor allem Auslastung und damit verbundene Einnahmen als problematisch. Die Besucherzahlen stagnieren bei ca. 700.000 im Jahr und verweisen darauf, dass weder im Bewusstsein der Berliner/-innen noch überregional Berlin als die Opernstadt wahrgenommen wird. Eine resignative Antwort auf diese Situation wäre die Reduzierung eines vermeintlichen Überangebots zugunsten des Stärkeren. Die der Zukunft zugewandte Antwort ist die Profilierung der Häuser und ein erweitertes Programmangebot sowie ein gemeinsames Marketing, mit dem potenzielle bzw. auch neue Zuschauer/-innen gewonnen werden können. Verglichen mit anderen Standorten wie Hamburg oder Dresden müsste die Berliner Opernszene über ein Besucherpotenzial von mehr als einer Million Personen verfügen. Bei knapp 5 Millionen Übernachtungsgästen, mehr als dreimal so viel wie Dresden (30 bis 50 Prozent der Besucher der Semperoper sind Touristen), hat Berlin alle Chancen, diese notwendige höhere Auslastung seiner Opernhäuser zu erreichen.

Während die Staatsoper Unter den Linden und die Deutsche Oper in dem Sinne als ausreichend finanziert gelten können, dass die Subventionen die Fixkosten und die abendlichen Einnahmen die veranstaltungsbedingten Kosten decken, gilt dies für die strukturell unterfinanzierte Komische Oper nicht. Vor dem Hintergrund, dass es sich für sie lohnt viel zu spielen, bieten die Staatsoper Unter den Linden und die Deutsche Oper zu wenige Vorstellungen an. Die Komische Oper spielt dagegen mit erheblich geringeren Fixkosten sehr viel mehr Vorstellungen, ist in diesem Sinne deutlich produktiver. Der Staatsoper Unter den Linden ist es indes gelungen, mit ihrem repräsentativen Haus, ihrem künstlerischen Programmangebot und ihren Kartenpreisen die Einnahmen auf hohem Niveau zu stabilisieren. Die Deutsche Oper allerdings hat angesichts des aufgelaufenen Bilanzdefizits mit einem anhaltenden Zuschauerrückgang zu kämpfen. Während die Komische Oper mit ihrem Konzept des Musiktheaters und der Ensembleoper, mit ihrem reformerischen kulturellen und sozialen Auftrag den Charakter der städtischen Volksoper angenommen hat, konkurrieren die Staatsoper Unter den Linden und die Deutsche Oper um ihre Zielgruppen mit einem sehr ähnlichen, repräsentativen Programm, das seinen Schwerpunkt in der Opernliteratur des 19. Jahrhunderts findet. Besonders die Deutsche Oper hat dabei als größtes (und technisch modernstes) Berliner Opernhaus wegen der Konkurrenz in der Mitte der Stadt erhebliche Standortnachteile. Umgekehrt setzen die räumlichen und funktionellen Bedingungen der Staatsoper Unter den Linden dem künstlerischen Angebot bestimmte Grenzen. Einer inhaltlichen Abstimmung zwischen der Staatsoper Unter den Linden und der Deutschen Oper Berlin kommt daher besondere Bedeutung zu.

Gescheiterte Reformbemühungen
Vor dem Hintergrund dieser, bereits seit Mitte der neunziger Jahre ausführlich diskutierten Zusammenhänge gab es in den Jahren 2000 und 2001 Anläufe zu einer Berliner »Bühnenstrukturreform«. Vom Unterausschuss Theater des Abgeordnetenhauses von Berlin beauftragt, legte der damalige Kultursenator Christoph Stölzl am 22. Juni 2000 einen »Bericht zur Bühnenstruktur – Einleitung von Reformmaßnahmen« vor, dem am 12. Oktober 2000 der Bericht »Maßnahmen zur Bühnenstrukturreform« folgte. Kernpunkt der damaligen Überlegungen zur Opernlandschaft war die Zusammenfassung von Staatsoper Unter den Linden und Deutscher Oper unter einer Leitung (Generalintendanz) in einer Anstalt öffentlichen Rechts. Die Komische Oper wäre selbständig in eine Anstalt öffentlichen Rechts überführt worden. Den Opernhäusern sollten Leitlinien der Programmgestaltung vorgegeben und Tarifsteigerungen zukünftig aus dem Landeshaushalt finanziert werden. Unterstützung vonseiten des Bundes wäre nicht zu erwarten gewesen.

Die als »Opernbühnen Berlin« zusammengefasste Staatsoper Unter den Linden und Deutsche Oper hätte demnach beide Orchester (Staatskapelle und das Orchester der Deutschen Oper) erhalten, für die ein einheitlicher Haustarifvertrag abgeschlossen werden sollte, der den

Einsatz aller Musiker/-innen in beiden Spielstätten sowie umfangreichere Dienstverpflichtungen regeln würde. Allerdings sollten 77 Stellen in beiden Orchestern und 40 Stellen im fusionierten Chor, 55 Stellen bei Verwaltung, Werkstätten, Technikpool und im Leitungsbereich abgebaut werden. Etwa die Hälfte der durch diese Maßnahmen erlösten Mittel (10,2 Millionen DM) sollte der Verbesserung der künstlerischen Leistung dienen, zusätzlich wurden 6 Millionen DM Ertragssteigerung kalkuliert.

Die Opernreform 2000/01 scheiterte aus mehreren Gründen:

1. Das vorgeschlagene Strukturkonzept war kein Ergebnis des Dialoges mit den Intendanten, Personalräten und der Fachöffentlichkeit. Dies offenbarte sich spätestens bei der öffentlichen Debatte der Deutschen Opernkonferenz im Oktober 2000.
2. Das Konzept negierte die künstlerische Selbständigkeit der einzelnen Häuser, die vorgegebenen Programmlinien mussten als staatliche Oktroyierung erscheinen.
3. Die Idee der Einführung einer Generalintendanz für die Staatsoper Unter den Linden und die Deutsche Oper traf insbesondere auf den Widerstand der künstlerisch Verantwortlichen in der Staatsoper Unter den Linden.
4. Nach der Abschaffung der (rechtlich umstrittenen) Medienzulage für das Orchester der Deutschen Oper führte die anschließende Gewährung einer Zulage des Bundes für die Mitglieder der Staatskapelle auf das frühere Niveau der Deutschen Oper zu einer neu errichteten Tarifmauer zwischen den beiden Orchestern. Aus dem Zweiklassen-Gehaltssystem der Berliner Opernorchester wurde de facto ein (künstlerisch nicht begründbares) Dreiklassensystem.
5. Die Finanzierung der Tarifsteigerungen aus dem Landeshaushalt konnte nicht gesichert werden.

Am 6. März 2001 beschloss der Senat dann einen gegenüber dem ursprünglichen Entwurf stark reduzierten Maßnahmenkatalog. Zur Umsetzung der darin fixierten Aufgaben (rechtliche Verselbständigung der Bühnen, Werkstattkonzept, Abfindungsfonds u. a.) kam es jedoch infolge des Regierungswechsels nicht mehr. Auch hatte die mit dem Senatsbeschluss nun gewählte Rechtsform der GmbH für die drei Opernbetriebe – vor dem Hintergrund der negativen Erfahrungen mit der privaten Metropol-Theater GmbH und der landeseigenen Theater des Westens GmbH – wenig Chancen auf Akzeptanz bei den Beschäftigten, die dem Betriebsübergang laut § 613a BGB widersprechen können.

Neubestimmung der kulturpolitischen Ziele

Vor dem Hintergrund der Erfahrungen des Scheiterns der Opernreform 2000/01 und angesichts der akuten Haushaltsnotlage waren für den SPD-PDS-Senat die kulturpolitischen Ziele und die Art und Weise der Konzeptentwicklung neu zu bestimmen.

1. Kulturpolitisches Ziel bleibt der Erhalt der drei Opernhäuser, wobei zunächst offen blieb, ob es auch drei selbständige Ensembles oder nur drei Standorte sein können.
2. Die auf den Weg zu bringende Strukturreform muss zu einer deutlichen Zuschussabsenkung führen. Der Anteil der Aufwendungen für die drei Opernhäuser im Kulturetat Berlins ist mit rund 115 Millionen Euro – angesichts des allgemeinen Konsolidierungsdrucks und der in weiten Teilen unterfinanzierten anderen städtischen Kulturaufgaben – zu hoch.
3. Für den Erhalt der großen Kulturinstitutionen ist ein Bündnis für die Bühnen zwingend erforderlich. Seit Jahren können die Tarifsteigerungen bei den Bühnenbetrieben nicht mehr ausgeglichen werden. Betriebsbedingte Kündigungen lassen sich zukünftig nur noch bei Vermeidung weiterer Steigerungen des Personalkostenanteils ausschließen. (Um bei den drei Opern bis zum Jahre 2010 jährliche Tariferhöhungen von 1,5 Prozent auf dem Niveau der Stellenausstattung des Jahres 2001 zahlen zu können, wären Mehrkosten von 38 Millionen DM erforderlich! Diese sind weder im Opernetat noch im Kulturetat oder im Landeshaushalt Berlins aufzubringen.)
4. Der Erhalt der Opernlandschaft in der Bundeshauptstadt ist keine städtische Angelegenheit Berlins allein. Der Bund steht in der historischen und gesamtstaatlichen Verantwortung, Berlin bei der Wahrnehmung seiner Kulturaufgaben zu unterstützen. Deshalb ist eine Verständigung mit dem Bund über die Möglichkeiten einer Unterstützung bei einer Berliner Opernstrukturreform herbeizuführen.
5. Die Berliner Opernreform muss Anschlüsse zur Förderung der jenseits der großen Häuser entstandenen zeitgenössischen Opernszene ermöglichen.
6. Eine Berliner Opernreform kann nur in einem diskursiven Prozess mit den Intendanten, geschäftsführenden Direktoren, den Personalvertretungen, den Gewerkschaften, der Deutschen Opernkonferenz sowie der Kulturpolitik in Berlin entwickelt werden.

Öffentliche Debatte

Den Auftakt bildete ein vom Kultursenator moderiertes öffentliches

Pressegespräch am 10. Oktober 2002 in der Akademie der Künste, in dessen Rahmen Antje Vollmer und Ulrich Eckhardt ihr Konzept einer Stiftung »Oper in Berlin« sowie Richard von Weizsäcker das Konzept eines »Kulturforums Mitte« vorstellten. Im Umkreis dieser Debatte veröffentlichte Frederik Hanssen seinen Vorschlag der Umwandlung der Deutschen Staatsoper in ein »Festspielhaus«.

Wenig später unterbreitete die Zeitgenössische Oper Berlin einen radikalen Vorschlag zur Neuordnung der Berliner Opernlandschaft: Im Rahmen einer Opernstiftung, an der sich der Bund zu einem Drittel beteiligen soll und die unter Leitung eines Intendanten stehe, solle die Deutsche Oper das »Haus für das große Repertoire« sein, während die Staatsoper Unter den Linden zunächst geschlossen und saniert und dann zum hauptstädtischen Festspiel-»Haus für Europa und die Bundesländer« umgewandelt werden solle (die Staatskapelle bliebe erhalten). Die Komische Oper solle zum »Haus der Gegenwart«, zum Produktionsort im Stagionebetrieb mit umgebautem multifunktionalem Aufführungssaal und einer kleineren Bühne für das Kindermusiktheater werden. Die richtigen Fragen nach der Präsenz internationaler und nationaler Musiktheater-Gastspiele und -Koproduktionen in Berlin bzw. nach der Förderung zeitgenössischer Opernproduktion werden hier mit der Liquidation ganzer Ensembles beantwortet. Der Preis einer Zerschlagung zweier traditionsreicher Häuser und der Vertreibung fast aller derzeit künstlerisch Verantwortlichen ist jedoch zu hoch. Gastspiele, Koproduktionen und die Förderung zeitgenössischer Musiktheaterproduktionen sollten allerdings integrale Aufgabe jedes der drei Opernbetriebe sein.

Die neu angestoßene Berliner Operndebatte entfaltete unmittelbare Wirkung auf der Bundesebene. Das Projekt einer »strategischen Partnerschaft des Bundes und Berlins bei der Opernstrukturreform« wurde zum Thema der Koalitionsverhandlungen zur Bildung der zweiten rotgrünen Bundesregierung unter Bundeskanzler Gerhard Schröder.

Gespräche mit der Kulturstaatsministerin

Die vom Senator für Wissenschaft, Forschung und Kultur nach Bildung der neuen Bundesregierung mit der Staatsministerin für Kultur und Medien, Christina Weiss, geführten ausführlichen Gespräche dienten der Sondierung der zukünftigen Zusammenarbeit bei der Opernstrukturreform in Berlin.

Die Staatsministerin verdeutlichte das starke Interesse des Bundes an modernen und zukunftsfähigen Betriebsstrukturen der Berliner Kulturinstitutionen. Der Bund wolle Berlin Hilfe beim Strukturwandel geben, könne aber aus systematischen Gründen kein Opernhaus direkt übernehmen oder sich unmittelbar an einer Stiftung »Oper in Berlin« beteiligen. Dies würde den Protest bzw. analoge Begehrlichkeiten anderer Länder hervorrufen. Auch die angesprochene Übertragung der Staatsoper Unter den Linden in die Stiftung Preußischer Kulturbesitz habe wegen der Mitwirkung der anderen Länder keine Aussicht auf Erfolg. Die Stiftung Preußischer Kulturbesitz sei zudem an einer solchen Übernahme selbst nicht interessiert. Der Bund verfolge vielmehr das Interesse, auf ausgewählten Gebieten die Profilierung seiner Bundeskulturpolitik fortzusetzen. In diesem Zusammenhang sei an die Übernahme Berliner Kultureinrichtungen durch den Bund in nennenswertem Umfang zu denken. Die Staatsministerin unterstützt das Stiftungsmodell bei Wahrung der künstlerischen und wirtschaftlichen Selbständigkeit der drei Opernhäuser. Für eine »strategische Partnerschaft« zwischen dem Bund und Berlin bei der Opernstrukturreform bestehen somit folgende Optionen:

1. Unterstützung des Bundes durch die zeitlich befristete und degressive Finanzierung eines Überhangsstellenpools für die Berliner Bühnen (Oper und Theater).
2. Einrichtung eines vom Bund finanzierten Projektfonds bei der Stiftung »Oper in Berlin« zur Förderung zeitgenössischer Musiktheaterproduktionen, von Koproduktionen, Kompositionsaufträgen und Festivals.
3. Entlastung des Berliner Kulturhaushaltes durch Übernahme von Einrichtungen durch den Bund.

Die genannten Maßnahmen des Bundes (Übernahme von Kultureinrichtungen in Berlin, Stellenpool und Projektfonds) sollten im Rahmen eines vorfristig neu zu verhandelnden Hauptstadtkulturvertrages zwischen Berlin und dem Bund vereinbart werden.

Arbeitsprozess mit den Intendanten und geschäftsführenden Direktoren

Anfang November 2002 lud der Senator für Wissenschaft, Forschung und Kultur die Intendanten und geschäftsführenden Direktoren der drei Berliner Opernhäuser zur Mitwirkung an der Konzeptionsbildung ein. In mehreren gemeinsamen Sitzungen unter der Moderation der Kulturunternehmensberaterin Cornelia Dümcke setzten sich die Intendanten und geschäftsführenden Direktoren mit den vom Senat gemachten Vorgaben auseinander. Übereinstimmend lehnten die Intendanten die zunächst vorgegebene Variante der Fusion von Deutscher Staatsoper und Deutscher Oper bei einem gesetzten strukturellen Einsparvolumen von 15 Millionen Euro ab und begründeten dies. Ebenso schlossen sie das Konzept des Kulturforums Mitte, d. h. den Zusammenschluss von Deutscher Staatsoper, Hochschule für Musik »Hanns Eisler«, Komischer Oper und Konzerthaus Berlin, für die weitere gemeinsame Konzeptionsbildung aus. Dagegen erklärten sie sich zunächst mit dem Modell der Stiftung »Oper in Berlin«, die den Erhalt dreier künstlerisch selbständiger Opernbetriebe und die Bildung eines gemeinsamen Betriebes für Verwaltung, Werkstätten und Marketing beinhaltet, im Grundsatz einverstanden.

Die geschäftsführenden Direktoren skizzierten zunächst eine denkbare Personaleinsparung in Höhe von 11,5 Millionen Euro durch den Abbau von insgesamt 248,5 Stellen. Ein Teil der eingesparten Mittel sollte der Attraktivitätssteigerung der Opernhäuser sowie zur Gegenfinanzierung höherer Sachmittelaufwendungen dienen. Diese Einsparvorschläge wurden von den Intendanten zu Recht abgelehnt, da sie die Einschnitte insbesondere bei den künstlerischen Kollektiven als substanzgefährdend einschätzten. Auch hinsichtlich der Kooperation im Werkstättenbereich, bei Verwaltung und Marketing blieben Einwände bei den Intendanten bestehen.

Äußerst kontrovers verlief auch die Debatte unter den Intendanten um das jeweilige künstlerische Profil. Während man sich einig war, dass ein Generalintendant nicht erforderlich sei und der Politik zwar die Bestimmung der kulturpolitischen Aufträge an die Häuser, nicht aber des Spielplans zufallen dürfe, offenbarte gerade die teilweise unversöhnliche Form der Debatte die Notwendigkeit eines Moderators bzw. einer institutionalisierten Form der Debatte. Zunächst wurde die Auffassung vertreten, dass die Stiftung keine neue Superstruktur schaffen, sondern lediglich der Koordination dienen solle. Die Kompetenzen des Stiftungsvorstandes sowie des Stiftungsrates seien sehr präzise zu bestimmen.

Die Staatsoper Unter den Linden verfolgte von Anfang an eine Insellösung: die Übernahme durch den Bund (bzw. die Stiftung Preußischer Kulturbesitz), gegebenenfalls auch gemeinsam mit Konzerthaus, Musikhochschule »Hanns Eisler« und Komischer Oper im Rahmen des Modells »Kulturforum Mitte«. Insbesondere befürchteten sie, dass die Politik keine Festlegung hinsichtlich einer differenzierten künstlerischen Ausrichtung der drei Opernhäuser treffen wolle und die Stiftung die finanziellen Mittel der einzelnen Häuser verteilen und umverteilen könne. Gleichzeitig erneuerten sie ihren Vorschlag des Kulturforums Mitte in der »Gesamtverantwortung des Bundes und der 16 Bundesländer«.

Die Konzeption der Staatsoper Unter den Linden steht und fällt mit der vollständigen Übernahme der Trägerschaft durch den Bund. Die Staatsoper verspricht, »das gesamte Repertoire« in Mitte anzubieten: Damit stellt sie nicht nur unmittelbar die Ensembles des Konzerthauses und der Komischen Oper, sondern indirekt auch die Deutsche Oper zur Disposition. Sanierung, Um- und Ausbau der Staatsoper (mindestens 100 Millionen Euro) sind jedoch finanziell bisher nicht dargestellt. Der Bund hat die Übernahme einer »Staats-Staatsoper« abgelehnt. Der Senat hat gesamtstädtisch orientierte Lösungen zu entwickeln. Die Schließung der Deutschen Oper steht nicht zur Debatte. Eine Angliederung der Komischen Oper an die Staatsoper würde das Problem der strategischen Konkurrenz der Staatsoper Unter den Linden und der Deutschen Oper nicht beseitigen, sondern um den Preis des Verlustes eines der musiktheatralisch profiliertesten Berliner Häuser fortsetzen. Sie würde die Deutsche Oper herabstufen und einer unsicheren Zukunft überantworten sowie zu übermäßiger Verdichtung in der Stadtmitte führen. Am 11. Dezember 2002 erklärten die Intendanten dann gemeinsam dem Kultursenator »die Beendigung unserer Mitwirkung zur Bildung einer gemeinsamen Stiftung der drei Berliner Opernhäuser«.

Konsultation der Deutschen Opernkonferenz
Von Anfang an sind in die Überlegungen des Senats die Empfehlungen der Deutschen Opernkonferenz vom 4. Dezember 2000 eingeflossen. Am Rande der November-Tagung der Deutschen Opernkonferenz in München hat Kultursenator Flierl mit dem Vorsitzenden der Deutschen Opernkonferenz Sir Peter Jonas vereinbart, dass diese vor dem Hintergrund der aktuellen Debatte und im Benehmen mit den Intendanten ein Zukunftsmodell für die Berliner Opernhäuser »in Anlehnung an das vorgeschlagene Stiftungsmodell« vorlege.

Das am 22. Dezember 2002 gemeinsam mit den Intendanten und geschäftsführenden Direktoren erörterte Papier kann den von den Intendanten geltend gemachten Einfluss nicht verbergen. Es reagiert auf die Besorgnisse und Einwendungen der Intendanten, insbesondere der Staatsoper, es stellt präzisierende Bedingungen an ein Stiftungsmodell und präferiert schließlich dennoch die künstlerisch und wirtschaftlich selbständige Existenz dreier Opernhäuser in einem sogenannten »Modell freier Markt«.

Parlamentarische Debatte
Am 28. November 2002 wurde im Abgeordnetenhaus von Berlin die Antwort des Senats zur Großen Anfrage der Fraktion der CDU zur Opern-

politik gegeben und parlamentarisch debattiert. Für den Senat erläuterte Kultursenator Flierl das weitere Vorgehen und sprach sich für den Erhalt der drei Opernhäuser als künstlerisch und wirtschaftlich eigenständige Betriebe in der gemeinsamen Trägerschaft einer Stiftung Oper in Berlin aus.

Das Konzept
In Auswertung der verschiedenen vorliegenden konzeptionellen Ansätze und Debatten unterbreitet der Senat dem Abgeordnetenhaus folgende alternative Varianten zur Lösung der Strukturprobleme der Berliner Opernhäuser:

1. Errichtung einer öffentlich-rechtlichen Stiftung oder Anstalt öffentlichen Rechts »Oper in Berlin«;
2. Umwandlung der Opernhäuser in drei selbständige landeseigene GmbHs oder Eigenbetriebe;
3. Rechtliche Verselbständigung der Opernhäuser bei Fusion von Staatsoper Unter den Linden und Deutscher Oper Berlin.

Der Senat präferiert eindeutig das Modell der rechtlichen Verselbständigung und gleichzeitigen behutsamen Verklammerung der drei Berliner Opernhäuser in Gestalt der öffentlich-rechtlichen Stiftung oder einer Anstalt öffentlichen Rechts. Nur so können künstlerische und wirtschaftliche Selbständigkeit, kooperative Konkurrenz gesichert sowie Effektivitätspotenziale bei Spielplanabstimmung, Werkstätten, Marketing und Verwaltung der drei Berliner Opern umfassend erschlossen werden.

Die Intendanten und mit ihnen die Deutsche Opernkonferenz plädieren dagegen für die Konkurrenz dreier rechtlich selbständiger Opernhäuser auf dem »freien Markt«. Dieses Modell, das wegen der vorgeschlagenen Rechtsform der GmbH und wegen der absehbaren Verdrängungskonkurrenz auch von den Beschäftigtenvertretungen nicht mitgetragen wird, lässt überdies nicht erkennen, wie die Effekte von Kooperation und Synergie zwischen den konkurrierenden Häuser erschlossen werden können. Dies bliebe weiterhin Sache der Freiwilligkeit bzw. des administrativen Zwangs von Verwaltung oder Politik.

Eine Fusion von Staatsoper Unter den Linden und Deutscher Oper Berlin stellte den radikalsten Eingriff in die bestehende Struktur dar. Sie wäre nur gegen den Widerstand der Beschäftigten und der künstlerisch Verantwortlichen beider Häuser durchsetzbar. Die erwartbaren strukturellen Zuschussabsenkungen in Höhe von nicht viel mehr als 15 Millionen Euro stehen in keinem angemessenen Verhältnis zum künstlerischen und kulturpolitischen Ansehensverlust für die Stadt. In Übereinstimmung mit der Deutschen Opernkonferenz kann konstatiert werden, dass bei Zuschussabsenkungen von 10 Millionen Euro und mehr die Existenz dreier künstlerisch selbständiger Opernbetrieb im Ensemble- und Repertoirebetrieb nicht aufrechterhalten werden kann.

Errichtung einer Stiftung »Oper in Berlin«
Der Strukturvorschlag zur Opernreform im Jahre 2000 sah die Errichtung einer Anstalt öffentlichen Rechts für die fusionierte Staats- bzw. Deutsche Oper sowie einer weiteren Anstalt öffentlichen Rechts für die Komische Oper vor. Laut Senatsbeschluss aus dem Jahre 2001 sollten drei GmbHs für die Opern errichtet werden. Die jetzt entwickelte Konzeption sieht eine Kombination der beiden Modelle vor: eine öffentliche Trägerschaft für Oper in Berlin in Form einer öffentlich-rechtlichen Stiftung oder Anstalt öffentlichen Rechts und die Betreibung der Opern bzw. des Balletts in Form von GmbHs. Für die Stiftung spricht die auf Dauer angelegte Verfolgung des Zweckes der Betreibung von Oper in Berlin. Verträge können erfüllt werden, ohne Regressansprüche befürchten zu müssen. Das Stiftungsmodell eröffnet weitere Möglichkeiten der Mitfinanzierung und Unterstützung von außen – von privater Seite, aber auch für eine eventuelle spätere Mitfinanzierung des Bundes.

Im politischen Raum besteht die Befürchtung, dass nach Errichtung der Stiftung der Stifter (das Land Berlin) keinen unmittelbaren Einfluss mehr auf die Stiftung habe. Eine zu detaillierte Bestimmung des Stiftungszweckes (z. B. der Erhalt dreier künstlerisch und wirtschaftlich selbständiger Opernhäuser im Ensemble- und Repertoirebetrieb) könne spätere Reorganisationen verhindern. Da es sich aber um eine durch Gesetz zu errichtende öffentlich-rechtliche Stiftung handelt, hat der Stifter (das Land) immer auch die Möglichkeit einer Änderung durch Gesetz. Die Rechtsform der Anstalt öffentlichen Rechts ist hier nur scheinbar flexibler. Als »juristische Person des öffentlichen Rechts ohne Eigenschaften«, außer der, rechtsfähig zu sein, dient sie ausschließlich dem Zweck der Erledigung öffentlicher Aufgaben und kann für den jeweiligen Zweck sehr genau zugeschnitten werden. Nach dem Berliner Betriebegesetz verfügt die Anstalt über der Stiftung analoge Organe (Vorstand, Aufsichtsrat, Beirat), jedoch zusätzlich über eine Gewährträgerversammlung (fünf vom Senat bestellte Senatsmitglieder). Auch ein formulierter Anstaltszweck müsste allerdings (bei maßgeblichen Strukturveränderungen) förmlich geändert werden. Die Bundesbeauftragte für Kultur und Medien plädiert nachdrücklich für die Rechtsform einer Stiftung öffentlichen Rechts.

Grundsätze zur Errichtung einer Stiftung »Oper in Berlin«
1. Zum 1. Januar 2004 wird durch Gesetz eine rechtsfähige Stiftung öffentlichen Rechts mit Sitz in Berlin mit dem Zweck errichtet, die Staatsoper Unter den Linden, die Deutsche Oper und die Komische Oper als künstlerisch selbständige Opernbetriebe nach wirtschaftlich effektiven Grundsätzen zu führen und deren künstlerische Profilierung zu unterstützen. Die Stiftung trägt den Namen »Oper in Berlin«. Die öffentlich-rechtliche Stiftung ist Dienstherr des gesamten bisherigen künstlerischen und nichtkünstlerischen Personals der drei Opernhäuser. Die Dienstherrenfunktion der Senatsverwaltung für Wissenschaft, Forschung und Kultur geht auf die Stiftung über. Die Stiftung tritt in alle Arbeits- und Dienstverträge der bisher bei den drei Opern Beschäftigten ein.
2. Der gesetzlich verankerte Stiftungszweck beschreibt die Aufgaben der einzelnen Opernhäuser und regelt, dass die Stiftung zum Zwecke des Opernbetriebes unverzüglich vier gemeinnützige Gesellschaften mit beschränkter Haftung gründet, und zwar die Staatsoper Unter den Linden gGmbH, die Deutsche Oper gGmbH und die Komische Oper gGmbH sowie eine Ballett gGmbH. Sie werden jeweils von einem Intendanten und von einem geschäftsführenden Direktor als gleichberechtigte Geschäftsführer geleitet und vertreten.
3. Zur Realisierung gemeinsam wahrnehmbarer nichtkünstlerischer Aufgaben der drei Opernbetriebe und des Balletts, wie Personal- und Finanzbuchhaltung, Kostüm- und Dekorationswerkstätten, Facility-Management, institutionsübergreifendes Marketing usw., wird eine gemeinnützige Bühnenservice gGmbH gebildet. Die Bühnenservice gGmbH finanziert sich zunächst vor allem aus Aufträgen der einzelnen Betriebs GmbHs, die ihrerseits für eine befristete Zeit unter Kontrahierungszwang gegenüber der Bühnenservice gGmbH stehen.
4. Alleinige Gesellschafterin aller dieser gGmbHs ist zunächst die Stiftung. In den Gesellschaftsverträgen kann vorgesehen werden, dass bis zu 49 Prozent der Gesellschaftsanteile von weiteren Körperschaften oder durch natürliche oder juristische Personen übernommen werden können.
5. Das Land schließt mit der Stiftung für die einzelnen Opernbetriebe sowie das Ballett fünfjährige Verträge und sichert auf diese Weise die notwendige Planungssicherheit für die künstlerischen Betriebe. Im Gegenzug wird eine Zuschussabsenkung ab 1. Januar 2004 um 9,6 Millionen Euro an die Stiftung »Oper in Berlin« vereinbart.

6. Zwischen den Tarifparteien wird für die Laufzeit des Vertrages ein Bündnis für die Bühnen ausgehandelt. Mit dem Ziel des Ausschlusses betriebsbedingter Kündigungen wird darin befristet auf Tariferhöhungen verzichtet und es werden die Modalitäten eines sozial verträglichen Personalabbaus vereinbart. Die Verhandlungen zum Bündnis für die Bühnen werden parallel zur parlamentarischen Behandlung des Errichtungsgesetzes geführt. Zur Einlösung der Beschäftigungssicherung und des sozial verträglichen Personalabbaus wird in Abstimmung mit dem Bund und durch diesen finanziert ein Überhangstellenpool geschaffen. Zweckmäßigerweise wird der Stellenpool der Stiftung zugeordnet. Die dem Stellenpool zugeordneten Mitarbeiter/-innen werden von dort nach Bedarf den einzelnen GmbHs zugewiesen.

7. Um den Arbeitseinsatz der bereits bisher künstlerisch und nichtkünstlerisch Beschäftigten, deren gemeinsamer Arbeitgeber die Stiftung werden soll, in unterschiedlichen gGmbHs, also an verschiedenen Arbeitsorten zu ermöglichen, sind entsprechende Regelungen zu treffen.

8. Die derzeit angewandten Tarifverträge sollen durch Haustarifverträge ersetzt werden. Dabei sind auch Aushilfsdienste in den jeweils anderen Orchestern mitzuregeln. Weitere Zielsetzung ist es, den Einsatz von Ensemblemitgliedern an den jeweils anderen Bühnen zu ermöglichen.

9. Das nach Errichtung der Stiftung neu aufgenommene künstlerische und nichtkünstlerische Personal wird bei den gGmbHs angestellt. Für alle neu Einzustellenden werden grundsätzlich nur die mit den Tarifpartnern noch zu verhandelnden Haustarifverträge angewandt.

10. Der Stiftungsvorstand hat die Aufgabe, auf der Grundlage der fünfjährigen Verträge zwischen Land und Stiftung die Tätigkeit der Opern bzw. des Balletts bei Wahrung von deren künstlerischer und wirtschaftlicher Selbständigkeit zu unterstützen. Insbesondere koordiniert der Stiftungsvorstand die Erstellung der Wirtschafts- und Spielpläne der drei Opernbetriebe und des Balletts, achtet auf die Nutzung aller Synergiepotenziale, auf gemeinsame institutionsübergreifende Werbung, Öffentlichkeitsarbeit und Marketing. Der Stiftungsvorstand überwacht die Wirtschaftsführung der Opern und des Balletts. Er bereitet Tarifverträge und Dienstvereinbarungen vor.

11. Der Stiftungsvorstand besteht aus den künstlerischen Geschäftsführern (Intendanten) der drei Opernbetriebe, dem Intendanten des Balletts, dem Geschäftsführer der Bühnenservice GmbH und dem

Generaldirektor der Stiftung. Dem erweiterten Vorstand gehören zusätzlich die kaufmännischen Geschäftsführer der Tochtergesellschaften der Stiftung an. Für alle finanziellen und organisatorischen Angelegenheiten ist der erweiterte Vorstand zuständig. Die Intendanten sowie der Generaldirektor haben gegenüber mehrheitlich getroffenen Beschlüssen des Stiftungsvorstandes ein Vetorecht, das nur durch Beschluss des Stiftungsrates außer Kraft gesetzt werden kann. Die Intendanten sowie der Generaldirektor können strittige künstlerische oder wirtschaftliche Grundsatzfragen in den Stiftungsrat zur Erörterung und Beschlussfassung einbringen.

12. Der Stiftungsrat ernennt die Intendanten, geschäftsführenden Direktoren sowie den Generaldirektor, genehmigt den Abschluss von Tarifverträgen und Dienstvereinbarungen, bestätigt jährlich die Wirtschafts- und Spielpläne der drei Opernbetriebe und beschließt über die Übernahme von Minderheitsanteilen der der Stiftung gehörenden gGmbHs durch Dritte.

13. Der Stiftungsrat setzt sich wie folgt zusammen: Das für Kultur zuständige Mitglied des Senats ist Vorsitzender des Stiftungsrates. Auf Vorschlag des Senats wählt das Abgeordnetenhaus von Berlin vier weitere Mitglieder, die vom Stiftungsratsvorsitzenden berufen werden. Die Mitglieder müssen geeignet sein, die Stiftung in ihren finanziellen und kulturellen Belangen zu beraten und zu kontrollieren. Bei der Beschlussfassung über die Wirtschaftspläne kann das Land Berlin nicht überstimmt werden. Generaldirektor und Intendanten nehmen mit Rede- und Antragsrecht an den Beratungen des Stiftungsrates teil.

14. Der Stiftungsrat beruft die Mitglieder der Aufsichtsräte für die Unternehmen, an denen die Stiftung allein oder mehrheitlich beteiligt ist. Der Generaldirektor der Stiftung ist Vorsitzender der jeweiligen Aufsichtsräte der Tochtergesellschaften der Stiftung. Die drei Opernbetriebs gGmbHs sowie die Ballett gGmbH erhalten jeweils Aufsichtsräte mit einer Größe von mindestens sieben und höchstens neun Personen. Den Aufsichtsräten der künstlerischen Betriebe gehören jeweils u. a. ein Mitglied des Stiftungsrates, ein Vertreter auf Vorschlag des jeweiligen Freundeskreises sowie zwei Vertreter der Personalvertretungen an, die diese aus ihrer Mitte bestimmen. Die weiteren Mitglieder der Aufsichtsräte werden auf Vorschlag und im Einvernehmen der jeweils für Kultur zuständigen Mitglieder von Senat und Bundesregierung benannt. Der Aufsichtsrat der Bühnenservice gGmbH wird bis auf den Vertreter des Freundeskreises analog besetzt. An den Sitzungen der Aufsichtsräte der Tochtergesell-

schaften der Stiftung nimmt jeweils ein Vertreter der für Kultur zuständigen Senatsverwaltung mit beratender Stimme teil.
15. Die Stiftung mit ihren Organen Stiftungsvorstand und Stiftungsrat erhält eine auf das absolut notwendige Minimum reduzierte Personal- und Sachausstattung. Die Stiftung wirkt im Sinne eines Board, die Funktion des Generaldirektors lässt sich am besten als Managing Director charakterisieren.

Die skizzierte Stiftungskonstruktion kombiniert die künstlerische und wirtschaftliche Selbständigkeit der einzelnen Opernbetriebe sowie des Balletts mit der Notwendigkeit zur kontinuierlichen Abstimmung bei der Spielplangestaltung, bei der effektiven Nutzung der Werkstattkapazitäten und der Entwicklung eines gemeinsamen Marketings. Die Bedenken der Intendanten und der Deutschen Opernkonferenz sind insofern aufgenommen, als die Intendanten für ihre jeweiligen Häuser künstlerisch allein verantwortlich bleiben; ihr Vetorecht sichert sie gegen den Durchgriff des Generaldirektors oder des Stiftungsvorstandes. Der Abschluss fünfjähriger Verträge des Landes Berlin mit der Stiftung für die einzelnen Opern bzw. das Ballett schafft Planungssicherheit und schließt grundsätzlich eine befürchtete Quersubventionierung aus. Die einzelnen GmbHs wirtschaften im Rahmen der zugewiesenen Plafonds und auf eigene Kosten. Eine Umverteilung der Ressourcen kann nur im Rahmen der Neuverhandlung der jeweils fünfjährigen Verträge erfolgen. Die Einrichtung eines gemeinsam gespeisten und bewirtschafteten Liquiditätsfonds bei der Stiftung ist dagegen zulässig. Abweichend vom Vorschlag der Deutschen Opernkonferenz muss der Stiftungsvorstand aus aufsichtsrechtlichen Gründen jedoch auch dann über Grundsatzfragen wie den jährlichen Wirtschafts- oder Spielplan beschließen, wenn sich die Intendanten untereinander einig sind. Dies gilt ebenso für den Stiftungsrat.

Die Idee der Deutschen Opernkonferenz, wonach der Stiftungsvorstand (Generaldirektor) unter den Intendanten und geschäftsführenden Direktoren gewählt werden solle, wurde hier nicht aufgenommen. Gerade die berechtigte Sorge vor einer (vielleicht auch nur informellen) Generalintendanz oder der Dominanz eines Hauses über das andere sollte dies ausschließen. Mit der Deutschen Opernkonferenz ist sich der Senat einig, dass die notwendige Spielplanabstimmung der drei Opern zunächst vor allem eine zeitliche sein sollte. Der Staat darf und will die Spielpläne den Opern nicht oktroyieren. Gerade eine staatsfernere Trägerschaft für Oper in Berlin, wie es die Stiftung wäre, sollte aber auch neue Wege zu gemeinsamer Verantwortung der drei Opern eröffnen.

Derzeit ist zu beobachten, dass die Konkurrenz dreier selbständiger Opernhäuser bei durchgängiger Unterfinanzierung zu reduziertem Aufführungsangebot führt. Das ist kulturpolitisch ebenso unerwünscht und unzuträglich wie damit einhergehende Defizite im Repertoire. Denn Mehrfachinszenierungen derselben Werke der Opernliteratur haben zur Folge, dass im gesamten Erscheinungsbild der Spielpläne nicht die zu fordernde Breite existiert – obwohl im Einzelfall durchaus divergierende Konzepte für die Interpretation derselben Werke sinnvoll, anregend und erhellend sein können. Für den Rang einer Opernstadt ist indessen auch die Vielzahl im Panorama der Werke wichtig. Wenn hingegen jedes Opernhaus partikulare Interessen bei der Gestaltung des Spielplans weitgehend aus finanziellen Zwängen verfolgen muss, ist die Zeit für Reformen gekommen. (Eckhardt/Vollmer)

Die im Rahmen der Stiftung mögliche horizontale Kooperation zwischen den Häusern sollte dazu beitragen, mehr als bisher die für die jeweilige Produktion am besten geeigneten akustischen und räumlichen Möglichkeiten der drei Spielorte zu nutzen und durch profilschärfende Kooperationen ein breiteres Spielplanangebot zu entwickeln.
[Es folgen die Abschnitte Strukturelle Zuschussabsenkung, Werkstättenkonzept, Sanierung von Staatsoper Unter den Linden und Komischer Oper, Beseitigung des Bilanzdefizits bei den Opernbetrieben und Strukturverbesserung bei anderen Berliner Kultureinrichtungen.]

Nettoentlastung Berlins ab 2004
Mit Errichtung der Stiftung Oper in Berlin zum 1. Januar 2004 werden die Bilanzdefizite der LHO-Betriebe ausgeglichen. Nach derzeitiger Prognose wird allein die Deutsche Oper Berlin ein Defizit Höhe von ca. 5 bis 6 Millionen Euro aufweisen. Durch die mit dem Bund erwogene Übernahme verschiedener Berliner Einrichtungen durch den Bund wird der Berliner Kulturhaushalt ohne Substanzverlust um ca. 20 Millionen Euro dauerhaft entlastet, darunter: Stiftung Deutsche Kinemathek, Akademie der Künste u. a. Davon sollte ein Teil zur Abdeckung unabweisbarer Mehrbedarfe ab 2004 eingesetzt werden, darunter: Übernahme des Schlosses Schönhausen in die Stiftung Schlösser und Gärten, Etaterhöhungen für das Grips-Theater, das Hebbel am Ufer, die Volksbühne und die Schaubühne. Dadurch ergibt sich eine Nettoentlastung des Berliner Kulturhaushaltes ab 2004 in Höhe von 17,4 Millionen Euro zuzüglich 12,8 Millionen Euro Personalkostenentlastung durch den Stellenpool (Opern und andere Bühnen). Die Gesamtentlastung des

Berliner Kulturhaushaltes beträgt damit ab 1. Januar 2004 30,2 Millionen Euro. Zusätzlich stellt der Bund einmalig 3,6 Millionen Euro als Gründungskosten für die Tochtergesellschaften der Stiftung zur Verfügung. *[Für die Budgetzuweisung an die Stiftung Oper in Berlin wurden später Personaleinsparungen von 220,5 Stellen bzw. 9,6 Millionen Euro und eine Steigerung von Einnahmen, insbesondere durch Steigerung der Zuschauerzahlen, in Höhe von 7,2 Millionen Euro zugrunde gelegt. Während der Personalabbau im Wesentlichen realisiert werden konnte, blieben die Einnahmeerwartungen jedoch aus. Die Übernahme Berliner Kultureinrichtungen durch den Bund wurde im Hauptstadtkulturvertrag geregelt. Anm. d. Hrsg.]*

Drei selbständige Opernhäuser im Modell »freier Markt«
Die Vorzugsvariante der Deutschen Opernkonferenz (Modell »freier Markt«) orientiert sich am Bedürfnis der Intendanten und ihrer Häuser nach künstlerischer und wirtschaftlicher Selbständigkeit. Gegenüber dem jetzigen Zustand kämen lediglich die mehrjährigen Zuwendungsverträge sowie der angestrebte Rechtsformwechsel zur GmbH oder zum Eigenbetrieb hinzu. Die Einsparvorschläge der DOK (unabhängig vom Betreibungsmodell) bleiben mit max. 8 Millionen Euro hinter denen des Stiftungsmodells zurück.

Die Deutsche Opernkonferenz wendet gegen das Stiftungsmodell ein, es erinnere »an eine ›Regulierungseinheit‹, die das freie künstlerische Entfalten der Häuser eher verhindert als fördert«. Die Instanz ihrer Kritik ist der »freie Markt«. Doch bewegen sich die drei überwiegend aus öffentlichen Mitteln getragenen Kulturinstitutionen mit ihrem Angebot tatsächlich auf einem »freien Markt«? Und könnte es überhaupt im öffentlichen Interesse sein, wenn sich die hochsubventionierten Häuser »unreguliert«, d. h. im Sinne der Verdrängung, Konkurrenz machten? Das Freie-Markt-Modell unterstellt nur Chancengleichheit, abstrahiert aber von den unterschiedlichen Ausgangsbedingungen, Profilen und künstlerischen Missionen der drei Häuser. Es würde die Krisensituation der Berliner Opernszene verschärfen. Die Forderung, die beiden anderen Opernhäuser müssten sich um den Preis des Untergangs an der Staatsoper orientieren, würde zu einem aussichtslosen Standortwettbewerb und damit zur Verarmung des Berliner Opernangebots führen. Künstlerischer Erfolg muss sich für die Häuser auch wirtschaftlich lohnen – eine staatliche subventionierte Verdrängungskonkurrenz um dasselbe Angebot kann aber nicht im Interesse Berlins sein. Deshalb ist eine profilschärfende Abstimmung zwischen den Häusern, die Erweiterung des Programmangebots sowie die Erschließung aller

Kooperationsmöglichkeiten (z. B. bei der Werkstättennutzung oder der Entwicklung einer gemeinsamer Marketingstrategie für die Opernstadt Berlin) Bedingung für die weitere öffentliche Subventionierung dreier künstlerisch und wirtschaftlich selbständig geführter Opernbetriebe.

Eine Koordination zwischen den als selbständige GmbHs oder Eigenbetriebe geführten Opernhäusern stößt auf faktische, weil rechtlich begründete Hindernisse. Diese GmbHs müssten wegen der Vorschriften des Handelsgesetzbuches jeweils für sich betrachtet werden. Sicherlich ist es denkbar, dass die GmbHs durch Kooperationsverträge untereinander verbunden werden. Doch wie sollte die kontinuierliche Einhaltung der Verträge kontrolliert werden? Konsequent ist es nur, die GmbHs in einer Holding zu verbinden, wie es auch im Wiener Modell der Bundestheaterholding praktiziert wird oder wie hier mit dem Stiftungsmodell Oper in Berlin vorgeschlagen.

Fusion von Staatsoper und Deutscher Oper

Die Fusion von Staatsoper Unter den Linden und Deutscher Oper Berlin unter einer Generalintendanz war das favorisierte Modell der gescheiterten Reformbemühungen der Jahre 2000/01. In der Tat stehen die Staatsoper Unter den Linden und die Deutsche Oper Berlin in einer Position strategischer Konkurrenz zueinander: historisch, stadttopografisch und künstlerisch. Es sind die beiden größeren Häuser, sie haben vergleichbare Kernrepertoires und konkurrieren um ein ähnliches Publikum. Die behutsame und kompetente Koordination ihrer Spielplanangebote ist daher für die Stadt von besonderer Wichtigkeit. Der Preis einer Fusion beider Häuser ist aber kulturpolitisch unangemessen hoch. Auch bundesweit wäre die Fusion beider Opernhäuser ein Tabubruch ersten Ranges. Eine gleichberechtigte Fusion von Orchester und Chor ist weder künstlerisch noch organisatorisch vorstellbar. Dies wäre nur als Auflösung jeweils eines der beiden Ensembles und Übernahme einzelner Mitglieder in das verbleibende denkbar. Der Verlust herausragender künstlerischer Persönlichkeiten wäre die notwendige Folge. Die lange schwelende Berliner Opernkrise würde mit einem Eklat enden.

Bei Abstraktion von diesen Voraussetzungen wäre die differenzierte Betreibung beider Standorte denkbar: die Deutsche Oper als das größere, das metropolitane Berliner Opernhaus; die Staatsoper als das kleinere, aber traditionsreichere, im historischen Zentrum gelegene Opernhaus, u. a. geeigneter für Festspiele und repräsentative Veranstaltungen in der Bundeshauptstadt. Eine solche Vision abstrahiert jedoch insbesondere von den Befindlichkeiten der beiden Häuser, der Bipolarität der Berliner Stadtkultur und deren politischer Brisanz (»keine Zwangsvereinigung«). Gegenüber der Tiefe des strukturellen Eingriffs ist die Zuschussabsenkung einer Fusion relativ gering: Bei den von der Deutschen Opernkonferenz angenommenen Ensemblegrößen von 180 Orchester- und 120 Chormitgliedern einer fusionierten Staatsoper/ Deutsche Oper ergeben sich bei analoger Umsetzung der im Stiftungsmodell dargestellten Personalkostenreduzierung (9,6 Millionen Euro) zusätzliche Einsparungen von lediglich ca. 7,8 Millionen Euro p. a.

Nach Prüfung der dargestellten Alternativen plädiert der Senat daher für die weitere Ausarbeitung und Realisierung des Modells einer Stiftung Oper in Berlin mit drei künstlerisch und wirtschaftlich selbständigen Opernhäusern: der Staatsoper Unter den Linden, der Deutschen Oper Berlin und der Komischen Oper. Die drei Opern sind und bleiben ein Standort- und Zukunftspotenzial Berlins.

Beschluss des Senats von Berlin vom 3. Februar 2003, für diesen Band gekürzte Fassung, vollständig nachzulesen unter www.thomas-flierl.de. Mit diesem Konzept konnte die Schließung oder Fusion Berliner Opernhäuser abgewendet werden. Das auf dieser Grundlage nachfolgend erarbeitete Gesetz zur Errichtung der »Stiftung Oper in Berlin« vom 17. Dezember 2003 trat am 1. Januar 2004 in Kraft. (Anm. d. Hrsg.)

SCHEITERN MACHT AUCH SINN
Katrin B. Müller im Interview mit Thomas Flierl. 1996

Katrin B. Müller: Einen großen Teil Ihrer Zeit als Kultursenator haben Sie mit der Opernreform verbracht. Wie viel Zeit aber haben Sie, um in die Oper zu gehen?
Thomas Flierl: Viel zu wenig. Dennoch bringt das Amt die schöne Herausforderung mit, Oper für sich neu zu entdecken. Insofern bin ich noch nie so oft in die Oper gegangen wie in diesen zwei Jahren, sicher 15 bis 18 Inszenierungen. Ich habe da unendlich viel gelernt.

Für die Programmzeitschrift der Komischen Oper haben Sie einen Text zu WOZZECK *geschrieben. Sie nennen da die »Oper als Kunstform einen institutionalisierten Widerspruch«. Liegt dieser Widerspruch darin, dass Oper immer eine Kunstform der Verschwendung ist, die sich aber andere Ziele als Alibi vorhalten muss?*
Ich verfolge in dezidierter Weise ein Kulturverständnis, das von der Gleichzeitigkeit des historisch Ungleichzeitigen ausgeht, dass unsere heutige Kultur von kulturellen Zusammenhängen verschiedenen historischen Alters geprägt ist. Die Oper scheint diesen Widerspruch in besonderer Weise auszudrücken. Die Produktionsweise ist bestenfalls manufakturell, mitunter ganz hierarchisch und feudal geprägt. Von den Produktionsweisen noch immer auf die Sinnlichkeit der Stimmen und des Körpers angewiesen und dennoch mit den Weltproblemen befasst, Stoffe bearbeitend, interpretierend und neu interpretierend, die Menschheitserfahrung aufheben.

Sie schreiben auch, dass die Wozzecks von heute kaum in die Oper gehen und soziale Distinktion diejenigen von der Hochkultur fern hält, deren Geschichten der Ausgrenzung auf der Bühne verhandelt werden. Ist das unabänderlich?
Die kulturpolitischen Anstrengungen müssen natürlich dahin gehen, den Kreis zu verbreitern. Das heißt auch, neue Publikumsschichten in die Oper zu holen oder Oper an anderen Orten zu machen, wie es zum Beispiel in den Kooperationen zwischen Komischer Oper und Zeitgenössischer Oper geschieht. Diese Bemühungen sind besonders wichtig, sie sind auch ein ökonomisches und kulturwirtschaftliches Problem. Eine Opernstudie hat ergeben, dass wir in Berlin 700.000 Opernbesucher im Jahr haben; und um die drei großen Opern wirtschaftlich langfristig halten zu können, bräuchte man eigentlich eine Million. Wir müssten das

regionale Umfeld und das touristische Potenzial besser erschließen, aber auch jüngere Publikumsschichten gewinnen, um diese Betriebe zu erhalten. Das ist auch eine Frage des kulturellen Gedächtnisses der Stadt.

Gerade bei der Komischen Oper, aber auch der Deutschen Oper war im letzten Jahrzehnt zu spüren, dass ihr Stammpublikum sie im Stich ließ, wenn sich die Konzepte der zeitgenössischen Kunst öffneten. Es scheinen doch Hochburgen eines konservativen Kulturbegriffs.
Ich glaube, dass die feste Bindung von Publikumsschichten zu Institutionen im Schwinden begriffen ist. Hinzu kommt die topografische Umdeutung der Berliner Kulturlandschaft, die mit der Vereinigung und der Internationalisierung der Stadt erhebliche Veränderungen erfahren hat. So sehe ich mit Bedauern, dass immer noch sehr wenige Ostberliner in die Deutsche Oper gehen; und dass in die Staatsoper, die mehr dem repräsentativen Charakter von Mitte entspricht, auch immer weniger Ostberliner gehen als früher. Da spielen gefühlte und reale Eintrittspreise eine Rolle und eine kulturelle Fremdheit zu den neuen Publikumsschichten, die sich der Orte wie selbstverständlich bemächtigen, die sich anders inszenieren. Damit löst sich die traditionelle Bindung auf. Das ist auch eine Chance, aber mit der Verlagerung der kulturell-repräsentativen Aktivitäten in die historische Mitte, die heute ein gemeinsames Zentrum ist, hat natürlich die Deutsche Oper in Charlottenburg ein großes Problem.

War es Teil Ihrer Strategie, die Oper als Bollwerk mit der größten Verteidigung zuerst durch die Abschürfungen im Kulturetat zu steuern, um andere Bereiche, die öffentlich nie so hoch gehandelt werden, zu schützen?
Als ich angetreten bin, konnte man auf der ganzen Front, wenn jetzt diese militärischen Bilder sein sollen, diesen Problemstau erkennen. In die »weichen« Bereiche, die nicht institutionell gefördert wurden, wurde die ganzen neunziger Jahre lang hineingeschnitten, wie in die Projektförderung der freien Szene, die bezirkliche Kultur, den Kulturaustausch. Dazu wurden die überfälligen Strukturreformen für die großen Institutionen versäumt. Insofern lag hier auch die größte Herausforderung – nur indem wir die großen Institutionen reformieren, kann man Substanz erhalten. Es ist richtig, dass dies auch ein Moment des Umverteilens im Kulturhaushalt beinhaltet. Nur wenn wir Ressourcen frei bekommen für die weicheren, experimentelleren Bereiche, kann man von eigener Profilierung im Kulturbereich sprechen. Natürlich steht das unter erheblichem Konsolidierungszwang. Der Kompromiss ist, in den schon stark dezimierten Bereichen nicht weiter zu kür-

zen und Einsparanstrengungen im Opernbereich zu unternehmen. Durch die Kooperationen mit dem Bund und die Übernahme einiger Einrichtungen konnte die Schließung einer Oper abgewendet werden. Das wurde bundesweit als ein kulturpolitisches Signal verstanden: Wenn in Berlin angefangen wird, Opern zu schließen, werden auch kleinere Stadttheater in der Provinz zur Disposition gestellt.

Der Mai war in Berlin ein Opern-intensiver Monat: Die Opernhäuser brachten je zwei Premieren heraus, aber auch viele andere Spielstätten zeigten Oper: In den Sophiensælen lief ANTIGONE, *eine Oper aus dem 18. Jahrhundert, vom jungen freien Team Novoflot hervorragend inszeniert. Die Zeitgenössische Oper Berlin stellte einen chinesischen Komponisten vor, die Berliner Kammeroper zeigte in Neukölln* MR. EMMETT TAKES A WALK. *Wer wollte, konnte sieben bis neun Opernpremieren erleben. Damit zeichnet sich ein Trend ab: Erstens drängt neues Musiktheater in die Stadt und zweitens werden bei Theaterleuten und Musikern Projekte immer beliebter, die die Grenzen der Institution und Gattung Oper brechen. Das ist umso erstaunlicher, als es den Entwicklungen der Produktionsbedingungen zuwider läuft. Wird Ihnen da nicht bange?*

Ob ich mich fürchte, ist unerheblich. Offenbar reichen die Ressourcen aus und die Leute entdecken da künstlerisch sinnvolle Strategien. Dass es genreübergreifende Projekte gibt, ist ja nur gut, denn das hilft, neue Publikumsschichten zu gewinnen. Auch die großen Opernbetriebe stellen sich ja selbst in Frage. Wir sollten in Berlin begreifen, dass wir die einzig wirklich große Metropole in Deutschland sind, aber natürlich zu wenig Umraum haben, zu wenig Region; das könnte sich mit der Erweiterung Europas ändern. Solche Crossover-Projekte oder auch Projekte, die von den Opernhäusern an anderen Orten in der Stadt realisiert werden, sind da nur produktiv.

Kunstwerke erzählen auch immer etwas über die Produktionsbedingungen ihrer Zeit und zeigen, welche Funktion der Wert der Kunst gegenüber den anderen wertschöpfenden Systemen hat. Der bürgerliche Kunstbegriff lebte davon, das als Gegensatz zu denken. Ist das heute, bei dem Verwertungsdruck, noch möglich? Oder muss alles zum Warenangebot im Kulturtourismus werden?

In der politischen Ökonomie des Kapitalismus dominiert zwar der Wert den Gebrauchswert, aber ohne den Gebrauchswert ist die Ware nichts. Da sich der bürgerliche Reichtum als ungeheure Ansammlung von Waren darstellt, nimmt natürlich auch die Vermittlung von Kultur

Warenform an. Das schließt nicht aus, dass die Kulturprodukte dabei einen Gebrauchswert entfalten, der den bürgerlichen Reichtum und die Warenwelt transzendiert. Insofern sind Überlegungen, wie man die Produktionsbedingungen besser auslastet oder mehr Akquise bei Rezipienten tätigt und mehr Marketing betreibt, per se nichts Negatives und die Kunstform In-Frage-Stellendes.

Ich hänge nicht so sehr einer Entfremdungstheorie an, die glaubt, dass die warenförmige Vermittlung emanzipatorische Inhalte grundsätzlich verhindert. Der Markt ist die einzige Form, an die Rezipienten, Konsumenten zu kommen. Wir haben immer noch eine starke Dominanz des öffentlichen Sektors im Kulturbereich, das soll auch so bleiben.

Kann ein System der subventionierten Kultur überhaupt ohne eine solch widersprüchliche Konstruktion von Marktwert und kulturellem Wert auskommen, selbst wenn klar ist, dass die Utopien der bürgerlichen Welt inzwischen anachronistisch sind?
Utopien sind nicht anachronistisch. Selbst gescheiterte Utopien sind Teil der Menschheitserfahrung, und aus welch anderen Zusammenhängen soll eine sich selbst aufklärende Gesellschaft schöpfen, wenn nicht aus ihrer Zuversicht und aus ihrem Scheitern. Im Bereich der Kultur ist nichts umsonst, selbst wenn es mitunter oft als kulturelle Tat erscheint, sich davon etwas zu befreien. Im kulturellen Zusammenhang macht auch Scheitern Sinn.

Muss man sich Ungleichzeitigkeiten leisten?
Ja, natürlich. Das ist die Voraussetzung. Eindimensional zu leben, nur in der Jetztzeit, nur dem Trend zu folgen, voraussetzungslos gerade nur das zu kennen, von dem man sich gerade abgestoßen hat, und nur gerade noch einen Vorschein davon zu haben, wo man hinwill, ist zu wenig. Man muss die Brüche sehen, mehrere Schichten, Wegkreuzungen, Überholspuren und Sackgassen. Kein Künstler und keine Künstlerin kann heute Kunst machen, ohne sich der Voraussetzungen, die immer historisch geprägt sind, zu vergewissern. Banal seiner Intuition zu folgen, das wird es nicht mehr geben. Wir leben in der Zeit einer sehr reflektierten, modernen Produktion, für die wird die Geschichte immer wichtiger.

Katrin Bettina Müller führte dieses Interview für die tageszeitung, wo es am 15. Juni 2004, S. 15, erstmals abgedruckt wurde. (Anm. d. Hrsg.)

KULTUR JETZT!
Eine Bilanz der Berliner Kulturpolitik 2002 bis 2006

»Kultur zuletzt« hieß der resignierende Titel eines Buches von Ulrich Roloff-Momin, der von 1991 bis 1996 Berliner Kultursenator war und sich 1993 in einer nächtlichen Haushaltsberatung der Großen Koalition dazu hinreißen ließ, das traditionsreiche Schiller-Theater zu schließen. Was nach dieser Nacht-und-Nebel-Aktion als finanzieller »Befreiungsschlag« zum Wohl der überlebenden Theater verkauft wurde, erwies sich als Trauma, von dem sich die Berliner Kulturszene bis heute nicht erholt hat.

Das bisschen Haushalt ...
Knapp zehn Jahre später traf sich die rot-rote Koalition zu ihrer ersten Klausur, um nach deprimierendem Kassensturz ebenfalls bis in die Nacht den Doppelhaushalt 2002/03 zu beraten. Zu dieser Zeit herrschte in der Berliner Kulturszene tiefer Fatalismus. Die Botschaft, dass Berlin jahrelang über seine Verhältnisse gelebt hatte und vor einem harten Sanierungskurs stand, war auch bei den Künstlerinnen und Künstlern der Stadt angekommen. Die damals in den Medien heftig diskutierte Frage war nicht, ob, sondern welches Opernhaus und/oder welches Theater geschlossen werden wird.

Dabei hatte sich die rot-rote Koalition ausdrücklich und per Vertrag vorgenommen, trotz der prekären Haushaltslage bei den Zukunftspotenzialen der Stadt, also bei Kultur, Wissenschaft, Forschung und Bildung, Prioritäten zu setzen. Aber die Skepsis blieb, und der Kultursenator stand anfangs in der Kritik, seine Zeit am Schreibtisch und auf Beratungen zu verbringen, statt auf allen Premieren Präsenz zu zeigen. (Unbemerkt blieb, dass mein erster Besuch dem Maxim Gorki Theater galt, das von Schließungsgerüchten verunsichert wurde.) Verstärkt wurde diese Skepsis – nicht zuletzt innerhalb der Kulturverwaltung – durch eine weitere negative Erfahrung der Vergangenheit. Hatte doch Berlin seit Dezember 1999 zwei Kultursenatoren und eine Kultursenatorin mit einer durchschnittlichen Amtszeit von weniger als neun Monaten erlebt. Aber auch diese Negativserie ist nunmehr Geschichte.

Die rot-rote Koalition hat Stabilität, Belastungs- und Handlungsfähigkeit bewiesen – nicht zuletzt auf dem Gebiet der Kultur. Am Ende einer Legislaturperiode mit insgesamt vier Haushaltsberatungen und einer von der Opposition angestrengten Verfassungsklage musste in

Berlin weder eine Oper noch ein Theater geschlossen werden. Vielmehr ist es in oft harten Auseinandersetzungen trotz dramatischer Haushaltsnotlage gelungen, die Substanz der Berliner Kulturlandschaft zu erhalten, lange Zeit verschleppte Strukturentscheidungen zu fällen und darüber hinaus kulturpolitische Weichenstellungen vorzunehmen, die das kulturelle Leben der Stadt bereichert und Anstöße für neue Entwicklungen geschaffen haben.

Kultur ist eine der wichtigsten, bei kluger Politik erneuerbaren Ressourcen dieser Stadt. Und: Kultur lebt vom Wandel, von Innovation und Veränderung. Kultureller Substanzerhalt ist dafür eine unerlässliche Voraussetzung. Eine Politik, die sich jedoch allein darauf konzentriert, führt – zumal in Zeiten sinkender öffentlicher Haushalte – in die Erstarrung.

Die Große Koalition hat für dieses Dilemma Berliner Kulturpolitik in den neunziger Jahren zwei gleichermaßen untaugliche Antworten gefunden. Die Schließung des Schiller-Theaters war von der Hoffnung getragen, finanzielle und kulturpolitische Handlungsspielräume zurückzugewinnen. Als diese Illusion wie eine Seifenblase geplatzt war, wurde in der Berliner Kultur vor allem dort gespart, wo der geringste politische Widerstand zu erwarten war – bei der Förderung für die Freie Szene[1], jenem Teil der öffentlich geförderten Berliner Kulturlandschaft, der wie kaum ein anderer für innovative, experimentelle und grenzüberschreitende Formen künstlerischer Auseinandersetzung steht und der den Ruf Berlins als junge europäische Kulturmetropole ausmacht.

Im rot-roten Koalitionsvertrag war verabredet, dass auch der Berliner Kulturhaushalt einen Beitrag zur Sanierung der Landesfinanzen leisten muss. Um unter diesen Bedingungen die kulturelle Substanz der Stadt zu bewahren und gleichzeitig Raum für Neues zu schaffen, gab es jenseits von Schließungsszenarien und weiteren Kürzungen bei der Freien Szene nur einen Weg: Berlin musste mit dem Bund über eine kulturelle Lastenteilung in der deutschen Hauptstadt verhandeln und gleichzeitig eine Reform bei jenen Einrichtungen einleiten, auf die fast ein Drittel des Berliner Kuluretats entfielen – bei den drei Opernhäusern der Stadt.

Beides wurde in dieser Legislaturperiode erfolgreich in Angriff genommen. Die Berliner Kulturpolitik ist damit sehr zeitig und konsequent einer Logik von notwendiger Hilfe zur unerlässlichen Selbsthilfe gefolgt, die den Kern der Berliner Klage vor dem Bundesverfassungsgerichts darstellt. Und sie hat dieses Ergebnis – unabhängig vom Ausgang der Klage – vertraglich und gesetzlich fixiert.

Stärkere Verantwortung des Bundes für die Berliner Kultur

Schon im Vorfeld der Beratungen zum Doppelhaushalt 2002/03 hatte der Bund signalisiert, den Berliner Anteil der Investitionskosten für die Stiftung Preußischer Kulturbesitz, und hier vor allem für die Sanierung der Museumsinsel, von 22,4 Millionen Euro ab 2003 zu übernehmen. Bei der ersten gemeinsamen Kabinettssitzung am 15. Mai 2002 konnte ich den damaligen Kanzler Schröder darüber hinaus von einer zusätzlichen Entlastung um 5 Millionen Euro über die vereinbarten 5,3 Millionen Euro hinaus überzeugen. Mit diesem Geld war Berlin in der Lage, eine zwischen dem Bund und den Ländern fixierte Steigerung der Ausgaben für außeruniversitäre Forschungseinrichtungen sicherzustellen, die der Finanzsenator zuvor zur Disposition gestellt hatte. Diese Episode war nicht nur ein Beispiel für intelligente »Umverteilung« (der seltene Fall einer Umverteilung innerhalb meines Ressorts von der Kultur zugunsten der Forschung), sondern auch ein nachhaltiger Erkenntnisgewinn für Thilo Sarrazin. Bei allen nachfolgenden Etatverhandlungen waren vertraglich fixierte Ausgabensteigerungen für die außeruniversitäre Forschung, von der Berlin durch die Dichte entsprechender Einrichtungen überproportional profitiert, kein Thema mehr.

Doch zurück zur Kultur: Zwischen dem im Dezember 2003 abgeschlossenen Hauptstadtkulturvertrag mit dem Bund und dem zum 1. Januar 2004 in Kraft getretenen Gesetz zur Errichtung der Stiftung Oper in Berlin besteht ein absichtsvoller kulturpolitischer Zusammenhang: Der Bund entlastet den Berliner Kulturhaushalt im Hauptstadtkulturvertrag durch die Übernahme der Akademie der Künste, des Hamburger Bahnhofs und des Filmhauses am Potsdamer Platz um fast 17 Millionen Euro. Gleichzeitig verpflichtet sich der Bund zur Fortführung des Hauptstadtkulturfonds, aus dem zurzeit 10 Millionen Euro Bundesmittel in hauptstädtische Kulturprojekte fließen. Im Gegenzug bekräftigt das Land durch die vom Bund unterstütze Errichtung der Opernstiftung seine kulturpolitische Absicht, die drei Berliner Opernhäuser und das Staatsballett als künstlerisch und wirtschaftlich unabhängige Betriebe trotz Absenkung des Landeszuschusses um 16,8 Millionen Euro bis 2009 fortzuführen.

Es wurde also gespart, aber ohne substanzielle Verluste. Berlin gibt heute – bedingt durch die Haushaltsnotlage – ca. 28 Millionen Euro weniger für seine Kultur aus als zu Beginn der Legislaturperiode. Diese Absenkung des Berliner Kulturetats – jener Mittel also, die das Land direkt und unmittelbar zur konsumtiven Förderung kultureller Institutionen, Aktivitäten und Projekte aufwendet – schöpft sich vor allem aus zwei Quellen: der Entlastung durch den Bund um ca. 17 Millionen Euro und den bilanzierten Einsparungen im Rahmen der Opernreform bis 2007 um 7,6 Millionen Euro. Hinzu kommt ein für die Berliner Kulturlandschaft schmerzlicher Einschnitt: die Einstellung der Förderung für die Berliner Symphoniker.[2]

Der Weg zur Opernstiftung

Mental und politisch schien Berlin 2002 bereit für eine Opernschließung. Schnell war die Deutsche Oper im Gespräch: Das kulturelle Leben konzentrierte sich in der Mitte der Stadt, mit den von der CDU-Kulturpolitik mitzuverantwortenden Personalquerelen an der Deutschen Oper wollte sich niemand mehr beschäftigen, Westberlin schien vergessen. Mit etwas Geschick wäre es in dieser Stimmungslage selbst einem Kultursenator von der PDS nicht völlig unmöglich gewesen, das traditionsreiche Haus an der Bismarckstraße zu schließen. Das jedenfalls war die Erwartung – positiv bei Teilen des Koalitionspartners, negativ bei der Opposition. Dagegen sprach aber bereits die widerlegte und inzwischen verdrängte Erfahrung eines »kulturpolitischen Befreiungsschlages« à la Schiller-Theater. Und – zugegeben – mein politischer Unwille, sich in diese verhängnisvolle Tradition zu begeben.

Nicht von ungefähr erfuhr der Berliner Opernstreit fast über Nacht nationale Bedeutung. Bundespolitiker wie Richard von Weizsäcker und Antje Vollmer brachten sich mit eigenen Vorschlägen für die Berliner Opernlandschaft ein und stellten diese der Öffentlichkeit vor. Die Debatte gewann an Fahrt und entwickelte sich zu einem Meilenstein bundesdeutscher Kulturpolitik. Dabei schälte sich eine gemeinsame Überzeugung aller kulturpolitisch Denkenden heraus: Wenn Berlin eine Oper schließt, brechen in der »Provinz« die Dämme, Theaterschließungen wären in vielen finanziell bedrängten deutschen Städten denk- und damit umsetzbar geworden. Dieses Beispiel darf die Hauptstadt nicht geben.

Genau vor diesem Hintergrund fand das von mir über den Sommer 2003 skizzierte Opernstrukturkonzept die notwendige politische Unterstützung. Auf Bundesebene hatte ich vor allem in der damaligen Kulturstaatsministerin Christina Weiss eine engagierte Verbündete, mit deren Hilfe es gelang, Skeptiker im Senat und beim Koalitionspartner zu überzeugen. Schließlich kamen auch die Opern selbst an Bord und die Berliner Kulturverwaltung begann, ernsthaft und kritisch mitzurechnen. Am Ende wurde aus dem Konzept ein Stiftungsgesetz, das Rahmenbedingungen beschreibt, innerhalb derer sich die drei Berliner Opern und das endlich als eigener künstlerischer Betrieb organisierte Staatsballett auch unter der Bedingung kalkulierbarer sinkender öffentlicher Zuschüsse entwickeln kann.

Dieses Gesetz wird nicht der Weisheit letzter Schluss sein. Die Opernstiftung ist ein aus der Haushaltskrise geborenes Kind, das alle Ermutigung verdient, schnell erwachsen zu werden. In Zukunft werden Impulse und Erwartungen nun aus der Opernstiftung selbst kommen. Das jetzt vom Stiftungsvorstand vorgelegte Werkstattkonzept, mit dem ein Investitionsstau von 32 Millionen Euro durch die Errichtung einer Zentralwerkstatt aufgelöst wird, ist ein Beispiel dafür. Möglich, dass am Stiftungskonzept oder an den Rahmenbedingungen Veränderungen vorgenommen werden müssen. Details dazu wird der Generaldirektor bis zum Herbst vorlegen. Die Berliner Kulturpolitik jedenfalls hat die Frage, ob die Stadt drei Opernhäuser trotz Haushaltsnotlage erhalten will, positiv beschieden. Sie hat sich mit der Opernstiftung ganz bewusst einen starken und emanzipierten Partner geschaffen. Jetzt ist es an der Stiftung – und vor allem am Publikum – zu zeigen, wie viel Oper sich Berlin leisten kann und will. Welche Kräfte solch eine Herausforderung freisetzt, zeigt das mit der Stiftungsgründung entstandene Staatsballett. Was über viele Jahre als Berlin Ballett vergeblich versucht wurde, feiert heute – fast nebenbei – unter der Leitung von Vladimir Malakhov ungekannte internationale Erfolge.

Erhalt und Aufbruch – Berlins einmalige Theaterlandschaft

Berlins traditionsreiche Theaterlandschaft hat nach der Wende schwerwiegende Einschnitte erfahren, die mit der Schließung des Schiller-Theaters und der Freien Volksbühne vor allem Bühnen im Westteil trafen. Zwar blieb Berlin weiterhin *das* Theaterzentrum Deutschlands. Aber der Damm war gebrochen, und so standen bei jeder Haushaltsberatung selbst scheinbar sakrosankte Häuser wie das Deutsche Theater, das Berliner Ensemble, die Volksbühne oder die Schaubühne in Gänze oder mit erheblichen Kürzungen zur Disposition – von vermeintlich »schwächeren« Bühnen wie dem Maxim Gorki Theater oder dem staatlichen Kindertheater an der Parkaue in Lichtenberg ganz zu schweigen. Selbst wenn entsprechende »Giftlisten« aus der Finanzverwaltung mit der Zeit ihren apokalyptischen Schrecken verloren, so haben sie doch Wirkung gezeigt. Und das gleich mehrfach. Zum einen war der Kampf um die Opernstrukturreform immer auch ein Kampf gegen die willkürliche, weil rein kompensatorische Schließung eines Theaters. Ein Kampf übrigens, bei dem manche Protagonisten ungeachtet verbal bekundeter Solidarität hinter verschlossenen Türen durchaus bereit waren, sich dem Sankt-Florians-Prinzip zu unterwerfen. (Das neoliberale »*survival of the fittest*« ist den Empfängern öffentlicher Kulturförderung auf allen Ebenen durchaus vertraut.) Zum anderen, weil vor dem Hintergrund

Eine Bilanz der Berliner Kulturpolitik 2002 bis 2006

dieser Streichkulisse jede noch so berechtigte Etaterhöhung für andere Theater wenig aussichtsreich wäre. Selbst dann, wenn sie durch Kürzungen an anderer Stelle im Kulturhaushalt ausgewiesen würde.

Vor diesem Hintergrund ist es eine beispielhafte kulturpolitische Leistung, die Berliner Bühnen nicht einfach nur über die Haushaltsmisere des Landes gerettet, sondern darüber hinaus für die Volksbühne, das Grips-Theater, das Hebbel-Theater und die Schaubühne Etaterhöhungen durchgesetzt zu haben. Alle diese Häuser haben heute mehr Mittel zur Verfügung als zu Beginn der Legislaturperiode.

Beendet werden konnte darüber hinaus der jahrelange kulturpolitische Streit um die Zukunft des einzigen staatlichen Kinder- und Jugendtheater Berlins. Das ehemalige Theater der Freundschaft und spätere carrousel Theater war Mitte der neunziger Jahre durch eine sachlich völlig unbegründete Halbierung seines Etats unverschuldet in eine finanzielle Krise geraten, aus der es trotz intensiver Sparbemühen und stetigem Personalabbau kein Entrinnen gab. Am Ende waren die Schulden so hoch wie die jährlichen Zuweisungen, was dazu führte, dass das Haus schon nach einem Quartal regelmäßig in die Zahlungsunfähigkeit geriet, beim Land weitere Überbrückungskredite aufnehmen musste und so die Schuldenlast weiter stieg. Diesen Teufelskreis haben wir durchbrochen und so die Fehler der Vergangenheit korrigiert. Die traditionsreiche Spielstätte wird bis 2011 schuldenfrei sein und sieht als Theater an der Parkaue mit neuer Leitung und neuem künstlerischen Konzept einer gesicherten Existenz entgegen.

Auch an anderen Orten zeigt sich, dass Berlins Theaterlandschaft im Aufbruch begriffen ist. Am Hebbel-Theater begann mit der Übernahme der künstlerischen Leitung durch Mathias Lilienthal im September 2003 ein Experiment, das inzwischen bundesweite Aufmerksamkeit gefunden hat. Lilienthal formte aus den drei Spielstätten Hebbel-Theater, Theater am Halleschen Ufer und dem kleinen Theater am Ufer mit dem Hebbel am Ufer (HAU 1–3) ein »Theaterkombinat« der besonderen Art, das sein vorwiegend junges, multikulturelles Publikum zu neuen, experimentellen und grenzüberschreitenden Formen darstellender Kunst einlädt und dafür schon nach einem Jahr vom Fachblatt *Theater heute* zum Theater des Jahres 2004 gekürt wurde. Am Maxim Gorki Theater übernimmt mit Armin Petras einer der profiliertesten jungen Theatermacher und Dramatiker ab kommender Spielzeit die Intendanz. Beide Häuser werden sich in den nächsten Jahren weiter profilieren und so einen gesicherten Platz in der Berliner Theaterlandschaft behaupten können. Claus Peymanns Berliner Ensemble und Frank Castorfs Volksbühne am Rosa-Luxemburg-Platz zählen zu den

Eckpfeilern in der Berliner Theaterlandschaft. Die Verträge beider Intendanten wurden über die Legislaturperiode hinaus verlängert. Die nicht immer einfachen, aber letztlich erfolgreichen Verhandlungen unterstreichen, dass die Berliner Kulturpolitik trotz angespannter Finanzen in der Lage ist, exponierte Künstler an die Stadt zu binden. Die überraschende Nominierung von Christoph Hein zum designierten Intendanten des Deutschen Theaters im Herbst 2004 haben die Stadt und die deutsche Theatergemeinde nicht nur elektrisiert, sondern auch in einer solchen Art und Weise polarisiert, die den Schriftsteller und Dramatiker nach kurzer Zeit zur Aufgabe bewog. Ich habe diese Entscheidung bedauert, musste sie jedoch respektieren und als eine kulturpolitische Niederlage akzeptieren. Das Deutsche Theater hat daran keinen Schaden genommen. Es präsentiert sich heute unter der verlängerten Intendanz von Bernd Wilms mit den festen Regisseuren Michael Thalheimer, Dimiter Gotscheff und Jürgen Gosch künstlerisch überaus erfolgreich.

Auch für die Schaubühne am Lehniner Platz konnte im Doppelhaushalt 2003/04 eine Etaterhöhung von 400.000 Euro durchgesetzt werden – mit ausdrücklichem Verweis auf die erfolgreiche Entwicklung der Zwei-Sparten-Bühne unter der künstlerischen Leitung von Thomas Ostermeier und Sasha Waltz, die mit ihrer Kompanie seit 1999 fest am Haus verankert war. Dass diese Zusammenarbeit inzwischen beendet wurde, hat die Politik nicht zu verantworten. Gleichwohl wurde sie mit den Folgen der Trennung konfrontiert. Für Sasha Waltz und ihre Kompanie konnte im Doppelhaushalt 2006/07 ein eigener Titel von je 600.000 Euro eingerichtet werden; allerdings zulasten der Schaubühne. Zwar lässt sich argumentieren, dass dies Mittel sind, die der Tanz in die Kooperation eingebracht bzw. mit eingespielt hat. Dennoch bleibt die trennungsbedingte Absenkung des Etats der Schaubühne – zumal mitten in der laufenden Spielzeit – ein Problem, dem sich die Kulturpolitik in der kommenden Legislaturperiode wird stellen müssen.

Aufschwung für den Zeitgenössischen Tanz
Sasha Waltz' Kompanie verfügt zusammen mit der Förderung aus dem Hauptstadtkulturfonds von 875.000 Euro in den Jahren 2006 und 2007 über einen Etat von 1,45 Millionen Euro. Damit hat sich die Berliner Kulturpolitik deutlich zum neuen Förderschwerpunkt Zeitgenössischer Tanz erklärt.

In diesen Zusammenhang gehört auch, dass wir in diesem Sommer ein Hochschulübergreifendes Zentrum Tanz gründen, in dem die Universität der Künste, die Hochschule für Schauspielkunst »Ernst Busch«

und Tanzraum Berlin e. V. neue Studiengänge auf dem Gebiet des Zeitgenössischen Tanzes konzipieren und anbieten werden. Dieses zunächst für drei Jahre von der Bundeskulturstiftung geförderte und danach von den Hochschulen selbst getragene Pilotprojekt ist ein bisher einmaliges Beispiel für die Kooperation von Berliner Hochschulen mit der freien Kulturszene der Stadt. Es ist das Ergebnis der von mir vertretenen dialogischen Kulturpolitik: Die Initiative ging von der Freien Szene selbst aus, die im Ausbildungsbereich das entscheidende Defizit der Tanzstadt Berlin erkannte. Schnelle administrative Umsetzung dank der Bündelung der Zuständigkeit für Hochschulen und Kultur in meinem Ressort und weitsichtige Förderung der Bundeskulturstiftung zeigen, wie auch in Zeiten knapper öffentlicher Kassen Neues entstehen kann.

Profilierte Orchesterlandschaft
Berlin verfügt einigungsbedingt über eine reichhaltige Orchesterlandschaft, zu der neben den drei Opernochestern die Berliner Philharmoniker, das heutige Konzerthaus-Orchester sowie die in der Rundfunk-Orchester und -Chöre GmbH (ROC) zusammengefassten Ensembles des Deutschen Symphonie-Orchesters (DSO) und des Rundfunk-Sinfonie-Orchesters Berlin (RSB) gehören.

Diese Orchesterlandschaft trotz Haushaltsnotlage erhalten und in einzelnen Bereichen darüber hinaus gestärkt und profiliert zu haben, darf als ein kulturpolitischer Erfolg gelten. Neben der Sicherung der drei Opernorchester im Rahmen der Opernstiftung galt das Hauptaugenmerk den beiden klassischen Konzertorchestern, die Berlin in alleiniger Verantwortung unterhält: den Berliner Philharmonikern und dem Orchester des Konzerthauses am Gendarmenmarkt.

Die Berliner Philharmoniker feiern unter Sir Simon Rattle ungebrochen künstlerische Erfolge und leisten durch ihr Education Programm einen wichtigen Beitrag zur musikalischen Bildung und Erziehung von Kindern und Jugendlichen. Mit Pamela Rosenberg konnte eine international renommierte Intendantin verpflichtet werden, die neben Simon Rattle die Philharmoniker kraftvoll vertreten wird. Finanzielle Grundlage dafür ist ein fünfjähriger Zuschussvertrag der Stiftung Berliner Philharmoniker mit dem Land Berlin, der dem Orchester eine Planungssicherheit bietet, wie sie sonst nur die Opernstiftung oder die Hochschulen des Landes haben.

Darüber hinaus war es mein kulturpolitisches Ziel, das einstige Berliner Sinfonie-Orchester (BSO) nicht nur zu erhalten, sondern als zweite Säule der Berliner Konzertlandschaft zu profilieren. Dafür sind mit der Verpflichtung von Lothar Zagrosek, unter dessen Leitung das heutige Konzerthaus-Orchester ab der kommenden Saison spielen wird, alle Voraussetzungen geschaffen worden. Zur neuen Spielzeit wird über den Sommer die Akustik des Konzerthauses verbessert.

Berlin ist darüber hinaus das einzige Bundesland, das über seinen Anteil an der ROC GmbH Rundfunkorchester und Rundfunkchöre mitfinanziert. Diese Besonderheit ist Resultat der nationalen Rundfunkgeschichte in der einst geteilten Stadt. In der ROC GmbH sind neben dem Deutschen Symphonie-Orchester (DSO; das ehemalige Sinfonie-Orchester des RIAS) und dem Rundfunk-Sinfonie-Orchester Berlin (RSB; das älteste Rundfunkorchester Deutschlands) der Rundfunkchor Berlin und der RIAS-Kammerchor zusammengefasst. Berlin finanziert 20 Prozent des Zuschussbedarfes, der RBB 5 Prozent, DeutschlandRadio 40 Prozent und der Bund 35 Prozent. Diese besondere Konstruktion ist in der Vergangenheit immer wieder in Frage gestellt worden – mit dem Argument, dass der Unterhalt von Rundfunk-Klangkörpern laut der föderalen Verfassung der Bundesrepublik Aufgabe der jeweiligen Landesrundfunkanstalten ist. Damit aber wäre ein relativ kleiner Sender wie der RBB finanziell völlig überfordert. Mein Argument für die ROC war nicht nur der Verweis auf die historisch besondere Situation, sondern auch, dass sich Berlin mit seinem Anteil an der ROC einen kulturellen Reichtum sichert, den das Land allein nicht annähernd erhalten könnte, der Verlust also in keiner Relation zur Einsparung stünde und es daher nicht im Interesse Berlins sein kann, die ROC aufzugeben. Meine Taktik war daher erfolgreich, die ROC GmbH zu problematisieren, um sie letztlich zu erhalten.

Städtische Museen
Berlin hat mit den Entlastungen beim finanziellen Engagement für die in der Stiftung Preußischer Kulturbesitz (SPSK) zusammengefassten Staatlichen Museen die Chance erhalten, sich stärker jenen Einrichtungen zuzuwenden, die dem kulturellen Erbe und Gedächtnis der Stadt verpflichtet sind. So müßig es ist, das kulturelle Erbe Berlins als preußische Residenz, Reichshauptstadt und deutsch-deutsche Doppelhauptstadt in einen Widerspruch zur städtischen Kulturgeschichte zu bringen, so offensichtlich ist das kulturpolitische Defizit bei der Pflege, Aufarbeitung und Präsentation der Stadtgeschichte als eigenständiger Teil eine Berliner Kulturgeschichte, die sich nur im Ensemble beider Komponenten erschließt.

Das aber heißt, die gewachsene gesamtstaatliche Verantwortung für das nationale historische und kulturelle Erbe Berlins durch ein adäquates Engagement der Berliner Kulturpolitik für die städtischen Museen zu ergänzen. Zumal gerade die städtischen Einrichtungen in einer schweren Konkurrenz mit den staatlichen Museen um Attraktivität, Drittmittel, Sponsoren und Besucher stehen. Ein Weg aus diesem strukturellen Dilemma wäre, das Gewicht der städtischen Einrichtungen dadurch zu stärken, dass man das Stadtmuseum, die Berlinische Galerie und das Brücke-Museum unter dem Dach einer gemeinsamen Stiftung Berliner Landesmuseen zusammenfasst. Gemeinsam ist diesen Einrichtungen, dass sie, ungeachtet eigenständiger Profile, spezieller Kunstsammlungen, Archivalien und Fotografien historische Zeugnisse sammeln und präsentieren, die in Berlin entstanden sind, Berlin zum Thema haben oder von Künstlern geschaffen wurden, die zumindest zeitweise ihren Lebensmittelpunkt in Berlin hatten oder haben. Unter einem gemeinsamen Rechtsdach könnten deren intellektuelle und wirtschaftliche Ressourcen zur Eröffnung neuer Handlungsspielräume gebündelt werden: Mit einer gemeinsamen mittelfristigen Programmplanung zu spartenübergreifenden Themen aus den zweifelsohne bedeutenden Sammlungen aller drei Häuser könnten Marketing, Drittmitteleinwerbung, Personal- und Servicemanagement effektiver gestaltet werden und eine breitere öffentliche Resonanz und Akzeptanz erlangt werden. Eine solche Landesstiftung scheint vernünftig, war aber kulturpolitisch in dieser Legislaturperiode nicht durchsetzbar.

Weil Politik in Alternativen denken muss und selten gut beraten ist, alles auf eine Karte zu setzen, gab es – parallel zur übergreifenden Stiftungsgründung – energische und erfolgreiche Anstrengungen, die Berliner Museen zu stärken und deutlicher zu profilieren. Das Stadtmuseum hat heute mit einem neuen Stiftungsrat und Frau Dr. Franziska Nentwig als Generaldirektorin Leitungsgremien, die energisch an einem neuen strukturellen und programmatischen Konzept arbeiten, mit dem eine Konzentration der Standorte und die längst überfällige zeitgeschichtliche Präsenz des für Berlin unvergleichlich wichtigen 20. Jahrhunderts endlich realisiert werden sollen. Zur Verwirklichung dieser Ziele ist auch gelungen, von der Stiftung Deutsche Klassenlotterie 10 Millionen Euro einzuwerben, von denen allein 7,6 Millionen Euro für die Restaurierung und Modernisierung des Märkischen Museums vorgesehen sind. Hierfür stehen aus dem Berliner Landeshaushalt für die Jahre 2008/09 weitere 4 Millionen Euro zur Verfügung. Von entscheidender Bedeutung für den Ausbau des Stadtmuseums wird die Einbeziehung des Marinehauses als notwendigem Ergänzungsbau sein.

Die Stiftung Deutsches Technikmuseum Berlin befand sich zu Beginn der Legislaturperiode in einer tiefen Krise, da die damalige Leitung in einen unauflösbaren Konflikt mit einem Großteil der Belegschaft verstrickt war. Die dringend notwendige Neudefinition und Modernisierung der Einrichtung drohte zu versanden. Auch hier ist es mit der Berufung eines umbesetzten Stiftungsrates und einer neuen Direktion gelungen, den Betriebsfrieden wiederherzustellen, ein neues Konzept zu erarbeiten und in ersten Schritten umzusetzen. Seit 2002 sind die Archenhold-Sternwarte und das Planetarium dem Technikmuseum angegliedert und damit in ihrer Existenz langfristig gesichert worden.

In dieser Legislaturperiode konnte der Neubau des Deutschen Technikmuseums fertiggestellt (Dezember 2003) und auf 6.000 Quadratmetern über zwei Etagen eine der weltweit größten Ausstellungen zur Geschichte der Schifffahrt mit insgesamt 1.500 Exponaten eröffnet werden. Knapp anderthalb Jahre später, im April 2005, öffnete die zweite große Dauerausstellung zur Geschichte der Luft- und Raumfahrt. Heute hat das Museum in der Publikumsgunst zu den großen bundesfinanzierten Einrichtungen in der Stadt aufgeschlossen. Für eine dritte Ausbaustufe, die mit wesentlicher öffentlich-privater Unterstützung realisiert werden soll, hat der Senat die städteplanerischen Voraussetzungen geschaffen.

Das Ende einer Odyssee – Ein Neubau für die Berlinische Galerie
Der größte museumspolitische Erfolg aber ist – nach Jahren des Exils und in nicht einmal einer Legislaturperiode –, endlich eine Heimstatt für die Berlinische Galerie geschaffen zu haben. Das Berliner Landesmuseum für Moderne Kunst, Fotografie und Architektur hatte seit seinem Auszug aus dem Martin-Gropius-Bau 1998 kein eigenes Domizil. Bis zu meinem Amtsantritt waren alle Bemühungen gescheitert, für die 1975 als Verein gegründete Sammlung einen neuen, repräsentativen Standort zu finden. Ein Grund dafür war, dass sich diese Suche nicht primär an den Bedürfnissen der Berlinischen Galerie orientierte, sondern an Verwertungskriterien für leerstehende Immobilien. Zwar gab es ambitionierte Entwürfe (Postfuhramt, Brauerei Methfesselstraße), doch trotz Bankbürgschaft des Landes scheiterten diese Investorenprojekte.

Wir haben diese Logik außer Kraft gesetzt, ganz auf die Bedürfnisse der Berlinischen Galerie gesetzt und mit dem ehemaligen Glaslager in der Alten Jakobstraße einen optimalen Standort gefunden. Die aus den früheren Projekten dem Land gebliebene Bankbürgschaft gegen die Begehrlichkeiten des Finanzsenators für den neuen Ort zu sichern, war kein leichtes Unterfangen. Aber der Erfolg bestätigt unseren Einsatz gegenüber allen Skeptikern. So schnell, so zuverlässig und preiswert ist in Berlin noch kein Museum gebaut worden. Der Umbau der 1965 errichteten Industriehalle nahm nur ein Jahr in Anspruch, im Oktober 2004 konnte das Museum eröffnet werden. Seitdem präsentiert das Museum in Berlin entstandene Kunst von 1870 bis heute: Die Sezessionisten und die Jungen Wilden, Dada und Fluxus, Neue Sachlichkeit und Expressionismus, Russen in Berlin, die Avantgarde in Architektur und Fotografie, Berlin unterm Hakenkreuz, die Stadt in Trümmern, Ostberlin und Westberlin, die Metropole vereint und – die kreative zeitgenössische Szene. Hinzu kommen Sonderausstellungen, Film, Musik und das Atelier Bunter Jakob, die Kunstschule für Kinder, Jugendliche und Erwachsene.

Die trotz aller kulturpolitischen Prioritäten auch einigen Landesmuseen auferlegten Sparvorgaben konnten beim Stadtmuseum und der Berlinischen Galerie durch Haustarifverträge, die erstmals mit der Gewerkschaft ver.di ausgehandelt wurden, aufgefangen werden, ohne die Funktionsfähigkeit dieser Häuser zusätzlich zu beeinträchtigen. Um die Transparenz der Wirtschaftsführung an den Landesmuseen zu optimieren und damit auch wirksame Controllinginstrumente zur noch effizienteren Steuerung der knappen Ressourcen zu schaffen, werden ab 2007, nach nur einem Vorbereitungsjahr, an Technik-, Stadt- und Bröhan-Museum sowie dem Bauhaus-Archiv das kaufmännische Rechnungswesen sowie die Kosten-Leistungs-Rechnung eingeführt.

Gedenken und Erinnern: Berliner und deutsche Geschichte im Jahrhundert der Extreme

Berlin spiegelt wie keine andere deutsche Stadt die Geschichte Deutschlands im »Jahrhundert der Extreme«. Die rot-rote Koalition war sich ihrer Verantwortung für dieses historische Erbe von Beginn an bewusst. Im Koalitionsvertrag hieß es deshalb dazu: Berlin ist Kristallisationspunkt deutscher Geschichte. Die Erinnerung an die NS-Gewaltherrschaft und ihre Verbrechen, den Zweiten Weltkrieg, die deutsche Teilung und ihre Folgen, an die SED-Diktatur und deren demokratische Überwindung durch die Ostdeutschen nimmt die Koalitionsparteien in die Verantwortung, Orte des Gedenkens und der Auseinandersetzung mit unserer Geschichte zu schaffen und zu erhalten. [...] Eine Politik für die Einheit Berlins kann nur erfolgreich sein, wenn sie die Geschichte der Stadt im Alltagsleben der Menschen wach hält und sich ihrer historischen Verantwortung bewusst bleibt.

In den fünf Jahren rot-roter Gedenkstätten- und Geschichtspolitik sind in Berlin zahlreiche neue Gedenkorte entstanden, fertiggestellt oder in

Angriff genommen worden, die der Erinnerung an die NS-Gewaltherrschaft und ihre Verbrechen gewidmet sind. Dazu zählt natürlich in erster Linie das Holocaust-Mahnmal. Berlin hat durch seine Vertreter im Kuratorium der Stiftung »Denkmal für ermordete Juden Europas«, zu denen auch der Kultursenator gehört, an allen Entscheidungen konstruktiv mitgewirkt und so dazu beigetragen, diesen, in vielen Phasen seiner Errichtung umstrittenen Mahnmalsentwurf von Peter Eisenman umzusetzen.

Parallel dazu ist es uns zusammen mit dem Bund gelungen, beginnend mit einem künstlerischen Wettbewerb ein Denkzeichen zur Erinnerung an die von den Nazis ermordeten Homosexuellen zu planen, das in räumlicher Nähe zum Holocaust-Mahnmal errichtet wird und in seiner Gestaltung auf den Eisenman-Entwurf Bezug nimmt. Berlin hat darüber hinaus alle Voraussetzungen geschaffen, um endlich auch der von den Nazis ermordeten Sinti und Roma zu gedenken. Unter rot-roter Regierungsverantwortung hat schließlich die jahrelange Auseinandersetzung um den Neubau für die Topographie des Terrors ein Ende gefunden. Ich gestehe, dass ich zu den Anhängern des Zumthor-Entwurfes gehörte und mich deshalb auch persönlich darum bemüht habe, eine Einigung im Dauerstreit zwischen Architekt und Bauherren herbeizuführen. Doch als klar wurde, dass es eine solche Einigung nicht oder nur um den Preis steigender Kosten und weiterer zeitlicher Verzögerungen geben würde, haben die Stiftung Topographie des Terrors, Berlin und der Bund gemeinsam den Mut zu einem radikalen Neuanfang gefunden. Der Abschied von den Zumthor-Plänen, die Übergabe der Bauherrenschaft an den Bund und die Realisierung eines funktionalen Neubaus, der sich vor allem dem Zweck der Stiftung unterordnet, waren schwierige, aber notwendige Entscheidungen im Interesse der Stiftung und ihres geschichtspolitischen Auftrages.

Fast unbemerkt über dem Streit um die Zukunft der Topographie des Terrors konnte im Haus der Wannseekonferenz eine neue Dauerausstellung eröffnet werden. Und wir haben es geschafft, das ehemalige Zwangsarbeiterlager in Niederschöneweide zum europaweit bislang einzigen Erinnerungsort auszubauen, der diesem lange verdrängten Verbrechenskomplex der NS-Diktatur gewidmet ist. Dieses Vorhaben war bereits im rot-roten Koalitionsvertrag als geschichtspolitisches Projekt umrissen worden. Der Ankauf des Grundstücks und die denkmalgerechte Sanierung der ehemaligen Lagerbaracken erfolgten in enger Kooperation mit der Senatsverwaltung für Stadtentwicklung; die Einrichtung wird zukünftig als Teil der Stiftung Topographie des Terrors betrieben. Wegen der nationalen Bedeutung steht der Bund in der noch nicht eingelösten Pflicht, die Einrichtung mitzufinanzieren.

Wie von einer Bürgerinitiative Anfang der neunziger Jahre angeregt und ebenfalls im rot-roten Koalitionsvertrag vereinbart, wird Berlin am gleichnamigen Platz mit einem Denkzeichen an Rosa Luxemburg erinnern. Der Siegerentwurf von Hans Haacke soll noch vor Ende dieser Legislaturperiode fertiggestellt sein. Am Potsdamer Platz schließlich erinnert seit zwei Jahren ein Sockel für ein Karl-Liebknecht-Denkmal nicht nur an die berühmte Antikriegsrede Liebknechts vor dem Potsdamer Bahnhof, sondern auch an die Geschichte dieses von der DDR geplanten, aber bezeichnenderweise nie realisierten Denkmals. Der Sockel stand fast vierzig Jahre lang im Niemandsland des Mauerstreifens, verschwand mit dem Neubau des Potsdamer Platzes Anfang der neunziger Jahre im Depot und verweist jetzt, kommentiert, auf die historischen Brüche und Spuren Berliner und deutscher Geschichte.

Gesamtkonzept Berliner Mauer

Auch die Entwicklung einer »Gesamtkonzeption zum Umgang mit den Mauerresten und ehemaligen Grenzanlagen« war Teil der Vereinbarungen im rot-roten Koalitionsvertrag. SPD und PDS haben mit diesem Vorhaben auf jahrlange Versäumnisse bei der Sicherung von Spuren der Teilung in Berlin reagiert. Gleichzeitig sollte und muss ein solches Gesamtkonzept authentische Orte des Gedenkens und der Erinnerung an die Opfer der Teilung und der SED-Diktatur in der Stadt einbeziehen; auch jene, die nicht an der Mauer liegen, aber in einem historischen Kontext zur Spaltung der Stadt, zur politischen Unterdrückung in der DDR, zur Fluchtbewegung und zur Überwindung der Mauer stehen, wie die Gedenkstätte Hohenschönhausen, das Haus I in der Normannenstraße oder die Gedenkstätte Notaufnahmelager Marienfelde.

Dass ausgerechnet ein PDS-Senator aus dem Ostteil der Stadt politische Verantwortung für diesen Teil der Gedenk- und Erinnerungskultur trägt, hat bei manchen Irritation, Verwunderung und auch Empörung ausgelöst. Wenn jetzt, am Ende der Legislaturperiode, vom Senat erstmals ein solches umfassendes Gesamtkonzept Berliner Mauer verabschiedet und dem Abgeordnetenhaus zugeleitet wird, wenn dieses Konzept selbst von der Opposition als »klug und richtig« (Monika Grütters, MdB/CDU) gelobt wird und im Bundestag breite Zustimmung findet, dann darf ich mich als zuständiger Senator zweifach bestätigt fühlen. Zum einen inhaltlich, weil die konzeptionelle Grundidee geteilt wird, den Orten entlang der Mauer ihre besondere historische Bedeutung zuzuweisen, sie aufeinander zu beziehen und Gestaltungsvorschläge zu finden, die Information, Erinnerung und Gedenken sinnvoll kombinieren. Zum anderen aber auch in der Art und Weise der

Erarbeitung dieses Konzeptes, die in enger Abstimmung und Konsultation mit Experten sowie Vertretern von Gedenkstätten, des Bundes und auch Opferverbänden erfolgte, deren Kritik, Anregungen und Hinweise in einem mehrstufigen Prozess in die Ausarbeitung dieses Konzeptes eingeflossen sind.

Der Senat hat am Ende dieser Legislaturperiode aber nicht nur ein Gesamtkonzept Berliner Mauer vorgelegt; wir haben darüber hinaus erste praktische Umsetzungsschritte eingeleitet. Es wurden alle planungsrechtlichen Voraussetzungen geschaffen, die Gedenkstätte Bernauer Straße zu erweitern und auszubauen. Dazu zählt insbesondere auch die Sicherung von Grundstücken, die für eine Erweiterung benötigt werden. Gleichzeitig gibt es die Zusicherung des Bundes, die Verwertung seiner Immobilien an dieser Stelle zu stoppen. Mit dem Bund werden Gespräche darüber geführt, diese Grundstücke als Eigenanteil in das nur gemeinsam zu realisierende Gedenkkonzept einzubringen und sich darüber hinaus am Unterhalt der dann erweiterten Gedenkstätte in der Bernauer Straße angemessen zu beteiligen. Bis 2011 soll das Gesamtkonzept Schritt für Schritt umgesetzt sein. Es wird dann auch bereits vorhandene Erinnerungs- und Gedenkorte einbeziehen, wie den Mauerweg oder die vom Grünenpolitiker Michael Cramer angeregte und unter meiner Verantwortung errichtete Gedenkstele, die an Chris Gueffroy, den letzten Erschossenen an der Berliner Mauer, erinnert und sich in ihrer Gestaltung ganz bewusst an die Peter-Fechter-Stele zum Gedenken an eines der frühesten Maueropfer anlehnt.

Protest auch und gerade gegen PDS-Politiker, die sich wie ich seit Jahren für eine ehrliche, schonungslose und differenzierte Aufarbeitung dieses Teils der DDR-Geschichte – und damit auch der eigenen Vergangenheit – einsetzen, gab und gibt es bereits seit längerer Zeit. So z. B. bei dem von PDS-Bezirkspolitikern und von mir und meiner Verwaltung unterstützten Projekt eines Denkzeichens, das an die Haftanstalt des NKWD und des MfS in der Prenzlauer Allee erinnert. Als wir dieses Denkzeichen im Oktober 2005 im Beisein des Bundestagspräsidenten Wolfgang Thierse der Öffentlichkeit übergaben, hielt eine Gruppe Unbelehrbarer uns stumm protestierend Plakate vor die Nase, auf denen die angebliche Gleichsetzung von stalinistischen und faschistischen Verbrechen an diesem Gedenkort angeprangert wurde.

Die aggressive Vehemenz, mit der ehemalige Mitarbeiter und Funktionsträger des einstigen Ministeriums für Staatssicherheit in diesem Jahr ihre revisionistischen Auffassungen auf der von mir angeregten öffentlichen Debatte zur geplanten Markierung des einstigen Stasi-Sperrbezirks in Hohenschönhausen zum Ausdruck brachten, hat nicht nur mich überrascht. Die Form einer moderierten Podiumsdiskussion war wenig geeignet, diesen Positionen offensiv entgegenzutreten. Dennoch war auch die an mich gerichtete Kritik berechtigt, hier nicht entschlossen genug aufgetreten zu sein. Nachträgliche Forderungen nicht anwesender Politiker, die Veranstaltung hätte von mir aufgelöst werden müssen, sind aber ebenso abwegig, wie der Verdacht falsch ist, ich würde die Positionen der Stasi-Obristen teilen. Ich bin nicht dafür, diesen Leuten in öffentlichen Veranstaltungen das Wort zu verbieten. Auch für diese Bürger gilt jene grundgesetzlich geschützte Meinungsfreiheit, die sie selbst während ihrer aktiven Zeit beim MfS unterdrückt haben. Wir müssen öffentliche, zivile Formen der Auseinandersetzung finden, die kontroverse Debatten ermöglichen und den demokratischen Konsens stärken. Dies muss jedoch ausschließen, dass Opfer verhöhnt oder gedemütigt werden.

Stadtkultur und Freie Szene
So wichtig die großen Institutionen für das kulturelle Leben und Gedächtnis dieser Stadt sind – lebenswert für seine Bürger und attraktiv für Besucher wird Berlin erst mit der Ergänzung dieses Angebots durch kommunale Kultureinrichtungen und eine vitale Freie Szene, die den künstlerischen Pulsschlag Berlins entscheidend prägt. Ein Großteil dieser Off-Szene ist kommerziell (aber *low profit*) und wird von der öffentlichen Kulturförderung entweder gar nicht oder nur sehr punktuell erfasst. Und doch ist die Unterstützung der sogenannten Freien Szene in allen Sparten – als institutionelle oder Projektförderung, als Stipendium oder Zuschuss für Mieten und andere Kosten – unerlässlicher Bestandteil der Berliner Kulturförderung, weil hier mit vergleichsweise geringen Beträgen eine große Breitenwirkung an der Schnittstelle zwischen etablierten Institutionen und Off-Szene bzw. im kommunalen Bereich erzielt wird. Auch deshalb bin ich froh, dass es uns gelungen ist, den Förderansatz für die Freie Szene nach Jahren des stetigen Abbaus[3] auf dem vorgefundenen Niveau zu stabilisieren.

Im Rahmen dieser Förderung haben wir es geschafft, für die bei meinem Amtsantritt insolvente Kulturbrauerei mit der Consense GmbH in kurzer Zeit einen neuen Betreiber zu finden, der den Veranstaltungsort im Prenzlauer Berg mit neuem Leben erfüllte. Ähnlich wie beim Kino Babylon am Rosa-Luxemburg-Platz, für das ebenfalls ein neuer Betreiber gefunden werden musste, orientieren wir an diesen Spielstätten auf einen erfolgreichen Mix aus öffentlich geförderten und kommerziellen Kulturangeboten. Das ist eine Reaktion auf die beschränkten öffentlichen Mittel, trägt insgesamt jedoch zur Belebung des Ortes bei und ermöglicht zudem eine gewollte Quersubventionierung des öffentlich geförderten Angebots aus dem Gewinn durch kommerzielle Veranstaltungen. Obwohl dieses Modell im Grundsatz so neu nicht ist, weil auch bisher öffentlich geförderte Veranstalter gehalten waren, Drittmittel aus Vermietung etc. zu akquirieren und diese als Einnahmen auszuweisen, werden jetzt Klagen auf vermeintliche Wettbewerbsverzerrung erhoben. Aus kulturpolitischer Sicht spricht jedoch alles dafür, die öffentliche Förderung eines kommunalen Kinos wie des Babylons durch Erlöse aus kommerziellen Programmen zu ergänzen, wenn betriebswirtschaftlich sichergestellt ist, dass die Förderung tatsächlich nur in den kommunalen Programmteil fließt, dieser das Gesamtangebot dominiert und Gewinne aus dem kommerziellen Teil nicht entnommen werden, sondern in zusätzliche kommunale Programmangebote fließen. Ein solches Modell, bei dem die öffentliche Hand für ihre Förderung mehr öffentliche Angebote bekommt, wird letztlich auch die Gerichte überzeugen.

Ebenfalls auf Synergieeffekte zielte die zugegeben langwierig diskutierte, aber letztlich erfolgreiche Reform der Berliner Atelierförderung. Zunächst unter Protest der Verbände und später mit ihnen gemeinsam ist es gelungen, die Atelierförderung so zu verändern, dass künftig mit demselben Mittelaufwand mehr Künstlerinnen und Künstlern für einen begrenzten Zeitraum geförderte Ateliers zur Verfügung gestellt werden können.

Erstmals haben wir uns, wenngleich öffentlich kaum beachtet, an eine Reform des Systems öffentlicher Bibliotheken in Berlin gemacht, die seit Jahren unter Standortschwund und mangelnder Ausstattung leiden. Die von mir eingesetzte Expertenkommission zur Neuorganisation der Berliner Öffentlichen Bibliotheken hat Vorschläge entwickelt, wie die von den Bezirken verantworteten Bibliotheken nicht durch eine Zentralisation von oben, sondern durch eine sinnvolle Kooperation von unten so gestärkt werden können, dass sie ihrem Anspruch, moderne Orte medialer Informationsvermittlung zu sein, gerecht werden können. Diese Reformagenda wird mit den Bezirken auch über die Legislaturperiode hinaus zu diskutieren, zu verabreden und umzusetzen sein. Eine Veränderung aber ist bereits beschlossen: Arbeitslose und Sozialhilfeempfänger werden die öffentlichen Bibliotheken Berlins künftig kostenfrei nutzen können.

Kulturwirtschaft
Ein ganz neues Feld hat die Berliner Politik unter dem rot-roten Senat mit der Vorlage des ersten Kulturwirtschaftsberichts betreten. In den

hier untersuchten *creative industries* liegt ein enormes wirtschaftliches und kulturelles Potenzial für die Stadt, das in Zukunft gezielter erschlossen und gefördert werden soll. Der von den Senatsverwaltungen für Wirtschaft und Kultur gemeinsam erstellte Bericht liefert eine erste Bestandsanalyse und verweist auf Zusammenhänge zwischen öffentlicher Kulturförderung und kommerziellem Kulturbetrieb.

Parallel dazu gibt es mit dem ORWO-Haus in Marzahn ein erstes praktisches Beispiel dafür, was die Kooperation von Wirtschafts- und Kulturverwaltung bei der Sicherung einer sich künftig selbst tragenden »Musikfabrik« mit Proben- und Aufführungsräumen für junge Bands bewirken kann. Aus Besetzern wurden Besitzer der einstigen Filmfabrik. Die angedrohte Räumung durch die Treuhandliegenschaftsgesellschaft (TLG) habe ich durch Verhandlungen mit der TLG-Spitze abwenden können. Gemeinsam mit dem Bezirk und der Gesellschaft für Stadtentwicklung gelang es, den Trägerverein des ORWO-Hauses so zu stärken, dass er inzwischen die Funktion des Hausverwalters und -eigentümers übernehmen konnte. Der Verein hat das Gebäude mittlerweile gekauft, die Lottostiftung hat eine Million Euro für den Ausbau gewährt. Das ORWO-Haus ist auf einem guten Weg, zu einer bundesweit bekannten Adresse für junge, aufstrebende Bands zu werden.

Kultur im Palast der Republik
Dass Kunst einem vom Abriss bedrohten Gebäude zu historischem Bedeutungswandel verhelfen kann, hat die kulturelle Zwischennutzung des Palastes der Republik eindrucksvoll bewiesen. Mit wenigen öffentlichen Mitteln und viel Engagement haben die von mir unterstützen Initiatoren des Volkspalastes dafür gesorgt, dass eine neue, junge Generation, für die das Jahr 1989 Voraussetzung ihrer Sinnsuche im vereinten Deutschland ist, sich diesen »Rohbau der Republik« als öffentlichen Raum zurückerobern konnte. Der ohne einen Steuer-Cent errichtete White Cube im Palast der Republik wurde für kurze Zeit zu einem auch international beachteten Ausstellungsraum für die Präsentation zeitgenössischer Kunst im Zentrum der Stadt, die bis heute über keine eigene Kunsthalle verfügt.

Wenn der Palast jetzt doch abgerissen wird, dann hat dieser zweijährige Frühling seiner kulturellen Nutzung dem Gebäude postum ermöglicht, an einem gesellschaftlichen Wandel teilzuhaben, der ihm als asbestbereinigte Ruine über Jahre verwehrt wurde. Vor allem aber hat die kulturelle Zwischennutzung dafür gesorgt, dass über die Geschichte des Ortes und die Idee einer öffentlichen Nutzung in Gestalt des Humboldt-Forums auf diesem wichtigsten Platz Berlins auch dann kein

Gras wächst, wenn hier eines Tages tatsächlich eine grüne Wiese entstehen sollte.

Kultur heißt Teilhabe
Kulturförderung und kultureller Substanzerhalt verfehlen ihren gesellschaftlichen Sinn, wenn gleichzeitig immer mehr Menschen von der Teilhabe am kulturellen Leben ausgeschlossen werden, weil sie es sich nicht leisten können oder keine Ermutigung erfahren, sich auf den Weg zu machen, ein öffentlich gefördertes Angebot wahrzunehmen.

Sicher: Städtische Kulturpolitik kann falsche und diskriminierende Entwicklungen in der Sozialpolitik des Bundes nicht korrigieren. Aber sie ist in der Lage, darauf zu reagieren. Der kostenlose Bibliotheksausweis für Arbeitslose oder das von mir mit den Berliner Bühnen, Orchestern und Opernhäusern verabredete 3-Euro-Ticket sind Beispiele dafür. Es kostet nichts außer gutem Willen, etwas Überredungskunst und manchmal auch den sanften Druck des Amtes. Menschen, die von Hartz IV oder Grundsicherung leben müssen, haben in Berlin jetzt die Chance, nichtverkaufte Karten an den Abendkassen der städtischen Bühnen, Opernhäuser und Orchester zum Preis von drei Euro zu erwerben. Mehr als 5.000 haben im ersten Jahr von diesem Angebot Gebrauch gemacht. Das klingt angesichts von geschätzten 450.000 Anspruchsberechtigten nicht viel. Aber es ist ein Beispiel, das bei anderen Kulturveranstaltern der Stadt in kurzer Zeit Schule gemacht hat. Und zuletzt auch in Potsdam, das inzwischen sein eigenes 3-Euro-Ticket eingeführt hat und dieses Angebot auch Berlinerinnen und Berlinern zur Verfügung stellt.

Die Resonanz derer, die ein solches Ticket in Anspruch nehmen, ist überaus positiv. Manchmal erfahren die Menschen tatsächlich sehr direkt und konkret, dass es nicht egal ist, wem und welcher Partei sie einen politischen Auftrag erteilen.

Kultur jetzt – Ein Ausblick
Berlin ist eine Stadt, die sich dank ihres kulturellen Reichtums und ihres wissenschaftlichen Potenzials täglich neu behauptet und erfindet. Berlin lebt; und doch wird die Haushaltsnotlage der Stadt auch in der kommenden Legislaturperiode nicht überwunden sein. Strukturprobleme bei den großen Kultureinrichtungen wie den Opern und Theatern werden uns ebenso weiter beschäftigen wie Forderungen nach einem stärkeren kulturellen Engagement des Bundes in Berlin. Sei es bei der Sanierung historischer Bauten (Stichwort Staatsoper), bei der Förderung zeitgenössischer Kunst (Stichwort Hauptstadtkulturfonds) oder bei der

Verantwortung des Bundes für das Gedenken und Erinnern in der deutschen Hauptstadt (Stichwort Gesamtkonzept Berliner Mauer). Auf all diesen Gebieten sind in den vergangenen fünf Jahren gute Grundlagen gelegt worden.

Deshalb werden künftig Fragen und Herausforderungen in den Mittelpunkt der Berliner Kulturpolitik rücken, die bisher zu wenig Aufmerksamkeit erfahren haben. Dazu zählt unbedingt die Entwicklung eines ressortübergreifenden Konzeptes kultureller Bildung für Berlin. Kulturpolitik wird sich öffnen müssen. Nicht nur in Richtung Kulturwirtschaft, sondern viel stärker noch für die soziokulturellen Herausforderungen einer multikulturellen und multiethnischen Metropole. Dass der Berliner Kultursenator beispielsweise auch für die Berliner Religions- und Weltanschauungsgemeinschaften zuständig ist, wurde bisher – zumindest in der öffentlichen Wahrnehmung – eher verwundert denn als Bestandteil einer auf Integration gerichteten Politik wahrgenommen, die in Berlin mit und jenseits der Debatte über den Ethikunterricht und die Förderung des Weltanschauungs- und Religionsunterrichts eine wachsende soziokulturelle Bedeutung gewinnt. Wir müssen vor dem Hintergrund sozialer, religiöser und kultureller Tendenzen zur Desintegration kulturpolitische Weichenstellungen vornehmen. Dazu gehört beispielsweise, zeitgenössische künstlerische Ausdrucksformen der zweiten und dritten Generation von Migrantinnen und Migranten durch gezielte Förderung stärker zu ermutigen, als das bisher der Fall war.

Dazu gehört aber auch, dass sich Berlin kulturpolitisch auf seine Rolle als Hauptstadt, Metropole und Kommune nach der Länderfusion mit Brandenburg einstellt. Ich halte ein Bezirkskulturgesetz, das Mindeststandards der kulturellen Grundversorgung in den großstadtgleichen Berliner Bezirken verbindlich festschreibt, für sinnvoll und richtig. Parallel dazu muss sich vor diesem Hintergrund aber auch die Berliner Landes-(oder später: Kommunal-)Politik fragen, ob sie mit der bisherigen Art der Kulturförderung die richtigen Akzente setzt. Das meint nicht nur die mit ca. 500.000 Euro eher bescheidene Ausstattung des Bezirkskulturfonds, sondern vor allem jene Mittel, mit denen der Senat bezirksübergreifend kulturelle Zentren institutionell fördert. Ich denke, dass wir hier zu einer flexibleren Förderstruktur kommen müssen, die es erlaubt, auch kulturpolitisch schneller und gezielter auf Veränderungen und Probleme in den jeweiligen Stadtgebieten zu reagieren.

Fünf Jahre Berliner Kulturpolitik unter Regierungsbeteiligung der Linkspartei.PDS haben nicht nur viele Vorurteile widerlegt. Sie haben bewiesen, dass linke Kulturpolitik auch unter den widrigen Bedingungen einer Haushaltsnotlage ihren Gebrauchswert besitzt und Zukunftsfähigkeit entwickelt, wenn sie auf neuen Ideen und Konzepten basiert und diese im politischen Prozess um- und durchzusetzen weiß. Diesen Weg sollten wir, möchte ich fortsetzen.

Dieser Bilanztext entstand aus Anlass des Wahlkampfes zur Neuwahl des Abgeordnetenhauses von Berlin im September 2006. (Anm. d. Hrsg.)

1. Von 1992 bis 2001 sanken die Mittel für die Freie Szene von 11,5 Mio. EUR auf unter 7 Mio. EUR.
2. Entwicklung des Kulturplafonds:

2003	2004	2005	2006	2007
375,3 Mio. EUR	373,5 Mio. EUR	361,5 Mio. EUR	352,1 Mio. EUR	347,4 Mio. EUR
Delta	- 1,8 Mio. EUR	- 13,8 Mio. EUR	- 23,2 Mio. EUR	- 27,9 Mio. EUR

3. Von 11, 5 Mio. EUR 1991 auf 7 Mio. EUR 2001.

III. KAPITEL
ENGAGEMENT UND KONTROVERSEN

KONSENS NICHT VON OBEN ERZWINGEN
Zur Debatte um das »Planwerk Berliner Innenstadt«. 1996

Es hat wohl noch keine städtebauliche Debatte in Berlin gegeben, die bereits vor ihrem Beginn so kontrovers geführt wurde wie die offiziell erst am 29. November 1996 im Stadtforum startende Auseinandersetzung um das »Planwerk Berliner Innenstadt«. Das ist verständlich, denn die angekündigte Präsentation eines »identitätsstiftenden« städtebaulichen Gesamtkonzeptes, eines »Bildes« für den Innenstadtbereich fordert notwendig alle heraus, denen ihre »Identität« in der Stadtmitte etwas wert ist. Und jeder, der das Planwerk sah, war sich sofort bewusst, wie weitreichend die in Aussicht genommenen Veränderungen sind. Die bisherigen für einzelne symbolische Berliner Orte entwickelten Zukunftsbilder, die noch im vorigen Jahr als Stern-Bilder parallel zu Christos Reichstagsverhüllung in den Rotunden der Verheißung gezeigt wurden, sind stadtpolitisch längst verglüht. Die isolierte City am Potsdamer Platz nimmt reale Gestalt an und setzt sich damit praktischer Kritik aus; Kollhoffs Entwurf für den Alexanderplatz wurde zur Ikone überzogener Wachstumseuphorie schlechthin und droht dennoch als Fragment realisiert zu werden. Der Streit Schloss versus Palast blockiert jede »identitätsstiftende« Aneignung der »Mitte der Mitte« durch die Bürgerinnen und Bürger aus Ost und West und bezeugt die andauernde Unfähigkeit der Stadtpolitik zum Umgang mit diesem zentralen Ort. Währenddessen inszeniert die »Schaustelle« das Werden des bereits Beschlossenen, die Zukunft von gestern.

Insofern ist es ein Fortschritt, wenn Stadtentwicklungssenator Strieder und sein Staatssekretär Stimmann die zahllosen Einzelprojekte und -planungen der letzten Jahre zusammenfassen und Grundlagen für eine gesamtstädtische Debatte über die Perspektive der Berliner Innenstadt erarbeiten lassen. Doch das bisher erkennbare Verfahren des Planwerks, nicht zu Unrecht kritisch als »Masterplan« charakterisiert, droht bereits vor seinem Beginn selbst zur Blockade zu werden. Zum einen respektiert das Planwerk artig (politisch korrekt) bereits getroffene Fehlentscheidungen wie die Alexplanung. Zum anderen ist das Verfahren selbst autoritär konzipiert: Es liefert die Lösung für das Konzept der Rücknahme der Moderne im anschaulichen Planwerk, ohne dass zuvor ein Problembewusstsein über den Umgang mit der alten Innenstadt, den Zerstörungen, Überformungen und Weiterentwicklungen des Stadtgrundrisses oder gar ein Konsens hierüber überhaupt erarbeitet wurde. Es ist die unkritische Übertragung der »kritischen Rekonstruktion« auf einen anderen Stadtgrundriss mit anderen Mitteln und im großen Maßstab. Nach den einschneidenden Veränderungen der letzten Jahre und der notwendigen Rücknahme ebenso überzogener wie euphorischer Wachstumskonzepte ist eine Umsteuerung hin zu Nachhaltigkeit in der Stadtentwicklung in der Tat dringend geboten. Die gestresste und verunsicherte Stadt müsste hierzu aber überhaupt erst einmal zu sich kommen und durch bürgerschaftliche Kommunikation einen stadtpolitischen Konsens erarbeiten. Dieser kann nicht von oben erzwungen, höchstens als ein offener Prozess angeregt und unterstützt werden. Dies braucht Zeit, eine breit geführte öffentliche Diskussion und politische Verständigung. Nachhaltige Stadtentwicklung ohne demokratische Planungskultur kann und darf kein Weg sein. Planungsrechtlich unbestimmt, drängt dagegen das »Planwerk Innenstadt« förmlich nach kurzfristigem Beschluss und strikter Umsetzung durch eigenständige Entwicklungsträger mit umfassenden Vollmachten. Wenn keine Öffentlichkeit existiert, vertritt stets die Zentrale das Gesamtinteresse – Bezirke und Betroffene stören da nur, erscheinen nur als Repräsentanten des Partikularismus. Warum wurden etwa die betroffenen Bezirke Mitte und Charlottenburg zur Eröffnungsveranstaltung des Stadtforums nicht um ihre Stellungnahmen gebeten? Gesamtstadt kann nur aus dem schwierigen Dialog der Bürgerschaft und ihrer *communities* entstehen. Statt »*check and balance*« Modernisierungsdiktatur von oben? Braucht die europäische Stadt das Generalbaudirektorium?

Strieder und Stimmann stoßen mit ihrer Initiative bewusst in ein derzeitiges politisches Vakuum und füllen es machtvoll mit einem Planbild. Wo aber ist die Analyse der Defizite der Innenstadt, welche alternativen Entwicklungsszenarien werden zur Diskussion gestellt, welche gestalterischen Varianten wären denkbar? Welche Phasen der Berliner Planungs- und Architekturgeschichte sind auf welche Weise ernst zu nehmen? Ein Modernisierungskonzept, das diese Fragen nicht beantwortet, geht über die Akteure hinweg, statt sie einzubeziehen, muss missionarisch die Erlösung aller versprechen und riskiert dabei billigend die Vertreibung vieler. Das ist so raffiniert gedacht, dass nur nichts schiefgehen darf, die Gegenkräfte müssen sich um jeden Preis paralysieren. Der richtige und notwendige Grundsatzstreit über die Verkehrsplanung wird etwa überkompensiert durch das Versprechen »der geistigen Rückgewinnung des historischen Zentrums« in das Bewusstsein der gesamten Stadt, ja der ganzen Bundesrepublik. Da dieses Zentrum im Osten liegt, erleichtert es andererseits – in der Gestalt des DDR-Städtebaus – die Nachkriegsmoderne insgesamt zu denunzieren. Berlin braucht keinen neuen Kulturkampf, schon gar keinen, der zwischen Ost und West inszeniert wird, der aber eigentlich gegen den modernen Städtebau als solchen gerichtet ist.

Die letzten Korrekturen vor der Präsentation des Planwerks für die City Ost, wie die stärkere Respektierung des großen öffentlichen Raumes zwischen dem Palast der Republik und Alex sowie des zweiten Bauabschnitts der Karl-Marx-Allee oder der Bebauung an der Leipziger Straße, lassen hoffen, dass der Akzeptanz im Osten keine nachrangige Stellung eingeräumt wird. Und die Behandlung des Kulturforums im Planwerk City West liefert vielleicht ein Modell, wie auch ein modernes Bauensemble erhalten und neu in die Stadt integriert werden könnte.

Beitrag in der taz-*Debatte zum Masterplan City Ost, zuerst erschienen in:* die tageszeitung, *25. November 1996, S. 23. (Anm. d. Hrsg.)*

KULTURELLER MEHRWERT
Kommt das Stadtforum nun bei sich selbst an? 2000

Auf die Nutzung des öffentlichen Raums der Berliner Innenstadt richten sich sehr verschiedene Interessen mit unterschiedlicher Durchsetzungskraft. Gerade in der Mitte einer lebendigen und toleranten Hauptstadt muss es gelingen, einen Ausgleich der Nutzungsansprüche zu ermöglichen und darzustellen; zwischen Anwohnern, privaten und gewerblichen Anliegern, Berlinern und Gästen, zwischen Bürgern, Stadt und Staat. Die Unterscheidung zwischen privatem und öffentlichem Raum muss erkennbar bleiben, auch der Staat darf keine gesonderten Hoheitsbereiche ausbilden – darauf gründet die Idee des öffentlichen Raums und der europäischen Stadt. Neben dem grundgesetzlich geschützten Demonstrationsrecht verleihen insbesondere Veranstaltungen dem öffentlichen Raum ergänzende, über Geschichte und Alltag hinausgehende Bedeutungen und können auf diese zurückwirken.

Tourismusmarketing und Urban Entertainment haben verstanden, dass kultureller Alltag und Eventkultur einander ergänzen müssen. Eine nachhaltige Stadtpolitik wird aber vor allem auf die Erneuerung der kulturellen Ressourcen der öffentlichen Räume orientieren müssen. Denn Großevents können nicht nur einen kulturellen Mehrwert bringen, sie können die kulturelle Substanz des Ortes auch aufzehren.

Insbesondere das Brandenburger Tor und der Pariser Platz sind in den vergangenen Jahren enormen Belastungen ausgesetzt worden. Mit der spontanen Inbesitznahme durch die Berliner aus Ost und West am Tag der Maueröffnung 1989 wurde das offene Brandenburger Tor zu dem Symbol der Überwindung der deutschen und europäischen Teilung. Als solches wurde es am Tag der deutschen Einheit 1990 und in den ersten Jahren danach erlebt, seitdem medial re-inszeniert und politisch-protokollarisch genutzt. Obgleich der Pariser Platz seitdem baulich weitestgehend wiederhergestellt wurde und seine städtische Funktion zurückgewonnen hat, weckt das vor allem in der Wendezeit angehäufte symbolische Kapital des Ortes nun das kommerzielle Interesse an medial inszenierten Großveranstaltungen. Exemplarisch die Silvesterveranstaltungen: Der Pariser Platz wird wegen des Menschenandrangs zur geschlossenen Arena, das Brandenburger Tor ist unpassierbar und wird zur Bühnendekoration der Silvestershow eines privaten Fernsehsenders degradiert. Statt den symbolischen Gehalt des Brandenburger Tores durch kulturelle Projekte zeitgemäß zu erneuern, wird er lediglich aufgezehrt. Der medialen Fixierung auf das Brandenburger

Tor folgte im Hauptstadtumzug die bundesweite Präferenz als Demonstrationsort. Aber nicht die Einschränkung des Demonstrationsrechtes bei gleichzeitiger Ausrufung der »Hauptstadt der Partys« am Brandenburger Tor, sondern der behutsame Umgang mit dem nationalen Symbol und die Entwicklung neuer Orte in der Stadt müssen Entlastung bringen.

Können Veranstaltungen öffentliche Räume devastieren, so können sie sie auch entwickeln: neue Gebrauchsweisen der Orte erkunden, Bedeutungen im Bewusstsein der Stadt verankern und Ansprüche an deren Gestaltung formulieren.

Ein solcher Ort ist der Bereich zwischen Spreeinsel und Alexanderplatz, der die Potenz hätte, zum öffentlichen Freiraum der ganzen Stadt, zum Stadtinnenraum, zum Stadtforum zu werden. Historisch die städtische Ergänzung zum Schlossbezirk und dem Forum Fridericianum, perspektivisch die Ergänzung zum Bürgerforum im Spreebogen und zum neu zu gestaltenden Humboldt-Forum als dem Ort von Geschichte, Kultur und zukunftsgerichteter Kommunikation auf der Spreeinsel.

Die Monumente städtischer Kultur, Rathaus und Kirche, waren in Berlin nie um einen Marktplatz gruppiert, auch der Neue Markt hatte diese Funktion nicht wahrgenommen. Nun sind sie eingelassen in eine durch Wohnhäuser gebildete und vom Fernsehturm überragte Raumschale, in der sie präsentiert werden, ohne einen früheren Zusammenhang zu simulieren, einzig durch die Sichtbeziehung und durch die Aktivität der Bürgerinnen und Bürger miteinander in Beziehung gesetzt. Hier am Roten Rathaus ist der Ort der gesamtstädtischen Demonstrationen, Veranstaltungen und Feste. Berlin darf dieses Potenzial zur Entwicklung einer Kultur des öffentlichen innerstädtischen Freiraums nicht gedankenlos vergeben, aller antimodernistischen Standhaftigkeit des Planwerks zum Trotz. Mit den Blade Nights hat die @-Generation ihren Anspruch bereits angemeldet.

Vortrag während der Veranstaltung »Rathaus, Kirche, Fernsehturm, Marktplatz. Was bedeutet uns die Mitte der Stadt?«, Stadtforum am 7. Juli 2000, zuerst erschienen unter dem Titel »Kultureller Mehrwert. Wie begegnet man den Belastungen durch Großevents?« in: Foyer, 10. Jg./H. 4, Berlin, August 2000, S. 31. (Anm. d. Hrsg.)

DIE HALBIERTE MODERNE
Anmerkungen zu Stefan Heyms Roman
»Die Architekten«. 2000

Wie kein anderes städtebauliches Projekt markierte der sogenannte zweite Bauabschnitt der Berliner Karl-Marx-Allee zwischen Strausberger Platz und Alexanderplatz den Anbruch der Moderne in der DDR. War »die erste sozialistische Straße«, die Stalin-Allee (1952–1958), das Projekt der Gründergeneration, so fiel deren Verlängerung in den Jahren 1959 bis 1965 »zeitlich mit dem Aufwachsen der eigentlichen DDR-Generation zusammen und symbolisierte deren Lebensgefühl höchst einprägsam« (Wolfgang Engler).

Mit seinem zwischen 1963 und 1966 zunächst in Englisch verfassten, nun von ihm ins Deutsche übertragenen und endlich veröffentlichten Roman führt uns Stefan Heym in die Zeit nach dem XX. Parteitag der KPDSU 1956, auf dem Chruschtschow die Abrechnung mit dem drei Jahre zuvor gestorbenen Diktator Stalin einleitete. Der Roman handelt zwar vom Projekt der Verlängerung der »Straße des Weltfriedens«, die Heym in eine DDR-Bezirksstadt verlegt hat. In seiner brillant komponierten und einfühlsam erzählten Geschichte gilt das Interesse des Autors aber vor allem den politischen Verhältnissen und ihren Akteuren. Wie bereits in »Fünf Tage im Juni« untersucht Heym die Strategien, mit denen die politische Klasse um Walter Ulbricht in einer Krisensituation ihre Macht sichert. Sie schlägt die nach dem Tod Stalins, nach dem XX. Parteitag 1956 und wieder nach dem Mauerbau 1961 gegebene Chance aus, die DDR-Gesellschaft durchgreifend zu modernisieren und zu demokratisieren.

Zentrale Figur des Romans ist Arnold Sundstrom, Professor und Chefarchitekt, der am Bauhaus studiert hatte, dann als Kommunist 1936 in die Sowjetunion emigrierte, sich dort politisch und ästhetisch anpasste, und nun Teil der neuen politischen Klasse wurde: mit Haus, Haushälterin, Chauffeur, junger Frau und Kind. Am Eröffnungsabend des wieder aufgebauten Rathauses führt uns Heym die neue herrschende Klasse vor: neben dem örtlichen Parteichef, der unverkennbar die Züge Ulbrichts trägt – »Dann begann der Lautsprecher Unverständliches zu quaken; der Diskant und das periodische An- und Abschwellen der Stimme waren deutliche Indizien der Rhetorik des Genossen Tolkening« –, seiner stets unvorteilhaft gekleideten Gattin, die dennoch charaktervolle Züge bewahrt, der Bürgermeister, der »Dichterfürst des Proletariats, der die Würde seines Rangs mit seinen schlechten Manieren zu vereinen suchte«, der Chefredakteur des Bezirksorgans der Partei, der Rundfunkfeuilletonist, die jüngeren FDJ-Funktionäre, die Phalanx von Uniformen. Und schließlich die vom Bezirksblatt als »die heitere Muse der Republik« bezeichnete Künstlerin, der »es sogar dienstlich gestattet war, sich so westlich wie sie wollte zu gerieren«.

Der Konflikt deutet sich an, als Sundstrom von einem Moskauer Bekannten erfährt, dass sich Stalins Lager öffnen. Sundstroms Sorge (»Wem nutzt es, die Skelette aus dem Schrank zu ziehen? Der Partei? Der Sowjetunion? Dem Sozialismus?«) kann der Besucher politisch zerstreuen: »Wir können uns Erschütterungen der Art gar nicht leisten.« Außerdem: »Sie können sich darauf verlassen, dass Tolkening aus jeder Gelegenheit, die sich ihm bietet, einen Vorteil zu ziehen weiß.«

Dennoch nimmt Sundstrom die Ankündigung, dass sein früherer Freund Tieck, Bauhäusler und Kommunist wie er, entlassen wurde, mit Panik auf. Nicht nur, dass Tieck sich in der Sowjetunion weder politisch noch ästhetisch anpasste. Vor seiner eigenen Verhaftung wurde er im Moskauer Emigrantenhotel Augenzeuge der Verschleppung des kommunistischen Reichstagsabgeordneten Julian Goltz und seiner Frau. Sie starb im Gefängnis, Julian sollte in der Zeit des deutsch-sowjetischen Freundschaftsvertrages 1940 abgeschoben werden. Gut, so denkt Goltz, dass »Sundstrom, mit seinem Talent und seinen Beziehungen, einer Verhaftung entgangen war und so sich des Kindes annehmen konnte«. Bei der Frage, was er den kommunistischen Gefangenen im deutschen Konzentrationslager berichten sollte – »von der Monstrosität«, zu der die kommunistische Partei sich entwickelt hatte, oder von einer »beispiellosen, wild gewordenen Konterrevolution«? –, entschied sich Goltz, ihnen nicht die Wahrheit sagen zu dürfen. Auf der Grenzbrücke in Brest setzt er an, sein Bein über das Geländer zu schwingen. »Von welcher Seite, dachte er, würde die erste Kugel geflogen kommen: Dann spürte er sie, ein einziger großer Schmerz.«

Die böse Ahnung erfüllt sich: Sundstrom hat Goltz' Tochter Julia nicht nur aufgezogen, sie später geheiratet, sie in Moskau Architektur studieren lassen und in sein Stadtbauamt geholt – Sundstrom hatte auch Anteil an der Verhaftung ihrer Eltern. Julia emanzipiert sich schrittweise mit der Enthüllung dieses Geheimnisses: Sie entpuppt sich aus dem von Sundstrom gesponnenen Kokon. So verbindet Stefan Heym politische Kriminalgeschichte und Entwicklungsroman – ganz auf die Delegitimation der Macht gerichtet.

Die jüngeren Kollegen im Architekturbüro haben zur eigenen Arbeit bereits sarkastische Distanz gewonnen. Sie verunsichern Julia mit dem Hinweis auf die »sonderbare Verwandtschaft« zwischen Entwürfen Albert Speers und der »sozialistisch-realistischen Architektur« Sundstroms. Julia hingegen kann sich erst nach der Rückkehr Tiecks auch persönlich von Sundstrom lösen.

Tieck bestätigt nicht nur das kritische Urteil der Kollegen (»Heuchelei in Beton und Ziegeln«), sondern deckt die Verstrickung Sundstroms und die Schuldlosigkeit ihrer Eltern auf und gewinnt so Julia. Gemeinsam entwerfen sie im Geiste der Moderne die Verlängerung der Straße des Weltfriedens, unterliegen aber im Wettbewerb Sundstrom, der sich Teile ihrer Ideen zu eigen gemacht hat.

Stefan Heyms Roman zielte Anfang der sechziger Jahre auf die Erneuerung der DDR im Geiste der Einheit der von Stalin verfolgten politischen Linken und der gleichermaßen bekämpften ästhetischen Moderne. Das Buch hätte als Ermutigung gelesen werden können, die vom System zugewiesenen Nischen durch produktive Arbeit zu nutzen und zeitgemäße Alternativen auszuarbeiten und zur Diskussion zu stellen. Als Bedingungen dafür benennt Heym klar den souveränen Umgang mit der unverfälschten eigenen Geschichte, die Aneignung der kulturellen Moderne und die Gewährleistung einer demokratischen Debatte. Diese bei der Konzipierung des Romans womöglich noch vorhandenen Hoffnungen wurden spätestens mit dem 11. SED-Plenum im Dezember 1965 zerstört. Das DDR-Tauwetter war abrupt beendet; an eine Veröffentlichung war nicht mehr zu denken.

Der Roman, der Heyms Bruch mit der DDR-Gründungselite und ihrem symbolischen Aufbauprojekt bezeugt, ist kein Schlüsselroman. Er gibt auch nur bedingt Auskunft über Spielräume und Verhaltensweisen von Architekten und über die Architekturdebatte jener Zeit. Deshalb kann auch Sundstrom nicht mit dem Ostberliner Chefarchitekten Hermann Henselmann identifiziert werden, obgleich Ähnlichkeiten nicht zu übersehen sind. Weder war Henselmann in sowjetischer Emigration gewesen, noch gewann er den Wettbewerb für den zweiten Bauabschnitt der Karl-Marx-Allee.

Aber Henselmann steht wie kaum ein anderer für den Pakt, den die Funktionselite mit der Machtspitze in der DDR eingegangen war. Es war exemplarisch, wie Henselmann nach der Kritik der Parteiführung an der »Rückschrittlichkeit des sogenannten Bauhausstiles« (*Neues Deutschland* vom 29. Juli 1951) innerhalb von acht Tagen seinen Entwurf des Hochhauses an der Weberwiese vorlegte. Henselmann war öffentlich von seinen Positionen der modernen Architektur zur erwarteten Neuen Deutschen Architektur übergangen. Als Gegenleistung konnte Henselmann nicht nur an der Weberwiese, sondern auch an den großen Plätzen der Stalin-Allee bauen.

Dennoch hat gerade Henselmann mit dem Strausberger Platz und dem Frankfurter Tor »das Unabwendbare mit Glanz absolviert, besser, als jeder an seiner Stelle es vermocht hätte«. Aus heutigem Abstand gesehen, ist die (von Henselmann keineswegs allein entworfene) Stalin-Allee weder gebaute Heuchelei noch Dekoration der Gewalt wie bei Speer, sondern Vergegenständlichung eines bestimmten Verhältnisses »zwischen oktroyierten und freiwilligen Formen des Gemeinschaftslebens«. Dank der vielen Ausnahmen von der regelhaften Gestaltung »huscht ein Augenzwinkern durch die Symmetrie«, alle Gebäude »leben von derselben feinen Ironie, treiben denselben sublimen Spott. [...] Vielleicht geht die Anziehungskraft, die die Stalin-Allee auf ihre damaligen Bewohner und Besucher ausübte, gerade auf diese vertrackte, selbstwidersprüchliche Art der Majestätsbeleidigung zurück. Gut möglich, dass sie dem nicht minder verwickelten Verhältnis der Bürger zu den politischen Majestäten symbolische Gestalt verlieh, also ganz anders zu ihnen sprach als zu den neuen Herren. Dass der Arbeiteraufstand vom Juni 1953 just von hier seinen Ausgang nahm, wäre dann weder purer Zufall noch Missverständnis, sondern Freisetzung, Sichtbarmachung der dem Gemäuer inhärenten Spannung.« (Engler)

Es ist Heyms realistische Sicht auf die Stabilität der alten Machtstrukturen und auf deren Dominanz gegenüber dem Kulturellen, aber auch der ausschließlichen Fixierung auf die Gründergeneration geschuldet, dass die Verlängerung der Karl-Marx-Allee nicht als endlicher Anbruch der DDR-Moderne erscheint, die sie doch war. Die westliche Karl-Marx-Allee steht ebenso wie Heyms Roman für ein kulturelles Projekt der ostdeutschen Moderne, das Mitte der sechziger Jahre politisch ausgebremst wurde und so nur eine halbierte Moderne bleiben konnte. Die Ironie der Geschichte hat nun die antimoderne Stalin-Allee in der aktuell herrschenden Doktrin von der Kontinuität der europäischen Stadt in den Rang höchster Wertschätzung gehoben, ohne weiteres Verständnis für deren innere Widersprüchlichkeit. Die Entdeckung des zweiten Bauabschnittes der Karl-Marx-Allee als ein Monument der ostdeutschen Moderne steht dagegen noch aus.

Anmerkungen zu Stefan Heyms im Jahre 2000 erschienenem Roman DIE ARCHITEKTEN, *vom* Tagesspiegel *erbeten und dort zuerst erschienen am 4. September 2000, S. 34. (Anm. d. Hrsg.)*

ERBEN AUS ZWEITER HAND
Zum Umgang mit Regierungsbauten der DDR. 2002

Bis auf das Staatsratsgebäude sind alle modernen Regierungsgebäude der DDR aus den 1960er Jahren ruiniert. Das Außenministerium wurde abgebrochen, die Ministerien Unter den Linden wurden für den Bundestag bis zur historischen Unkenntlichkeit umgestaltet. Der Abriss des Bauministeriums in der Breiten Straße ist beschlossen, und auch der Erhalt des früheren Gesundheitsministeriums an der Grunerstraße bleibt unsicher. Außerhalb dieser Reihe stehen lediglich die Ministeriumsbauten an der Nordseite des Alexanderplatzes aus den 1970er Jahren. Die Anbringung der ersten Sätze aus Döblins Roman »Berlin Alexanderplatz« an der erneuerten Fassade bezeugt, dass der städtische Mythos des Ortes auch ohne Abriss und Neubau aktualisiert werden kann. Hingegen werden die vor der DDR gebauten und von ihr genutzten Regierungsgebäude, darunter alle NS-Bauten, vom Bund erhalten und weitergenutzt. Teilweise wurden für diese Gebäude differenzierte denkmalpflegerische Konzepte umgesetzt, die auch die DDR-Zeit berücksichtigen.

Der Etatismus des Hauptstadtumzugs verengte den Blick
Mit der grundsätzlich richtigen Entscheidung, die wichtigsten Institutionen von Parlament und Regierung des vereinigten Deutschlands in einer neuen städtebaulichen Struktur im Spreebogen anzusiedeln sowie geeignete frühere DDR-Ministerien in der Stadtmitte weiter zu nutzen, geriet das Ensemble der Bauten auf der Spreeinsel, das eigentliche Staats- und Gesellschaftsforum der DDR, aus dem Blick. Der Umgang mit ihnen erfolgte selektiv. Ein Gesamtkonzept für den Bereich war politisch ausgeschlagen worden: durch den Verzicht auf eine baldige Weiternutzung und funktionelle Neubestimmung des Palastes der Republik sowie auf eine hiervon ausgehende bauliche Weiterentwicklung des Schlossplatzes.

Im Schatten der lähmenden ideologischen Debatte zwischen Palast- und Schlossanhängern, der teilweise noch immer das Missverständnis zugrunde liegt, der Republikspalast sei der Herrschaftsort des DDR-Regimes und nicht vor allem ein modernes Veranstaltungs- und Kongressgebäude gewesen, wurde nicht nur – städtebaulich sicher sinnvoll – das Gebäude des DDR-Außenministeriums abgerissen. Es wurde zugleich relativ unreflektiert, und in einer Art Wesensverwandtschaft mit der konservativen Moderne des Ursprungsbaus, der wirkliche

Herrschaftsort der SED – das ZK-Gebäude – zum Sitz des Auswärtigen Amtes hergerichtet, wenn auch durch einen monströsen Neubau in die zweite Reihe gerückt.

Das denkmalgeschützte Gebäude des Staatsrates wurde dagegen seit 1993 für die Präsentation und Erörterung der Hauptstadtplanungen genutzt. War zunächst auch hier der Abriss vorgesehen, wurde dies nach breitem Protest korrigiert. Noch während des Abrisses des Außenministeriums wurden die architektonischen Qualitäten des Staatsratsgebäudes und sein herausragender zeitgeschichtlicher Wert erkannt. Es ist ein Verdienst des damaligen Bundesbauministers Klaus Töpfer, dem zu DDR-Zeiten für eine breitere Öffentlichkeit unzugänglichen Staatsratsgebäude eine neue öffentliche Bestimmung gegeben zu haben. Später fanden hier unter großer öffentlicher Anteilnahme die Veranstaltungen des Berliner Stadtforums sowie die Kolloquien zum Denkmal für die ermordeten Juden Europas statt. Diese neuen öffentlichen Funktionen des Gebäudes waren eine wichtige Voraussetzung dafür, dass die (nach geringfügigen denkmalgerechten Umbauten mögliche) temporäre Nutzung durch das Bundeskanzleramt wie selbstverständlich breite Akzeptanz gefunden hat.

Noch zu Beginn der 1990er Jahre hätte die Ansiedlung des Bundeskanzleramtes im Staatsratsgebäude als provokante symbolische Inbesitznahme gedeutet werden können. Nach dem Hauptstadtbeschluss 1991 – und dem tatsächlich öffentlichen Gebrauch des Gebäudes in den Jahren danach – garantierte die Anwesenheit des Bundeskanzlers nun zumindest vorübergehend den Erhalt des Baudenkmals und demonstrierte zugleich, dass dieses Gebäude bis zum Bezug des neuen Bundeskanzleramtes im Spreebogen auch für die praktischen und repräsentativen Zwecke des Bundeskanzlers geeignet ist – versöhnte also.

So richtig es war, auf die Ansiedlung staatlicher Institutionen auf der Spreeinsel zu verzichten, so muss doch festgestellt werden: Wegen des mit dem Hauptstadtumzug verbundenen Etatismus ist Berlin für mehr als ein Jahrzehnt die gesellschaftliche Mitte verloren gegangen.

Die Herausforderung des doppelten Erbes
Nachdem der Palast der Republik nach Asbestbefund überstürzt geschlossen worden war, bezog die frei gewählte Volkskammer der DDR symbolträchtig das ZK-Gebäude, die eigentliche Machtzentrale der Vorgänger. Das Auswärtige Amt hat später darauf verzichtet, die Auseinandersetzung mit der Funktion des Gebäudes zu DDR-Zeiten zu führen: Es bezog gleichsam direkt das Gebäude der ehemaligen Reichsbank. Die Denkmalpflege konnte zwar einige DDR-typische

Räume erhalten, wie wenig aber das Auswärtige Amt damit umzugehen weiß, illustriert die Tatsache, dass die Raumbezeichnungen aus Bonn einfach übertragen wurden und der erhaltene Tagungsraum des SED-Politbüros nun sinnigerweise »Bismarcksaal« heißt.

Bei der Sanierung des Hauses der Ministerien hat man sich dagegen dem Problem des Umgangs mit einem politisch ungewollten Erbe gestellt: Man eignet sich ein solches Erbe nicht aus erster, sondern wohl immer nur aus zweiter Hand an. Beim ehemaligen Reichsluftfahrtministerium wurde die Chance genutzt, die gegen die NS-Geschichte gesetzte Verheißung der frühen DDR im Wandbild von Max Lingner mit dem Denkmal von Wolfgang Ruppel zur Erinnerung an den 17. Juni 1953 zu konfrontieren. Dies ergab eine tragfähige Grundlage, die sich auch bei der Aneignung der NS-Geschichte des Hauses bewährt. So wurde der NS-Bau denkmalgerecht saniert und zugleich die bereits zu DDR-Zeiten erfolgte Erinnerung an die antifaschistische Widerstandsgruppe um Harro Schulze-Boysen fortgeführt.

Die verbleibende Herausforderung
Die neu gestaltete Bundeshauptstadt hat drei markante symbolische Bauten, die geschichtliche Brüche des 20. Jahrhunderts anzeigen: Das Reichstagsgebäude markiert die gebrochene Kontinuität parlamentarischer Demokratie in Deutschland, das Haus der Ministerien gibt den Widerspruch zwischen Verheißung und Widerstand in der frühen DDR zu erkennen. Die noch ausstehenden Entscheidungen zum Staatsratsgebäude und zum Schlossplatz-Areal sollten die positive Überwindung der DDR durch die Entstaatlichung der Spreeinsel und die Verwandlung der alten Staatsmitte in ein Bürgerforum bezeugen.

Wenn die jetzt eingesetzte Expertenkommission »Historische Mitte Berlins« Empfehlungen für diesen Bereich ausarbeitet, dann könnte sie sich exemplarisch am Modell der erfolgreichen Umnutzung des Staatsratsgebäudes orientieren. Nach mehr als zehn Jahren Umbau erscheint selbst der zum Rohbau reduzierte Republikspalast wie aus zweiter Hand ererbt. Sein intelligenter Um- und Weiterbau zu einem kultur- und wissensgestützten Bürgerforum bleibt eine denkbare Herausforderung.

Zuerst erschienen in: BAU UND RAUM. Jahrbuch 2001 2002, Tübingen 2002, S. 90–93, vom Bundesamt für Bauwesen und Raumordnung veröffentlicht unter dem Titel REGIERUNGSBAUTEN DER DDR. UMGANG MIT GESCHICHTE UND ARCHITEKTUR. (Anm. d. Hrsg.)

KEINE BIGOTTE VERDAMMNIS
Diskussion um die Übernahme der Flick-Sammlung. 2003

Schizophrener hätte die Berichterstattung über die öffentliche Diskussion zur Übernahme der Flick-Sammlung im Mai dieses Jahres im Berliner Ensemble nicht sein können. In der *Berliner Zeitung* war zu lesen, ich hätte mir von Lea Rosh die Unterstützung für ein Dokumentationszentrum über die NS-Verbrechen der deutschen Wirtschaftseliten »abschwatzen« lassen, während Robin Alexander in der *taz* mitteilte, ich hätte an der »Rehabilitierung der schlimmen Familie« mitgewirkt.

Bereits zu Jahreswechsel, als Klaus-Peter Schuster für die Stiftung Preußischer Kulturbesitz und Klaus Wowereit für das Land Berlin die geplante Präsentation der Flick-Sammlung in Berlin ankündigten, hatte ich auf die Ambivalenz dieses Vorgangs verwiesen, der sich unreflektiertem Jubel ebenso entzieht wie bigotter Verdammnis. Er fordert vielmehr Nachdenken und Differenzierungsvermögen heraus. Mein Plädoyer, die Präsentation der Flick-Sammlung mit einer nüchternen Dokumentation der Auseinandersetzung um die Übernahme der Sammlung zu verbinden, wird gleich von zwei Seiten missverstanden.

Beiden Positionen ist die Mystifikation des Verhältnisses von Schuld und Verantwortung in der Generationsfolge einer Familie (und Gesellschaft) eigen. Weil Friedrich-Christian Flick tatsächlich keine persönliche Schuld an der verbrecherischen NS-Verstrickung seiner Vorväter treffe, sei der Verweis auf die ursprüngliche Akkumulation des ererbten (und später gemehrten) Vermögens ungehörig und ehrenrührig, meinen die einen. Die anderen sehen im 1997 intern geäußerten Motiv des Sammlers, seinen Familiennamen »mit dieser kulturellen Leistung ... auf eine neue und dauerhaft positive Ebene« zu stellen, den Skandal. Ich kann beides nicht nachvollziehen.

Weder kann man Menschen vorwerfen, der eigenen, von den Vorfahren geschriebenen Familiengeschichte neue positive Seiten hinzufügen zu wollen, noch sollte eine Gesellschaft verdrängen, wie und in wessen Händen sich Reichtum bildet und vererbt. Weder kann es ein Kollektivsubjekt »schlimme Familie« geben, noch sollte man von Verhältnissen absehen, unter denen Menschen handeln und sich darin immer auch ihrer Geschichte stellen.

Es hat etwas Kompensatorisches, wenn eine Gesellschaft, die darauf verzichtete, Nazi- und Kriegsverbrecher zu enteignen, die sich der alten Eliten für den Wiederaufbau und die Westbindung der Nachkriegsgesellschaft bediente und die selbst für die hoffnungslos verspätete Entschädigung der Zwangsarbeiter/-innen nur eine mühsame Kombination von Steuerfinanzierung und freiwilliger Initiative der Wirtschaft fand, die große Unternehmen aus der Mitfinanzierung öffentlicher Ausgaben schrittweise befreit, die eine Wiedereinführung der Vermögensteuer beziehungsweise die Erhöhung der Erbschaftssteuer scheut, wenn diese Gesellschaft nun ihre Empörung (über die verdrängten eigenen Defizite?) auf den Enkel des personifizierten Unheils projiziert.

Natürlich wäre es naiv, zu übersehen, dass die Berliner Republik eine erhöhte Anfälligkeit für national-konservatives Gedankengut hegt. Das Zeitgeistpendel schlägt derzeit eher nach rechts denn nach links aus. Vor diesem Hintergrund ist der widerständige Reflex einer linken Historiografie mehr als verständlich. Zumal dann, wenn die Leerstellen und Tabus der Nachkriegsgeschichtsschreibung (Bombenkrieg, Umsiedlungen) in wachsendem Maße restaurative Deutungen erfahren. Aber auch ein linker, moralisch aufgeladener Populismus ist abstoßend, hilflos und arrogant.

Keine Instanz zwingt Friedrich-Christian Flick, sich der Geschichte seiner Familie öffentlich zu stellen. Hätte er sein Vermögen ausschließlich privat konsumieren wollen, würde heute kaum jemand über die nationalsozialistischen Verstrickungen und Verbrechen der Vater- und Großvatergeneration Flick debattieren. Nur weil es diese Sammlung gibt und sie der Öffentlichkeit zugänglich gemacht werden soll, findet der Diskurs überhaupt statt. Hier in Berlin und nicht in Zürich oder New York ist deshalb auch der Ort, sich der Geschichte der Sammlung, des Sammlers und der Kontroverse um die öffentliche Repräsentation eben dieser Sammlung zu stellen.

So sehr jede private Kunstsammlung auch Wertanlage ist und es interessant wäre, dem Verhältnis von Kunst- und Finanzinteresse konkret nachzugehen, die Flick-Sammlung folgt unstrittig keinen konservativen oder gar restaurativen kunstpolitischen Zielen. Sie sei antitotalitär inspiriert und stelle eine wichtige Ergänzung der Sammlungen der Nationalgalerie im Hamburger Bahnhof dar, sagen übereinstimmend alle Fachleute.

Flick hat sich auf seine Weise seiner Verantwortung gestellt: mit seiner persönlichen politischen Distanzierung von den NS-Verstrickungen seiner Vorväter, mit der kulturellen Dimension seiner Kunstsammlung, mit der Errichtung einer Stiftung, die Projekte gegen Rassismus und Ausländerfeindlichkeit unterstützt. Manchen reicht dieses nicht. Man könnte sich mehr wünschen. Das kann man, fordern kann man es indes nicht.

Die Weigerung Flicks, als Privatperson in den Zwangsarbeiterfonds einzuzahlen, empört vor dem Hintergrund der katastrophalen Lage vieler bedürftiger Überlebender des Systems der NS-Sklavenarbeit in Osteuropa. Im Gegensatz zu anderen Unternehmen hat die Flick-Gruppe ihren Beitrag jedoch erbracht. Wenn jetzt von Friedrich-Christian Flick ein freiwilliger Geldbetrag erwartet wird, wie ihn andere als Privatpersonen in der Tat geleistet haben, dann erinnert solcherlei Forderung im Zusammenhang mit der Debatte um die Sammlung Flick an einen Ablasshandel: Man nähme sich selbst die Übernahme der Kunstsammlung nicht mehr so übel, wenn Flick einen zusätzlichen Beitrag leistete. Dahinter steht die Illusion, die Kunst in ungestörten, reinen Verhältnissen zu präsentieren. Und wenn schon nicht durch Geld, dann könne dies durch eine Reinigungsprozedur geschehen. So ist die Forderung zu verstehen, der Präsentation der Flick-Sammlung ein Dokumentationszentrum der NS-Verstrickung der deutschen Wirtschaftseliten vorzulagern.

So überzogen und falsch ich diese Forderung im Zusammenhang mit der Flick-Sammlung finde und darin mehr eine gemeinsame Aufgabe der Stiftung Topographie des Terrors und der deutschen Unternehmerverbände sehe, bei der öffentlichen Präsentation der Flick-Sammlung muss die stattfindende Debatte auf eine angemessene Weise reflektiert werden. Nur so kann die (selbst diskursiv angelegte) Kunst über ihren eigenen ästhetischen Kontext hinaus eine Wirkung entfalten, die historisches Verständnis befördert. In welcher Form das geschieht, ist offen. Ich kann mir eine der Ausstellung beigefügte Dokumentation der Auseinandersetzung um die Übernahme der Sammlung vorstellen oder einen Katalog, der diese Kontroverse dokumentiert, beziehungsweise ein öffentliches Forum, das die Ausstellung vorbereitet und/oder begleitet. Ein Verzicht auf jede reflektierte Auseinandersetzung würde die Schizophrenie unbearbeitet lassen, Verdrängung und Denunziation willkommenen Anlass bieten.

Im Übrigen verweist die Debatte um die Übernahme der Flick-Sammlung auf eine allgemeinere Tendenz: Neben den präsentierten Objekten und der dazugehörigen Metaerzählung der Kunstgeschichte wächst die Sensibilität gegenüber der Sammlungsgeschichte. Seien es die Bemühungen um die Dokumentation der Verluste der öffentlichen Museen infolge der NS-Aktionen »Entartete Kunst« oder die Offenlegung von Kunstwerken »ungewisser Herkunft« in öffentlichen Sammlungen, die zumeist aus jüdischem Besitz stammen.

Die Staatlichen Museen zu Berlin sind ohne private Sammler und Stifter nicht zu denken. So verdanken viele Exponate ihre Präsenz dem jüdischen Großkaufmann James Henry Simon (1851–1932). Simon darf mit Fug und Recht als der bedeutendste Sammler und Mäzen gelten, den die Staatlichen Museen je hatten. Der Gründer der Deutschen Orientgesellschaft und Stifter wertvoller Renaissance-Sammlungen unter anderem für das heutige Bodemuseum war einst Europas größter Baumwollhändler und hat sein Vermögen vor allem durch den Handel mit Uniformen gemacht. Womit verdienten die heutigen Stifter ihr Geld?

Das könnte der Fortschritt sein: Die zeitgenössische Kunst und das moderne Museum täuschen sich über die Bedingungen, unter denen sie existieren und ihre Eigenständigkeit behaupten, nicht länger hinweg.

Zuerst erschienen in: die tageszeitung, *14. Juni 2003, S. 30. (Anm. d. Hrsg.)*

JENSEITS VON PALAST UND SCHLOSS
Plädoyer für ein Bürgerforum auf der Spreeinsel. 2000

In Berlin behauptet die CDU, eine Mehrheit wolle nun den Wiederaufbau des Stadtschlosses. Der konservative Landesverband beabsichtigt gar, einen Antrag in das Berliner Abgeordnetenhaus einzubringen. Doch unterdessen hat die Diskussion eine interessante Wendung genommen. Es wird endlich über die gesellschaftliche Sinnbestimmung des Ortes in der Mitte der Hauptstadt gesprochen. An die Stelle gescheiterter privater Interessenbekundungen zur Wiedererrichtung des Stadtschlosses sind Ansätze einer öffentlichen Interessenerkundung an diesem Ort getreten. Der jüngste Vorschlag des Präsidenten der Stiftung Preußischer Kulturbesitz, Klaus-Dieter Lehmann, die Sammlung außereuropäischer Kulturen auf dem Schlossplatz zu präsentieren, hat die Funktion eines Katalysators erlangt: endlich eine Nutzung, die sich mit einem Schloss verbinden ließe und es gleichzeitig in Frage stellt. Nicht das Bild des Schlosses ist länger die Antwort auf die Frage nach der Zukunft des Ortes, sondern ein städtebauliches und gesellschaftspolitisches Entwicklungsprojekt.

Mit der Ansiedlung von Bundespräsidial-, Bundeskanzleramt und Bundestag ist die neue deutsche Staatsmitte im Spreebogen verortet worden. Gerade deshalb ist die noch ausstehende Errichtung des Bundesforums städtebaulich und funktional unverzichtbar: Das »Band des Bundes« braucht seine zentrierende Mitte und einen mehr als nur symbolischen Ort der Anwesenheit der sich politisch artikulierenden Bürgerinnen und Bürgern. Der am Roten Rathaus gelegene weiträumige Stadtinnenraum zwischen Alexanderplatz und Spree hat das Potenzial eines gesamtstädtisch bedeutsamen öffentlichen Raums – als Ort der Begegnung zwischen Politik und Bürgerschaft.

Das Hohenzollern-Schloss und der DDR-Palast markierten jeweils auf ihre Weise eine Staatsmitte. Dabei war der Palast der Republik nie tatsächlicher Ort politischer Machtausübung gewesen, der lag abseits in der ehemaligen Reichsbank. Das DDR-Parlament hatte keine Macht, und die politischen Veranstaltungen hatten eher symbolische Bedeutung. Der Republikspalast war vor allem ein Ort für Kulturveranstaltungen und Kongresse. In den engen Grenzen der DDR-Gesellschaft waren die Bürger auf der Mitte der Spreeinsel angekommen. Nicht in der Rücknahme dieses Maßes an Öffentlichkeit, sondern in seiner Ausweitung liegt die Bestimmung der Mitte der Spreeinsel. Für die innere Einigung der bundesdeutschen Gesellschaft und für die Ausgestaltung der Hauptstadt ist es gleichermaßen eine erstrangige Herausforderung, hier einen Ort zu schaffen, der alle Bürger/-innen angeht und an dem alle Bürger/-innen sein können.

Auf die Spreeinsel gehört ein öffentliches Bauensemble, das nach Westen den Linden ebenso zugewandt ist wie dem Stadtinnenraum nach Osten. Der frühere Palast hat diese Funktion nach Osten wahrgenommen. Nun besteht die Chance, durch einen Ergänzungsbau die Stadt nach beiden Seiten zu verklammern und dem Bundesforum im Spreebogen seine Ergänzung in einem nichtstaatlichen Bürgerforum auf der Spreeinsel zu geben. Der Vorschlag der Berliner PDS, in die zu erhaltenden Bereiche des Palastes das »Haus der Kulturen der Welt« zu verlagern, liegt schon seit Anfang des Jahres vor. Diese vom Bund getragene Institution hat zum einen ihre herausragende Leistungsfähigkeit beim Kulturaustausch bewiesen, verfügt aber andererseits in der Kongresshalle im Tiergarten über keine gute städtische Einbindung und hat zu wenig Raum. Diese Idee findet ihre ideale Ergänzung im kürzlich von Lehmann unterbreiteten Vorschlag, die außereuropäischen Sammlungen der Stiftung Preußischer Kulturbesitz auf der Spreeinsel zu präsentieren. Und man kann weitere Vorschläge einbeziehen: Der Stadtforscher Klaus Brake etwa hat jüngst mit der Leitidee eines »Wissensquartiers« das Motiv der öffentlichen Selbstverständigung in der Mitte der Stadt weiterentwickelt. Der Verlust des Berliner Stadtschlosses ist nicht zu ersetzen. Wir müssen diesen Verlust durch erinnernde Trauerarbeit annehmen, uns aber nicht durch bauliche Surrogate über ihn hinwegtäuschen. Ein solches Surrogat ist die Forderung nach der Errichtung eines Gebäudes in der Kubatur und mit der Fassade des Berliner Stadtschlosses. Der Palast der Republik wird nach der Asbestentfernung als ein technischer Rohbau zurückbleiben. Das in drei Gebäudeteile gegliederte Bauwerk – Kongressbereich, Foyer und Veranstaltungssaal – sollte aus historischen, funktionellen und ökonomischen Gründen erhalten, umgestaltet und in ein neues städtebauliches Ensemble integriert werden. Der Rückbau auf den Rohbauzustand lässt dabei gegenüber der bisherigen Gebäudetypologie wesentliche neue Gestaltungselemente zu. Aus diesem Rohbau könnte gestalterisch noch ein Centre Pompidou werden. Im Rahmen eines städtebaulichen Gesamtkonzeptes sollte die ergänzende Bebauung nicht als Solitär, sondern als Ensemble mehrerer Gebäude entwickelt werden. Der Neubau sollte dabei sowohl der öffentlichen Funktion (»Wissensforum«) Signifikanz geben als auch eine zeitgenössische architektonische Antwort auf die fehlende bauliche Fassung des Schwenkpunktes der Linden und der südlichen Begrenzung des Lustgartens anstreben. In einem städtebaulichen Wettbewerb sollten hierzu Konzepte entwickelt werden, die auch das Maß der Differenzierung der einzelnen Gebäudeteile entsprechend den gewünschten Nutzungen bestimmen. Historische Spuren der Vergangenheit könnten integriert werden. Das Wiederentstehen des eigentlichen Schlossplatzes darf nicht zum Abriss des Staatsratsgebäudes führen. Eine neue gesellschaftliche Mitte auf der Spreeinsel kann nur entstehen durch die Teilhabe und Mitwirkung der Bürgerinnen und Bürger der Stadt und des ganzen Landes. In einer für das Gesamtprojekt als Dachverband fungierenden Stiftung Spreeinsel sollten neben dem Bund und dem Land Berlin alle künftigen Einzeleinrichtungen vertreten sein. Die Umgestaltung der Spreeinsel-Mitte wird ein langwieriger öffentlicher Prozess sein. Diese Debatte braucht eine Plattform: Die demnächst vom Leipziger Platz zu verlagernde und nachnutzbare Infobox könnte als Ort der öffentlichen Ideenfindung, Auseinandersetzung und Realisierungsplanung auf die Mitte der Spreeinsel gestellt werden. Als Aussichtsplattform in der Achse der Straße Unter den Linden markiert sie das Problem und deutet die Lösung an: Nur im gesellschaftlichen Dialog kann auf der Mitte der Spreeinsel ein bürgerschaftliches Forum entstehen, eine zivilgesellschaftliche Alternative zum derzeitigen Dilemma zwischen ruinösem DDR-Palast und privater Schlossreplik, ein städtebauliches und gesellschaftspolitisches Zukunftsprojekt der Berliner Republik.

Zuerst erschienen in: die tageszeitung, *3. Juni 2000, S. 24. (Anm. d. Hrsg.)*

EIN KURZER SPÄTSOMMER DER UTOPIE
Zur kulturellen Zwischennutzung des Palastes der Republik. 2004

Die Internationale Expertenkommission und das Abgeordnetenhaus von Berlin hatten sich dafür ausgesprochen, nach abgeschlossener Asbestbeseitigung den Palasttorso kulturell zwischenzunutzen. Dem herausragenden städtischen Ort eine möglichst qualitätsvolle Nutzung zu verleihen sei dem Leerstand des auf den Rohbauzustand zurückgebauten Palastes vorzuziehen. Nach der Gestaltung des politischen Zentrums der Bundeshauptstadt, des Bandes des Bundes im Spreebogen, nach der Errichtung des neuen Urban Entertainment Centre am Potsdamer Platz und der Akzeptanz des großzügigen kommunalen Forums am Roten Rathaus zwischen Fernsehturm und Spree bildet die Mitte der Spreeinsel die verbleibende große städtebauliche und gesellschaftspolitische Herausforderung: die Transformation vom preußisch-ostdeutschen Staatsforum zur kultur- und wissensbasierten gesellschaftlichen Mitte eines europäischen Landes. In den 1990er Jahren waren die Debatten durch politische und ideologische Konfrontationen gekennzeichnet: Die Entscheidung, den Palast durch Nutzungsentzug vom gesellschaftlichen Wandel auszuschließen und durch Asbestentsorgung zu ruinieren, machte ihn retrospektiv zum Symbol des untergegangenen Staatswesens und suchte bewusst den Konflikt mit den kulturellen Erfahrungen der Ostdeutschen im Umgang mit diesem Gebäude. An die Stelle ignorierter kultureller Erfahrungen wurde das tradierte Bild einer idealistischen Vorvergangenheit gestellt: das Schloss. Der Beschluss zur Errichtung eines neuen Gebäudes in der Kubatur und mit den Barockfassaden des Berliner Stadtschlosses erbrachte immerhin das Ergebnis, dass es an diesem städtischen Ort und zur Legitimation der retrospektiven Architektur eines dominant öffentlichen Zweckes bedarf. Diese öffentlichen Zwecke sind derzeit öffentlich nicht finanzierbar. Das Anschlussprojekt lässt auf sich warten. Dominant privat finanziert und genutzt, würde das Projekt seine eigene Legitimation aufzehren. Auch eine Grünanlage wäre nur die Karikatur gesellschaftlicher Sinnbestimmung. Das Projekt der kulturellen Zwischennutzung nimmt den rückgebauten Palast der Republik als das, was er sein könnte: als Rohbau für eine Zukunft mit dominant öffentlicher Nutzung – jenseits der ideologischen Konfrontation von retrospektivem DDR-Palast und ebenso retrospektiv gedachtem Schloss. Die kulturelle Zwischennutzung des Palastes schafft für kurze Zeit eine offene Situation.

Sie erinnert an die Zeit des Aufbruchs in der Zeitenwende seit 1989/90, als viele Gebäude in Ostberlin ihre Nutzungen verloren und neu angeeignet werden mussten, als die kulturellen Pioniere die spätere Stadtentwicklung vorbereiteten; sie erinnert an eine Zeit mit Zukunft. Deutschland sucht auch heute neue Wege in die Zukunft. Die kulturelle Zwischennutzung einer »Konstruktion mit ungewissem Status« (Rem Koolhaas) schafft in der Mitte der Stadt ein urbanes Labor, einen transitorischen Raum: nicht für retrospektive, sondern für prospektive Erkundungen. Nicht für die ältere Generation, die Subjekt und/oder Objekt der deutschen Einheit war, sondern für die jüngere Generation, für die die deutsche Einheit eine unbestrittene historische Voraussetzung, nicht aber schon die Antwort auf ihre Zukunftsfragen darstellt. Nicht der nochmalige symbolische Abschluss deutscher Nationalgeschichte mit Schloss und Freiheitsdenkmal auf dem Sockel des früheren deutschen Nationaldenkmals, sondern die Eröffnung eines gemeinsamen Weges in eine ungewisse, auf neue Weise zu erarbeitende Zukunft der bundesdeutschen Gesellschaft steht auf dem Programm. Die kulturelle Zwischennutzung kann die vom Bundestag getroffene Entscheidung zum Abriss des Palastes und zur Errichtung eines Gebäudes in der Kubatur und mit den Barockfassaden des Berliner Stadtschlosses politisch nicht in Frage stellen. Sie setzt diese Entscheidung vielmehr voraus, wenn sie sie kulturell hinterfragt. Die kulturelle Zwischennutzung ist eine diesseitige Utopie: die Zukunft nicht im Jenseits, schon gar nicht in der Vergangenheit zu suchen, sondern aus dem Fragmentarischen, Ungewissen, Schwierigen des Vorhandenen zu entwickeln. Vom leeren Palast haben wir lange genug Abschied genommen, ein genutzter Palast lässt ihn endlich im Heute ankommen, teilhaben am gesellschaftlichen Wandel – wenn auch nur für kurze Zeit. In der Hoffnung auf einen interessanten, künstlerisch, stadtkulturell und politisch nachhaltigen Spätsommer 2004 habe ich gern die Schirmherrschaft übernommen. Mein Appell geht an alle Interessierten: Nutzen Sie das Angebot, formulieren Sie durch praktischen Gebrauch Ansprüche für die zukünftige Nutzung dieses Ortes.

Rede aus Anlass des Beginns der kulturellen Zwischennutzung des Palast-Rohbaus im Sommer 2004, zuerst erschienen in: die tageszeitung, 22. Juni 2006, S. 23. (Anm. d. Hrsg.)

ICH GEHE FÜR
DEN PALAST DEMONSTRIEREN
Tina Hüttl im Gespräch mit Thomas Flierl. 2005

Tina Hüttl: Herr Flierl, gestern warf Ihnen die Grüne Franziska Eichstädt-Bohlig in der taz Doppelgesichtigkeit vor. Einerseits tolerierten Sie als Senatsmitglied den Abriss des Palastes, andererseits kämpfe Ihre Partei für das Moratorium. Zugegeben, der Eindruck könnte entstehen ...
Thomas Flierl: Die Tatsachen sprechen eine andere Sprache: Der Senat hat zwar den baldigen Abriss befürwortet – unter der Voraussetzung, dass das Humboldt-Forum bald realisiert wird. Wirtschaftssenator Harald Wolf und ich haben als die einzigen PDS-Senatoren im Gemeinsamen Ausschuss (GA) des Bundesbauministeriums, in dem Bundes- und Landesvertreter sitzen, gegen diese Maßnahme votiert. Gegen unsere Stimmen wurde aber der Abriss im Umlaufverfahren beschlossen.

Im GA kann Berlin nur mit einer Stimme sprechen. Das heißt, Sie wurden dort offensichtlich vom Regierenden Bürgermeister und den anderen SPD-Senatsmitgliedern überstimmt.
Auch bei Enthaltung Berlins war der Bund nicht zu hindern, den Abriss zu beschließen. Harald Wolf und ich haben in einem Schreiben an die Mitglieder des GA unsere abweichende Position erneut deutlich gemacht.

Besteht die Kluft vor allem zwischen Ihnen und der Stadtentwicklungssenatorin?
Die Differenz besteht zwischen den Koalitionspartnern. Die PDS ist sich einig, dass sie derzeit nicht abreißen will. Wir haben damals einem Abriss nur unter der Bedingung zugestimmt, dass ein Anschlussprojekt finanziert ist. Das gibt es nun nach der Machbarkeitsstudie nicht. Unsere Position ist sehr klar.

Zu einer handfesten Koalitionskrise reichte der Palast für Sie aber offensichtlich nicht aus.
Das ist schon deswegen nicht möglich, weil der Konflikt keine Berliner Angelegenheit ist. Er ist eine Bundesangelegenheit, da die Bundesrepublik Eigentümer des Palastes ist.

Was unternehmen Sie, um weiterhin öffentlich zu machen, dass Sie für den Erhalt sind?

Ich werde am Sonnabend an der Demonstration gegen den Abriss teilnehmen. Und wir sind in enger Abstimmung mit der Bundestagsfraktion, die hierzu auch einen eigenen Antrag einbringen wird. Letztlich ist entscheidend, dass die Weiternutzung des »Rohbaus der Republik«, wie ich den Palast gerne bezeichne, weitergeht – bis das Anschlussprojekt finanziert ist.

Wie stehen die Chancen dafür, da der Abriss nun für Anfang des Jahres beschlossen ist?

Das kann ich nicht einschätzen. Politik ist nicht nur dazu da, Alternativen durchzusetzen, sondern auch Alternativen denkbar zu machen. Um die Entscheidung abzuwenden, müsste endlich die veränderte Realität wahrgenommen werden. Längst geht es nicht mehr um den Erhalt des alten DDR-Palastes, sondern um einen nutzbaren Rohbau, der in die Zukunft des Humboldt-Forums führen könnte. Wie das aussieht, sollte ein offener Architektenwettbewerb klären.

Tina Hüttl führte dieses Interview für die tageszeitung, *wo es am 18. November 2005, S. 21, erstmals abgedruckt wurde. (Anm. d. Hrsg.)*

HUMBOLDT-FORUM STATT FASSADEN-SCHLOSS
Eine Rede vor dem Abgeordnetenhaus. 2007

Kein Zweifel – das Humboldt-Forum ist das wichtigste nationale Kultur- und Wissenschaftsprojekt des vereinten Deutschlands, nach der Ansiedlung von Parlament und Regierung nach Berlin übrigens auch das wichtigste städtebauliche Projekt in der Hauptstadt. Wenn man sich die jahrelangen Debatten, die in der Sache liegende Komplexität oder auch die Verabredungen der letzten Tage ansieht, haben wir uns allerdings die Frage zu stellen, ob Bund und Land schon optimal für die Bewältigung dieses *grand projet* vorbereitet sind.

Um es vorab klar zu sagen: Die Linke respektiert die Entscheidung des Deutschen Bundestages zur Errichtung des Humboldt-Forums, verzichtet aber auch weiterhin nicht auf ihren Beitrag in der kontroversen politischen und konzeptionellen Debatte zur Realisierung desselben. Wir müssen uns auch keineswegs schämen, dass wir für den Erhalt des Palastes der Republik und seinen Funktionswandel in einer nun demokratischen Gesellschaft eingetreten sind, dass wir die Zwischennutzung des Rohbaus unterstützt und seinen Weiterbau hin zu einer Lösung jenseits von Palast und Schloss gefordert haben, dass wir also eine zeitgenössische moderne Architektur der historistischen Replik vorziehen und dass wir die von uns begrüßte Nutzung durch die Stiftung Preußischer Kulturbesitz gern um das Haus der Kulturen der Welt ergänzt gesehen hätten. Denn, ob der nun eingeschlagene und von uns in vielen Punkten für falsch gehaltene Weg tatsächlich glückt, wird sich erst noch zeigen.

Übrigens braucht das Projekt auch diese kontroverse Debatte: Ich darf daran erinnern, dass es lange Zeit keineswegs klar war, ob der Ort der Mitte der Spreeinsel nicht für staatliche Institutionen und private Exklusivität genutzt werden sollte, erst vor kurzem wurde glücklicherweise die private Nutzung als Hotel und Kongresszentrum aufgegeben.

Wir unterstützen das Konzept des Humboldt-Forums. Die konzeptionelle Grundidee, am Ort der früheren Staatsmitte und in Differenz zum Ort von Parlament und Regierung im Spreebogen ein allen Bürgerinnen und Bürgern zugängliches Kultur- und Wissenschaftsforum des 21. Jahrhunderts zu errichten, einen öffentliche Ort der Begegnung und des Diskurses mit den Kulturen der Welt, zwischen Geschichte und Zukunft und im Wechselverhältnis von »global denken und lokal handeln« zu schaffen, einen öffentliche Verständigungsort der Menschen über ihre Zukunft, diesen Kerngedanken der Internationalen Expertenkommission tragen wir mit.

Es ist Ausdruck der berühmten Dialektik der Geschichte, dass diese richtige Idee als visionäre Kulturpolitik keine Chance gehabt hätte, sondern als Antwort auf den Wunsch entstand, Geschichte nachträglich durch ein Bild der Vergangenheit zu heilen und dem Fassadenschloss einen legitimierbaren Inhalt zu geben. Es ist doch nur zu verständlich, dass wir nun auch für eine dem neuen Inhalt entsprechende Form eintreten.

Vor dem Hintergrund der kürzlichen Verabredungen zwischen dem Regierenden Bürgermeister Wowereit und dem Bundesbauminister Tiefensee sage ich sehr deutlich, dass die Linkspartei ihre parlamentarische Bereitschaft zur Mitfinanzierung vom zukünftigen Nutzungskonzept abhängig machen wird.

Der öffentlich ausgetragene Streit der zukünftigen Schlossnutzer angesichts Raumreduktionen in letzter Minute, der Mangel an inhaltlicher Bestimmung, welche Funktionen Berlin im Humboldt-Forum braucht, und das Grundproblem, dass die Entwicklung des Projekts in der Zuständigkeit der Bauverantwortlichen liegt, die wohl die Machbarkeit einer Schlossreplik, nicht aber die Anforderungen einer modernen kulturellen Institution denken können, haben dem Projekt geschadet. Auch die Verkündigung einer Finanzabsprache an düsterem Ort ohne detaillierte Absprache mit den Koalitionspartnern in Bund und Land, noch dazu zeitgleich mit der Anhörung im Ausschuss für Stadtentwicklung und Verkehr muss man wohlwollend als ungeschickt, weniger wohlwollend als Affront bezeichnen.

Mittlerweile wurde eine konzeptionelle Phase ausgerufen, bis zum Sommer sollen das Konzept und der Berliner Anteil präzisiert werden. Ich unterstütze sehr den hier im Parlament erhobenen Anspruch, dass das Abgeordnetenhaus über die Berliner Beteiligung im Rahmen eines Gesamtkonzepts entscheiden wird.

Meine Fraktion wird sich intensiv mit den verschiedenen Nutzungsansprüchen auseinandersetzen und die betreffenden Institutionen einladen. Wir werden sehr genau das Konzept der Humboldt-Universität studieren, wenn es denn mal freigegeben wird. Was bislang zu erfahren war, hat nicht den Eindruck gestärkt, dass die Humboldt-Universität über die institutionellen, personellen und finanziellen Voraussetzungen für ein Museum der Wissenskulturen verfügt.

Die Zentral- und Landesbibliothek (ZLB) war immer daran interessiert, ihre Konzentration am Schlossplatz herbeizuführen und die unglückliche, aus der Teilung der Stadt herrührende Zwei-Standorte-

Situation zwischen Breite Straße und Amerika-Gedenkbibliothek zu überwinden.

Die jetzt in Rede stehenden 5.000 Quadratmeter würden aber gerade mal ein Schaufenster der ZLB im Humboldt-Forum schaffen und damit etwas leisten, was jedes moderne kulturgeschichtliche Museum der Welt selbstverständlich selbst hat: ein Medienzentrum. Damit wäre kein Problem der ZLB gelöst, zugleich aber die Chance für eine moderne metropolitane Bibliothek vertan. Ich teile daher die Position, die auch in der SPD existiert, den Anteil der Bibliothek im Humboldt-Forum zu vergrößern und damit wenigstens auch ein Berliner Problem zu lösen. Wenn schon ein Berliner Engagement, dann aber richtig. Ich hielte eine große öffentliche »Gedenkbibliothek der deutschen Einheit« (Breite Straße plus Humboldt-Forum) für den besten Berliner Beitrag, der übrigens auch das bessere Freiheits- und Einheitsdenkmal wäre. Die Amerika-Gedenkbibliothek muss natürlich als Bibliothek erhalten werden und würde dann zur Hauptbibliothek von Kreuzberg werden.

Der entscheidende Ansatz der Expertenkommission für ein Humboldt-Forum war aber nicht nur, geeignete Nutzungen in Ergänzung der Staatlichen Museen zu finden und damit einen Berliner Anteil zu definieren, sondern die museale Nutzung mit der Funktion eines zukunftsgerichteten Kultur- und Wissensforums zu verbinden und vor dem Hintergrund der Kulturen und des Wissens der Welt die Zukunftsprobleme zu diskutieren – die Schaffung einer Agora, eines zeitgemäßen »Marktplatzes der Ideen«. Die sich jetzt um die Nutzung rangelnden Institutionen interpretieren diese Agora allein als gemeinschaftlich nutzbare Dienstleistungsflächen, nicht aber als eigene Institution.

Ich vertrete vehement die Auffassung, dass die Agora nur als eigenständige Institution mit eigener Leitung und Budget sein muss. Gerade hierin könnte ein genuiner Berliner Beitrag liegen, da die Stadt über die kulturellen und wissenschaftlichen Kapazitäten verfügt. Die Leitung sollte ein Intellektueller mit internationaler Ausstrahlung innehaben.

Des Weiteren ist in der Debatte um die räumliche Nutzungsverteilung hinter der Schlossattrappe (»Machbarkeitsstudie«) völlig vergessen worden, wer Bauherr ist und wie sich die Nutzer zu einem handlungsfähigen Betreiber assoziieren (Stiftung öffentlichen Rechts oder Ähnliches). Das Humboldt-Forum ist ein *grand projet* französischen Ausmaßes (Centre Pompidou, Musée du Quai Branly), die Vorbereitung ist bislang mehr als dilettantisch und ausschließlich bauseitig am Bild des Schlosses orientiert statt an der Schaffung einer neuen, handlungsfähigen komplexen Institution.

Die private Seite hat bislang die Finanzierung der Schlossfassade nicht nachweisen können (80 Millionen Euro); sie jetzt staatlich vorzufinanzieren, muss von uns (auch auf Bundesebene) abgelehnt werden. Da die Finanzierung der Fassade nicht nachgewiesen wurde, muss der Architektenwettbewerb auch alternative Lösungen bei Wahrung der städtebaulichen Vorgaben erkunden. Die Möglichkeit eines modernen Gebäudes mit intelligenter Erinnerung an Schloss und Palast (kein Hybrid) sollte möglich sein.

Auch über die Reintegration des Volkskammersaals wäre viel zu sagen; sie erschließt sich erinnerungspolitisch nicht zwingend. Mein Verdacht: Hier herrscht pure praktische Not. Denn die Schlossfreunde haben ja nur das Problem, die Ostseite des Schlosses nicht wiederaufbauen zu können (das war eine in mehreren Baustufen entstandene, stark zerklüftete Front), und zugleich das Problem, dass sie die Schlossapotheke (Gebäudeteil gegenüber dem Dom) städtebaulich brauchen, aber ebenfalls nicht wiedererrichten können, da es die Absurdität der ganzen Schlossreplik offenbaren würde.

Ich gehe davon aus, dass wir diese konzeptionelle Debatte in den nächsten Wochen führen werden. Das Humboldt-Forum ist als Idee zu wichtig, als dass wir sie aufgeben und uns mit schlechten Kompromissen abfinden sollten. Wenn der Berliner Beitrag zum Humboldt-Forum konzeptionell durchdacht ist, tatsächlich auch ein Berliner Problem löst, dann sollten wir auch bereit sein, uns über die bisherigen finanziellen Absprachen hinaus finanziell zu beteiligen.

Redemanuskript aus der Debatte des Abgeordnetenhauses von Berlin am 27. April 2007 zum Antrag der CDU »Schneller Baubeginn des Humboldt-Forums. Berlin als mitfinanzierender und mitgestaltender Bauherr!« (Drs. 16/0417). (Anm. d. Hrsg.)

DIE WUT DER BILDER
Eine Rede für Bernhard Heisig. 2005

Ich kann mich noch gut an die erste Bernhard-Heisig-Ausstellung erinnern, die 1989 hier im Martin-Gropius-Bau stattfand. Die Ausstellung war damals noch Teil des offiziellen Kulturaustausches mit der DDR. Bernhard Heisig war im Westen längst kein Unbekannter mehr. Die bildende Kunst aus der DDR fand damals in der Bundesrepublik ein breites kulturelles und durchaus auch kommerzielles Interesse und war dabei keineswegs mehr auf die Generation von Bernhard Heisig beschränkt. Die Heisig-Ausstellung war dennoch ein Politikum, weil sie im unausgesprochenen gegenseitigen Einverständnis nach der gemeinsamen historischen und ästhetischen Substanz von Deutschland Ost und Deutschland West fragte. Eine Fragestellung, die in der späteren Ausstellung »Deutschlandbilder« nochmals aufgegriffen wurde. Auch werden Sie sich an die Debatte erinnern, ob und wenn ja, warum die Kunst in der DDR in ihrer anhaltenden und damit verspätet erscheinenden Auseinandersetzung mit der klassischen Moderne als die »deutschere« Kunst gelten könne.

Mitten in der Laufzeit der Ausstellung öffnete sich damals die Mauer in Berlin, begann die demokratische Erneuerung in der DDR, wurde der Weg zur deutschen Einheit eröffnet. Wie geplant wurde die Ausstellung dennoch nach dem Gropius-Bau auch noch einmal im Alten Museum in Ostberlin gezeigt. Wahrscheinlich waren deren Besucherzahlen enttäuschend, denn die Menschen genossen gerade die neue Reisefreiheit, rezipierten »andere« Deutschlandbilder. Eine überwältigende Gegenwart verdrängte das Interesse an der Reflexion über Kunst und Geschichte.

Die Daten dieser beiden Heisig-Ausstellungen markieren mittlerweile eine ganze historische Epoche. Dazwischen liegt die Zeit des deutsch-deutschen Bilderstreits, der wie kein anderer die Notwendigkeit, aber auch die Verwerfungen des kulturellen Dialogs in Deutschland anzeigte. Bernhard Heisig war in besonderer Weise Objekt des Streites, weniger seiner Kunst, sondern seines gesellschaftlichen Wirkens in der DDR wegen. Das böse und falsche Wort von der Staatskunst und den Staatskünstlern verdeckte die genaue Analyse der Kunstverhältnisse in der DDR, diskreditierte das Engagement für die Kunst und für eine sich öffnende Gesellschaft und ließ die ästhetische Geltung des Werkes völlig außer Acht.

Diese Debatte wäre nicht so heftig entflammt, wäre nicht vieles zusammengekommen: der auf wenige Personen projizierte Frust, ja

Die Wut der Bilder

Hass einiger fast gleichaltriger und früher gegangener Künstlerkollegen, der Druck der nachfolgenden Generation ostdeutscher Künstler, die sich mit dem verspäteten Wandel in der DDR und der neuen Konkurrenz im Einigungsprozess um ihre Lebenschancen gebracht sah, sowie das grundsätzliche, ganz und gar ideologische Missverständnis, mit dem Staat DDR seien auch die ostdeutsche Gesellschaft und deren Kultur untergegangen und demzufolge keiner weiteren Betrachtung wert.

Zwar ist das Interesse an der Kunst aus der DDR, vor allem im Umkreis der gleichnamigen Ausstellung in der Nationalgalerie inzwischen wieder gewachsen, doch ich wage zu behaupten, dass die Betrachtung der Facetten der kulturellen Dimensionen und Entwicklungen in West und Ost auch heute noch viele blinde Stellen aufweist und noch immer von Ressentiments und Wissenslücken verstellt ist.

Vielleicht war der deutsch-deutsche Bilderstreit die intensivste kulturelle Bearbeitung des gesellschaftlichen Umbruchs, den Ost und West zu verkraften haben. Ich bin auf die im Rahmenprogramm angekündigten Diskussionen hierzu gespannt, darauf, ob der Streit nur erschöpft ist oder mittlerweile produktiv überwunden wird.

Dank der verdienstvollen Forschung von Eckhardt Gillen wissen wir heute fast alles über die kulturpolitischen Zusammenhänge der bildenden Kunst in der DDR und der Entstehung des Werkes von Bernhard Heisig.

Eine vergleichbar genaue Analyse der Kunstverhältnisse in Westdeutschland, der offiziellen und inoffiziellen Kunstpolitik, von Anpassung und kritischem Engagement, der Abfolge der verschiedenen Künstlergenerationen, über die Verführbarkeit von Macht und Markt liegt noch nicht vor.

Um nicht missverstanden zu werden: Die kulturpolitische und kunstsoziologische Analyse, die Deskription der subjektiven Intentionen der Künstler kann stets nur eine notwendige Voraussetzung, nicht aber hinreichende Bedingung der Kunstwissenschaft sein, ihr muss es vor allem um die ästhetischen, in die Werkstrukturen eingeschriebenen Bedeutungsgehalte gehen. In einem produktiv geführten Bilderstreit muss die Malerei selbst das stärkste Argument sein.

Mit dieser Ausstellung würdigen wir Bernhard Heisig als eine der großen Malerpersönlichkeiten der deutschen Nachkriegsmoderne, für den lebenslang die Bearbeitung des Kriegstraumas das zentrale Thema geblieben ist. Bernhard Heisig schafft sich und uns ein einzigartiges, vom unablässigen Bewusstseinsstrom durchstrudeltes und vorangetriebenes Welt-Bild-Theater. Es ist – der Titel der Ausstellung stammt ja von Heisig selbst – »die Wut der Bilder«, der wir mit Erschütterung gegenübertreten, jedes Bild ein auf Allgemeines zielendes Stück individueller Welterfahrung.

Bernhard Heisig selbst hat keinen Hehl daraus gemacht, in der deutschen Geschichte Mittäter und Opfer gewesen zu sein. In seinem Werk lassen sich zahlreiche Spuren eines deutschen Lebenslaufes finden, der aus Faschismus, Nazidiktatur und Weltkrieg in ein besiegtes und geteiltes Deutschland überging. Die beharrliche Suche nach der »subjektiven Wahrheit« sowie die Hinterfragung geschlossener Weltbilder in und mit der Kunst zeichnen die besondere persönliche Verfasstheit und öffentliche Wirkung Heisigs aus.

Gillens Vergleich von Heisigs Rolle und innerem Dilemma in der DDR mit Goya, der sowohl »Hofmaler als auch sein eigener Unternehmer, Kritiker des Klerus und religiöser Maler, Sympathisant der Aufklärung und Vernunftskeptiker« war, scheint einleuchtend. Eine Gespaltenheit, die Heisig mit vielen »Kulturschaffenden« und Intellektuellen seines Landes teilte.

Als Rektor der Hochschule in Leipzig war er Maler *und* einflussreicher und gewiefter Kulturpolitiker, der auch schützenden Einfluss geltend machen konnte. Sein Stil wurde schulbildend, z. B. auch, indem er Kunstrichtungen, die ihn nicht interessierten, ausschloss – an dieser Stelle drängt sich mir die Frage auf, welcher lehrende Künstler dies nicht tut: im Westen freilich mit anderen Konsequenzen als in der DDR. Nicht wenige seiner Schüler allerdings verdanken ihm die Freiheit zum Experimentieren, zum Widerspruch und zur hartnäckigen Auseinandersetzung mit dem »Meister«, mit sehr unterschiedlichen und zum Teil sehr erfolgreichen Ergebnissen, wie wir alle wissen.

Sein ganzes künstlerisches Leben lang gibt Bernhard Heisig sich und anderen Rechenschaft über seine persönlichen Verstrickungen und seine Auseinandersetzung hiermit. Das programmatisch formulierte Suchen nach der subjektiven Wahrheit, das sich an der Malweise ablesen lässt, das Zweifeln, das Weitermalen an den Bildern deuten hin auf die unablässige Beschäftigung mit dem Wiederholen und Durcharbeiten der eigenen Erinnerungen, auf das Schürfen in den Tiefen des halb Vergessenen und Verdrängten, verweisen auf den Versuch, den Schmerz durch das Malen, das Vergegenständlichen zu verarbeiten. Dabei ist das Ringen des Malenden mit der Malerei, das Sichtbarmachen des nicht Sichtbaren der stärkste Antrieb.

Die Ausstellung ist jetzt in Berlin angekommen. Berlin ist die Stadt, in der unzählige Künstlerinnen und Künstler nicht nur aus Ost oder West, sondern aus aller Welt leben, arbeiten und aufeinandertreffen, die Universität der Künste *und* die Kunsthochschule Weißensee den Nachwuchs ausbilden und in schönster pluralistischer Fasson verschiedenste künstlerische Haltungen und Konzepte mit unterschiedlichem Erfolg die Kunstproduktion in Deutschland bereichern. Vereinigung in allen ihren Facetten, Schwierigkeiten und Erfolgen wird hier unter den Bedingungen der Metropole gelebt, erlebt – vielleicht auch vorgelebt.

Wenn diese Ausstellung auch nicht so groß ist wie die von 1989 (und das nächste epochale Großereignis, die Fußballweltmeisterschaft 2006, seine kulturelle Präsenz auch hier im Martin-Gropius-Bau bereits beansprucht), so bietet sie doch die wunderbare Gelegenheit, dem Werk von Bernhard Heisig zu begegnen.

Bundeskanzler Schröder hatte in Leipzig die Alternative formuliert: »... für die einen war und ist Heisig der wichtigste Repräsentant der Kunst aus der DDR, für die anderen ist Heisig einer der bedeutendsten deutschen Künstler des zurückliegenden Jahrhunderts«. Respektabel hatte sich der Bundeskanzler zu der letzteren Auffassung bekannt.

Meine Damen und Herren, die kulturelle Vereinigung Deutschlands wird wohl erst dann vollzogen sein, wenn wir uneingeschränkt beide Aussagen akzeptieren. Mag der Staat, mag die Kunstpolitik gescheitert sein, alle Kunst, alle Künstler sind es keineswegs. Mein Respekt vor dem Lebenswerk des Malers, möge seine Kraft nicht nachlassen, die Wut der Bilder, die Lust der Malerei zu leben.

Rede zur Eröffnung der Ausstellung »Bernhard Heisig. Die Wut der Bilder« am 21. Oktober 2005 im Berliner Martin-Gropius-Bau. Zuerst erschienen in: JAHRBUCH PREUSSISCHER KULTURBESITZ, Band XLII, Berlin 2006, S. 81–86. (Anm. d. Hrsg.)

DER STOFF, AUS DEM WIR ZUKUNFT MACHEN
Denkmalschutz und Werbung im öffentlichen Stadtraum. 2003

Mit der spontanen Wiederinbesitznahme des fast vierzig Jahre lang im Niemandsland gestandenen Brandenburger Tores durch die Berliner aus Ost and West am Tag der Maueröffnung wurde das offene Tor zu dem Symbol für die Überwindung der deutschen und europäischen Teilung. Als solches wurde es am Tag der deutschen Einheit am 3. Oktober 1990 und in den Jahren danach erlebt, medial inszeniert und politischprotokollarisch genutzt.

Auf diese Nutzung des öffentlichen Raumes in der historischen Berliner Innenstadt richten sich sehr verschiedene Interessen mit unterschiedlicher Durchsetzungskraft. Wichtig war und ist mir dabei, dass die Unterscheidung zwischen privatem and öffentlichem Raum erkennbar bleibt. Auch der Staat darf keine gesonderten Hoheitsbereiche ausbilden – darauf gründet die Idee des öffentlichen Raums des Citoyen und der bürgerlichen europäischen Stadt. Neben dem grundgesetzlich geschützten Demonstrationsrecht verleihen insbesondere Veranstaltungen dem öffentlichen Raum ergänzende, über Geschichte und Alltag hinausgehende Bedeutungen und können auf diesen zurückwirken.

Die Abwägung des öffentlichen Interesses sollte sich zum einen darauf richten, ob und in welcher Weise solche Veranstaltungen die Aneignung des öffentlichen Stadtraums als Ort der Begegnung und der freien bürgerschaftlichen Kommunikation befördern, zum anderen aber auch auf den Umgang mit dem konkreten Ort. Am Brandenburger Tor stellt sich diese Frage sehr deutlich: Sind es Veranstaltungen, die dazu beitragen, den symbolischen Gehalt des Brandenburger Tores zeitgemäß zu erneuern, oder zehren sie am historischen Kapital dieses Gebäudes?

Ich habe mich deshalb immer gegen Produktpräsentationen und andere kommerzielle Werbeveranstaltungen sowie Events ausgesprochen, bei denen vor allem ein Imagetransfer des einmaligen städtebaulichen Ensembles beziehungsweise des symbolischen Ortes auf private Veranstalter erfolgt. Das ist fälschlicherweise oft als generelles »Werbeverbot« an öffentlichen Gebäuden interpretiert worden – eine unzulässige Verkürzung, wie die Restaurierungsgeschichte des Brandenburger Tores zeigt.

Am 3. Oktober 2002 ist das Brandenburger Tor nach seiner umfassenden Restaurierung in einem Staatsakt feierlich enthüllt worden.

Finanziert wurde die Erneuerung des nationalen Symbols überwiegend aus dem Werbeetat der Deutschen Telekom. Der Eigentümer, das Land Berlin, konnte sich die Sanierung nicht leisten. Es war die Stiftung Denkmalschutz Berlin, die nach Alternativen suchte. Beispielhaft wurde so ein Weg eröffnet, für die Sanierung denkmalgeschützter Bauten privates Geld zu erschließen, ohne die Denkmäler in bloße Werbeflächen zu verwandeln. Die dabei leitende Prämisse war, die Differenz zur Großflächenwerbung zu wahren und inhaltlich über simple Produktwerbung hinauszugehen. Stattdessen sollte ein Sponsor Gelegenheit erhalten, seinen Beitrag für die Sanierung des konkreten Bauwerkes oder Kunstobjektes, das seine Denkmaleigenschaft öffentlichem Interesse verdankt, mit einer speziellen, auf das verhüllte Objekt beziehungsweise den Ort bezogenen Gestaltung anzuzeigen. Auf diese Weise stehen der Sponsor – so er tatsächlich einen relevanten Teil der Sanierungskosten trägt – und sein gemeinnütziges Handeln als Zeichen im öffentlichen Raum.

Eine solche Strategie setzt auf Differenzierung der Gestaltung und der Wahrnehmungsfähigkeit. Wir nehmen Stadt heute mithilfe einer Vielzahl von Zeichen wahr, die in ihrer Anordnung selbst auf Stadt verweisen: Zeichen des Verkehrs, der Stadtinformation, der Werbung. Hinzu kommen die medial verfügbaren Bilder der Geschichte von Bauten und Orten. Diese Zeichen und Bilder haben eine unterschiedliche Typologie und eine je verschiedene Spannung zum Gegenständlichen. Christos künstlerisch intendierte Verhüllung des Reichstags folgte einer anderen Ästhetik als die verfremdete Selbstdarstellung des Sponsors am Brandenburger Tor oder die banale Werbung an der Marienkirche. Auch die Ökonomie ist eine andere: Christo refinanzierte das Projekt durch dessen künstlerische Dokumentation. Die Verhüllung des Brandenburger Tores war nur der kleinere Teil einer Sponsorleistung, der Hauptteil diente der Sanierung des Tores. Die Wasserflasche an der Marienkirche finanzierte dagegen gerade einmal das Baugerüst. Die Sanierung des Brandenburger Tores zeigt, dass der Kampf gegen Windmühlen nicht lohnt, wohl aber der Bau derselben.

Neben den praktisch-funktionellen Bezügen bilden Kunst, Ökonomie/Werbung und Politik die zentralen Bedeutungskoordinaten des öffentlichen Raumes. Wenn man diese Dimensionen zu unterscheiden vermag, muss die Verteidigung komplexer zeitgenössischer Wahrnehmungsformen keineswegs in der unkritischen Auslieferung des öffentlichen Raums an die Werbeindustrie münden.

Ein Beispiel der jüngeren Vergangenheit möge hier genannt sein, das keine naive Anrufung eines werbefreien öffentlichen Raums darstellt,

Denkmalschutz und Werbung im öffentlichen Stadtraum. 2003

Ohne strikte Regulation keine Auseinandersetzung mit dem Ort und seiner Geschichte, das Denkmal mutiert zur bloßen Werbefläche.

sondern sich Werbung vielmehr dienlich gemacht hat: Als Projekt des Bezirkes Mitte wurde zehn Jahre nach der Demonstration am 4. November 1989, dem Tag der heroischen Illusion einer demokrati-

Kitschparade jubelnder Buddy-Bären am Mahnmal zur Bücherverbrennung.

schen DDR, ein Riesenposter am Haus des Lehrers angebracht. Das Plakat mit der Aufschrift »Wir waren das Volk« hing vom 7. Oktober bis zum 9. November 1999. Am Abend des 4. November wurden im Street-TV auf dem ehemaligen Haus der Elektroindustrie Fernsehmitschnitte der Reden vom 4. November 1989 übertragen. Zufällig vorübergehende Passanten blieben stehen, konfrontiert mit den Ereignissen zehn Jahre zuvor. Ein Werbelichtkasten der Firma Wall auf dem Alexanderplatz zeigte seit 1999 viele Arbeiten internationaler Künstlerinnen und Künstler. Die Werbeflächen wurden so zum Spiegel einer früher gefundenen politischen Artikulationsfähigkeit im öffentlichen Raum.

Es geht nicht darum, Werbung zu bekämpfen, sondern sie in den Kontext anderer kommunikativer Zeichensysteme eines städtischen Gemeinwesens zu stellen, zum Beispiel in die von Kunst und Politik. So sehr heutige Großstädte im Autoverkehr zu ersticken drohen, so sehr wurden die Städte verwechselbar, wenn die kommerzielle Großflächenwerbung noch stärker den Stadtraum ergreift. Das ist nicht allein eine Frage der Ästhetik, sondern vor allem der Ökonomie städtischen Gemeinwesens. Deshalb wäre es gut, wenn Großwerbeflächen zugunsten solcher temporären Verhüllungen eingeschränkt würden, die dazu beitragen, die bauliche und kulturelle Substanz der Städte zu erhalten, statt sie lediglich aufzuzehren.

Es mag besondere städtische Plätze geben, an denen reine Aktualität vorherrscht und angebracht ist – in Form von Kulturannonce, Uhrzeit und Temperaturanzeige, Weltnachricht oder Börsenkurs. Stadt aber ist immer die Gleichzeitigkeit des historisch Ungleichzeitigen. Große Städte genießen den Vorteil, im Alltag über historisch unterschiedliche, baulich geronnene Wahrnehmungsformen zu verfügen. Nur indem historisches Material in seinem Eigenwert geachtet wird, ist es der Stoff, aus dem wir Zukunft machen.

Zuerst erschienen in: DAS BRANDENBURGER TOR. WEG IN DIE GESCHICHTE – TOR IN DIE ZUKUNFT, hrsg. von der Stiftung Denkmalschutz Berlin, Berlin 2003, S. 205–207. (Anm. d. Hrsg.)

EINE ZUKUNFT FÜR DAS STUDENTENDORF SCHLACHTENSEE
Antragsentwurf. 2007

Antrag der Fraktion der SPD und der Linksfraktion über

Die erfolgreiche Betreibung und Sanierung des Studentendorfes Schlachtensee jetzt nachhaltig unterstützen

Das Abgeordnetenhaus wolle beschließen:

Der Senat wird aufgefordert, die erfolgreiche Betreibung und Sanierung des Studentendorfes Schlachtensee, die nun durch die Fälligkeit des offensichtlich überhöhten Kaufpreises gefährdet ist, durch eine Neubewertung des Grundstücks bzw. die Prüfung von Alternativen zum Verkauf zu unterstützen.

Dabei sind folgende Varianten zu prüfen:

1. Reduzierung des Kaufpreises entsprechend der tatsächlichen gemeinnützigen Nutzung und angesichts der besonderen Aufwendungen für den Erhalt und die Wiederherstellung des nationalen Kulturdenkmals.
2. Zinslose Stundung des Kaufpreises bis zum Abschluss der Sanierungsarbeiten.
3. Einbringung des Landesgrundstücks in eine zu errichtende Stiftung öffentlichen Rechts, an der neben dem Land die Genossenschaft, die weiterhin die gemeinnützige Betreibung und Sanierung des Studentendorfes übernimmt, sowie die Freie Universität Berlin beteiligt werden sollten.
4. Übertragung des Grundstücks in das Fachvermögen der Wissenschaftsverwaltung, Abschluss eines Erbpachtvertrages zugunsten der Genossenschaft, die weiterhin die gemeinnützige Betreibung und Sanierung des Studentendorfes übernimmt.

Begründung:

Am 10. Oktober 2007 jährt sich zum 50. Male die Grundsteinlegung für das Studentendorf Schlachtensee durch den Regierenden Bürgermeister Willy Brandt.

Das Studentendorf ist ein herausragendes zeitgeschichtliches Dokument der Berliner Wissenschafts-, Architektur- und Kulturgeschichte und neben Kongresshalle und Amerika-Gedenkbibliothek das wichtigste Zeugnis des amerikanischen Engagements für die Kultur im Westteil der Stadt. Mit seiner Campusarchitektur nach amerikanischem Vorbild gehört es zu den herausragenden Beispielen der früheren Nachkriegsmoderne. Das Studentendorf ist auf das

Studentendorf Schlachtensee.

Engste mit der Geschichte der Freien Universität Berlin und mehreren ihrer Studierendengenerationen verbunden. Noch in den siebziger Jahren wurde das Studentendorf um weitere vier Wohnblocks ergänzt, während es in den achtziger und neunziger Jahren mehr und mehr ins Abseits geriet. Die Substanzerhaltung wurde vernachlässigt und das Grundstück 1998 vom damaligen Kultur- und Wissenschaftssenator bei Inkaufnahme eines weitgehenden Abrisses des Studentendorfes zum Tausch gegen ein anderes Grundstück angeboten. Parallel wurde jedoch der Denkmalwert des Bau- und Gartenensembles erkannt (Eintragung in die Landesdenkmalliste), formierte sich studentischer und politischer Widerstand, der zur Bildung des Freundeskreises und schließlich der Genossenschaft führte, die sich um die Betreibung bewarb. Der Beschluss des Senats zum Verkauf des landeseigenen Grundstücks an die Genossenschaft Studentendorf Schlachtensee im

Jahre 2003 verfolgte das Ziel, das Studentenwerk als bisherigen Betreiber abzulösen, das durch Sanierungsrückstau gefährdete Bauensemble für studentisches Wohnen zu erhalten und schrittweise denkmalgerecht zu sanieren.

Diese Ziele wurden erreicht: Die Betreibung kann mittlerweile als wirtschaftlich dargestellt werden, die Belegung stieg im Zuge der Instand-

setzung kontinuierlich an, für die denkmalgerechte Sanierung einzelner Häuser konnten Drittmittel eingeworben werden. Dies wurde insbesondere begünstigt durch die Verleihung des Titels »Nationales Kulturdenkmal« durch den Bundesbeauftragten für Kultur und Medien und die Gewährung entsprechender Fördermittel. Inzwischen konnte mehr als die Hälfte der Verkaufsumme von 10 Millionen Euro durch Abtrennung und Veräußerung von Teilflächen (frühere Parkplätze) für Einzelhandel und Wohnungseigentum realisiert werden.

Wenn nach Erteilung der Baugenehmigung für den Einzelhandelsstandort nun der Kaufpreis fällig würde, könnte die Genossenschaft den Zielkonflikt zwischen den erforderlichen Investitionen für die Ausweitung und Stabilisierung der Vermietung sowie die schrittweise denkmalgerechte Sanierung auf der einen und die Bedienung der

Grundschuld zur Realisierung des Kaufpreises auf der anderen Seite nicht bewältigen.

Der geforderte Kaufpreis des Jahres 2003 entsprang noch der vormaligen Grundstücksbewertung, die von einem fast vollständigen Abbruch der Denkmalsubstanz und von der Aufgabe einer Nutzung als studentisches Wohnen ausgegangen war. Demgegenüber hat der Senat mit dem Verkaufsbeschluss gerade auf den Erhalt, die denkmalgerechte Sanierung und die gemeinnützige Betreibung für studentisches Wohnen orientiert.

Eine Neubewertung des Grundstücks nach dessen tatsächlicher gemeinnütziger Nutzung und die Berücksichtigung der besonderen Aufwendungen für den Erhalt und die Wiederherstellung des nationalen Kulturdenkmals bzw. der Verbleib des Grundstücks in Landeseigentum bei fortgesetzter Betreibung und Sanierung des Studentendorfs durch die Genossenschaft würden diesen Widerspruch konstruktiv auflösen.

Berlin, den 10. Mai 2007

Michael Müller Ellen Haußdörfer   Carola Bluhm Dr. Thomas Flierl
und die übrigen Mitglieder   und die übrigen Mitglieder
der Fraktion der SPD   der Linksfraktion

Der Antragsentwurf fand in beiden Regierungsfraktionen in der vorliegenden Fassung keine Mehrheit. (Anm. d. Hrsg.)

EINE FRAGE DES GESCHMACKS?
Nachwort von Wolfgang Engler

1.

Kann man geistig anspruchsvoll und dennoch Politiker sein, und zwar zur gleichen Zeit? Das geht, unter Umständen, die so erfrischend sind wie selten.

In geschichtlichen Perioden, in denen existentielle Fragen großer Menschengruppen auf die Tagesordnung rücken, regt sich das Bedürfnis nach Wegweisung, nach Durchblick in und Ausblick auf das große Ganze. Scharfsinn, gepaart mit Führungsqualitäten, mit Rednergabe und polemischem Talent, steht hoch im Kurs. Menschen, die solche Fähigkeiten in sich spüren, wagen sich hervor und ringen um die Gunst des Publikums. Glückt die Begegnung von Kandidat und Masse, »strahlt« die Person auf ewig rätselhafte Weise aus, was von ihr in diesem Augenblick gefordert ist, beruft sie der historische Prozess zum öffentlichen Wortführer, in echten Schicksalsstunden auch zur charismatischen Figur.

Nun überwinden auch »geistige Menschen« ihre sie auszeichnende Scheu vor dem Machtgerangel, und zumindest einige von ihnen mischen sich unter das Gefolge der anerkannten Führer. Zum Tribun in aller Regel ungeeignet, übernehmen sie, mit oder ohne Amt, die Rolle des Programmatikers, des »konzeptiven Ideologen«. Geist und Macht vereinen sich – für eine kürzere oder längere Weile.

Schwillt die Erregung ab, normalisiert sich das Geschehen, dann nimmt der »Führer« seinen Abschied, schmählichen, sofern rüde beiseite geschoben oder, mit Repräsentationsfunktionen abgefunden, formell ehrenhaften; ein kritischer Moment auch für den Programmatiker, den Stichwortgeber.

Die Menschen wollen – mehrheitlich – nicht länger mitgerissen werden und geführt, sondern, zweckmäßig verwaltet, ihrer eigenen Wege gehen. Ihr Interesse konzentriert sich auf den nächsten Schritt, allenfalls auf das, was hinter der nächsten Kurve liegt. Visionen sind dem normalen Gang verdächtig, hinderlich wie Stolpersteine. Der visionäre Gestus wirkt plötzlich fremd, unangemessen, der politisch engagierte Programmatiker muss, sofern er sich im Machtfeld halten will, den Typus, der jetzt wieder dominiert, den Macher, den gewieften Administrator, als Vormund akzeptieren.

In neun von zehn Fällen wird er sich hüten, das zu tun. Für den Intellektuellen geben die Abkühlung der öffentlich-politischen Tempe-

Eine Frage des Geschmacks?

ramente, die Umschaltung auf den Krebsgang des Alltags das Zeichen für den Ausstieg. Am »Betrieb«, an bloßer Geschäftigkeit nicht interessiert, kehrt er, halb freudig, halb verzagt, zu seiner vormaligen Passion zurück. Verbleibt er im politischen Getriebe oder sucht er es, wenn der Enthusiasmus bereits abgeklungen ist, überhaupt erst auf, dann immer auch als designiertes Opfer seiner Ambitionen, seiner Freiheit, von der Dauerfrage, ob sich das Opfer noch und, falls ja, wie lange, lohnt, verfolgt.

Als wir studierten, in den 1970er Jahren, und später noch war das alles hypothetisch, eine Frage der Lektüre, Max Weber, Gramsci, Althusser, Poulantzas ... Das Machtfeld war vermint, niemanden, der geistig etwas auf sich hielt, drängte es dorthin. Wo der Diskurs politisch umschlug, formten sich konspirative Zirkel, aus denen der eine und die andere zu oppositionellen Gruppen stießen – Politik als innere Berufung, aus der Not der Umstände geboren, nicht als Beruf, als Hauptnahrungszweig.

Das kam erst später, mit und nach dem 1989er Umbruch. Und siehe da: Aus der Mitte der Ostdeutschen gingen Politiker hervor, die das Wort zu führen wussten, und zwar glaubhaft, in Auftritt und Gebaren sicher, selbstbewusst, so als hätten sie nie etwas anderes getan.

2.
Einen solchen, unterdessen allseits bekannten deutschen Politiker, dessen rhetorische Brillanz und darstellerische Begabung selbst seine Gegner – neidvoll – anerkennen, traf ich kürzlich. Er besuchte die Hochschule, die ich derzeit leite, auf der sich »spielwütige« junge Menschen auf ihren Beruf als künftige Theatermacher vorbereiten. Mit diesem Metier einigermaßen vertraut, äußerte sich mein Gast respektvoll namentlich über die Arbeit des Schauspielers. Er könnte das nicht, lange, schwierige Texte einstudieren und dann Abend für Abend wiedergeben, auf die zuvor vereinbarte Weise. Seine Stärke sei die Improvisation ...

Nun, improvisieren muss der Schauspieler allabendlich, will er in seiner Rolle nicht erstarren, das ist der Witz, der Reiz der Profession. Absprachen müssen gleichwohl eingehalten werden, Schauspielen ist ein kollektiver Vorgang, kein Egotrip; Repetieren gehört zum Handwerk.

Doch ist der Politiker nicht in noch höherem Grade als der Schauspieler dazu gezwungen, sich zu wiederholen, im Parlament, bei Wahlkämpfen, gegenüber Journalisten, so lange, bis ihm die Worte zu Asche im Mund zerfallen? Kaum weiß er noch, mitten in einer Kampagne, die Monate währt, auf welchem Marktplatz welcher Stadt er gerade spricht, aber *das* weiß er im Schlaf: welche Themen er noch durchzubringen, welche Merksätze er seinen Zuhörern einzuschärfen hat.

Je aufreibender die Wahlschlacht sich gestaltet, desto mehr verfliegen Lust und Frische, geht es nur mehr darum, durchzuhalten, nichts von Belang zu übergehen. Da kommt der Text von gestern gerade recht, und morgen ist es hoffentlich vorbei.

Ein großer Schurke des zwanzigsten Jahrhunderts hat die Kardinaltugenden des massenwirksamen Politikers in zwei Worte gefasst: »Vereinfachen! Wiederholen!« Nur keine intellektuellen Sperenzchen, wo sie nicht hingehören, einfache, gut verdauliche Kost fürs Volk und für die Medien, die auf Vereinfachungen lauern wie der Jäger auf das Wild.

Ich hielte das keine zwei Tage durch und frage mich selbst, ja gerade angesichts der größten politischen Begabungen, ob ich sie für ihren Gleichmut, mit dem sie hundert Mal Gesagtes wiederkäuen, bewundern oder bedauern soll, weil sie sich so offenkundig selbst für dumm verkaufen.

3.

Der, dem diese Zeilen gelten, war klug genug, eine politische Rolle auszuschlagen, die ihm nicht lag – die des Volksredners, des Agitators, sei es auch für die persönlich als gut befundene Sache. Das ehrt ihn, machte ihn aber auch verwundbar, angreifbar. Den Schirm der Popularität, der gegen Hagel schützt, spannen nur der Frontmann und die Frontfrau auf. Schon in der nächsten Reihe muss man sich vor schlechtem Wetter ducken. Und schlechtes Wetter zieht von allen Seiten auf.

Das Wahlvolk hört auf den, der andere übertönt, da sind auch Grobheiten willkommen. Die je eigene Klientel liebt und bevorzugt Repräsentanten mit ausgeprägtem Stallgeruch, Personen, die sich blind auf einen Dialekt verstehen, ein Vokabular abspulen, das das Gemüt erwärmt, den Kopf nicht überfordert. Die Meute mit dem Notizblock wieder ist erpicht auf Formulierungen mit Schlagzeilenformat, vereinfachen also und endlos wiederholen.

Wer diese Adressaten wiederholt verprellt, weil ihm die »Kardinaltugenden« zuwider sind, und ungerührt auf Differenzierungen besteht, auf Zwischentöne, wird schnell als »Wirrkopf« abgetan oder ob seiner »Arroganz« getadelt und nächstens abgesägt. Seine Gedanken beim Reden zu verfertigen (der höhere Zweck des Redens, nebenbei), das ist riskant, da kann man sich verzetteln, stecken bleiben. Besser, man liefert Gedanken, Formeln ab, die man zuvor sorgsam gedrechselt und mehrfach auf ihre Tauglichkeit im Stellungskampf getestet hat. Wer umgekehrt verfährt, erst spricht, dann denkt – der Schwätzer also –, ist dem öffentlichen »Grübler« noch immer überlegen. Nachdenken, das Wort ergreifen mit noch offenem Ausgang, da schalten die Mikrophone ab, da klappen die Merkhefte zu; nicht klügeln, sondern klotzen, mit groben Stereotypen, bitte sehr!

Der Hörsaal erträgt den Politiker allemal leichter als das Parlament den Philosophen.

4.

Der Vorteil des Intellektuellen in der Politik – das reflektierte Verhältnis zu sich selbst – ist auch sein Nachteil: Reflexion hemmt die Reflexe. Der oder die andere, die sich ihnen überlassen, haben längst gesprochen, wenn der bzw. die Bedächtige sich gerade räuspert.

Dabei meint Reflexion weit mehr als nur Bedachtsamkeit, das Wissen nämlich um das eigene Verhalten als Effekt des Feldes, auf dem man sich bewegt, seiner Maßstäbe, Regeln, Üblichkeiten. Wer darüber verfügt, schaut sich beim Handeln und beim Reden selber zu und neigt, von seltenen Momenten vollständiger Involviertheit abgesehen, zur Ironie, zur Selbst-Abständigkeit. Für den waschechten Politiker, den Kärrner, ist das ein Greuel: Bloß nicht ins Straucheln kommen, wenn die Chose einmal läuft.

Die einzige Selbst-Sorge, die diesen Typus umtreibt, verfängt sich umgehend in Techniken medienkonformer Abrichtung: Training des Sprechens, von Mimik und Gestik, Wahl von Kleidung und Frisur nach vorheriger Konsultation von Typberatern. So zugerichtet stolziert er/sie als Marionette des Ratgebergeschmacks durch den politischen Raum.

Wann immer ich Thomas Flierl in seiner Eigenschaft als Amtsträger erlebte, hatte ich den Eindruck, einer aussterbenden Spezies, zumindest hierzulande, in einer ihrer letzten Exemplare zu begegnen. Mir war das, selbst als Betroffenem nachdenklicher Entscheidungen, sympathisch.

Dass das Zögern und Abwägen, der Hang zum Verstehen aller Seiten einen auch da zum Abwarten, zum Zusehen verleitet, wo die Faust auf den Tisch gehört, zum Schaden des öffentlichen Ansehens der eigenen Person, weiß er so gut wie ich.

5.

Geschmack und Kultiviertheit – kaum etwas stiftet dauerhaftere Beziehungen und trennt zugleich so scharf.

Wem beides eignet, auf zwanglos-erworbene Weise, der wird, wenn er sich auf Politik einlässt, sein Befremden gegenüber seiner Umwelt auf Dauer schwerlich unterdrücken können. Das wäre auch ganz zwecklos:

Nachwort von Wolfgang Engler

Das kultivierte Zoon politicon verrät sich, indem es urteilt, mag der Gegenstand politisch noch so nebensächlich sein.

Noch eine Domäne mit kummervollen Konsequenzen – für jene, die seinem Urteil nicht folgen konnten oder wollten, und somit auch für ihn.

Schon früh galt sein Interesse, seine Leidenschaft dem Ästhetischen im weiten Sinn des Wortes, Kunst ebenso umfassend wie das Gestaltete, nach menschlichem Maß Geformte generell, Haus und Stadt und Landschaft. Die Kinderstube hatte daran Anteil, die Studienjahre nutzte er, die Mitgift aufzustocken, dem doktrinären Marxismus-Leninismus dabei stets abhold; einer, mit dem man gern und ideologisch sorglos sprach, sich geistig austauschte. Das blieb so, als es ihn, noch in der DDR, in die kulturpolitische Praxis verschlagen hatte, erst ins Zentrum für Kunstausstellungen, dann ins Kulturministerium. Nach der Wende wirkte er, in scheinbar gerader Linie, als Kulturamtsleiter im Berliner Bezirk Prenzlauer Berg, als Baustadtrat in Mitte und schließlich als Senator für Wissenschaft, Forschung und Kultur.

Lieber als an diesen Orten hätte ich Thomas Flierl im Seminar gesehen, als Autor, der über seine Zeit verfügt; er wird mir da nicht widersprechen.

Gleichviel: Er hatte über diese Materien nachgedacht, geforscht, publiziert, nun packte er sie praktisch an, mit Eigensinn und Lust am öffentlichen Streit.

»Wir waren das Volk.
Alexanderplatz, 4. November 1989«, der Spruch, auf seine Initiative zehn Jahre nach der Wende am Haus des Lehrers in großen Lettern plakatiert, löste höchst unterschiedliche Gefühle und Reaktionen aus – ein flüchtiges Denkmal mitten in der Stadt, eingreifend, provozierend.

Das glatte Gegenteil der riesigen Werbetafeln, die das Stadtbild mehr und mehr verschandeln und überdeutlich annoncieren, wem die Stadt gehört, gehören soll. Die sah der Baustadtrat mit Widerwillen und wo er konnte, unterband er diesen visuellen Müll.

Später, als Senator, gab er jedem, der es wissen wollte, zu verstehen, was er von den zur Parade aufgestellten Berliner Bären hielt – blamabel, peinlich, lächerlich für eine Stadt, die immerfort Kultur im Schilde führt. Seine Amtskollegen – geschmacksmäßig auf Varieté und Musical fixiert –, die daran nichts auszusetzen fanden, fühlten sich erwischt, getroffen und revanchierten sich an anderer Stelle.

6.
Gratulation, nachträglich, zur Sturheit, mit der er das ertrug, mit der er der Geschichtsvergessenheit begegnete, die jede Spur, die der alte Staat gezogen hatte, eilends zu tilgen trachtete, gleichgültig, ob erinnerungswürdig oder des Vergessens wert.

Gegen Denkmalstürze hatte er schon Einspruch eingelegt, als das noch heikel war, 1984, gelegentlich des Abrisses der alten Gasometer an der Greifswalder Straße. Heikel nicht nur, sondern, in seinem Fall, verheerend für die wissenschaftliche Karriere. Man schob ihn, mit vagen Rückkehrversprechen, die sich nie erfüllten, aus der Universität in jene Praxis ab, die sein berufliches Leben hinfort bestimmen und – trotz des jähen Bruches – auch erfüllen sollte.

Wider Willen zum Kultur-»Arbeiter« geworden, war er dann doch der rechte Mann am rechten Ort. Die ostdeutsche Moderne der 1960er Jahre, aus Platte, Stahl und Glas gefertigt, besaß in ihm einen tatkräftigen Treuhänder, auch wenn ihm manche den Abriss des »Ahornblatts« an der Leipziger Straße bis auf den Tag verübeln und dabei übersehen, dass der politische Wille oftmals weiter reicht als die Macht, ihn durchzusetzen.

Die eigene Parteibasis entwickelte wenig Verständnis für den ästhetisch-kulturellen Eigensinn des gelernten Philosophen, den ich mir im Kreis der »Seinen« geistig weitgehend einsam denke, isoliert. Er passte zu ihnen in programmatischer Hinsicht, jedoch nicht habituell. Sofern die Basis ihn gewähren ließ, war das verschmerzbar. Auf lebhafte Zustimmung, gar Sympathie für seinen Politikstil, für seine ganze Art konnte er schwerlich zählen, und das wird wohl so bleiben.

7.
Was bleibt, ansonsten, vorerst, festzuhalten, und zwar politisch, ganz unabhängig von Geschmack und kultureller Wahlverwandtschaft?

Die Opern-Stiftung, ganz gewiss, wie immer das Geschick der Häuser sich künftig auch gestalten möge; hier schlug der Kultursenator einen kräftigen Pfeiler in die künstlerische Landschaft ein. Sein Konzept für die Mauer-Gedenkstätte, das sich als tragfähig erwies, gehört hierher. Ernennungen, Berufungen, desgleichen, mit strategischem Blick für die Entwicklung der jeweiligen Institutionen. Die kulturelle »Bespielung« des Palastes der Republik, die dessen Verfallsdatum ein ums andere Mal verlängerte, sowie, nicht zu vergessen, Gebäude, die ohne ihn längst aus dem Stadtbild verschwunden wären.

Berlin, 15. Mai 2007   Herzlich, Wolfgang

ANHANG

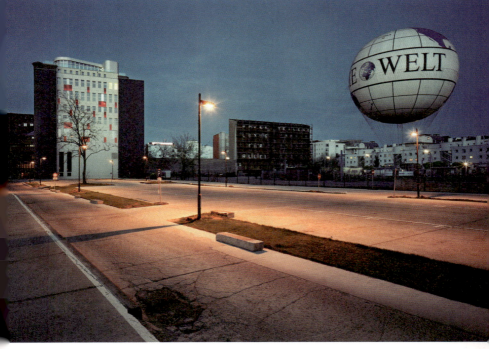

Thomas Flierl

geboren am 3. Juli 1957 in Berlin, aufgewachsen in Berlin-Pankow

1976 Abitur an der Erweiterten Oberschule »Carl von Ossietzky«

1976–1981 Philosophiestudium an der Humboldt-Universität zu Berlin

1981–1984 Forschungsstudium am Fachbereich Ästhetik der Sektion Kulturwissenschaft/Ästhetik der Humboldt-Universität, danach wissenschaftlicher Assistent ebendort

1985 »Delegierung in die kulturpolitische Praxis«, d. h. erzwungener Abbruch der Tätigkeit an der Universität, wegen öffentlicher Kritik am Abriss der denkmalgeschützten Gasometer in Prenzlauer Berg

1985/1986 Zentrum für Kunstausstellungen

1985 Promotion zum Dr. phil. (Ästhetik) an der Humboldt-Universität

1987–1990 Mitarbeiter im Kulturministerium der DDR

1990–1996 Leiter des Kulturamtes Prenzlauer Berg von Berlin

1995–1998 Mitglied des Abgeordnetenhauses, Kulturpolitischer Sprecher der PDS-Fraktion

1999–2000 Bezirksstadtrat für Ökologische Stadtentwicklung, Bauen und Wohnen im Berliner Bezirk Mitte

2002–2006 Senator für Wissenschaft, Forschung und Kultur in Berlin

seit 2006 Mitglied des Abgeordnetenhauses von Berlin, Stadtentwicklungspolitischer Sprecher der Linksfraktion, Vorstandsmitglied der Rosa-Luxemburg-Stiftung und der Hermann-Henselmann-Stiftung

Bibliografie

Eine Auswahl

1982
»Theorie der Individualitätsformen und sozialistische intensiv erweiterte Reproduktion«, in: *Formen der Individualität*, hrsg. vom Lehrstuhl Kulturtheorie der Sektion Ästhetik und Kunstwissenschaften der Humboldt-Universität zu Berlin (= Mitteilungen aus der kulturwissenschaftlichen Forschung 11), Berlin 1982, S. 56–67.

1983
Irene Dölling/Thomas Flierl: »Lothar Kühne: Gegenstand und Raum. Über die Historizität des Ästhetischen (Fundus-Bücher 77/78), VEB Verlag der Kunst, Dresden 1981, 300 Seiten« (Rezension), in: *Deutsche Zeitschrift für Philosophie* (1983), 31. Jg./H. 7, S. 888–890.

1985
Ästhetik der Aneignung. Studie zu weltanschaulich-methodologischen Grundproblemen der marxistisch-leninistischen Ästhetik, Dissertation, Gesellschaftswissenschaftliche Fakultät des Wissenschaftlichen Rates der Humboldt-Universität zu Berlin, Berlin 1985, 314 Seiten.

1986
»Der Widerspruch ästhetischer Kultur und die philosophische Fassung des Ästhetischen«, in: *Weimarer Beiträge* (1986), 32. Jg./H. 9, S. 1548–1561.

Thomas Flierl/Jürgen Kuttner: »Veröffentlichte Texte von Lothar Kühne. Eine Auswahl«, in: *Weimarer Beiträge* (1986), 32. Jg./H. 9, S. 1568–1570.

1990
Thomas Flierl/Ina Merkel: »Die Frauen haben kein Vaterland zu gewinnen«, in: Frank Blohm/Wolfgang Herzberg (Hrsg.): *»Nichts wird mehr so sein, wie es war«. Zur Zukunft der beiden deutschen Republiken* (= Sammlung Luchterhand 924), Frankfurt am Main, erschien als Gemeinschaftsausgabe zeitgleich bei Reclam Leipzig, März 1990, S. 89–98.

»Strukturwandel mit offenem Ausgang. Aktuelle Rahmenbedingungen kommunaler Kulturpolitik im Bezirk Prenzlauer Berg (25.11.1990)«, in: *Kreuzberg, Prenzlauer Berg. Annähernd alles über Kultur,* hrsg. vom Kunstamt Kreuzberg, Berlin, Dezember 1990, S. 66–68.

1991
»Mit der Geschichte leben«, in: *Berlin Prenzlauer Berg. Straßen und Plätze. Mit der Geschichte leben,* Begleitbuch zur Ausstellung zur Geschichte der Straßennamen im Bezirk, hrsg. vom Bezirksamt Prenzlauer Berg von Berlin, Kulturamt, Berlin, Edition Hentrich, 1991, S. 6–13.

1992
»Das antifaschistische Traditionskabinett als ideologischer Staatsapparat«, in: *Mythos Antifaschismus. Ein Traditionskabinett wird kommentiert,* Begleitbuch zur Ausstellung in der Museumswerkstatt, hrsg. vom Kulturamt Prenzlauer Berg, Aktives Museum Faschismus und Widerstand in Berlin e. V., Berlin, Christoph Links Verlag, 1992, S. 12–24.

»Denkmalstürze zu Berlin. Vom Umgang mit einem prekären Erbe«, in: *kritische berichte* (1992), Jg. 20/H. 3, S. 45–52.

»Gegen den Abriß eines Baudenkmals. Eine Rede aus dem Jahr 1984«, in: *kritische berichte* (1992), Jg. 20/H. 3, S. 53–57.

»Kulturarbeit und gesellschaftliche Modernisierung«, in: *Kultur in Deutschlands Osten* (= Mitteilungen aus der kulturwissenschaftlichen Forschung 32), hrsg. von Kultur-Initiative '89 in Verbindung mit dem Institut für Kulturwissenschaft an der Humboldt-Universität zu Berlin, Berlin, Dezember 1992, S. 92–104.

»Möglichkeiten eines aktiven Umgangs mit der DDR-Geschichte. Projekte der Geschichtsarbeit im Ost-Berliner Bezirk Prenzlauer Berg«, in: *Kultur in Deutschlands*

Osten (= Mitteilungen aus der kulturwissenschaftlichen Forschung 32), hrsg. von KulturInitiative '89 in Verbindung mit dem Institut für Kulturwissenschaft an der Humboldt-Universität zu Berlin, Berlin, Dezember 1992, S. 232-250.

1994

»Berliner Straßenkämpfe«, in: *werden. Jahrbuch für die deutschen Gewerkschaften 1994/95*, hrsg. vom DGB, Köln, Bund-Verlag, 1994, S. 144-151.

Thomas Flierl/Kathleen Krenzlin: »Stellungnahme zum Gutachten zur Situation der Bildenden Kunst in Berlin«, in: Matthias Flügge/Michael Freitag/Stefan Richter/Angelika Stepken (Hrsg.): *Spiegelschrift. Zur Lage der Kunst in Berlin*, Dresden/Berlin, Verlag der Kunst Dresden/neue bildende kunst, 1994, S. 35-41.

1995

»Wege zur Reorganisation der kommunalen Kulturarbeit«, in: Brigitte Faber-Schmidt/Jutta Hackmann-Laska/Ellen Lissek-Schütz (Hrsg.): *Zwischen Sparzwang und Innovation. Aufgaben und Strukturen der Kulturarbeit*, Stiftung kulturelle Weiterbildung und Kulturberatung, Forum Kultur Bd. 3, Berlin 1995, S. 41-49.

»Reservoir des Verborgenen«, in: *Reservoir I. Labyrinth des Erinnerns, Interdisziplinäres Kunstprojekt*, hrsg. von Förderband e. V., Büro für Kulturvermittlung, Berlin 1995, S. 8-9.

»Kulturpolitische Aufgabenteilung in Berlin nach 1945«, in: *Was soll Kulturpolitik* (= Mitteilungen aus der kulturwissenschaftlichen Forschung 35), hrsg. von KulturInitiative '89 und dem Kulturwissenschaftlichen Institut Berlin, Berlin, Juni 1995, S. 30-36.

»Kulturarbeit und gesellschaftliche Modernisierung. Erfahrungen aus dem Ost-Berliner Bezirk Prenzlauer Berg«, in: Philip Brady/Ian Wallce (ed.): *Prenzlauer Berg. Bohemia in East Berlin?* (= German Monitor No. 35), Amsterdam/Atlanta (GA) 1995, pp. 127-131.

1996

Vorwort, in: *Prenzlauer Berg – ein Bezirk zwischen Legende und Alltag*, Berlin, Nicolaische Verlagsbuchhandlung, 1996, S. 13-15.

»›Thälmann und Thälmann vor allen‹. Ein Nationaldenkmal für die Hauptstadt der DDR, Berlin«, in: *Kunstdokumentation 1945-1990 SBZ/DDR. Aufsätze, Berichte, Materialien*, hrsg. von Günter Feist/ Eckhart Gillen/Beatrice Vierneisel, Museumspädagogischer Dienst Berlin in Zusammenarbeit mit der Stiftung Kulturfonds, Köln, DuMont, 1996, S. 358-385.

»Bildliche Erinnerungen an den Märtyrer: Thälmann-Denkmäler in Ost-Berlin«, in: Detlef Hoffmann (Hrsg.): *Das Opfer des Lebens. Bildliche Erinnerungen an Märtyrer*, Dokumentation einer Tagung vom 17. bis 19. März 1995, Loccum, Evangelische Akademie Loccum, 1996, S. 142-174.

»Konsens nicht von oben erzwingen«, in: *die tageszeitung*, 25. November 1996, S. 23.

»Stadtvertrag vor Planwerk«, in: *stadt.plan.mitte*, Gemeinsame Beilage von *scheinschlag* und *taz* zur Diskussion über das Berliner »Planwerk Innenstadt«, Dezember 1996, S. 2.

1997

»Was sind die gesamtstaatlichen Kulturaufgaben des Bundes in Berlin und welche hauptbedingte Kulturförderung braucht Berlin nach 1999?« (Thesen zur Anhörung), in: Bundestagsgruppe der PDS/PDS-Fraktion im Berliner Abgeordnetenhaus: *Berlin: Stadtkultur! Hauptstadtkultur!? Kulturhauptstadt??*, Dokumentation der Anhörung am 16. Juni 1997 im Berliner Martin-Gropius-Bau, Berlin 1997, S. 1-4.

»Ernst Thälmann als Kunstfigur: Die Formung historischen Bewußtseins im politischen Denkmal«, Abstract des Vortrages in der Sektion 30 »Konstitutionsfaktoren des Geschichtsbildes in der DDR« des 41. Deutschen Historikertages München 1996, in: Stefan Weinfurter/Frank Martin Siefarth, hrsg. im Auftrag des Verbandes der Historiker Deutschlands e. V.: *Geschichte als Argument, 41. Historikertag in München, 17. bis 20. September 1996, Berichtsband*, München, Oldenbourg, 1997, S. 202-203.

»Kritische Aneignung statt Reinszenierung eines Mythos. Warum ein Denkmal für Rosa Luxemburg nicht vor das Karl-Liebknecht-Haus gehört«, Manuskript vom 30. November 1997.

1999

»Wir waren das Volk, Alexanderplatz 4. November 1999, Geschichte im Stadtraum, Eine Initiative des Bezirksamtes Mitte von Berlin«, Presseinformation vom 29. Oktober 1999.

2000

»Vorangegangene Konzepte des Gedenkens an Rosa Luxemburg im Berliner Stadtraum«, in: *Ein Zeichen für Rosa Luxemburg. Deutungsmuster eines politischen Lebens. Diskussionsprozesse 1998–2000. Dokumentation*, hrsg. von Initiativkreis Ein Zeichen für Rosa Luxemburg/Büro für Kunst im öffentlichen Raum der Kulturwerk GmbH des BBK Berlins, Berlin 2000, S. 59–74.

»Von der Staatsmitte zum Bürgerforum«, Thesen zur zukünftigen Entwicklung der Spreeinsel zwischen Staatsratsgebäude und Lustgarten und zum Umgang mit dem Palast der Republik, ausgearbeitet für das gemeinsame Pressegespräch mit Petra Pau und Carola Freundl am 18. Januar 2000.

»Jenseits von Palast und Schloss«, in: *die tageszeitung*, 3. Juni 2000, S. 29.

»Heinrich-Heine-Denkmal von Waldemar Grzimek im Kastanienwäldchen«, Brief an die Vorsitzende des Ausschusses für kulturelle Angelegenheiten Monika Grütters vom 20. Juni 2000.

»Rettung der Urbanität«, in: *Der Architekt*, 7/2000, S. 28–30.

»Kommt das Stadtforum nun bei sich selbst an?«, Vortrag während der Veranstaltung *Rathaus, Kirche, Fernsehturm, Marktplatz. Was bedeutet uns die Mitte der Stadt?* Stadtforum am 7. Juli 2000.

»Kultureller Mehrwert. Wie begegnet man den Belastungen durch Groß-Events?«, in: *Foyer* (August 2000), 10. Jg./H. 4, S. 31.

»Die halbierte Moderne« (Anmerkungen zu Stefan Heyms 1966 als Manuskript fertiggestelltem und im Jahre 2000 erstmals publiziertem Roman »Die Architekten«), in: *Der Tagesspiegel*, 4. September 2000, S. 34.

»Das gemeinsame Bezirksamt des zukünftig fusionierten Bezirkes Mitte unterstützt die Initiative für ein Rosa-Luxemburg-Denkmal auf dem gleichnamigen Platz in Berlin-Mitte«, Presseerklärung vom 19. September 2000.

2001

»Von der dicken Berta zur roten Rosa. Das gewalttätige 20. Jahrhundert tat sich schwer, Rosa Luxemburg ein Denkmal zu setzen«, in: *Berliner Zeitung*, 13. Januar 2001, S. 11.

»Erst Kommune, dann Metropole«, Interview mit Jörn Kabisch, in: *Freitag 25*, 15. Juni 2001, S. 7.

»Die PDS hat sich vom Stalinismus der SED unwiderruflich befreit«, Erklärung des Parteivorstandes der PDS zum 13. August 2001, Entwurf: Thomas Flierl und Gregor Gysi.

Thomas Flierl/André Brie: »Wir verteidigen eine Partei, die es noch nicht gibt« (*Blätter*-Gespräch), in: *Blätter für deutsche und internationale Politik* (2001), 46. Jg./H. 8, Bonn, S. 942–954.

2002

»Kunstgeschichte im Stadtraum«, in: Volker Hübner/Christiane Oehmig, Landesdenkmalamt Berlin/Jörg Haspel (Hrsg.): *Spandauer Vorstadt in Berlin-Mitte. Ein Kunst- und Denkmalführer*, Petersberg, Michael Imhof Verlag, 2002, S. 234–240.

»Erben aus zweiter Hand« (vom Herausgeber veröffentlicht unter dem Titel »Regierungsbauten der DDR. Umgang mit Geschichte und Architektur«), in: Bundesamt für Bauwesen und Raumordnung (Hrsg.): *Bau und Raum. Jahrbuch 2001 2002*, Tübingen, Ernst Wasmuth Verlag, 2002, S. 90–93.

»Ich rede mit Tränen in den Augen. Es ist keine Kultur denkbar jenseits der modernen bürgerlichen Gesellschaft: Was auf Berlin zukommt«, Patrick Bahners, Florian Illies und Mark Siemons im Gespräch mit Thomas Flierl und Christoph Stölzl, in: *Frankfurter Allgemeine Zeitung*, 25. Januar 2002, S. 49.

»Sind Sie ein linker Konservativer, Herr Flierl?« (komprimierte Fassung eines Interviews mit Günter Gaus, das in der Reihe *Zur Person* am 13. März 2002 vom ORB ausgestrahlt wurde), in: *Freitag 14*, 28. März 2002, S. 3.

»Die eigentlichen Aufgaben stehen noch bevor« (Kultursenator Thomas Flierl im *scheinschlag*-Gespräch mit Florian Neuner und Tina Veihelmann), in: *scheinschlag. Berliner Stadtzeitung 6* (2002).

Rede im Deutschen Bundestag am 4. Juli 2002, Debatte zum Humboldt-Forum, Plenarprotokoll 14/248, S. 25138–25140.

2003

»Der Stoff, aus dem wir Zukunft machen« (Denkmalschutz und Werbung im öffentlichen Stadtraum), in: Stiftung Denkmalschutz Berlin (Hrsg.): *Das Brandenburger Tor. Weg in die Geschichte, Tor in die Zukunft*, Berlin, jovis Verlag, 2003, S. 205–207.

»Die deutsche Hauptstadt hat einen Mentalitätswechsel dringend nötig«, in: Gerd Willamowski/Dieter Nellen/Manfred Bourrée für den Kommunalverband Ruhrgebiet (Hrsg.): *Ruhrstadt Kultur Kontrovers*, Essen, Klartext Verlag, 2003, S. 146–150.

»Zwischenruf«, in: Ulrich Eckhardt (Hrsg.): *Berlin. Kultur(haupt)stadt. Szenen, Institutionen, Positionen*, Berlin, Henschel Verlag, 2003, S. 30–32.

»Inbesitznahme des öffentlichen Raums«, in: Heiner Leggewie (Hrsg.): *Erzählungen und Bilder der Stadt: Lebensqualität und Tourismus in historischen Vierteln von Florenz und Berlin*, Berlin, Technische Universität Berlin, 2003, S. 205.

»Oper in Berlin – Strukturkonzept«, Beschluss des Senats von Berlin vom 3. Februar 2003, siehe www.thomas-flierl.de.

»›Keine bigotte Verdammnis‹, Eine kompensatorische Empörung prägt die Debatte um die Flick-Sammlung: Die Gesellschaft projiziert verdrängte historische Defizite auf den Flickerben – ein Zwischenruf des Kultursenators«, in: *die tageszeitung*, 14. Juni 2003, S. 30.

»Eine Stele für Chris Gueffroy«, Rede aus Anlass der Übergabe des Erinnerungsortes am Britzer Verbindungskanal am 21. Juni 2003.

Redebeitrag, in: AStA der Freien Universität Berlin, Hrsg., *Zur Aktualität der Philosophie Herbert Marcuses, Dokumentation einer Veranstaltung an der freien Universität Berlin am 17. Juli 2003*, (= Hochschulpolitische Reihe Bd. 12), Berlin 2005, S. 129–133.

»Berlin fehlt das Bürgertum. Vom ›Verhinderer‹ zum Retter: Kultursenator Thomas Flierl über die Zukunft der Berliner Oper und den Vorteil, aus der DDR zu stammen«, Gespräch mit Axel Brüggemann und Adriano Sack, in: *Welt am Sonntag*, 20. Juli 2003.

»Bürger, misstraut den Grünanlagen! Kein Abbruch des Palast-Rohbaus ohne ein realistisches Nachfolgeprojekt«, in: *Neues Deutschland*, 3. September 2003, S. 11.

»Das gescheiterte Denkmal als Denkzeichen«, Rede aus Anlass der Wiederaufstellung des Sockels für ein unvollendet gebliebenes Denkmal für Karl Liebknecht am 20. November 2003.

2004

»Dort die Menschen suchen, wo sie am bedürftigsten sind. Alban Bergs *Wozzeck* an der Komischen Oper«, (abgedruckt unter dem Titel »In Zeiten des Umbruchs«), in: *komisch. Zeitung der Komischen Oper Berlin*, Mai 2004, S. 1.

»›Scheitern macht auch Sinn‹. Thomas Flierl betrachtet die Oper als Kunstform als einen institutionalisierten Widerspruch: Ein Gespräch mit dem Berliner Kultursenator über die Opernreform, Verschwendung und Sparzwang, Kunst als Ware und die Veränderung des Publikums« (Interview Katrin Bettina Müller), in: *die tageszeitung*, 15. Juni 2004, S. 15.

»Ein kurzer Spätsommer der Utopie. Kultursenator Flierl (PDS) appelliert, mit der Zwischennutzung des Palasts der Republik Ansprüche an die künftige Nutzung des Ortes zu stellen. Den Abrissbeschluss des Bundestags will er nicht politisch, aber kulturell hinterfragen. Ein Plädoyer«, in: *die tageszeitung*, 22. Juni 2004, S. 23.

»Berlin: Perspektiven durch Kultur. Kulturpolitische Positionen und Handlungsorientierungen zu einer Berliner Agenda 21 für Kultur«, Berlin, August 2004, siehe www.thomas-flierl.de.

»Einsicht im letzten Moment. Mehr Profilierung, weniger Kosten: Thomas Flierl hat gestern sein Kulturkonzept vorgelegt«, Gespräch mit Stefan Kirschner, in: *Berliner Morgenpost*, 14. August 2004.

»Gebauter Mentalitätswechsel«, in: Sonderbeilage der *Berliner Zeitung* zur Eröffnung der Berlinischen Galerie, 20. Oktober 2004, S. B3.

2005

»Mies' Denkmal – rekonstruieren: ja oder nein? Antwort auf eine Umfrage«, in: *Mies Haus Magazin*, Periodikum zur Kultur der Moderne (2004), Jg. 1/H. 1, Berlin, S. 50.

»Ein kultur- und wissensgestütztes Forum als sinnstiftende neue Mitte der deutschen Hauptstadt«, in: Barbara Schneider-Kempf/Klaus G. Saur/Peter-Klaus Schuster (Hrsg.): *Wissenschaft und Kultur in Bibliotheken, Museen und Archiven. Klaus-Dieter Lehmann zum 65. Geburtstag*, München, K. G. Saur, 2005, S. 113–127.

»Erinnerung als offene Bildersequenz«, in: *Denkzeichen. Foto/Graphik Galerie Käthe Kollwitz von Pat Binder. Eine Dokumentation*, hrsg. vom Bezirksamt Pankow von Berlin, Amt für Bildung und Kultur, Fachbereich Kultur, Berlin 2005, S. 3–4.

»Effiziente Kultur? Thomas Flierl über Kulturförderung und Haushaltskonsolidierung«, Gespräch mit Oliver Marquart, in: *Neues Deutschland*, 12. Januar 2005, S. 6.

»Reconquista Ost ist aberwitzig. Ossis sind nicht die ewig Zuspätgekommenen, meint PDS-Kultursenator Thomas Flierl. Und: Berlin braucht sich nicht vor den kulturellen Übernahmen des Bundes zu fürchten – sie sind eine Chance«, Interview mit Tina Hüttl, Rolf Lautenschläger und Adrienne Woltersdorf, in: *die tageszeitung*, 19. Februar 2005, S. 22.

»Toleranz setzt Wissen voraus. Ethikunterricht soll bekenntnisfrei sein – aber nicht wertfrei«, in: *Der Tagesspiegel*, 29. März 2005, S. 8.

»Merkel darf Opernstiftung nicht gefährden. Kultursenator Thomas Flierl hat keine Angst vor einem Machtwechsel, kennt Christian Thielemanns Nachfolger und glaubt an die Zukunft der Opernstadt«, Interview mit Axel Brüggemann, in: *Welt am Sonntag*, 26. Juni 2005.

»Die CDU denkt selbst. Kulturpolitisch werden die Wahlalternativen deutlicher«, in: *Freitag 27*, 8. Juli 2005, S. 2.

»Die Philharmoniker verzichten. Thomas Flierl und Sir Simon Rattle haben sich auf einen neuen Zuwendungsvertrag für das Orchester geeinigt«, Gespräch mit Stefan Kirschner, in: *Berliner Morgenpost*, 7. September 2005, S. 19.

Rede in der Staatsoper aus Anlass des 50. Jubiläums ihrer Wiedereröffnung am 11. September 2005.

»Wer Guantanamo und Abu Ghraib kritisiert, darf über NKWD und Stasi nicht schweigen«, Rede zur Übergabe des Denkzeichens Haftstätte Haus 3 auf dem Gelände des Bezirksamtes Prenzlauer Berg am 22. Oktober 2005.

»Ich gehe für den Palast demonstrieren«, Gespräch mit Tina Hüttl, in: *die tageszeitung*, 18. November 2005, S. 21.

»Ziehen an zu kurzer Decke. Thomas Flierl sieht den Bund in Verantwortung für die Hauptstadtkultur«, Gespräch mit Irmtraud Gutschke, in: *Neues Deutschland*, 29. Dezember 2005, S. 4.

2006

»Der ›Fall‹ der Denkmäler. Konkurrierende Konzepte symbolischer Geschichtspolitik in Berlin seit 1989/1990«, in: *Bildersturm*, Sammelband der Vorträge des Studium generale der Ruprecht-Karls-Universität Heidelberg im Wintersemester 2003/04, Heidelberg, Universitätsverlag Winter, 2006, S. 61–79.

Rede zur Eröffnung der Ausstellung »Bernhard Heisig. Die Wut der Bilder« (vom Herausgeber veröffentlicht unter dem Titel »Große Malerpersönlichkeit der deutschen Nachkriegsmoderne«), in: Klaus-Dieter Lehmann im Auftrag des Stiftungsrates der Stiftung Preußischer Kulturbesitz: *Jahrbuch Preußischer Kulturbesitz, Band XLII*, Berlin, Gebr. Mann Verlag, 2006, S. 81–86.

Thomas Flierl/Harald Wolf: »Ein Offener Brief«, in: Amelie Deuflhard/Sophie Krempl-Klieeisen/Philipp Oswalt/Matthias Lilienthal/ Harald Müller: *Volkspalast. Zwischen Aktivismus und Kunst* (= Recherchen 30), Berlin, Theater der Zeit, 2006, S. 242–244.

»Palastabriss in eine ungewisse Zukunft ist ein Dokument des Scheiterns«, Pressemitteilung vom 19. Januar 2006.

»Ich habe besonderes Verständnis für West-Berlin. Kultursenator Thomas Flierl über Teilungsfolgen, Verlustängste, volle Hochschulen und leere Denkmalsockel am Potsdamer Platz«, Gespräch mit Werner van Bebber und Lars von Törne, in: *Der Tagesspiegel*, 28. Februar 2006, S. 10.

Persönliche Erklärung im Kulturausschuss des Berliner Abgeordnetenhauses vom 20. März 2006 (im Zusammenhang mit der Veranstaltung in Hohenschönhausen am 14. März 2006), Inhaltsprotokoll des Ausschusses für Kulturelle Angelegenheiten 15/74, S. 3–10, siehe auch Redebeitrag in der Aktuellen Stunde des Berliner Abgeordnetenhaus am 23. März 2006, Plenarprotokoll 15/83, S. 7121–7122.

»Utopismus ist mir relativ fremd. Kultursenator Flierl war erster Gast bei TV Real im tazcafé«, Protokoll Gereon Asmuth, in: *die tageszeitung*, 21. März 2006, S. 24.

»PDS braucht die Stasi-Klientel nicht. Kultursenator Thomas Flierl betont im Streit um MfS-Mitarbeiter seine Bemühungen für das Gedenken an die Opfer«, Gespräch mit Joachim Fahrun und Gilbert Schomaker, in: *Berliner Morgenpost*, 22. März 2006.

»Die sind ästhetisch und moralisch verschlissen. Kultursenator Flierl will das Denkmal für die Bücherverbrennung vor den Buddybären schützen. Am Bebelplatz seien uniforme Massenversammlungen nicht angebracht. Von den spießigen Bären solle man sich souverän verabschieden«, Gespräch mit Nina Apin, in: *die tageszeitung*, 18. April 2006, S. 21.

»Gesamtkonzept zur Erinnerung an die Berliner Mauer: Dokumentation, Information und Gedenken« (Endfassung vom 12. Juni 2006), Beschluss des Senats von Berlin vom 20. Juni 2006.

»Kultur jetzt! Eine Bilanz der Berliner Kulturpolitik 2002 bis 2006«, Berlin, Juli 2006, siehe www.thomas-flierl.de.

»Ich lasse mich nicht umpusten. Ärger um die Opernstiftung, Kritik am Mauergedenkkonzept und natürlich viel zuwenig Geld im Etat: Kultursenator Thomas Flierl (PDS) zieht im Interview mit der ›Welt am Sonntag‹ Bilanz seiner Amtszeit und plant unverdrossen für eine zweite«, Gespräch mit Dirk Krampitz, in: *Welt am Sonntag*, 30. Juli 2006, S. B2.

Rede aus Anlass der Eröffnung der Informationsausstellung am früheren Grenzübergang Friedrichstraße/Zimmerstraße am 4. August 2006.

»Denkzeichen für Rosa Luxemburg. Keine Statue, kein auf den ersten Blick sichtbares Denkmal, sondern ein auf öffentlichem Grund der Lektüre empfohlenes Textfeld, eine Einladung«, Rede zur Übergabe des Denkzeichens für Rosa Luxemburg an die Öffentlichkeit am 14. September 2006, in: *Disput*, Oktober 2006, S. 28–30.

»Experiment am eigenen Leib. Wegen Thomas Flierl wurde fast das ganze Kabinett umgestaltet. Er hat es interessiert beobachtet«, Gespräch mit Birgit Walter und Harald Jähner, in: *Berliner Zeitung*, 15. November 2006, S. 29.

»Wowereit hat einen famosen Instinkt. Kein Senator wurde so oft vom Regierungschef gescholten wie Thomas Flierl. Das hat mich geschützt, sagt er im Abschiedsinterview«, Gespräch mit Frederik Hanssen und Lars von Törne, in: *Der Tagesspiegel*, 21. November 2006, S. 8.

»Ein Fall von Rückgabe vor Entschädigung«, in: *Neues Deutschland*, 11. Dezember 2006.

2007
»Wir brauchen komplexe Erinnerungsbilder. Zur stadträumlichen Markierung des ehemaligen Sperrgebiets in Berlin Hohenschönhausen«, Gespräch mit Ute Tischler, in: Kunststadt – Stadtkunst 54, Informationsdienst des Kulturwerks des BBK, Berlin 2007, S. 33–34.

Bildnachweis

Umschlag und Seiten 11–15, 100, 102, 108, 113, 117, 175, 181, 183–187,
255–259, 293 (beide), 296, 297, 305–309, 310
Arlett Mattescheck, www.arlettmattescheck.de
Seite 19 oben Museumsverbund Pankow
Seite 19 unten Strozyk
Seiten 20, 21, 29, 38 Museumsverbund Pankow
Seite 25 Winkler/Museumsverbund Pankow
Seite 27 Olm/Museumsverbund Pankow
Seiten 39, 40 ND-Bildarchiv
Seiten 46, 53 oben, 56 Reproduktionen, *Kunstdokumentation 1945–1990 SBZ/DDR*
Seiten 49, 53 unten, 54, 62 SAPMO-BArch
Seite 55 (beide): Berlinische Galerie
Seiten 59, 60 Kunstarchiv René Graetz und Elizabeth Shaw
Seiten 65 (beide), 71 (beide): Stiftung AdK, VBK-Archiv
Seite 68 *Neues Deutschland* vom 9.September 1961
Seiten 75, 79 Günther Stahn
Seiten 76, 81, 82, 143 Privatbesitz des Autors
Seiten 80, 81, 82 Peter Baumbach
Seiten 89, 104, 126, 128, 180 Landesbildstelle Berlin
Seite 93 Manfred Butzmann
Seiten 152, 153 gewerk design, Berlin
Seiten 166, 167, 173 Landesbildstelle Berlin
Seite 177 Gerhard Zwickert

Verlag und Herausgeber haben sich bemüht, alle Rechteinhaber zu ermitteln,
weitere berechtigte Ansprüche bitten wir beim Verlag geltend zu machen.

RECHERCHEN

1
MASSNEHMEN
„Die Maßnahme"

2
TRANSFORMATIONEN
Theater der neunziger Jahre

3
Adolf Dresen
WIEVIEL FREIHEIT BRAUCHT DIE KUNST?

4
ROT GLEICH BRAUN?
Brecht-Dialog 2000

6
ZERSAMMELT
Die inoffizielle Literaturszene der DDR nach 1990

7
Martin Linzer
„ICH WAR IMMER EIN OPPORTUNIST …"

8
Jost Hermand
„DAS EWIG-BÜRGERLICHE WIDERT MICH AN"

9
Jochen Gerz / Ester Shalev-Gerz
BERLINER ERMITTLUNG

10
Friedrich Dieckmann
DIE FREIHEIT EIN AUGENBLICK

11
BRECHTS GLAUBE
Brecht-Dialog 2002

12
Hans-Thies Lehmann
DAS POLITISCHE SCHREIBEN

13
Joachim Fiebach (Hg.)
MANIFESTE EUROPÄISCHEN THEATERS

15
Christel Weiler /
Hans-Thies Lehmann (Hg.)
SZENARIEN VON THEATER(UND)WISSENSCHAFT

17
Hajo Kurzenberger /
Annemarie Matzke (Hg.)
THEORIE THEATER PRAXIS

18
Erika Fischer-Lichte / Clemens Risi /
Jens Roselt (Hg.)
KUNST DER AUFFÜHRUNG –
AUFFÜHRUNG DER KUNST

21
Doris Kolesch / Jenny Schrödel (Hg.)
KUNST-STIMMEN

22
Anja Dürrschmidt (Hg.)
FALK RICHTER – DAS SYSTEM

24
Klaudia Ruschkowski /
Wolfgang Storch (Hg.)
DIE LÜCKE IM SYSTEM
PHILOKTET HEINER MÜLLER

26
Gabriele Brandstetter
BILD-SPRUNG

27
Johannes Odenthal
TANZ KÖRPER POLITIK

28
Sandra Umathum (Hg.)
CARL HEGEMANN – PLÄDOYER FÜR DIE UNGLÜCKLICHE LIEBE

Theater der Zeit
www.theaterderzeit.de

RECHERCHEN

29
Ulrike Haß (Hg.)
HEINER MÜLLER
BILDBESCHREIBUNG

30
VOLKSPALAST
Zwischen Aktivismus und Kunst

31
Sebastian Kleinschmidt /
Therese Hörnigk (Hg.)
BRECHT UND DER SPORT

32
Tomasz Plata (Hg.)
ÖFFENTLICHE STRATEGIEN,
PRIVATE STRATEGIEN

33
Erika Fischer-Lichte / Barbara
Gronau / Sabine Schouten /
Christel Weiler (Hg.)
WEGE DER WAHRNEHMUNG

34
Felix Ensslin (Hg.)
SPIELTRIEB

35
B. K. Tragelehn
ROTER STERN IN DEN WOLKEN
Ein Lesebuch

36
Joachim Gerstmeier /
Nikolaus Müller-Schöll (Hg.)
POLITIK DER VORSTELLUNG
THEATER UND THEORIE

37
David Barnett / Moray McGowan /
Karen Jürs-Munby (Hg.)
DAS ANALOGE STRÄUBT SICH
GEGEN DAS DIGITALE

38
Bettine Menke /
Christoph Menke (Hg.)
TRAGÖDIE – TRAUERSPIEL –
SPEKTAKEL

41
Wolfgang Behrens (Hg.)
FRIEDRICH DIECKMANN
BILDER AUS BAYREUTH
Festspielberichte 1977 – 2006

42
Wolfgang Storch /
Klaudia Ruschkowski (Hg.)
SIRE, DAS WAR ICH
Heiner Müller Gundling

45
Ute Tischler / Harald Müller (Hg.)
THOMAS FLIERL
BERLIN:
PERSPEKTIVEN DURCH KULTUR

DEMNÄCHST

39
Stefanie Carp
THEATER IST NICHT PRAKTISCH

40
Johannes C. Hoflehner /
Martina Vannayova /
Marianne Vejtisek (Hg.)
DURCHBROCHENE LINIEN
Zeitgenössisches Theater
in der Slowakei

43
Benjamin Wihstutz
THEATER DER EINBILDUNG

44
Klaus Hermsdorf
KAFKA IN DER DDR

46
Sabine Schouten
SINNLICHES SPÜREN

Theater der Zeit
www.theaterderzeit.de